Handbuch Public Change Management

AF896428

Rolf Brunner-Salten

Handbuch Public Change Management

Effizientes Veränderungsmanagement
für öffentliche Verwaltungen

Ein Millennium-Buch

Mit einem Beitrag von
Hans H. Hinterhuber

PETER LANG
Frankfurt am Main · Berlin · Bern · Bruxelles · New York · Oxford · Wien

Bibliografische Information Der Deutschen Bibliothek
Die Deutsche Bibliothek verzeichnet diese Publikation in der Deutschen Nationalbibliografie; detaillierte bibliografische Daten sind im Internet über <http://dnb.ddb.de> abrufbar.

Gedruckt auf alterungsbeständigem,
säurefreiem Papier.

ISBN 3-631-39408-X

© Peter Lang GmbH
Europäischer Verlag der Wissenschaften
Frankfurt am Main 2003
Alle Rechte vorbehalten.

Das Werk einschließlich aller seiner Teile ist urheberrechtlich geschützt. Jede Verwertung außerhalb der engen Grenzen des Urheberrechtsgesetzes ist ohne Zustimmung des Verlages unzulässig und strafbar. Das gilt insbesondere für Vervielfältigungen, Übersetzungen, Mikroverfilmungen und die Einspeicherung und Verarbeitung in elektronischen Systemen.

Printed in Germany 1 2 . 4 5 6 7

www.peterlang.de

Ich spreche für Menschen, die gewohnt sind
eine Weisheit in einem fallenden Blatt,
riesige Probleme in aufsteigendem Rauch,
Theorien in den Schwingungen des Lichts,
eine Idee in Marmorblöcken
und die entsetzlichsten Bewegungen
in der Regungslosigkeit zu erkennen.
Ich stelle mich genau auf den Punkt,
wo die Wissenschaft den Wahnsinn berührt:
Geländer bringe ich keine an.

Honore de Balzac, Theorie des Gehens

Nichts
ist
beständiger
als
der

Wandel

Inhaltsverzeichnis

1. Einleitung

Am 1. Dezember 1999 hat die Bundesregierung das Programm „Moderner Staat – Moderne Verwaltung“ beschlossen. Leitbild des Programms ist der aktivierende Staat. Ziel der Bundesregierung ist es, den Staat dem gewandelten Staatsverständnis und den geänderten Aufgabenstellungen von Regierung und Verwaltung anzupassen. Das Leitbild des aktivierenden Staats steht für dieses neue Staatsverständnis. Die Bundesregierung will die Eigenverantwortung des Einzelnen stärken und die Selbststeuerungspotentiale der Gesellschaft fördern.

Das Programm wird durch 15 Leitprojekte und 23 weitere Projekte aus der gesamten Bundesverwaltung verwirklicht. Es erstreckt sich auf die vier Reformbereiche

- Höhere Wirksamkeit und Akzeptanz von Recht
- Der Bund als Partner
- Leistungsstarke, kostengünstige und transparente Verwaltung
- Motivierte Beschäftigte.

Der Bundesminister des Innern, Otto Schily, hat in seinem Vorwort in der Broschüre zu diesem Projekt der Bundesregierung die Aufgaben und Verantwortung diesen Schwerpunkten vorangestellt. Er geht einige wichtige Schritte weiter, in dem er die Modernisierungsanforderungen nicht nur im Innenbereich ansiedelt, sondern auch ein besseres und offeneres Verhältnis zu den Bürgerinnen und Bürgern, zu gesellschaftlichen Gruppen und zu den Ländern und Kommunen anstrebt und einfordert. Die unterlegten Schwerpunkte als gestaltende Meilensteine auf diesem Weg sind:

- Leitbild aktivierender Staat

  d.h., weg vom Konzept des verengten Zieles eines schlanken Staats, nicht die bloße Reduzierung öffentlicher Aufgaben auf angebliche Notwendigkeiten und damit verbunden das Hineinlaufen in die Falle negativer Zielbestimmungen.
  Vielmehr will die Bundesregierung über die bestehenden singulären Ansätze der Binnenmodernisierung hinausgehen. Gemeinsam mit einer aktiven Gesellschaft kann der Weg zwischen nur „Lean Management“ auf der einen

Seite und zuviel staatlicher Intervention und Überregulierung andererseits erfolgreich sein. Voraussetzung dafür ist ein hohes Maß an Flexibilität und Änderungsbereitschaft bei allen Beteiligten.

- Neue Verantwortungsteilung

Zwar bleibt es bei der Verantwortungsteilung zwischen Staat und Gesellschaft, Freiheit und Sicherheit als Kernbereich weiterhin zu gewährleisten, jedoch gibt es verstärkt einen Bereich, der bisher öffentlich dominiert war, aber auch durch Dritte ausgefüllt werden kann. Die Aufgabe des Staates beschränkt sich dabei ausschließlich darauf, die geänderte Aufgabenzuordnung vom Ergebnis her zu gewährleisten.
Eine darauf ausgerichtete Staats – und Verwaltungsreform muß eine neue Balance zwischen staatlichen Pflichten und zu aktivierender Eigeninitiative und gesellschaftlichem Engagement herstellen. Der Staat wandelt sich in einer solchen Phase – auch künftig – vom Entscheider und Produzenten zum souveränen Moderator und Aktivator. Dadurch werden die Selbstregulierungspotentiale der Gesellschaft gefördert und der notwendige Freiraum eröffnet.
Mehr Bürgerorientierung durch Transparenz, Teilhabe an Entscheidungen und ein hohes Maß an Information und Kommunikation – durch die entsprechende Technik unterstützt (Virtuelles Rathaus) – gehören verbindlich in ein solches Konzept. Der föderale Staats – und Verwaltungsaufbau, unter dem häufig gebrauchten Titel „Vielfalt in Einheit“ verlangt dementsprechend zusätzlich zur neuen Beziehung zwischen Bürger und Verwaltung eine adäquate Kooperation und den erforderlichen Respekt zwischen Bund, Ländern, Gemeinden und deren Einrichtungen. Der Blick muß dabei auch in Richtung Europa und Globalisierung gehen.
Effizienz und Effektivität, oft beschworen, selten erreicht, verlangen insbesondere Benchmarking, Best Practices, internes und externes Marketing. Letztlich ist von entscheidender Bedeutung, welche Kernkompetenz der Bürger dem Staat, insbesondere seiner Gemeinde (-verwaltung) zugesteht und in welchem Umfang und welcher Intensität seine Bedürfnisse erfüllt werden und ob er sich genügend eingebunden fühlt. Dazu gehört schlussendlich eine Ressourcenverteilung, welche ergebnisorientiert erfolgt.
In den Gemeinden und Regionen erfolgt ebenso wie bei Verbänden, in Anstalten, Körperschaften, Stiftungen, Krankenhäusern, etc. die sogenannte Abstimmung per Fuß. Das bedeutet, daß der Bürger nicht mehr dorthin geht, wo er nicht ein Leistungsäquivalent erhält. Der Bürger als Kunde, als Mandant, die Gemeinde als Dienstleister – die Begriffe müssen insbesondere qualitativ

ausgefüllt und gelebt werden, damit die Beziehung zur Stadt und Region Abwanderungen entgegenwirkt.

- Das Programm für den Erfolg ist formal eine Deklaration von Projekten, thematisch an dieser neuen Zielrichtung orientiert, um sogenannte Modernisierungsvorhaben unterfüttert und ergänzt in das Gesamtprojekt „Moderner Staat – Moderne Verwaltung" münden zu lassen. Damit dieser schwierige Ansatz und, durchaus als systemverändernd zu bezeichnender Prozeß, letztlich realisiert werden kann, bedarf es flankierender Maßnahmen:
  Eine Verringerung der Regelungsdichte von Gesetzen und Vorschriften, dadurch eine höhere Akzeptanz und wiederum dadurch eine größere Wirksamkeit von Recht soll die angestrebte neue Partnerschaft zwischen Staat und Verwaltung erleichtern. Teil eines solchen Vorhabenkataloges ist u.a. das Leitprojekt zur Erstellung eines Handbuches zur Gesetzesfolgenabschätzung (angelehnt an die positiven Erfahrungen mit Technologiefolgenabschätzungen), um daraus Leitlinien und Empfehlungen zu entwickeln, wie strukturelle Bremsen und Innovationshemmnisse gelöst und überwunden werden können.

- Der Bund als Partner soll dabei Barrieren abbauen, die föderalen Handlungsspielräume erhöhen und die kommunale Selbstverwaltung stärken. Dieses soll vor allem geschehen mit Hilfe von Zuständigkeitslockerungen, einer Selbstverpflichtung zur besseren Beteiligung der Länder und Kommunen vor und bei der Erstellung von relevanten Regelungsentwürfen sowie der Neustrukturierung der Bauaufgaben des Bundes, die mit einem Abbau von Prüfungs – und Genehmigungsebenen kombiniert werden soll.[1]
  Diese ausgewählten Leitprojekte erfordern für ihre Umsetzung eine leistungsstarke, kostengünstige und transparente Verwaltung. Die unter dem Begriff „Binnenmodernisierung" zu subsumierende neue Aufgabenstellung erfolgt zunehmend unter Wettbewerbsbedingungen, indem betriebswirtschaftliche Instrumente wie Kosten – und Leistungsrechnung und Controlling zum täglich eingesetzten Werkzeugrepertoire gehören.
  Ebenfalls dazu gehört ausschnittsweise die Einführung von Information und Kommunikation für die dadurch entstehende „Elektronische Verwaltung" (Electronic Government). Eine Aufzählung der Leitprojekte erfolgt in der weiteren Betrachtung sinnvoller Instrumente zur Bewältigung der Zukunftsaufgaben in späteren Teilen dieser Untersuchung.

---

1 Leitbild und Programm der Bundesregierung, Teilabdruck in: Schwarzsche Vakanzen-Zeitung Göttingen, vom 01. 02.2000, S. 29 – 31

Insofern sei lediglich auf die Leitprojekte verwiesen, welche sich mit der umfassenden Einführung moderner Managementmethoden in Bundeswehrverwaltung und Streitkräften, mit Qualitätsmanagement (QM) und kontinuierlicher Verbesserung von Prozessen (KVP) über Zielvereinbarung, Budgetierung und Kontrakten, Just - in - time – Logistik u.ä. in Richtung New Public Management bewegen.
Bei der Betrachtung, der Güterabwägung und schlußendlich beim Einsatz der verfügbaren Ressourcen ist neben der Personal-, Finanz – und Materialausstattung, der Infrastruktur, der hoheitsrechtlichen und vertragsrechtlichen Gestaltungs – und Zugriffsmöglichkeiten der Bereich Human Resources, d.h., die Motivation der Beschäftigten über die Zurverfügungsstellung höherer Eigenverantwortung, besserer Entwicklungsmöglichkeiten am Arbeitsplatz, Anpassungs – und Aufstiegsfortbildung sowie Job- Enrichment und Job – Enlargement über die unabdingbare und oft fehlende Personalplanung und Personalentwicklung Fokus von Leitprojekten für alle Ebenen.

- Strategien und Strukturen zur Umsetzung sollen über einen Staatssekretärsausschuß in das bisherige System eingespeist und eine Stabsstelle im Innenministerium unterstützt, koordiniert und, wo notwendig, gefördert werden. Dazu gehört auch als Novum die Kooperation mit Privaten, d.h., Projekte als Public Private Partnership (PPP), Corporate Identity – Konzepte und – zum wiederholten Mal – die Überprüfung bestehender Tarifverträge und – Strukturen auf ihre Anpassungsmöglichkeiten für leistungsorientierte Konzepte.[2]

- Seit nahezu 15 Jahren gibt es den „Entwicklungsvorlauf" im New Public Management, also der Neueren Steuerungskonzepte für den öffentlichen Sektor[3], die Anstöße für ein „Reenventing Government",[4] welches von der Business Week Amerikas bewertet wird mit „The new gospel of good government...chronicles the efforts of hundreds of governments officials to bring business technologies to public service." Bill Clinton prämiert den Inhalt dieser Veröffentlichung mit „This book gives us the blueprint."

Wenn also ein Plan vorhanden ist, auf dessen Grundlage die (Staats -) Verwaltung erneuert werden kann, warum wird er nicht früher umgesetzt? Und: Wird er das überhaupt ? Oder gelten die Entrepreneure im eigenen Land wieder nichts

---

2 Leitbild und Programm der Bundesregierung, Teilabdruck in der Schwarzschen – Vakanzenzeitung Göttingen, vom 11.02.2000, S. 37 - 39

3 Wulf Damkowski, Klaus Precht: Public Management, Stuttgart,Berlin,Köln, 1995

4 David Osborne, Ted Gaebler: Reenventing Government, New York, 1993

oder nur sehr wenig? Benötigt ein echtes Veränderungsmangement andere Voraussetzungen?

Der Status, die Fragen nach der Effizienz bisheriger Modelle und die notwendigen Antworten sind Gegenstand dieser Untersuchung.

1.1 Zielsetzung der Arbeit

„Mit Eßbesteck einen Betonklotz meißeln“, so nennt der Geschäftsführer eines französischen Mikroelektronikunternehmens den Versuch, die Organisationsstrukturen zweier Unternehmensbereiche in Deutschland zu integrieren. Er hat erkannt, daß nirgendwo eine solche Kraft entfaltet wird, vermeintliche individuelle Besitzansprüche wie in deutschen Unternehmen zu verteidigen.[5]

Eine Steigerung dieser Denk – und Handlungsweisen ist dort festzustellen, wo kein Unternehmensleitbild und keine gemeinsame Zielsetzung gegeben ist, sondern nahezu ausschließlich die individuellen Rechtezuordnungen verhaltensmodifizierend wirken: in öffentlich- rechtlichen Organisationen und Unternehmen.[6]

In der Mittelstandsoffensive „Move 2000“ des Landes Nordrhein – Westfalen (NRW), im Internet abgerufen am 10.01.2001, gibt es unter 14 Ansteuerungspunkten unter 4. das „**Veränderungs – Management**.“ Dort werden unter anderem die mittelstandsfreundliche Stadt Arnsberg (Jede Beschwerde ist ein Geschenk), die Stadt Leverkusen als Ideenplattform (Life- Science – Wettbewerb, u.a. LEVIN), das Aachener ISO – Projekt (Total Quality-Management in KMU) und die Borkener Initiative zum Austausch von Fachwissen mittelständischer Unternehmen in internationalen Märkten mit Unterstützung der regionalen Verwaltung bis hin zum Preisträger des Wettbewerbs als „Virtuelles Zentrum für Innovationskompetenz (VIN-NET)“ als Beispiele und Motor aktiven Veränderungsmanagements, welches in der Verzahnung der Leistungsfähigkeit von Verwaltung und Wirtschaft stattfindet, als Dialogforum im Internet eröffnet und zur Erarbeitung weitergehender gemeinsamer Aktivitäten und Verbesserungsmaßnahmen benannt.

In der Fachzeitschrift „Klinik – Management“[7] greift der ehemalige Inhouseberater der Deutschen Telekom, EFQM –Assessor Hans Vogt, die Ignoranz, den unumkehrbaren Wandel wahrzunehmen, die Abwehrhaltung gegenüber Verände-

---

5 Klaus Goebbel, Herbert Baldeau: Organisationsberatung und Analyse von Organisationsprozessen in: I. T. Services Ausgabe 10 / 99, S. 37 – 38

6 Rolf Brunner – Salten: Auswirkungen der Rechtsformwahl auf die Wirtschaftlichkeit von Krankenhäusern aus der Sicht der Theorie der Property Rights

7 Klinik – Management Aktuell, 2/ 2000, Seite 26 – 27

rungen, aber auch den fehlenden Willen zur lebensnotwendigen Umgestaltung von Organisation und öffentlich-rechtlichem Unternehmen an.

Er fragt, nicht ohne Sorge und Irritation, warum nach den vielen Deklarationen und Lippenbekenntnissen, nach KVP, TQM, ISO – Zertifizierung, Reengineering, Benchmarking, etc., etc. der Erfolg der erwarteten Veränderungsmaßnahmen nicht, nur geringfügig oder nur in Teilbereichen sichtbar und spürbar wird.

Es geht nicht nur um eine neue Spielwiese für Verwaltungschefs. Steuergelder werden eingesetzt. Um eine bessere Ressourcenausnutzung und Leistungsverfügbarkeit zu ermöglichen, aber auch, um tatsächlichen Bedarfen und nicht einem vorformulierten Angebot, welches letztlich nicht nachgefragt wird, zu entsprechen und dadurch dort, wo echte Nachfragen bestehen, keinen Engpaß zu erzeugen, ist ein strategisches Controlling unverzichtbar.

Versuchen wir es also noch einmal: Die **Unternehmensstrategie – im Konzern Stadt** nach den Spielregeln des sog. Neuen Steuerungsmodells (NSM) erarbeitet und formuliert, transportiert und kommuniziert, gilt. Sie legt die Ziele und die Richtung fest, wohin es in den nächsten 3 bis fünf Jahren geht. Führungskräfte und Mitarbeiter haben sich mit **Zielvereinbarungen** dahintergestellt. Auch die Personalvertretung. Die operative Ebene wurde instruiert, die Strategischen Geschäftseinheiten (SGE) sind auf Kurs. Der Umsetzung steht nichts mehr im Wege. Oder?

- Gibt es eventuelle Reibungsverluste, Sandkörner im Getriebe oder Zucker im Verbrennungstrakt?
- Läuft das Veränderungsmanagement nicht mehr ruckfrei?
- Entwickelt sich der unzufriedene Leitende zum Hauptbremszylinder?
- Bleiben Entwicklungsbedarf und Corporate Identity von Schlüsselpersonen in unterschiedlichen Verantwortungsebenen hinter den Visionen zurück?
- Wie können Störgrößen unterschiedlicher Art und Ausprägung beseitigt und die strategischen Ziele mit Leben gefüllt werden?
- Lebt die Unternehmenskultur durch ständige Anpassungs – und Aufstiegsfortbildung?
- Sind Information und Kommunikation durchgängig vorhanden ? Fließen alle Ergebnisse in neue Entscheidungen, Entwicklungen und Meilensteine ein?
- Sind die Supportprozesse an den tatsächlichen Entwicklungen orientiert? Sind Leitbilder, Strategien, Begriffe und Umsetzungen nachvollziehbar und keine Kunstbegriffe oder Worthülsen?
- Wird das Veränderungsmanagement tatsächlich gelebt?

Für den ehemaligen IBM – Manager John Hormann, jetzt Berater und Buchautor, sind Change – Management und Wissensmanagement nur sinnvoll, wenn sie in eine klare Strategie der Unternehmensentwicklung eingebettet sind.

Aus seiner Erfahrung darf das „**Lean Management**", die schlanke Verwaltung, nicht zum „**Mean Management**", zu einer lediglich durch Schlagworte und Absichtserklärungen diffundierten Unternehmenskultur degenerieren.[8] Insofern erwartet er die positive Beantwortung der vorgenannten Fragen und die Lösung der damit verbundenen Problemstellungen.

Damit ist auch zugleich die wesentliche Zielsetzung der Arbeit angesprochen. Einerseits werden die gestellten Fragen im Gesamtzusammenhang verstärkt und auch beantwortet, andererseits ist auf der Grundlage der bekannten und populären Modelle zu analysieren, ob diese für ein **Veränderungsmanagement** in öffentlich – rechtlichen Organisationen, Unternehmen und deren Organisationsumgebung bis hin zu Beteiligungen vorgestellten, präferierten und empfohlenen Modelle nur auf Erwartungen aufgebaut sind und diese augenscheinlich erfüllen, oder ob sie tatsächlich ein **New Public Management** bedeuten, welches ein zielorientiertes Veränderungsmanagement mit anderen Strukturen und Prozessen verlangt.

Last but not least ist bei unzureichender Systematik der bisherigen Anwendungen ein Modell zu entwickeln und vorzustellen, welches ein **Change Management** ermöglicht, welches nicht nur die Vorstellungen und Wünsche der Beteiligten, sondern auch und insbesondere Machbarkeitsstudien und Szenarien vorstellt, um eine **Ära der Veränderer** einzuleiten.

Ob diese Ära mit Hilfe des Neuen Steuerungsmodells eingeleitet wurde, Hilfestellungen der Industrie wie

- Lean Management und Reengeneering wirkungsvoll implementiert werden konnte oder Kommunen durch kommunales Finanz – und Haushaltsrecht steuerbar waren,
- Balanced Scorecards adäquat eingesetzt umgesetzt werden konnten oder andere Ansätze von Change – Management die ultimative Lösung ermöglichen können und werden,
- Private Public Partnerships Teil der Wertschöpfungskette werden oder
- Outsourcing das letzte Allheilmittel darstellt,

wird an unterschiedlichen Aufgabenstellungen, Aufbauorganisationen und Ablauforganisationen, Rechtsformen und peripheren Ausprägungen verdeutlicht.

---

8 John Hormann: " Wir brauchen mehr Reformen " in: I.T. Services, Ausgabe 1-2 /99, S. 14/15

Vor dem Hintergrund der umfassenden Erfahrungen des Verfassers mündet die endgültige Zielsetzung in die positive Provokation, ob es nicht doch unverzichtbar ist, alle Abläufe in öffentlich – rechtlichen Einrichtungen als Geschäftsprozeßmanagement zu planen, zu steuern und zu realisieren,

- um einerseits im Wettbewerb der Systeme, der Verwaltungen zu bestehen
- und andererseits den Anspruch des Bürgers an die Leistungskraft seiner Kommune nach einer entsprechend langen Vorlaufzeit qualitativ und quantitativ zu erfüllen, sowie
- die Kernkompetenzen zu kommunizieren, welche der Bürger erwartet und nicht die, welche die Politik / Verwaltung anbietet.

Der Oberbürgermeister der Stadt Saarbrücken, Hajo Hoffmann, hat auf dem Forum der Kommunalen Gemeinschaftsstelle für Verwaltungsvereinfachung zum 50 – jährigen Jubiläum erklärt, daß er es „nicht länger hinnehmen möchte, daß uns immer wieder Städte wie Christchurch in Neuseeland oder Phoenix in Arizona als besonders moderne Städte vorgehalten werden."[9]

Ob der Vorwurf der ungenügenden Effizienz und mangelnden Modernität zutrifft, ist Teil der abschließenden Wertung. Aber auch, ob wir aufholen können, vielleicht sogar schon unbemerkt gleichgezogen haben oder weiter hinterherhinken, also die Darstellung der Ausbildung von **Instrumenten und Methoden,** welche letztlich doch eine nicht unbedeutende Rolle im Konzert der Erneuerer ermöglicht.

1.2. Vorgehensweise / Methode

Analysiert werden zunächst der Einsatz und die Praktikabilität der bisher verwendeten Instrumente und Methoden. Veränderungsmanagement, welches über die tradierten Ansätze sogenannter New Public Management – Ansätze hinausgeht, führt in die Ebene des Änderungsbedarfs, der im Wettbewerb aller am und im Markt Beteiligten die Unwilligkeit oder Unfähigkeit zu Veränderungen dokumentiert und zugleich den Änderungsbedarf skizziert.

Diese Skizze, auch Szenario, zeigt Change- Management – Entwicklungen anhand von vier Schwerpunkten auf:

---

9 Oberbürgermeister der Stadt Saarbrücken, Hajo Hoffmann, Präsident des Deutschen Städtetages: KGSt 50 Jahre, in: Schwartzsche Vakanzen-Zeitung, Göttingen, 01.12.2000, Seite 265 - 267

- Verhaltensmodifikation über ganzheitliche Unternehmensführung
- die organisatorische Evolution, welche sich an der Durchschnittsgeschwindigkeit von Verwaltungen orientiert
- die strategische Revolution, welche beweist, daß der Wettbewerb der Systeme Strategisches Management und Innovationen verlangt
- das integrierende Management, welches Änderungsprozesse als Geschäftsfeldprozesse begreift.

Das Ergebnis bildet die Basis für die Vorstellung unverzichtbarer Instrumentarien zur Realisierung von Synergieeffekten, welche kommunale Netzwerke mit unterschiedlicher Ausprägung und Intensität erfordern.

Die Gegenüberstellung von Theoriesystemen und realen Erscheinungsformen führt in die Kernstruktur von

- **Real – Time – Management – Systemen**, d.h., zur Durchleuchtung und Bewertung der
- **Geschäftsprozeßstrukturen** in **Leadership und Management** insbesondere des Konzerns Stadt.

Die wirtschaftliche Betätigung der Gemeinde wird rechtlich und steuerlich inklusive des Beteiligungsmanagements auf den Prüfstand gestellt, indem die Aktivitäten verschiedener Städte beleuchtet werden.

Die Anstrengungen, um in der **ersten Liga der Kommunen** auch finanziell und hier mit alternativen Modellen **mitzuspielen**, wird ebenfalls beispielhaft bewertet.

Die Schlußfrage, ob es ein **Neues Kommunales Management** gibt oder nicht und vor allem, wie ich **als Konzernchef Stadt** o.ä. mit meiner Kommune die **Pole Position (Nr. 1)** erreichen kann, ist besonders spannend, scheint aber beantwortbar und lösbar.

1.3. Aufbau der Arbeit

Nach der Einleitung werden im **ersten Teil** der Arbeit die Grundlagen und spezifischen Stärken der gängigen Strukturen und Modelle in der öffentlichen Verwaltung, insbesondere unter „New Public Management", in der kommunalen Ausprägung als „Neues Steuerungsmodell", vorgestellt. Erste innovative Ansätze leiten über in den **zweiten Teil.**

Dieser zeigt, daß ohne nachhaltige Organisations – und Verhaltensänderungen der Träger und Beteiligten zwingend erforderliches wie auch wünschenswertes **Change Management** chancenlos bleibt.

- Über die Möglichkeiten der Verwaltung - organisatorische Evolution - führt der Weg zur strategischen Revolution, welche die Notwendigkeit der Veränderungsgeschwindigkeit unterstreicht.
- Die Abrundung durch das integrierende Management weist den Weg zu Synergieeffekten und kommunalen Netzwerken

in **Teil III,** der die Bedeutung des Zusammenspiels der Kernbereiche in Verwaltungen nachvollziehbar machen soll, aber auch die wirtschaftliche Betätigung der Gemeinde unter

Geschäftsprozessmanagementaspekten

herausstellt.

Im **vierten Teil** der Arbeit werden das sogenannte

- **Neue Kommunale Finanzmanagement**
- **Speyerer Verfahren** und die Bedeutung für künftige
- **Haushaltsgestaltungen und Lösungsansätze** fachübergreifend behandelt.

Schlußendlich befaßt sich der **Teil V** mit einem

- **geänderten Bewusstsein** in der Kommunalverwaltung und fragt, ob es einen
- **Paradigmenwechsel** hin zu einer neuen Bürgerzufriedenheit gibt,

also ein Neues Kommunales Management. Die Möglichkeit, mit **„meiner Kommune die Nr. 1 zu werden,“** geht daraus – vielleicht – hervor.

In einem umfangreichen Anhang soll über **Check – Listen** die Möglichkeit eröffnet werden, die tagesaktuellen Probleme in der Form bewährter Nachschlagewerke schneller und effizienter zu lösen.

TEIL I

Aufbruch in die Dienstleistungsverwaltung

2. Grundlagen

2.1. Zur Wirtschaftlichkeit öffentlicher Verwaltungen

Die Legaldefinition oder auch die Zuordnungen, die den Begriff der Wirtschaftlichkeit verdeutlichen und fassbar machen sollen, sind weit gespannt. Als Handlungsweise und Entscheidung rational denkender Individuen zur Sicherung der Verfügbarkeit über knappe Ressourcen bis hin zur Sicherstellung von Outputkriterien zur Messung der unternehmerischen Effizienz reicht dabei der Bogen. „Wirtschaftlich handelt, wer seine Ziele mit möglichst geringen Mitteln erreicht" lautet das Statement in einer Veröffentlichung der Kommunalen Gemeinschaftsstelle (KGSt). [10] Dieser enormen Vereinfachung müssen zunächst als Mindeststandards die folgenden Ergänzungen zuteil werden, um die öffentlichen Verwaltungen und Unternehmen nicht zu eindimensional zu betrachten:

„Die Zielgröße **Wirtschaftlichkeit** lässt sich einzel – oder gesamtwirtschaftlich auffassen. In der **einzelwirtschaftlichen Wirtschaftlichkeit** erfährt das allseits bekannte ökonomische Prinzip seinen Niederschlag. Die mengenmäßige Interpretation bestimmt dabei die Produktivitäten. Weil Totalproduktivitäten nur dann einen hinreichenden Überblick über den gesamten Leistungsprozess zu geben vermögen, wenn homogene Produktionsfaktoren den Input und identische Absatzgüter den Output bilden, und Teilproduktivitäten nicht das Problem der Zurechenbarkeit von Produktionsergebnissen auf einzelne Einsatzstoffe lösen, scheint eine wertmäßige Definition der einzelwirtschaftlichen Wirtschaftlichkeit grundsätzlich geeigneter.

Die **gesamtwirtschaftliche Wirtschaftlichkeit** indes beurteilt das unternehmerische Verhalten danach, ob es zur Erfüllung gesamt – und gemeinwirtschaftlicher Aufgaben beiträgt. Dieser Imperativ der optimalen Erfüllung gesamtwirtschaftlicher Aufgaben wird in der Literatur meistens durch die **bestmögliche Bedarfsdeckung** präzisiert. [11]

Die Frage nach dem Verhältnis der Leistungserbringung im öffentlichen Bereich gegenüber der im gewinnorientierten, privaten Bereich führt in der Doku-

---

10 KGSt-Politikerhandbuch zur Verwaltungsreform, Köln, 1996, S. 53

11 Kirsch, Hanno: Kostendeckung als Unternehmensziel, Aachen, 1992, S. 253 - 256

mentation eines wissenschaftlichen Diskurses zum Produktivitätsbegriff zu der provokativen Überschrift: „Öffentliche Verwaltung als Ort der Unwirtschaftlichkeit".[12]

Diese zusätzliche „positive Provokation", welche in der weiteren Diskussion nachträglich das Fragezeichen zur Überschrift liefert, legt – wie zu erwarten – den Finger in die Wunde und fordert eine Ausrichtung der Organisation und des Verwaltungshandelns an den Begriffen Produktivität, Effektivität und Effizienz.

Die Problematik der Outputmessung, die sich mit diesen Begriffen verbindet, erfordert eine Untersuchung der Gesamtnutzendimension, in welcher die Allokationseffizienz, die technische Effizienz (Produktionseffizienz) und die finanzielle Effizienz gesondert bewertet werden. In Anlehnung an das **„Zweiperiodenmodell"**, [13] in dem die drei Innovationsarten Prozessinnovation, Produktinnovation und organisatorische Innovation als messbare Beiträge für Outputs ausgedrückt werden, ist sicherlich eine parallele Aussage bei gleichem Aufbau bezüglich Aufwand und Ergebnis möglich.

Das Ergebnis würde die Unterausstattung in der Organisationsentwicklung (OE), der organisatorischen Innovation, sein, welche zu den bekannten unbefriedigenden Abläufen und Ergebnissen des bisherigen Verwaltungshandelns führt.

Es lässt sich an dieser Stelle leider nur auf eine solche Möglichkeit hinweisen, da auch hier wie für die Property Rights – Betrachtung gilt, dass direkte und unmittelbare Aussagen über die Höhe des jeweiligen Mitteleinsatzes für die Innovationsarten über die genannte Modellrechnung noch nicht möglich sind, weil ein Rückschluss von den in den Gleichungen bestimmten Grenzproduktivitäten auf die jeweiligen Innovationsaufwendungen nur bedingt gegeben ist.[14]

In Untersuchungen von Becker, Borcherding, Picot, Kaulmann, Stauss und anderen [15] Zur Problematik valider Aussagen zur „privaten versus öffentliche Leistungserstellung" hat eine Untersuchung bei 40 von 48 Unternehmen in verschiedenen Dienstleistungsbereichen gezeigt, dass private Leistungserstellung kostengünstiger und produktiver ist als die öffentliche Leistungserstellung. Das Ergebnis wird von zwei Säulen getragen:

---

12 Frieder Naschold, Marga Pröhl: Produktivität öffentlicher Dienstleistungen, Gütersloh, 1994, Seite 177

13 Breyer,Friedrich und Zweifel, Peter: Gesundheitsökonomie, Heidelberg, 1992, S. 381.2

14 Breyer, Zweifel, a.a.O., S. 381.2

15 Rolf Brunner-Salten: Auswirkungen der Rechtsformwahl auf die Wirtschaftlichkeit von Krankenhäusern aus der Sicht der Theorie der Property Rights, Frankfurt, 1999, S. 41 – 42

- Die Dominanz der internen Property Rights – Verteilung in öffentlichen Unternehmen und Organisationen führt zu feststellbaren Leistungsdefiziten
- Das eigentümergeleitete Unternehmen ist effizienter als das Unternehmen, welches durch Dritte geführt wird (Principle – Agent - Problem)[16]

2.1.1 Zur Produktivität öffentlicher Dienstleistungen national

„Wir wollen wissen, was eine Leistung kostet" lautet die Forderung der Stadtkämmerin Duisburgs für sich, die Verwaltungsspitze, Rat und Bürger. Seit 1996 wird ein Haushaltsbuch erstellt, das für jedes Dezernat einen Produktplan mit Strukturzahlen und Finanzdaten sowie Erläuterungen aufführt... „Das Haushalts – oder Produktbuch ist der erste Schritt, statt wie im Haushalt Einnahmen und Ausgaben zusammenzuschreiben, darzustellen, wofür wir unser Geld ausgeben, für welche Produkte und Dienstleistungen. Zunächst einmal soll das städtische Leistungsgefüge transparenter werden. Gleichzeitig wollen wir unserem Ziel einer Kosten – und Leistungsrechnung für die Gesamtverwaltung näher kommen....Auch für eine outputorientierte Budgetierung, die wir anstreben, sind Kenntnisse über Kosten von Produkten und Leistungen zwingend notwendig."[17] (vgl. Abb. 1 bis 3)

Forderungen bezüglich einer größeren Transparenz hinsichtlich

- der **Notwendigkeit** von Haushaltseinnahmen und Haushaltsausgaben sowie
- die **Anpassung** der entscheidungsrelevanten Grundlagen an betriebswirtschaftlich sinnvolle bestehende Instrumente wie Controlling, Kosten – und Leistungsrechnung, Doppelte Buchführung, Aufwendungen für Abschreibungen, etc. gibt es bereits seit Ende der 80er Jahre

Kaum nachvollziehbar ist, warum es bis ins Millenium hinein nicht möglich war, flächendeckend und bundesstaatlich adäquate einheitliche Regelungen für Nachweise und Steuerung einzuführen. Der Not gehorchend, da die Schere zwischen verfügbaren Ressourcen und Aufgabenfinanzierung immer größer wird, ist in der zweiten Hälfte der neunziger Jahre in der Tat ein Ruck durch die Gemeinden gegangen, welcher mit innovativen Werkzeugen in Personalmanagement, Finanzmanagement und Organisationsentwicklung bis hin zur Beteiligungsverwaltung das Überleben zumindest im Segment der Pflichtaufgaben sichern soll.

16 Vgl. Brunner-Salten, a.a.O., S. 43

17 Stadtdirektorin, Stadtkämmerin und Wohnungsbaudezernentin Monika Kuban im Interview in: SOCIAL MANAGEMENT, 3/1997, S. 13

Dezernat OB / Amt 12

Amt für Statistik, Stadtforschung und Europaangelegenheiten

Anschrift : Bismarckstraße 150 - 158

Leitung : Herr Bensch

Beschäftigte: 48,0

Mit dem Programm "Duisburg 2000" wird eine Reihe von Maßnahmen zur Bewältigung des Strukturwandels in der Stadt auf den Weg gebracht, die der wirtschaftlichen Erneuerung der Stadt dienen. Die regelmäßige Berichterstattung zum Fortgang des Programms und der eingeleiteten Maßnahmen sind einige der Hauptaufgaben des Amtes. Sie dient unter anderem der Steuerung des Prozesses und zur Information der Bürger. Dabei werden unter anderem die vorstellbaren Entwicklungslinien des Standortes vorgezeichnet und Wege dahin aufgezeigt. In diesem Rahmen sind die Publikationen des Amtes "Duisburg International" I und II sowie die Bildung von Netzwerkkooperationen wie N.U.R.E.C. (Network on Urban Research in the European Community), CERE (Communities of Europe for Renewable Energies) und die Mitgliedschaft in der Euregio Rhein-Waal zu sehen. So ist das Amt im Netzwerk N.U.R.E.C. administrative Geschäftsstelle, neben zwei wissenschaftlichen Geschäftsstellen in Paris und in Mailand. Präsident dieses Netzwerkes ist der Amtsleiter. Im Bereich des Netzwerkes CERE, hierbei handelt es sich um ein europäisches Städtenetzwerk, das mit Hilfe der Europäischen Union die Verbreitung erneuerbarer Energien in den Kommunen durchsetzen will, arbeitet das Amt eng mit der Entwicklungsgesellschaft Duisburg Innenhafen zusammen. Insbesondere dort sind bereits Energiekonzepte entwickelt worden, die regenerative Energien nutzen. Für den Bereich der Euregio Rhein-Waal, zwischen-

Abbildungen 1-3: Haushaltsbuch der Stadt Duisburg, Produkthaushalt
Quelle: Haushaltsbuch der Stadt Duisburg, 1998, S. 81, 82 und 98

zeitlich sind hier 52 Städte und Gemeinden grenzüberschreitend organisiert, nimmt das Amt die Koordinierungsfunktion für die Gesamtverwaltung wahr. Gleichzeitig bereitet es die Sitzungen der Gremien für die Vertreter der Stadt Duisburg aus Rat- und Verwaltungsspitze vor. Diese Koordinationsaufgaben im Bereich der Netzwerkaktivitäten und damit der Standortentwicklung für Duisburg erfordern eine hohe Mobilität der Bediensteten.

Das Selbstverständnis einer Großstadt und die damit verstärkte Außenorientierung des Verwaltungshandelns erfordern Informationsgrundlagen und Wirkungskontrollen. Zentrale Instrumente sind z. B. die im Amt regelmäßig durchgeführten Bürgerbefragungen als Beobachtungs- und Rückkopplungsmedien für die Verantwortlichen und den Geschäftsbericht über den "Konzern Stadt" zur Information der Öffentlichkeit und Rechnungslegung gegenüber den Bürgern.
Ein weiterer Schwerpunkt der Arbeit des Amtes liegt in der Beratung von Existenzgründern und Qualifizierungsträgern und der Projektentwicklung im Bereich der Arbeitsmarkt- und Beschäftigungspolitik. Die im Amt angesiedelten Beratungsagenturen "Regionalsekretariat" und "Agentur zur Initiierung unternehmerischer Aktivitäten" (AFAG) werden im Rahmen der Arbeitsmarkt- und Strukturpolitik des Landes Nordrhein-Westfalen mit Hilfe von Landes- und europäischen Mitteln finanziert. Aufgabe des Regionalsekretariats ist unter anderem die Entwicklung von arbeitsmarktpolitischen Konzepten und die Abwicklung des Verfahrens im Rahmen des Europäischen Sozialfonds und der dazu entwickelten Landesförderprogramme. Die AFAG hat die Aufgabe, Existenzgründungswillige zu beraten und bei der Initiierung von Existenzgründungen und der Prüfung von Existenzgründungsideen zu helfen und finanzielle Unterstützung zu leisten. Die Aufgaben im Rahmen dieser "präventiven Arbeitsmarktpolitik" werden im Kontext und mit Hilfe vieler anderer lokaler Akteure durchgeführt.

Daneben nimmt das Amt die Aufgaben der Oberbürgermeisterin - als Wahlleiter - hinsichtlich Logistik und Durchführung von Wahlen wahr. In diesem Kontext sorgt es für die ordnungsgemäße, rechtliche und tatsächliche Abwicklung allgemeiner politischer Wahlen. Daneben erstellt das Amt auch die entsprechenden Wahlanalysen zur Information von Politik, Bürgern und Verwaltung.

Alles in allem verfügt das Amt 12 über einen vergleichsweise bescheidenen Haushalt. Der wesentliche Anteil der Ausgaben wird für Personalkosten verbraucht. Eigene Einnahmen hat das Amt nur über die Förderungen des Landes und der Europäischen Union sowie aus dem Verkauf von statistischen Veröffentlichungen.
Im Rahmen der Arbeit des Regionalsekretariates und der dort akquirierten Fördermittel für die Stadt oder für am Ort ansässige Qualifizierungsträger werden darüber hinaus ca. jährl. 1,9 Mio. DM vereinnahmt und verausgabt.

Produkt: 12 /0514 — **Über-/Zuschuß (+/-)** -134,7

Beschreibung:

Regionale Strukturanalysen und Entwicklungskonzepte - Duisburg 2000

Entwicklung und Fortschreibung von Konzepten zur Steuerung des Strukturwandels in der Region Duisburg auf der Grundlage von Analysen sozio-ökonomischer Strukturen und Entwicklungsprozesse; Beobachtung und Dokumentation der Umsetzung und Wirkungen der bereits von Rat und Verwaltung der Stadt Duisburg eingeleiteten Maßnahmen; regelmäßige Dokumentation und Beschreibung des Stands der Umsetzung der im Rahmen d. kommunalen Handlungsprogramms "Duisburg 2000" beschlossenen Projekte.

Aufgabenart:

Freiwillige Aufgabe

Auftrags- / bzw Arbeitsgrundlage(n):

Ratsbeschlüsse (von 1989, 1987)

Beschluß der Verwaltungsführung

Zielgruppe(n):

Rat; Verwaltung; wirtschaftsrelevante Akteure in der Stadt; Öffentlichkeit

Ziel(e):

> Verbesserung der strukturellen Position Duisburgs im Prozeß des Strukturwandels
> Perspektiven für neue wirtschaftliche Entwicklungen und die veränderten Rahmenbedingungen wirtschaftlichen Handelns für die Stadt Duisburg aufzeigen
> Programmevaluation und Weiterentwicklung des Konzeptes
> Information von Rat und Verwaltung sowie der Bürger über den Umsetzungsstand
> Analyse ggf. bestehender Umsetzungsschwierigkeiten
> Darstellung des Fördermitteleinsatzes

Leistungen, Kennzahlen / Indikatoren ⟶ **Planmengen 98**

> Regelmäßige Dokumentation über den Stand der Projekte im Rahmen von "Duisburg 2000"
> VK-Vorlage
> Berichte für die Oberbürgermeisterin

Finanzdaten in TDM

	Prognose 98
Kosten:	
Personalkosten	105,1
Sächl. Betriebs./ Verw.kosten	18,3
Sonstige sächl. Verw.kosten	11,3
Zuweisungen / Zuschüsse	0,0
Kalkulat. u. sonstige Kosten	0,0
Gesamtkosten	**134,7**
Erlöse	
Gebühren / Entgelte / Erlöse	0,0
Erstatt / Zuweis. / Zuschüsse	0,0
Sonstige Erlöse	0,0
Gesamterlöse	**0,0**
Über-/Zuschuß(+/-)	-134,7
Deckungsgrad in %	

Anzahl der Beschäftigten

1,1

Volumen im VMH in TDM (nachrichtlich)

Maßnahme(n):	Ausgaben	Einnahmen

Auch steht das **bürokratische Modell der Produktion von öffentlichen Dienstleistungen** seit längerer Zeit und mit steigender Tendenz zur Verschärfung im Kreuzfeuer der Kritik von Öffentlichkeit, Politik und Wissenschaft.

Die öffentliche Verwaltung gilt überwiegend als unwirtschaftlich, langsam, schwerfällig und unfähig oder nicht willens, Veränderungen zuzulassen – im Binnen – wie im Außenverhältnis. Webers bürokratische Organisation mit den Kennzeichen einer hohen Regelbindung, strikter hierarchischer Unterordnung und starr festgelegter Zuständigkeit hat sich als ineffizient erwiesen.[18] Vor dem Hintergrund des Scheiterns einer Vielzahl richtungsweisender Reformen sind neue Formen der Produktion von Dienstleistungen und ihrer Distribution erforderlich.

Die zunehmende Verknappung von Ressourcen der Gemeinden in Verbindung mit den geringer werdenden Zuweisungen bei gleichzeitiger Aufgabenausweitung und höheren Qualitätsstandards verlangt eine durchgehende Umsteuerung mit Strategien, die auch bei der operativen Umsetzung keine besonders hohen Halbwertszeiten haben.

Die Verteidigungslinien und Wagenburgen der Verwaltungen intern, zwischen den sonstigen Beteiligten und extern sind aber bereits aufgebaut. Die Verwaltung, so formulierte Pappermann bereits vor mehr als einem Dutzend Jahren,[19] neige dazu, alte Aufgaben zu verteidigen, Probleme von gestern zu bearbeiten und gegenüber neuem misstrauisch zu sein; sie reagiere zu spät mit der unpassenden Routine und drücke sich vor Risiken.

Ähnliches gelte auch für die Modernisierungserwartungen, die in den Einsatz neuer Techniken gesetzt wurden. Diese wurden bisher enttäuscht. Statt dessen seien existierende organisatorische Arrangements und Autoritätsstrukturen verstärkt worden. Hauptnutznießer seien vielmehr die dominanten politisch – administrativen Koalitionen innerhalb der öffentlichen Verwaltungen mit ihren vorherrschenden Zielen der Allzuständigkeit und dem Ausbau sozialer Kontrolle, nicht aber die Beschäftigten und Klienten (Kunden).[20]

Aussagefähig für die geänderten Vorstellungen und Anforderungen an die Leistungsfähigkeit und die Leistungsbereitschaft der öffentlichen Verwaltung sind ökonomische, politische, soziale, technische und demographische Entwicklungsprozesse, durch die sich die Ziele und Rahmenbedingungen des Verwaltungshandelns, die Anforderungen aus der Verwaltungsperipherie wie auch die

---

18 Naschold, Pröhl: a.a.O., S. 122

19 Pappermann, E.: Anforderungen an die Qualifikation des höheren Dienstes, in: Reinermann, H., u.a., Neue Informationstechniken – Neue Verwaltungsstrukturen?, Heidelberg 1988

20 Grimmer, K. und Kraemer, K.L.: Dienstleistungsfunktion öffentlicher Verwaltungen und die Verwendung von Informationstechnik,in: Die Verwaltung, Heft 1, 1990

binnenadministrativen Voraussetzungen für die Produktion von Dienstleistungen verändern.

Von besonderer Bedeutung sind dabei die nachfolgenden Entwicklungen und Veränderungen für ein ergebnisorientiertes und vorausschauendes Verwaltungshandeln:

- „Mit dem soziodemographischen Wandel erfolgen ein Anwachsen bestehender und die Herausbildung neuer politisch relevanter Individuen und Zielgruppen (Ältere, Alleinerziehende, Migranten)

- Mit dem politischen und ökonomischen Wandel (z.B. Veränderung der Märkte, Osterweiterung) entstehen neue Aufgabenfelder und internationalisierte Kooperationsbezüge

- Gesetzgeberische Interventionen in das Leistungsspektrum und die Modalitäten von Erstellung und Verteilung erfolgen aber auch aus fiskalpolitischen und wahltaktischen Gründen

- Wertewandel und Pluralisierung der Gesellschaft und die weitere Ausdifferenzierung von Lebensstilen führen zu veränderten Anspruchsstrukturen und Erwartungshandlungen an die Verwaltung (z.B. Neues Dienstleistungsbewusstsein)

- Das Vordringen anderer und damit neuer Werthaltungen und Professionalisierungsinteressen auf Seiten der Beschäftigten bewirkt Verschiebungen von eher instrumentellen Aspekten der Arbeit hin zu Ansprüchen an verantwortungsvolle Aufgaben, persönliche Entfaltungsmöglichkeiten und an die Vereinbarkeit mit lebensweltlichen Bedürfnissen

- Die demographisch bedingte Zunahme der Alterspyramide und damit des Altersdurchschnitts des Arbeitskräftepotentials in Verbindung mit dem prognostizierten Mangel an qualifiziertem Nachwuchs bringt Probleme für die Gewinnung und Bindung von Fachpersonal unter den sich wandelnden vorherrschenden Arbeitsbedingungen im öffentlichen Sektor mit sich

- Vor dem Hintergrund verknappender Ressourcen und eines zunehmenden Wettbewerbs mit dem Privatsektor um Dienstleistungsmärkte und Fachpersonal (auch zwischen öffentlichen Organisationen und Unternehmen) ist ein besonderer Druck zur Ausschöpfung von Produktivitätspotentialen der öffentlichen Produzenten von Dienstleistungen eingetreten, der adäquate und innovative Lösungen verlangt [21]

Aus dem vorgestellten Szenario entstehen seit geraumer Zeit Lösungsansätze und Strategien, die dem privaten Sektor entlehnt werden. Bemüht wird dabei stets das sogenannte Neue Steuerungsmodell der KGSt, abgeleitet aus dem New Public Management – Modell (Abb. 4). NPM und NStM werden im weiteren Verlauf der Untersuchung auf den Prüfstand gestellt. Vorweg lässt sich bereits skizzieren, dass neue „Produktionskonzepte" eine völlig andere, dem japanischen KAIZEN angenäherte Form der Bürger-/Kundenorientierung in Form der ständigen Verbesserung erfordern. Die Dienstleistungsqualität muss zugleich wesentlich angehoben werden. Die Entbietung des Tagesgrußes stellt an sich noch keine Serviceleistung dar, auch wenn Sie vielen Mitarbeitern noch schwer fällt.

Am 24.August 1998 wurden die Ergebnisse der „Dritten Umfrage" des Deutschen Städtetages bezüglich der Modernisierung der kommunalen Verwaltungen in der FAZ veröffentlicht: „Die Modernisierung der Verwaltungen kommt zwar voran, doch langsamer als gedacht und unter wachsenden Vorbehalten der Mitarbeiter und der Politik." Danach lehnen mehr als die Hälfte der Beschäftigten (51%) eine Verwaltungsreform ab, gegenüber 1996 mit nur 37%. Bei den ehrenamtlichen Politikern sind die Vorbehalte gegen Reformen ebenfalls gestiegen. Weiterhin beklagen ein Drittel der Städte fehlende Qualifikationen und Erfahrung der Mitarbeiter.

Pessimistischer geworden sind auch die Zeitvorstellungen zur möglichen Realisierung des Modernisierungsprozesses. Die Zahl der Städte, die glaubt, fünf bis zehn Jahre und länger für die Modernisierung zu benötigen, ist gestiegen. Über schriftliche Konzepte und Programme, über Vorstellungen zur Produktinnovation und deren Umsetzung verfügt dabei lediglich die Hälfte der Kommunen. Eine Aussage über die Effektivität und Effizienz bzw. ein Benchmarking, welches Erfahrungen und Vergleichbarkeit von Produkten und Produktionsprozessen von Dienstleistungen ermöglichen könnte, gibt es nicht.

Ein Grund mit für diesen unbefriedigend verlaufenden aber zugleich unverzichtbaren Änderungsprozess ist sicherlich auch eine mangelnde Produktivitätskultur.

Das Japan Productivity Center ist berühmt für seine wegweisenden Untersuchungen und seine Motivationskultur. Es beschäftigt 6000 Mitarbeiter weltweit zur Lösung produktionsbezogener Themen. Der Vorsitzende, Kohei Goshi, er-

---

21 Naschold/Pröhl, a.a.O., S. 123

klärte: „Als die Produktivitätssteigerung vor 25 Jahren ihren Anfang nahm,[22] waren wir überzeugt, dass ihr höchstes Ziel das Wohlergehen der Mitarbeiter sei. Was ein Management auch immer unternimmt, die Produktivität kann nur verbessert werden, wenn die Beschäftigten zur Mitarbeit bereit sind und das Gefühl haben, ihre Arbeit sei wichtig."

In beide Richtungen, zu Mitarbeitern und Kunden zielen die Statements des Innenministers des Landes Nordrhein – Westfalen: „Jetzt gilt es, vor allem die Kommunikation und das Leistungsangebot zwischen Verwaltung und den Bürgerinnen und Bürgern zu verbessern." [23] Dazu bedarf es eines kundenorientierten Produktionskonzepts, in dem sich beide Seiten wiederfinden. Dazu bedarf es allerdings auch eines Leistungsangebotes, welches die Transformation in ein Dienstleistungsunternehmen ermöglicht.

Dabei ist es unverzichtbar, die Belange, Interessen und Forderungen des Kunden in den Mittelpunkt zu rücken. Wobei auch gilt, dass nicht alles Wünschenswerte machbar ist und der Kunde immer Recht hat. Das würde zu neuen oder weiteren Fehlentwicklungen führen.

Vielmehr ist die Konzentration bei der Dienstleistungsproduktion darauf auszurichten, mit welchem Mitteleinsatz und bei welcher Produktbereitstellung die jeweils erforderliche Kundenzufriedenheit erreicht wird. Dazu ist zu differenzieren in:

- **Basisanforderungen**
  „Sie umfassen all jene Leistungskomponenten, die der Kunde voraussetzt. Sie müssen im erwarteten Ausmaß erfüllt werden. Ist dies nicht der Fall, entsteht starke Unzufriedenheit, ein Übertreffen der Erwartung wird vom Kunden aber in der Regel nicht honoriert. Basisanforderungen werden vom Kunden vorausgesetzt, als selbstverständlich angenommen und auch nicht explizit verlangt.

- **Leistungsanforderungen**
  sind die erwarteten und in der Regel auch vom Kunden messbaren Leistungskomponenten. Werden diese nicht den Erwartungen entsprechend erfüllt, ent-

22 Anmerkung: Die japanische Produktion von Gabelstaplern betrug 1959 1600, die der USA 30.000. 1980 bereits hatte sich das japanische Produktionsvolumen versechzigfacht, in den USA nur verfünffacht: Die Produktivitätskultur in: KAIZEN, Berlin 1994, S. 217

23 Innenminister NRW Dr. Fritz Behrens anlässlich der Eröffnung der 5. Handelsblatt-Tagung am 25.06.2001 in Köln in: Schwartzsche Vakanzen – Zeitung vom 11. Juli 2001

steht Unzufriedenheit, werden sie übertroffen, steigt die Zufriedenheit. Leistungsanforderungen werden vom Kunden explizit verlangt. Ein bloßes Erfüllen führt aber nur zu moderater Zufriedenheit, die Leistung des Unternehmens wird als austauschbar wahrgenommen, der Kunde steht ihr mehr oder weniger indifferent gegenüber. Leistungsanforderungen werden vom Kunden in der Regel ausdrücklich verlangt.

- **Begeisterungsanforderungen**
  sind die Produktionseigenschaften, die in der Lage sind, den Kunden zu begeistern. Es sind jene Leistungskomponenten, die er nicht erwartet, deren Bereitstellung aber den Wert eines Produktes erhöht und einen überproportional starken Einfluss auf die Zufriedenheit mit einem Produkt oder einer Dienstleistung haben.“

Werden diese Leistungskomponenten nicht angeboten oder erfüllt, hat das aber keinen Einfluss auf die Zufriedenheit: Begeisterungsanforderungen werden vom Kunden in der Regel nicht explizit verlangt und auch nicht erwartet.[24]

Die Differenzierung wie auch die fallweise Verknüpfung dieser drei Anforderungen im Sinne der Kombination von Produktionsfaktoren sollte Outputs ermöglichen, welche sich im Ergebnis sehr deutlich unter „Kundenzufriedenheit“ subsumieren lassen.

Daraus ergibt sich die Fragestellung: Können die Kommunen von Unternehmen, möglichst den bestgeführten Unternehmen, lernen? Sind Ihre Produkte, ist ihre Dienstleistungsproduktion kundengerecht? Werden die vorgenannten Anforderungen abgedeckt?

Das bisherige Fehlen des Bewusstseins für den Aufwand (die Kosten) konkreter Leistungen wird – Schritt für Schritt – in fortschrittlichen Kommunen durch die Zuordnungen von Kosten und Leistungen zu einem Produkt ausgeglichen. Das Produkt ist Ergebnis des Verwaltungshandelns als ganzheitlichem Prozess. Wie bereits am Beispiel der Stadt Duisburg festgemacht, werden zur möglichst zielnahen (nicht zielgenauen) Bereitstellung öffentlich produzierter Dienstleistungen Produktkataloge und Kennzahlen entwickelt sowie Kosten – und Leistungsrechnungen eingeführt. Das Produkt wird dabei zum Informations – und Kostenträger und kann in Leistungshaushalten und Zielvereinbarungen als Steuerungsgröße Verwendung finden. Sollen ähnliche oder gleiche Leistungen an unterschiedlichen Stellen innerhalb der Stadtverwaltung erzeugt werden, so bieten sich die Bildung von sogenannten Produktzentren oder Points of Service an.

---

24 Hinterhuber, Hans-H.: Kundenzufriedenheit durch Kernkompetenzen: Eigene Potentiale erkennen, entwickeln, umsetzen. Wien, 1997, S. 17 - 18

Je mehr Kommunen Produkte in Form des Haushaltsbuches nach einer Kosten – und Leistungsrechnung ausgestalten und die Anforderungen des Kunden berücksichtigen, desto eher ist ein Benchmarking möglich. Ein kommunaler oder auch interkommunaler Vergleich der Dienstleistungsproduktion würde verdeutlichen, wo es Überschneidungen gibt und die Kooperation sinnvoller ist und auch, wo der Wettbewerb zugunsten des Kunden alternative Lösungen über innovative Gestaltungsinstrumente ermöglicht und dadurch letztlich den kommunalen Haushalt entlastet.

Dazu gehört auch die Anwendung der Experimentierklausel im Rahmen der bestehenden und auch bei der Rechtsaufsicht zu beantragenden Möglichkeiten.

2.1.2 Entwicklungen im internationalen Raum

Christchurch – Neuseeland

Merkmale: Hohes Veränderungstempo – Ganzheitliche Veränderung statt Pilotprojekte – Strategische (Unternehmens -) Verwaltungsführung

Als ich 1993 zum ersten Mal Christchurch sah, dachte ich zunächst, eine Zeitmaschine hätte mich in einen mittelalterlichen Zeitausschnitt katapultiert. Im Gespräch mit dem Verwaltungschef des Oxford College allerdings wurde mir bewußt, daß das Mittelalter eigentlich in Europa, insbesondere in Deutschland, lag.

Die neuseeländische Regierung hat bereits Ende 1987 / Anfang 1988 angekündigt, daß eine vollständige und umfassende Reform alle Verwaltungsebenen und Verwaltungsbereiche erfassen wird. Dieser ganzheitliche Reformansatz wurde in ein Diskussionspapier gegossen. Der Arbeitstitel: „The Blue Book."

Der auf der Grundlage der dort enthaltenen Statements für Effizienz und Verwaltungsvereinfachung, für Kontraktmanagement und der Deckungsgleichheit von Fach – und Ressourcenverantwortung in Rekordzeit durchlaufene politische Meinungsbildungsprozeß konnte bereits im Herbst 1988 abgeschlossen werden.

Die Leitlinien für die Verwaltungsstruktur wurden verabschiedet, ein sogenannter City-Manager als Veränderungsmanager eingesetzt, diesem entsprechende Vollmachten verliehen und über Community – Boards direkte Bindeglieder zwischen Bürgern und ihren gewählten Vertretern geschaffen. Dadurch konnte besser kommuniziert und über Feedback der gewünschte Änderungserfolg herbeigeführt werden.

Rat der Stadt Christchurch — Organisationsstruktur 14. April 1993

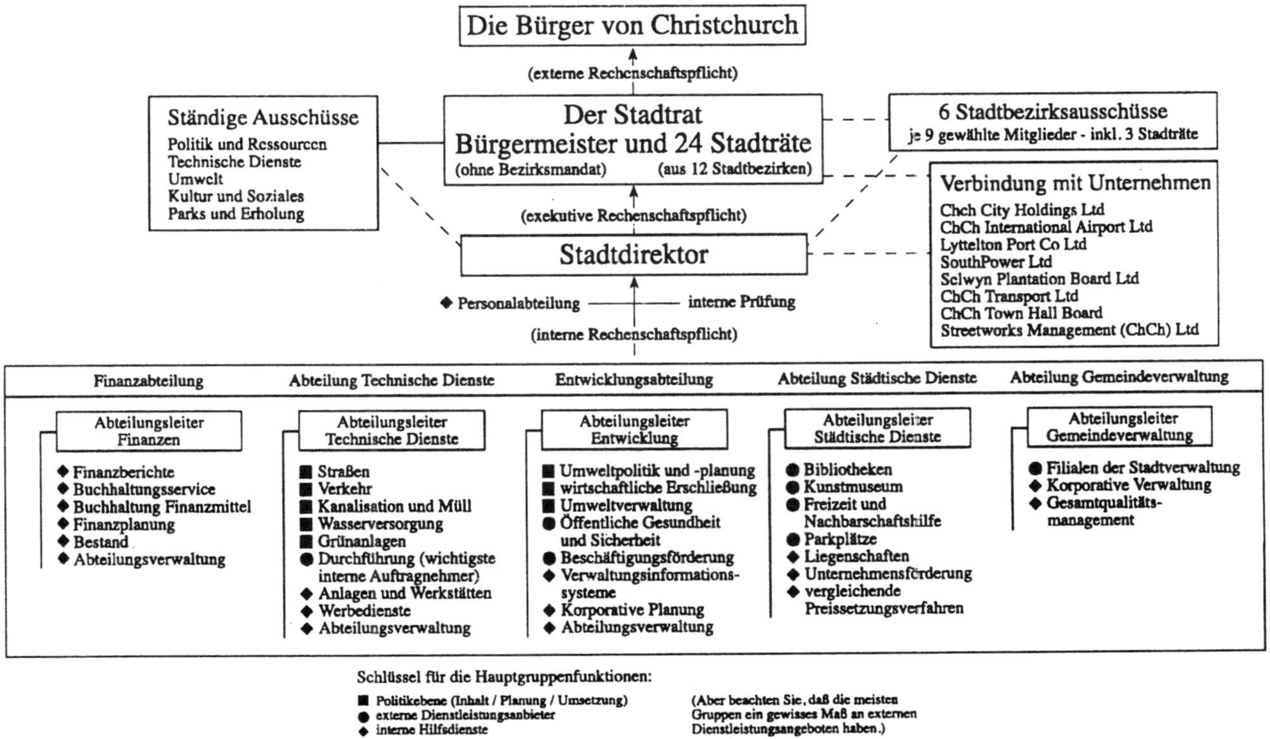

Kommunalverwaltung der Stadt Christchurch

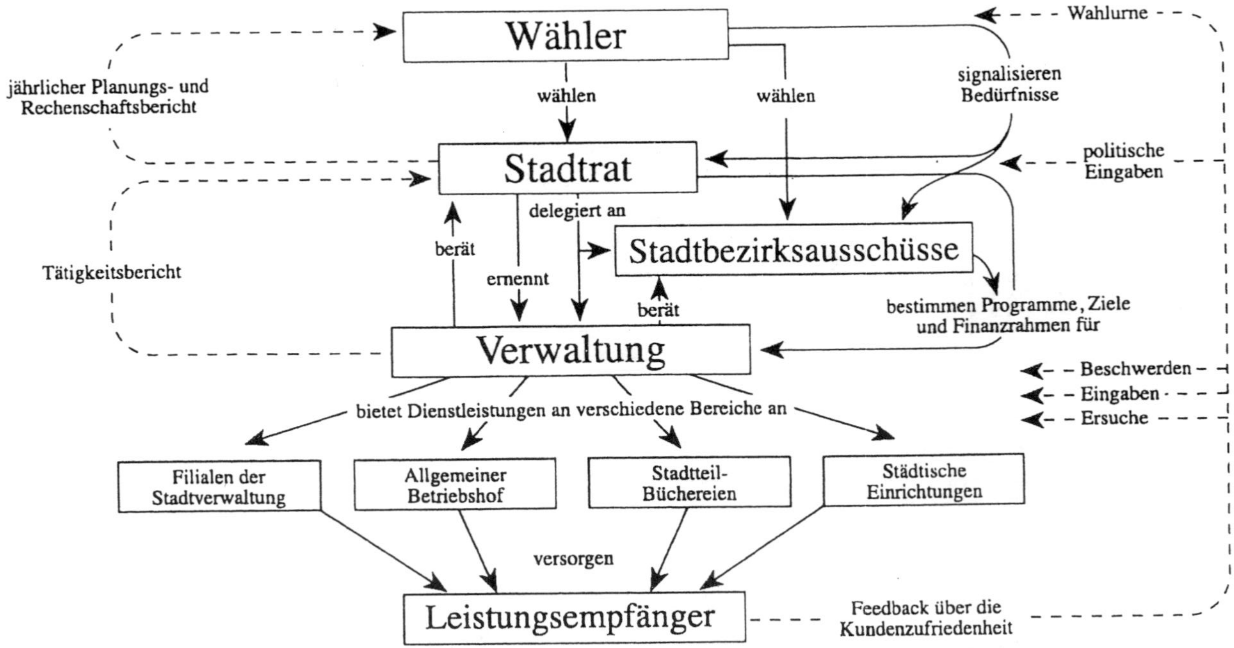

Diese Aufstellung zeigt den Bürger als Wähler sowie als Empfänger der Dienstleistungen des Stadtrates. Sie demonstriert die Team-Arbeit zwischen dem Stadtrat und der Verwaltung. Letztere übt eine beratende Funktion auf die Programmentwicklung aus und vollzieht diese. Des weiteren setzt sie die inhaltlichen Ziele um, die entweder vom Stadtrat oder von den Ausschüssen unter der Delegation des Stadtrates verabschiedet worden sind. Kanäle für Rückmeldungen und Resonanz werden durch unterbrochene Linien angezeigt.

Abbildung 4: Rat der Stadt Christchurch

Quelle: John H. Grey, Raymond F. Blandine: Statements, in: Bannert, Gerhard: Neue Steuerungsmodelle und die Rolle der Politik, Gütersloh, 1995

Innovationen gab es allerdings bereits schon über

- die Errichtung der ersten Eisenbahn (1861)
- die Telegraphie (1862)
- das Telefon (1879)
- den internationalen Flughafen (1936) und vieles mehr.

Ein optimiertes Change Management verlangt danach und auch modellhaft

- einen **sektorübergreifenden Quantensprung** aller Gesellschaftsbereiche
- Vision, **strategische Planung**
- offene **Kommunikation** der Notwendigkeit einer strategischen und organisatorischen **Veränderung** der Verwaltungseinheit
- uneingeschränkte **Unterstützung** des Prozeßmanagements durch die Verwaltungsleitung
- genaue **Erfassung** der effektiven Bedürfnisse des internen und externen Kunden sowie die
- Einsetzung eines **interdisziplinären Teams** mit Entscheidungsbefugnis. [25]

Auch in Christchurch kam der Druck zum Wandel eindeutig von außen. Verkürzt kann die Ausgangssituation vor dem Change – Management mit einer langen wirtschaftlichen Rezessionsphase, die bereits zu einer Stagnation abgesackt war, bezeichnet werden. Hinzu kamen erheblich steigende öffentliche Ausgaben.

Über einen ganzheitlichen Reformansatz, der die o.g. Aktivitäten rigoros um – und durchsetzte, wurden einerseits eine Vielzahl Annehmlichkeiten des Wohlfahrtsstaates eliminiert, andererseits erfolgte eine enorme Effektivitätssteigerung aller öffentlichen Leistungen. Beigetragen haben dazu alle gesellschaftlich relevanten Gruppierungen.

Maximen des neuen gemeinsamen Handelns zur Kursänderung und Verbesserung waren im wesentlichen:

- Die Errichtung von flächendeckenden Servicezentren
- Schaffen von Local Authority Trading Enterprises (LATE)
- Kunden – und Teamorientierung
- Total Quality Management
- Strategische Planung
- Alternative Leistungserbringung und Wettbewerbsorientierung.[26]

---

25 Hinterhuber, Hans-H: Aufbruch in die Veränderung, Wiesbaden, 1995, S. 22-23

Australien

kann auf eine Initialzündung zur Verwaltungsreform, ausgelöst durch die Labourregierung 1983, zurückblicken. Neben der sogenannten Cut-Back-Policy startete man eine umfassende Personalreform (leistungsbezogene Vergütung, dezentrale Personalverantwortung), eine Reform des Finanzmanagements (Programm – und Globalbudget), Aufgabenverlagerungen in Richtung Kommunen und Leistungsbewertungsverfahren. Insgesamt führten diese Veränderungen zu einer ergebnisorientierten Leistungserstellung der öffentlichen Verwaltung. [27]

USA, Phoenix – Arizona

Zu Beginn der 90er Jahre gab es vier Trends, welche drastische Veränderungen auf der kommunalen Ebene auslösten. Als erstes ist der abnehmende Respekt gegenüber öffentlichen Entscheidungsträgern anzumerken, zweitens gibt es einen unvereinbaren Konflikt zwischen limitierten finanziellen Ressourcen und zunehmenden Forderungen nach direkter Beteiligung an kommunalen Entscheidungsprozessen, also Kontrolle und Mitsprache. Drittens gibt es einen sehr starken Anstieg von unterschiedlichen Bürgeraktivitäten, die diese Mitbestimmungsmöglichkeiten durchsetzen wollen. Letztlich ist ein Trend unübersehbar, die Verbesserungen im Service in der Privatwirtschaft auch als Maßstab und Umsetzung bei und für Qualität, Schnelligkeit, Pünktlichkeit und Kundenfreundlichkeit auch für den öffentlich – rechtlichen Sektor verfügbar zu machen.

Der Druck auf die Kommunen, effektiver und effizienter zu handeln, nahm insbesondere zu durch Präsident Clintons Prioritätenkatalog:

„We will invent a government that puts people first, by

- serving its customers
- Empowering its employees
- Fostering excellence

---

26 John H. Gray, Dr. Roland Dumont du Voitel: Christchurch - Neuseeland; Fallbeispiel einer erfolgreichen Reform im öffentlichen Management, o. Jahresangabe, S. 1-57

27 Gerhard Banner, Christoph Reichard: Kommunale Managementkonzepte in Europa, Köln, 1993, S 13

Here `s how: We will

- Create a clear sence of mission
- Delegate authority and responsibility
- Replace regulations with incentives
- Develop budgets based on outcomes
- Measure our success by customer satisfaction.

Wesentlich für die Änderung bisheriger Verwaltungsstrukturen und Handlungsweisen in Phoenix waren die Einführung eines stringenten „Lean Management", welches die Verantwortungsebenen reduzierte, zugleich bürgerorientierter arbeitete, Information und Kommunikation verbesserte und eine stadtübergreifende Unternehmenskultur implementierte, die von sogenannten Nachbarschaftsprogrammen über das Volunteer – Programm bis zur Einbindung in eine strategische Planung zur Zukunftssicherung reichte.

Nach einer Standortbestimmung wurden neun kritische Themenblöcke gebildet, zu deren Lösung alle gesellschaftlichen Kräfte beitrugen:

- Verbesserung des Transportwesens
- Fiskalische Stärke
- Ergebnisqualität
- Vitalität der Nachbarschaften
- Umweltmanagement
- Steuerung städtischen Wachstums
- Stolz der Kommune
- Sicherheit in der Stadt
- Erziehung

Über Strategien, Aktionspläne und Aktionsschritte mit jährlicher Kontrolle wurden diese Themen angegangen und die damit verbundenen Probleme gelöst.

Im Endeffekt entsprechen die To-Do-Listen Amerikas dem neuseeländischen Pendant, sind aber etwas lockerer und unverbindlicher. Dennoch: Alle verstehen sich als Change – Agents!

Finnland - Hämeenlinna

gilt als fortschrittlichste Kommune der Welt. Dort ist der Bürger nicht Antragsteller, sondern Kunde. Er darf etwas verlangen. Genauso wie die Unternehmen. Gerade einmal zwei Stunden benötigte der städtische Beamte, um dem Direktor der Firma Polarcup eine Lagerhalle zu besorgen. Kundenorientierung at it`s best!

Städte und Gemeinden, die dieses Ziel vor Augen haben, müssen sich fragen lassen: Wie werden die Bediensteten motiviert? Wie autonom sind die Ämter? Herrscht Wettbewerb um Qualität und Effizienz öffentlicher Leistungen? Mit wie vielen Ämtern hat der Bürger bei der Regelung eines einzigen Vorganges zu tun? Schlussendlich: Gibt es eine Erfolgskontrolle, und wenn, funktioniert die?

Eine effiziente und bürgerdienliche Verwaltung ist nur der erste Schritt. Die nächste Stufe der **Stadtinnovation** zeigt, ob es sich um eine echte Reformgemeinde handelt. Bleibt der Bürger nur Adressat, oder wird er Kunde, gar Teilnehmer, sogar Mitwirkender? Gewinnt die Stadt ihn dafür, sich an Planung und Verwaltung zu beteiligen, und mehr noch: die Dinge von sich aus in die Hand zu nehmen? Viele Gemeinden experimentieren mit bürgernahen Verwaltungen, doch den wenigsten gelingt der Schritt zur „kleinen Demokratie".

Hämeenlinna hat sich früh aufgemacht, die Stufen zur echten Reformkommune zu erklimmen. Bereits 1983 beschloss der Stadtrat, sich am landesweiten „Gemeindeexperiment" zu beteiligen. Damals suspendierte der finnische Staat viele Gesetze, damit die Kommunen neue Wege ausprobieren und beschreiten konnten.

Ohne Not, aber zukunftsorientiert gingen die Hämeemlinnaer daran, Verwaltungen zusammenzulegen, verfügten pauschale Budgets zur eigenverantwortlichen Bewirtschaftung, dezentralisierten, vergaben Leistungen im Outsourcing und verringerten die Zahl der Gremien.

Der nächste Schritt vor dem Hintergrund hoher Arbeitslosigkeit aufgrund der Beendigung des Kalten Kriegs und der damit verbundenen Exportreduzierungen für Industriefirmen sah Leistungsgarantien für die Bürger vor und Beteiligungen der Bürger am Verwaltunghandeln.Vierzig Bürgervereine organisieren ehrenamtlich die Stadtplanungsvorarbeiten. Die Stadt als Enabling State, die Neues anregt und möglich macht. Networking. Mit sehr viel Information und Kommunikation.

Im Wettbewerb „Cities of Tomorrow" nimmt **Hämeenlinna einen Spitzenplatz** ein. Weiter gehören dazu **Quebec** aufgrund eines gemeinsam entwickelten Planes und die Umsetzung zur Revitalisierung der Innenstadt, Phoenix wegen er bereits angesprochenen Delegation von Aufgaben an seine Bürger, Braintree in Großbritannien für die Realisierung der Garantien und der One-stop-Shops, Tilburg und Delft mit dezentralisierten Budgets und Verantwortungsweitergabe sowie Bürgerbeteiligung in den Niederlanden, Farum in Dänemark wegen der Verwaltungspersonalhalbierung ohne Leistungseinschränkung, Duisburg in Deutschland wegen der Struktur als Konzern Stadt, Neuchatel in der Schweiz für ein kaufmännisches Rechnungswesen der Spitzenklasse und der Beratung der Politiker durch Jugendliche, Mitaka in Japan aufgrund des hohen Anteils ehrenamtlicher Aufgabenübernahme und, last but not least, Christchurch Neuseeland für die

Teamarbeit, den echten Wettbewerb, die TQM – Ausprägung und das Prinzip der Führungspositionsvergabe nur auf Zeit.[28]

2.1.3 Trends

In Amerika, Australien, den Benelux – Ländern, Deutschland und Frankreich mit ihren Elite – Schulen und dem damit verbundenen Anspruch gab es eine Vielzahl von Ansätzen für Reformen im öffentlich – rechtlichen Sektor. Es mangelte jedoch an der notwendigen Ernsthaftigkeit, aber auch an der Einsicht, wirklich Veränderungen herbeiführen zu müssen. Im Gegenteil: Organisationen der öffentlichen Hand und sonstige Institutionen, welche in der Aufgabenerfüllung weder aufeinander abgestimmt noch koordiniert Ressourcen einsetzten, vervielfältigten sich. Der Druck, ein echtes Veränderungsmanagement einzusetzen (aktives Projektbüro), umzusetzen (strategische Geschäftseinheiten) und zu stabilisieren (dauerhaftes Veränderungsmanagement im Konzern Stadt) kam von außen. In Neuseeland, USA und den Niederlanden früher und stärker. In Deutschland später, dadurch auch mit höheren Effizienzverlusten.

„Change – Wie verändert das Neue die Welt? Neues Denken – Vorhandenes ändern – Zukunft gestalten. Erkennen Sie das Muster? Wir laden Sie zu einer Entdeckungsreise ein.“ So formuliert The Boston Consulting Group in der Süddeutschen Zeitung vom 22.02.2001 und rundet diese Aufforderung ab mit dem Statement: „Vielfalt fordert Veränderung – lassen Sie sich inspirieren!“ TBCG sucht neugierige Teilnehmer, Menschen mit verschiedenen Talenten und unterschiedlichen Blickwinkeln und will wissen, weshalb jemand auf dieser Gästeliste stehen will. Das Motto ist entscheidend: „Vielfalt fordert Veränderung – lassen Sie sich inspirieren!“

Lassen wir uns inspirieren?

Die Erfahrungen des außereuropäischen und des europäischen Auslands mit neuen und anderen Dienstleistungskonzepten und Produkterstellungen sind hochinteressant. Die Ergebnisse teilweise frappierend. Bei aller Begeisterung für ergebnisorientierte Veränderungen ist eine gewisse Systematik, zumindest der Versuch einer Einordnung für mögliche Reformen hilfreich. Insbesondere von Interesse sind:

---

28 Heuser Uwe Jean, von Randow, Gero und Watermann, Ute: Reform findet Stadt, in: Die Zeit vom 16. Juli 1998

- **die Kausalitäten**, d.h., weitestgehend identische Ausgangslagen, die gleiche Lösungen und Ressourcen verlangen
- **die Konzepte**, d.h., Maßnahmenkataloge, welche zu einer dauerhaften Verbesserung der bisherigen Situation führen
- **das Change – Management,** welches die notwendigen Änderungen von der Vision über die Ziele/Leitsätze strategisch vorgibt, begleitet, kontrolliert und anpasst.

Die Ausgangssituation scheint **erdumspannend den gleichen Nenner** zu haben: die **Notsituation**.

Von Phoenix über Tilburg bis zu Christchurch oder Duisburg wurde und wird anscheinend immer erst dann mit einem Veränderungsmanagement reagiert, wenn die Rahmenbedingungen krisenhafte Formen annehmen, wie z.B.:

- Beeinträchtigung der Aufgabenerfüllung durch unzureichende Finanzen
- Unzufriedenheit der Bürger über unzumutbare Verwaltungsabläufe
- Ungenügende Teilhabe des Einzelnen an entscheidungsvorbereitenden Maßnahmen der Kommune
- Mangelhaftes Input – Output – Verhältnis bei Leistungen und Gebühren
- Politikverdrossenheit

Zunächst wird versucht, mit tradierten Werkzeugen wie Einsparungen, Kummerkasten, Vorschlagswesen, Arbeitskreis, etc. das Gefühl einer Teilhabe am Geschehen zu entwickeln, die Vision, Teil der Lösung zu sein. Nach relativ kurzer Zeit greift die Erkenntnis, das lediglich an den Symptomen angesetzt wird, Zukunftsfähigkeit aber nicht mit Handlungsanweisungen von gestern erlangt werden kann.

Das System der bisherigen kommunalen Binnenorganisation mit den üblichen drei Querschnittsämtern Kämmerei, Hauptamt (Organisation) und Personalamt hat sich aus vielerlei Gründen überlebt. Der gewichtigste dürfte die Überwindung der Allzuständigkeit sein.

Fachämter und Beteiligungen müssen künftig, um die vorgenannten beispielhaften Unzulänglichkeiten auszugleichen, zu überwinden und neue akzeptierte Dienstleistungsangebote zu realisieren, die bisherigen Querschnittsaufgaben in eigener Verantwortlichkeit übernehmen.

Das führt auch zu einer gesunden Diffundierung oft falsch verstandener Macht – und (Um -) Steuerungsebenen und einer verbesserten Beziehung zwischen Bürger und Verwaltung, wie die praktischen Erfahrungen mit den im nächsten Kapitel angesprochenen Management – Modellen zeigen werden.

Aber Kommunen gehorchen nicht nur der Not. Während in England und Neuseeland staatliche Vorgaben die Reformen innerhalb der Kommunen auslösten und beschleunigten, hat Skandinavien die Lösungen in kreativen Schritten, auch vor dem nicht risikolosen „Versuch und Irrtum“ herbeigeführt.

Die Bundesrepublik und auch die Niederlande haben einen dritten Weg eingeschlagen, indem die sogenannten Vorbilder, die Reformkommunen, teilweise in den Lösungsansätzen, teilweise in den umgestellten Verwaltungsstrukturen kopiert wurden.

Mit Hilfe der KGSt wurde aus den vielen Bausteinen öffentlicher Leistungen ein Legoland **aufeinander abgestimmter und miteinander verzahnter Strukturen** entwickelt, die **modellhaft** für Kommunen unterschiedlicher Ausprägung einsetzbar sind. Gesteht man der KGSt eine Vorreiter- oder Mentorrolle im **Veränderungsmanagement** in dieser Form zu, so bedeutet das nicht automatisch die Bevormundung der Kommunen. Vielmehr ist nach Einziehung dieses Hilfsgerüstes in Aufbau – und Ablauforganisation die **administrative Leitungsebene als Change – Manager zur Prozesssteuerung des Ressorcenpools gefordert.**

„Jeder Tag bringt zunehmend Veränderungen mit sich. Kaum ein wirtschaftlicher Eckwert hat noch lange Bestand. Die sich stets beschleunigenden Verschiebungen im politischen, gesellschaftlichen und ökologischen Umfeld zwingen Unternehmen zu **ständigem Wandel**...Gegenläufige Trends, wachsende ökologische Besorgnis, die lauter werdenden Rufe nach Privatisierung sind nur einige Beispiele für Diskontinuitäten, die das Wirtschaftsleben heute prägen. Wollen Unternehmen, Unternehmer und Manager weiterhin erfolgreich agieren, so bleibt ihnen nur ein Weg:

Sie müssen den ständigen Wandel für sich beherrschbar und somit zu einem Wettbewerbsvorteil machen!

Und genau hier setzt professionelles Change Management ein. Es beinhaltet zum einen

- ein Angebot von Techniken und Methoden, die Veränderungsfähigkeit von Führungskräften und Mitarbeitern zu erhöhen. Zum anderen
- stimuliert es eine Nachfrage nach neuen Formen des Führungsverhaltens und der Motivation, die es einem Unternehmen ermöglichen, im Wettbewerb zu bestehen.[29]“

29 Gattermeyer Wolfgang und Neubauer, Rainer M., in: Hinterhuber, Hans H.: Das Neue Strategische Management, Elemente und Perspektiven zukunftsorientierter Unternehmensführung, Wiesbaden, 2000, S. 241-242

Der Begriff „Unternehmen im Wettbewerb“ ist nicht für die Privatwirtschaft reserviert. Verwaltungen, öffentlich – rechtliche Organisationen und Beteiligungen stehen ebenfalls im Wettbewerb mit anderen Einrichtungen, die ähnliche oder gleiche Dienstleistungen und Produkte erbringen.

Daraus folgert, dass für alle Beteiligten „im öffentlichen Dienst“, um diesen Begriff auch einmal zu bemühen, die Anforderungen und Herausforderungen des Change Management gleichermaßen gelten.

Immer öfter wird von „Verwaltungsmanagement“ gesprochen. Von Managementtechniken und Managementwerkzeugen. Die **Umsetzung der Strategie in operationale, also handhabbare und outputbezogene Prozessabläufe** steht dabei im Mittelpunkt. Die Prozesskette verlangt und setzt die Fähigkeit voraus, kreativ und vorausschauend Verhaltensänderungen herbeizuführen und diese über ein „Forecasting – View“ mit der Planung zu verschmelzen.

„**Change Management** ist damit mehr als nur ein Instrument aus dem Werkzeugkoffer der Managementlehre. Den Wandel zu beherrschen, heißt, die dauerhafte Herausforderung ständiger Veränderungen für sich anzunehmen und zu bewältigen. Die wirksame und nachhaltige Umsetzung von Veränderungen kann nur der Mensch als Individuum oder als Teil einer Organisation erreichen – nicht die Strategie, Technologien oder Prozesse. Daher steht beim Change Management der Mensch im Mittelpunkt....

Nicht jede neue Entwicklung, Störung oder Veränderung kann mit einer Neuausrichtung der gesamten Unternehmensstrategie beantwortet werden. Als fatal kann sich aber das verkennen entscheidender Strömungen erweisen, das beharrliche Klammern an zementierte strategische Eckpfeiler und die Nichtbeachtung der Reaktionen aus dem Markt. Strategie darf kein Selbstzweck sein.“ [30]

Eine auf **Change Management** ausgerichtete Strategie ist unbedingt auf die Mitarbeiter, die Geschäftsprozesse und die Technologien des jeweiligen Umfeldes abzustimmen. Sinnvoller Weise erfolgt diese effektive Ausrichtung über das Business Integrations - Modell der Andersen – Consulting.

Wie funktioniert dieses Modell? Verändert sich eine der vorgenannten vier Komponenten, so müssen die jeweils anderen überprüft und gegebenenfalls angepasst werden. **Change Management** ist bereits bei der Entwicklung einer Unternehmensstrategie zu berücksichtigen, da es wertvolle „diagnostische“ Leistungen liefern kann. Es können u.a. Widerstände aufgedeckt und Gegenmaßnahmen eingeleitet werden, um die Strategie umsetzen zu können. Ein echtes Veränderungsmanagement ist schlussendlich kein Joker, der zur Konfliktbewältigung in

30 Gattermeyer/Neubauer, in: Hinterhuber, Hans H.: a.a.O., S. 242

Krisenlagen eingesetzt wird, sondern integraler Bestandteil bei der Bewältigung unternehmerischer Herausforderungen.[31]

Change Management erfasst Mitarbeiter zu Beginn der Veränderung, holt sie genau dort ab, wo sie sich gerade befinden und begleitet sie und die Organisation auf der gesamten Wegstrecke des Veränderungsprozesses. Dazu gehören abrundend Coaching, Training, Motivation, Information und Kommunikation.

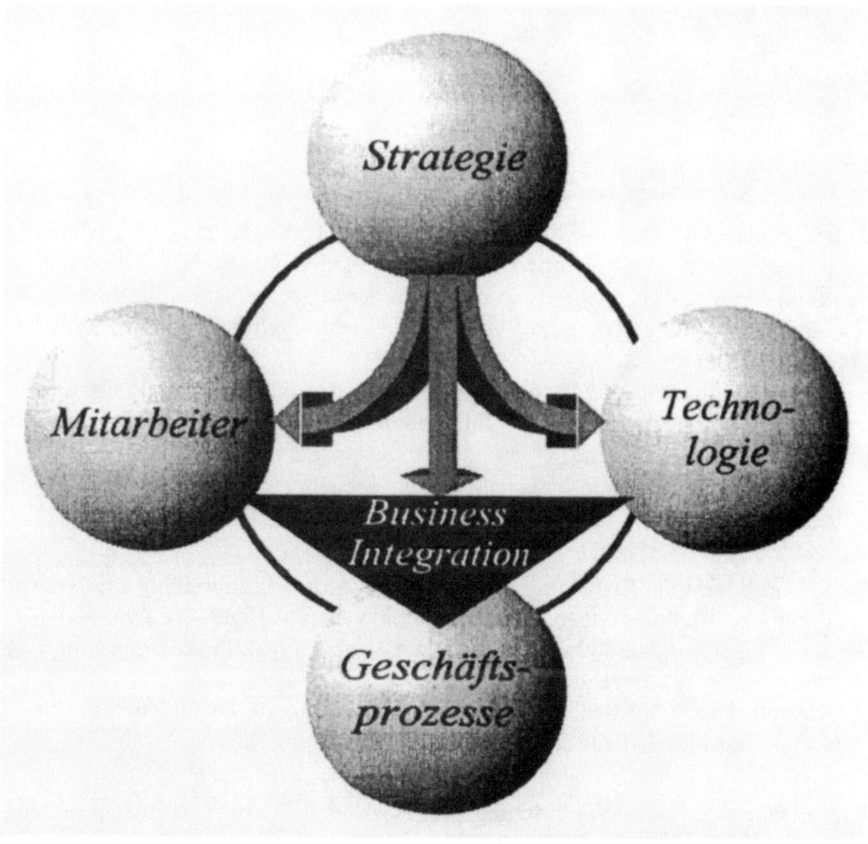

Abbildung 5: Business Integrations – Modell der Andersen – Consulting

31 Gattermeyer/Neubauer, in: Hinterhuber, Hans H.: a.a.O., S. 243

Zunächst klingt es ungewohnt, eine Aussage zu erfahren, die sich zu widersprechen scheint: „Das einzig Konstante ist der Wandel“, oder „Der Wandel ist die Konstante, welche das moderne Management prägt.“ [32] Die Fähigkeit, auf Veränderungen zu reagieren und sie sogar in einen Vorteil umzuwandeln, so, wie es das Business – Integrations – Modell vorsieht, ist anscheinend eine der wichtigsten Eigenschaften, über die heute ein Manager verfügen muss..

Damit scheint der Trend eine klare und zugleich herausfordernde Richtung zu gewinnen: **Change Management!**

Also doch inspiriert?

2.2 Praktische Erfahrungen

Außer in den klassischen Disziplinen Finanzen, Personal und Recht dürfte es wohl kaum etwas Vergleichbares wie die sogenannte „Standardsituation“ im Fußballtraining geben. Insofern ist bei Veränderungen weder ein bestimmtes Raster aufsetzbar, noch lässt eine Subsumtion eine festgelegte qualitativ messbare Folge des Handelns zu.

Die Individualität im Mikro – wie im Makrobereich, in Verwaltung, Organisation, bei Beteiligungen oder in Unternehmensleitungen erfordert differenzierte Instrumente und Lösungen.

„Erfolgreiche Veränderungsmaßnahmen ähneln sich ausschließlich in den grundlegenden Phasen, die sie durchlaufen:

- Sie beenden eine Erstarrung, indem sie die Aufmerksamkeit auf die Notwendigkeit zu Veränderungen richten und eine wertschöpfende Idee vorstellen
- Sie bringen die Veränderungen auf den Weg, d.h., sie überzeugen Menschen und räumen Widerstände aus
- Sie integrieren Veränderung als Status quo, d.h., sie verfolgen den Prozess weiter und bereiten auf den nächsten Wandel vor.“[33]

Die Erfahrungen mit Veränderungsprozessen zeigen zwei korrespondierende Ausprägungen: zunächst die Kraft und somit die Intensität und Schnelligkeit für und von Veränderungen, dann aber auch die Widerstände, deren Intensität mit

32 Paul Strebel: Den richtigen Weg des Wandels wählen, in: Mastering Management, IMD, Lausanne, 1998, S. 625

33 Paul Strebel, a.a.O., S. 627

der Realisation von Veränderungen zunimmt und dadurch oft als Gegenpol zu Innovationen wahrgenommen wird.

Wie groß die Chancen für ein

- stringentes und
- effizienzorientiertes Change Management
- in unterschiedlichen Modellumgebungen sind,

sollen die Erfahrungen aufzeigen.

Adäquate Lösungen über idealtypische Strukturen sind nicht realitätsnah, gewünschte und überlappende Auswirkungen zugunsten einer Addition von Vorteilen oder Minimierung von Nachteilen erfahrungsgemäß praktikabler, soweit es sich aus der Betriebs – und Volkswirtschaft als Referenz ableiten lässt.

Eine allumfassende Betrachtung vorhandener Modelle ist einerseits quantitativ nicht fassbar, andererseits sollen möglichst qualitative Aussagen getroffen werden, die einen fallweisen Einsatz empfehlenswert erscheinen lassen.

2.3 New Public Management (NPM / PUMA)

„**PUMA** ist die jüngste Raubkatze in der OECD, geboren am 01.Januar 1990." Mit dieser Einleitung begann in Kiel am 04. März 1993 Derry Ormond seinen Vortrag im Rahmen eines Expertentreffens zum Thema „Der öffentliche Sektor der Zukunft." In seinen Ausführungen wurde deutlich, dass Public Management (PUMA) in vielen Staaten der Erde eine enorm dynamische Entwicklung durchläuft. Aus diesem Grund wurde PUMA zum neuen Forschungsbrennpunkt der OECD gewählt.

Public Management (im weiteren PM) versucht, „verschiedene, bisherige, auf das politisch –administrative System bezogene Forschungseinrichtungen wie Verwaltungslehre, Verwaltungswissenschaft, Public Administration, Policy Science, Verwaltungssoziologie und öffentliche Betriebswirtschaftslehre für sich fruchtbar zu machen und außerdem im angelsächsischen Bereich sowie zum Teil auch im benachbarten europäischen Ausland schon früher – unter der Bezeichnung Public Management – vorfindbare, vergleichbare Ansätze in sich aufzunehmen.

Andererseits ist PM für Wissenschaft und Praxis in der Bundesrepublik Deutschland bis auf ganz wenige Versuche auf folgenden Gründen weitgehend neu:

- Der Ansatz versucht, aus der Verbindung von öffentlichem Sektor und Managementwissen Erkenntnisfortschritte für Theorie und Praxis zu gewinnen; er versucht, situativ für den öffentlichen Sektor aus dem Bereich von Unternehmenstheorie stammende Managementkonzepte weiterzuentwickeln und zu modifizieren

- PM betrachtet das Managementsystem für den öffentlichen Sektor integrativ und geht von der Annahme aus, dass sich Managementaufgaben zwar nicht identisch, aber doch in vergleichbarer Weise sowohl für Regierung, Parlament und Parteien als auch für die Administration im engeren Sinne und für öffentliche Unternehmen, gemeinnützige Einrichtungen und Verbände darstellen

- PM versucht, integrativ zu sein, indem es die unterschiedlichen Sichtweisen und Erträge der einzelnen auf den öffentlichen Sektor bezogenen Disziplinen (Jura, WiSo) miteinander verbindet

- PM ist bemüht, nicht nur Theorieentwicklung zu leisten, sondern Theorie – soweit möglich – empirisch zu fundieren und daraus praxisbezogene Handlungsanstöße abzuleiten.

...Inzwischen haben sich Basiselemente und Erfolgsfaktoren für PM herauskristallisiert, die fast durchgängig mit den Führungs-, z. Teil auch mit den Sachfunktionen zusammenhängen.“[34] (Vgl. Abb. 6)

Im Falle einer Zuordnung von neuen Steuerungskonzepten zur anfangs angestoßenen Produktivitätsdebatte ist anzumerken, dass eine neue Steuerung auch von dazu befähigten Managern initiiert sein muss, um das Principle -Agent - Problem nicht auf einer höheren Ebene unlösbar wiederzufinden.

Zusätzlich ist der Einsatz neuester Informations – und Kommunikationstechniken unverzichtbar, um fachübergreifenden Know – how – Transfer zu ermöglichen und Synergieeffekte auszunutzen. Letztlich führen diese Verknüpfungen zu einem besseren Preis–Dienstleistungsverhältnis, zu einem optimierten Ressourceneinsatz und einer effizienzunterfütterten Outputsteuerung.

---

34 Damkowski, Wulf; Precht, Claus: Public Management, Neuere Steuerungskonzepte für den öffentlichen Sektor, Stuttgart, 1995, S. 77- 80

• Globalbudgets mit Periodenöffnung • Kennzahlenkontrolle • Profit-/Cost-Center • Leasing/Sponsoring • Kommunal-Holding • Beteiligungscontrolling	• Vereinbarungen • Kontrakte • Förderung kreativer statt reaktiver Verhaltensmuster • Incentives • Laufbahnflexibilisierung • motivationale CI-Strategien • Unternehmenskultur und -ethik • Funktions- und Kompetenztransfer
Ergebnisverantwortung Budgetverantwortung Performance Management	Anreizsysteme Personalentwicklung Kennzahlen-Personalführung (weiche Steuerung)
Erfolgsfaktoren **PUBLIC MANAGEMENT** Ziele: Formulierung * Realisierung * Stabilisierung	
Kunden- und Wettbewerbsbewußtsein Dienstleistungsmentalität	Flache Organisation Komplexitätsreduzierung Reduzierung der Fertigungstiefe
• Benchmarking (Vergl. m. Externen) • Bürgernähe • Klienten-/Kundenverständnis • Service Promises • just in time • Service Standards • TQM ab Prozeßbeginn • Marketing mit innovativen Diensten und line extensions • Auditing • Interner Wettbewerb	• Synergieeffekte • Aufgabenreduzierung – cut back • Aufgabendelegation – make or buy – Contracting Out • rückläufige – Detailübersteuerung – Zieluntersteuerung – Spezialkompetenz • Ressourcenverantwortung • Projektorganisation

Abbildung 6: Erfolgsfaktoren für das Public Management

Bei allem Bemühen und Einsatz aller Möglichkeiten und Fähigkeiten darf dennoch nicht übersehen werden, dass auch die extremste Annäherung an Unternehmenskonzepte der Privatwirtschaft ihre Grenzen im öffentlich – rechtlichen Auftrag, im Vertrag mit dem Bürger/ Kunden und in der Sicherstellung der aktiven Daseinsvorsorge findet.

Auf der anderen Seite darf die Argumentationskette nicht zu einer Verweigerung von Servicedenken und Dienstleistungsmentalität missbraucht werden. Public Management erfordert mentale Änderungen, genauer gesagt, ein neues Managementdenken. Nicht nur für die erste und zweite Ebene.

Vielleicht wird der Paradigmenwechsel vom bloßen verwalten zum gestalten und Dienste leisten deutlicher, wenn sich das Management öffentlicher Verwaltungen vom PM zum „Voll-Service-Dienstleister“ wandelt, indem insbesondere erfolgreiche Konzepte für Kundenzufriedenheit die traditionell möglichen Fähigkeiten und Fertigkeiten des PM anreichern!?

Wenn Stadtvorstand (OB + Dezernenten), Politik (Rat) und Hauptverwaltungsbeamte (Kämmerei, Hauptamt, Personal) bereit sind,im Rahmen einer Neuordnung höhere Autonomiegrade an die Peripherie zu verlagern, wenn Fach – und Ressourcenverantwortung deckungsgleich werden, wenn die Querschnittsämter zu Dienstleistern in Form einer Verwaltungs – und Service – Organisation (GmbH?) werden, die sich im Wettbewerb für die Kommune zu optimalen Bedingungen mit zu verteilenden Ressourcen eindeckt, wenn die Kompetenzverteilung von Rat = Vision und Strategie und Verwaltung =Controlling und Umsetzung sowie in der Mitarbeiterebene =Entscheidungsvorbereitung, Motivation und Anreize funktioniert, dann besteht ein echtes NEW PUBLIC MANAGEMENT.

Damit wäre auch der Grundstein eines „Management by results“ gelegt, nämlich Ressourceneinsatz für erforderliche und ziel – sowie ergebnisorientierte Produkte und Dienstleistungen im Sinne eines Produktbuches oder Haushaltsbuches (sh. u.a. Duisburg, Münster, Leipzig).Zusätzlich wird ein interner Wettbewerb geschaffen, der sich mit Externen auseinandersetzen muss. Vergabe nur bei besserer Leistungsfähigkeit.

New Public Management als Antwort auf einen weltwirtschaftlichen und administrativen Paradigmenwechsel ? So ordnet der Geschäftsführer einer großen Consulting für die öffentliche Hand das NPM ein.[35]

Die finanzielle Überwälzung des für staatliche Aufgaben erforderlichen Finanzbedarfs auf Steuern und Abgaben funktioniert nicht mehr. Die Neuverschuldung wächst, die Unernehmenssteuern sinken und die Zuweisungen durch Bund und Land an die Kommunen nehmen fast ebenso schnell ab wie die von Bund und Land zugewiesenen und nicht finanzierten Aufgaben zunehmen. **Das Konnexitätsprinzip wurde bereits ad absurdum geführt.**

Einen Ausweg aus der derzeitigen Krisensituation scheint das NPM zu bieten. Mit Innovationen und Wettbewerb werden neue Versorgungsformen und Lasten-

---

35 Dumont du Voitel, Roland: New Public Management, Internationale Erfahrungen und Beiträge, 1996, S. 39 - 43

verteilungen entwickelt, Besitzstände der öffentlichen Bediensteten abgebaut und Raum für den Wandel in und zwischen den Handelnden innerhalb und außerhalb der Verwaltung geschaffen.

Die verfügbaren Verwaltungsreformansätze, welche die lineare und passive Ebene zugunsten der schlanken Organisation bereits passiert haben, führen aber nur dann zum Erfolg, wenn das NPM aus den öffentlichen Verwaltungen konzernmässig gesteuerte Dienstleistungsunternehmen mit kunden – und bürgergerechtem Profil gemacht hat. Dazu bedarf es nach Dumont de Voitel: [36]

- „einer strategischen Führung durch Regierung und Parlament, operative Führung und Umsetzung durch Verwaltung und Dritte

- wirkungsgeführter Verwaltungseinheiten aufgrund von Leistungs – und Kostenvorgaben (Leistungsaufträge und Globalbudgets)

- Qualitätssicherung (Outcome – Orientierung)

- Bürger – und Kundennähe (Zufriedenheitsanalysen)

- Systematischer Rationalisierung durch Benchmarking, Wettbewerb und Evaluierung.“

Das Gegenseitigkeitsgeschäft, sofern es so formuliert werden darf, bedeutet verkürzt:

Wirksamkeit gegen Autonomie !

Die Hemmnisse des Haushalts-, Personal – und Organisationsrechts können bei intelligenter Auslegung und Anwendung durchaus überwunden werden, die Experimentierklauseln der Kommunen bieten Öffnungsklauseln und Gestaltungsfreiräume. NPM hilft dabei. Als Basis für das Neue Steuerungsmodell **(NStM).**

Als Dach und eventuell zugleich als Basis für das **(NStM). Ist diese Doppelfunktion überhaupt möglich?**

Die Antwort bedarf der **Fokussierung auf das NPM** und der Konkretisierung dieses Modells:

---

36 Dumont du Voitel, Roland: a.a.O., S. 44

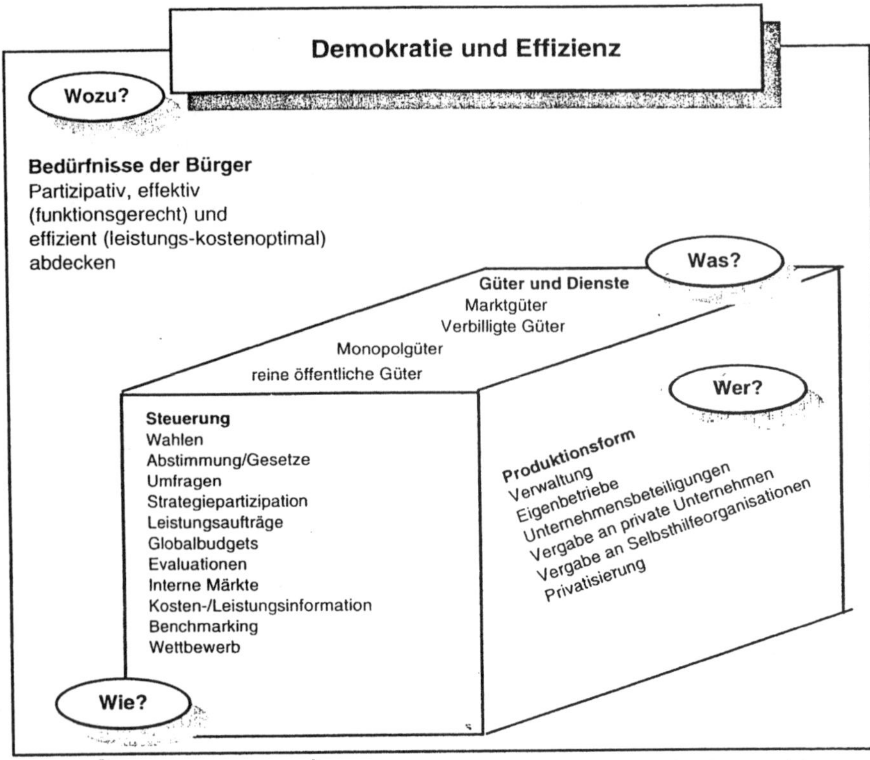

Abbildung 7: Demokratie und Effizienz; Die Bedürfnisse der Bürger
Quelle: Prof. Dr. Ernst Buschor: Verwaltungsführung im Paradigmenwechsel, in: Dumont du Voitel, Roland: New Public Management, Heidelberg, 1996

NPM ist, zusammengefasst, ein Reformansatz für die öffentliche Verwaltung, der seit den achtziger Jahren in den OECD – Staaten zunehmend praktiziert wird. In der Schweiz und in Deutschland ist diese Entwicklung noch nicht so stark ausgeprägt und entsprechend zögerlich umgesetzt. NPM umfasst eine Reihe von Elementen, die in der Praxis recht unterschiedliche Gewichtung erfahren:

1. Die politische Führung wird von der administrativen Führung **getrennt**, indem auf der politischen Ebene Leistungsaufträge an die öffentliche Verwaltung formuliert und mit einem Globalbudget verknüpft werden. Im Gegensatz zur traditionellen Detailbudgesteuerung (Input) steht nun die Verwaltungslei-

stung (Output) im Vordergrund politischer Debatten. Die Fragen der Umsetzung finden sich an die Verwaltungsführung delegiert.

2. Das Verwaltungshandeln wird nicht nur auf seine Ordnungsmäßigkeit hin kontrolliert, sondern konsequenterweise auch **auf** seine **Wirksamkeit geprüft**. Die Prüfungsresultate werden laufend im Führungsprozess berücksichtigt.

3. Durch eine **konzernähnliche Unterteilung** der Verwaltung werden Ergebnisverantwortung und Motivation gestärkt und zugleich die operative Flexibilität erhöht. Darüber hinaus werden Kooperationen mit anderen Gebietskörperschaften erleichtert.

4. Die **organisatorische Trennung** von Leistungskäufer und – erbringer bildet eine mögliche Voraussetzung für das Entstehen von Wettbewerb

.

5. Wettbewerb kann auf mehrfache Weise eingeführt werden. Zum Beispiel schreibt eine Verwaltung Leistungen öffentlich aus, um deren Vergabe sich mittelbewirtschaftende Verwaltungsabteilungen wie auch Wettbewerbsunternehmen im Rahmen einer Ausschreibung gleichermaßen bewerben können.

   Ebenfalls sind kommunale und interkommunale Leistungsvergleiche möglich. Das **Benchmarking** mit Unternehmen/ Organisationen außerhalb der Verwaltung gehört mit in die Bewertung.

6. Produktorganisation und Prozessorganisation, überwiegend als **Geschäftsprozessmanagement** wegen des ganzheitlichen Ansatzes bezeichnet – gewinnt zunehmend Bedeutung. Erst durch eine stringente Orientierung auf Kernprozesse und ein adäquates Input – Outputverhältnis, überwiegend ergebnisorientiert, ermöglicht, die sogenannte „organisierte Unverantwortlichkeit“ in der öffentlichen Verwaltung auf ganzer Linie abzustellen.

7. Die Beteiligten und Verantwortlichen werden so intensiv in den permanenten und gesamten Geschäftsprozess (umfassende Erstellung von Produkten und Dienstleistungen für den Bürger/Kunden) eingebunden, dass Zuständigkeit und Verantwortung umfassend gegeben sind.

Die Vorstellungen der KGSt für den erforderlichen Umbau der Kommunalverwaltung hin zum Dienstleistungsunternehmen sehen die Realisierung dreier Maßnahmebündel vor:

- **Die Leistung (-sfähigkeit) der Kommune kennen**
  bedeutet, die Inputseite ebenso zu kennen wie die Outputseite. Es fehlen überwiegend die Definitionen für Menge, Qualität, zu erreichende Zielgruppe, die gesellschaftlich angestrebte Wirkung.
  Dazu bedarf es der Erhebung
  - von Informationen und der
  - adäquaten Zielgruppenentscheidungen

- **Dezentrale Führung in Form der ganzheitlichen Managementverantwortung der Fachbereiche**
  Verlangen ein Verlagern der Entscheidungsverantwortung nach unten. Zusätzlich zur Fach – muss auch die Ressourcenverantwortung übertragen werden.
  Dazu gehören fachübergreifende Ressourcenaustausche mit zeitlich, quantitativ und qualitativ höheren und bedarfsgerechten Leistungsspektren (z.B. Kontraktmanagement). Ebenfalls gehören dazu Controlling und Benchmarking.

- **Eine klare Verantwortungsabgrenzung von Politik und Verwaltung**
  Aufgabe der Politik ist es, über die strategische Entwicklung der Kommune zu entscheiden, der Verwaltung Ziele zu setzen, Leistungsaufträge zu erteilen und deren Erfüllung zu kontrollieren.
  Dazu gehört verwaltungsseitig die Verpflichtung, die Leistungsaufträge
  - eigenverantwortlich ohne politische Eingriffe zu erfüllen
  - und ein entsprechendes Berichtswesen zu leisten.[37]

Die Vorgaben des NPM wie

- Überprüfen des politischen und Verwaltungshandelns auf Wirksamkeit
- Trennung von Leistungseinkäufer und Leistungserbringer, Benchmarking und Wettbewerb

---

37 Banner, Gerhard: Das neue Steuerungsmodell der KGSt, Heidelberg, 1994, S. 26 – 30, in: Dumont de Voitel, Roland: Dienstleistungsunternehmen Stadt, Heidelberg, 1994

- Geschäftsprozessmanagement
- Globalbudget
- Konzernorganisation

finden sich inhaltlich in den Detailbeschreibungen des NStM wieder. Es entsteht der Eindruck, als ob das NPM das Dach sei, unter dem die Ausführungsbestimmungen auf nationaler Ebene und innerhalb der Kommunen über das NStM erfolgten.

Insofern lässt sich die Eingangsfrage zu einer eventuellen Doppelfunktion des NPM in der Form beantworten, dass es

- sowohl das Dach über den Vorgehensstufen des Neuen Steuerungsmodells bildet
- als auch die Ideen, Anstöße und umsetzungsfähigen Modellvarianten für die Veränderungen innerhalb der Kommune und den Beteiligungen grundlegend waren und sind (Basisbildung).

2.4 Neues Steuerungsmodell (NStM)

Die Bausteine des Neuen Steuerungsmodells werden in Form einer Dienstleistungspyramide als Erfolgsformel für die Zukunft beschrieben: durch

- wenig machtbezogene Kontrolle,
- viel bürgerorientierte Steuerung und wie folgt zugeordnet (Abb. 8):

Um über das NPM in die Realitätsebene des NStM zu gelangen, sollten auf dem Weg von der Behörde, von der „Veraltung“, wie es ein Verwaltungsfachmann nennt, zum Dienstleister Projektstufen eingerichtet werden, welche sich an qualitativen Vorgehensweisen im Rahmen eines Geschäftprozessmanagements orientieren:

„***Richtung vorgeben:*** *Die Einführung eines bürgerorientierten, preiswerten und damit konkurrenzfähigen Dienstleistungsangebotes ist Leitmotiv für die Neuorganisation der Verwaltung. Dies macht u.a. eine Erhöhung der Produktqualität, eine Verbesserung der Flexibilität und eine Effektivitäts – und Effizienzsteigerung erforderlich.*

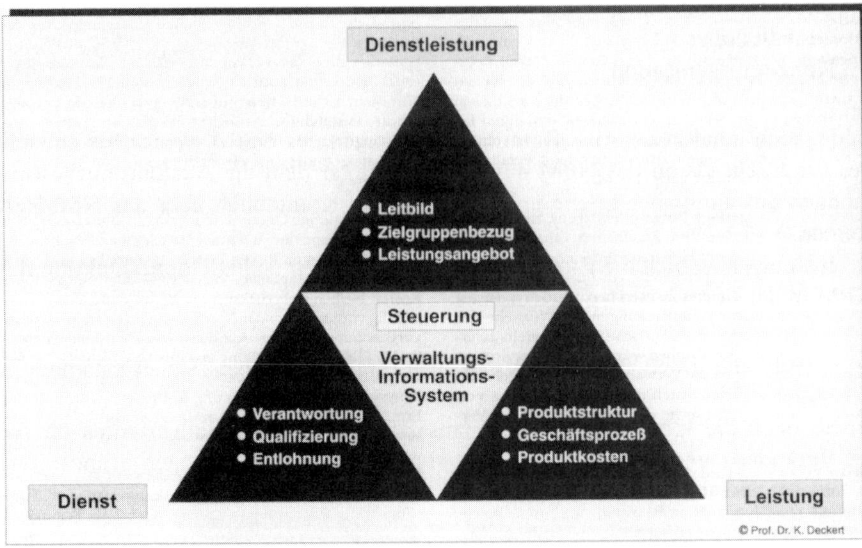

Abbildung 8: Bausteine des Neuen Steuerungsmodells
Quelle: Deckert, Klaus; Wind, Ferdinand: Das Neue Steuerungsmodell. Von der Vision zur Aktion, Köln, 1996, S. 20

Die Einführung des NStM kann nur dann gelingen, wenn zwischen Rat und Verwaltungsführung Konsens über das angestrebte Vorhaben und die Vorgehensweise besteht.

Produkte aufgeben: Im Rahmen einer Produktbeschreibung sind zunächst sämtliche durch die Kommune zu erbringenden Produkte (Leistungen) und Geschäftprozesse zu definieren. Dabei ist zwischen in – und outputorientierten Produkten zu unterscheiden. Im Gegensatz zu inputorientierten Produkten, die lediglich über einen verwaltungsinternen Nutzen verfügen, erbringen outputorientierte Produkte einen direkten Nutzen für die Bürger.

Geschäftsprozesse optimieren:

Anhand der Geschäftsprozesse kann die Bildung produktorientierter Organisationseinheiten erfolgen. Unter der Berücksichtigung von wirtschaftlichen und produktiven Gesichtspunkten soll eine Leistung angeboten werden, die vom Bürger einfach und kostengünstig wahrgenommen werden kann. Von 30 Arbeitsschritten, die für den Arbeitsablauf >Personalausweis ausstellen< erforderlich *waren, sind nach einer Organisationsuntersuchung und Geschäftsprozessoptimierung lediglich 18 Arbeitsschritte verblieben.*

Einführung einer ADV - Unterstützung

Die vorgenannten Richtungsänderungen, Produkterstellungen und Geschäftsprozessoptimierungen im Rahmen des Verwaltungshandelns erfordern aktive ADV – Unterstützung zur Stabilisierung und Qualitätssicherung, aber auch zur Dokumentation mit entsprechenden Zugriffszeiten und Zugriffsmöglichkeiten.[38]

Diese Projektorganisation soll die Modernitätsdefizite in öffentlichen Verwaltungen durch diese definierten Projekte abbauen und letztlich beseitigen.

Abbildung 9: Projektskizze des stufenweisen Vorgehens der Einführung des Neuen Steuerungsmodells in öffentlichen Verwaltungen / Beteiligungen Quelle: Deckert / Wind: a.a.O., S. 22

Angelehnt wird dabei an den Bestseller von Peters und Watermann „On Search for Excellence“, in dem deutlich wird, was man - auch in der öffentlichen Verwaltung- insbesondere von Spitzenunternehmen lernen kann, nämlich u.a. die Grundtugenden

38 Deckert, Wind: a.a.O., S. 23

- Primat des Handelns
- Sichtbar gelebtes Wertsystem
- Produktivität durch Menschen
- Nähe zum Kunden
- Einfacher, flexibler Aufbau. [39]

Soweit die Theorie. In der Wochenzeitung „Die Zeit“ vom 16.07.1998 heißt es immerhin noch: **„Die deutsche Verwaltung stagniert auf hohem Niveau.“** Der Stadtdirektor im sauerländischen Arnsberg hatte bei Dienstantritt eine Familie durch den sogenannten Behördendschungel geschickt. Zur Neuanmeldung. Das Ergebnis war niederschmetternd. „Mehr als Fünfeinhalb Stunden haben die Leute...gebraucht“, so der Verwaltungschef. Das soll sich ändern.

Bisher bleiben in den meisten deutschen Kommunen die erforderlichen Änderungen aus. Überwiegend wird versucht, die Finanzlage mit den unterschiedlichsten Mitteln zu verbessern, oder, wie beispielhaft in einigen Großstädten geschehen, **werden die Schulden** aus dem Haushalt in Beteiligungsgesellschaften **verlagert.**

Es kann auch geschehen, dass fern der Kämmerei plötzlich eine Vielzahl von Controllern auftaucht, obwohl, bei Nachfassen, diese Mitarbeiter **weder Ausbildung noch Erfahrung mit der Materie** haben. Das ist dann auch nicht erforderlich, wenn sie sowieso finanzfremd eingesetzt werden. Teams werden genauso häufig wie Produkte gebildet. Ebenso oft wie inhaltsleer. Vieles ist nur deklariert, Papier ist geduldig.

Reorganisationsvorhaben mit dem Ziel einer besseren Bürgerversorgung oder Kundenzufriedenheit **scheitern** bis auf Ausnahmen **an der Regelungs – und Machtbesessenheit** der Querschnittsämter und der Politiker, welche Angst haben, angebliche Kompetenzen abzugeben, sei es die Überwachung der Beschaffung geringwertigen Büromaterials oder die Zustimmung zu Beförderungen von BAT VIII nach BAT VII, mit Bewährung, Auflagen und Rückholrecht, wenn es denn möglich wäre.

Bereits 1993 hat der damalige OB der Stadt Köln darauf hingewiesen, dass ohne **nachhaltige Verhaltensänderungen** aller in der Kommune am Leistungserstellungsprozess Beteiligten die dann entstehende Belastung der Nachfolgegenerationen nicht verantwortbar ist.

Das Thema war damals so aktuell wie es heute ist: „Die **neue Finanzkrise** kann nur bewältigt werden durch radikales Sparen, durch eine umfassende Überprüfung des öffentlichen Leistungsspektrums. Der gesamte öffentliche Leistungsapparat muss auf den Prüfstand....Diese Sparpolitik macht aber nur dann Sinn,

---

39 Deckert, Wind: a.a.O.: S. 6

wenn jede Ebene Konsolidierungsreserven zuerst und vor allem im eigenen Kompetenzbereich sucht. **Unsolidarisches Abwälzen von Lasten** > nach unten < **täuscht notwendige Sparerfolge vor** und **ist als Lösungsansatz** in einem föderalen Staat **untauglich und unfair.**“ [40]

Was damals übermächtig als **Finanzkrise** erschien, die anscheinend mit klassischen Sparhaushalten und Sonderzuweisungen zu lösen war, hat sich heute zu einer **Systemkrise** entwickelt. Es reicht in der Tat nicht aus, darauf verweisen zu können, dass Rat und Verwaltung es geschafft haben, sich im Rahmen der veranschlagten Haushaltsmittel bewegt zu haben. Es fehlen z.B. die Aussagen darüber, ob die Ausgaben **überhaupt nötig** waren und welche **Wirkung** sie erzielt haben oder ob die **Ergebnisse** auch auf andere und **sinnvollere Weise** herbeigeführt werden konnten. Dabei geht es unter anderem um In – und Outsourcing, um Produktion und Vergabe von Leistungen.

Ein zentrales Element auf dem Weg zur Modernisierung der Verwaltungen sehen die Gremien des Deutschen Städtetages (DST) in der Beschreibung von **Produkten als Abbild der Leistungserstellung**. Die Produkte dienen u.a. als

- Grundlage für eine Verwaltungskostenrechnung
- Orientierung für eine ergebnisbezogene Steuerung
- Grundlage für Planungen und Entscheidungen sowie der Controllingverfahren
- Orientierungsmaßstab für OE und Geschäftsprozesse
- Orientierungsmaßstab für das Personalmanagement
- Anknüpfebene für Qualitäts – und Kontraktmanagement.[41]

Allerdings arbeiten erst etwas mehr als 100 von 273 Mitgliedsstädten mit Produkten. Vielfach steht die Arbeit für, an und mit Produkten noch am Anfang. „Die größten Effekte zeigen sich bislang in einem beginnenden Mentalitätswandel der Bediensteten, der über ein höheres Kostenbewusstsein und eine **in Ansätzen verbesserte Leistungsausrichtung** auf die Zielgruppen sichtbar wird.

Es ist zu erwarten, dass auch die tatsächlichen Effiziensteigerungen und Einsparungen der Personal – und Sachkosten erfolgen werden, wenn die Beschreibung und Einführung von Produkten mehr und mehr Fuß fasst.“ [42]

Der Deutsche Städtetag hat weiter als Eckwerte der Veränderungen Effektivität und Effizienz genannt und die Kundenorientierung und die Außenwirkung in den Vordergrund gestellt.

---

40 OB Norbert Burger: Vortrag Städte in Not in: Dokumentation der außerordentlichen Hauptversammlung Deutscher Städtetag in Bonn, 1993, S. 17

41 Deutscher Städtetag: Geschäftsbericht, Köln,1999, S. 148

42 Deutscher Städtetag, a.a.O.

Die Reformbemühungen könnten aber nur greifen, wenn sie von allen Beteiligten unterstützt würden. Das ist nicht der Fall. Die Vorbehalte in der Politik und bei den Bediensteten sind gemäß der 3. Umfrage zur Verwaltungsmodernisierung wieder angestiegen.

Der Koreferent des Stadtkämmerers der Stadt München, Thomas Schmatz, bemängelt ebenfalls in Bezug auf den jetzt und unerwartet eingeschlagenen Sparkurs seines Chefs: „damit hätte man etwas früher anfangen können.“ [43] In dieser Reaktion bestätigt sich das vorher Gesagte in der Form, als die Beteiligten immer noch nicht begriffen haben, dass sie aktiv statt reaktiv agieren müssen. Der Stadtkämmerer, Klaus Jungfer, bemängelt in der gleichen Ausgabe, dass die Stadt München sich diesen Schuldenstand nicht leisten kann und insofern die Schmerzgrenze überschritten sei. Diese sehr diplomatische Formulierung bedeutet nichts anderes, als dass die Landeshauptstadt bereits konkursreif ist.

Damit nicht der falsche Eindruck entsteht, dass es sich hierbei um ein typisch bayrisches Problem handelt, sei angemerkt, dass der OB der Stadt Mainz in seiner Antrittsrede 1998 nachdrücklich unterstrichen hat, dass die Stadt nur noch Ausgaben leisten werde, die einerseits erforderlich, andererseits finanzierbar seien. Der Finanzdirektor der Stadt Mainz hat, aufbauend auf dieser Aussage, ein Drei – Säulen- Modell und ein Zehn – Punkte- Programm entwickelt, welches einerseits die aktuelle Verschuldung zurückführen und andererseits langfristig die Altlasten und Kassenkredite reduzieren kann, um die Landeshauptstadt wieder handlungsfähig zu machen. Der OB als verantwortlicher Vorstandsvorsitzender des Konzerns Stadt Mainz und zugleich Finanzdezernent hat die eigenen Erklärungen in der Form ad absurdum geführt, als die Selbstverpflichtung nicht eingehalten, sondern statt dessen eine Verschlechterung der Haushaltslage von 1999 bis 2002 um ca. 20% festzustellen ist. Interessant ist diese Feststellung vor dem Hintergrund mehrerer Rügen der Rechtsaufsicht und des nichtausgeglichenen Haushaltes.

Nicht nur deshalb, aber auch wegen weiterer Kommunen, die noch einen weiten Weg gehen müssen, werden inzwischen die sogenannten „10 Thesen zur Verwaltungsmodernisierung“ als Richtschnur für notwendige Veränderungen beibehalten, unterstützt und kommuniziert.[44]

Zunächst ist eine Betrachtung dieser kompakten Aussagen wichtig, im Anschluss an die visuelle Aufbereitung erläutern Deckert und Wind die einzelnen Statements.

---

43 Süddeutsche Zeitung vom 23.07.2001, Internet – Ausgabe, 16: 48 Uhr

44 Deutscher Städtetag, a.a.O., S. 149

10 Thesen für die moderne Verwaltung

1. Das Neue Steuerungsmodell hat einen Reformprozeß in Gang gesetzt.
2. Die momentane Bereitschaft zur Veränderung muß kurzfristig genutzt werden.
3. Die Politik ist frühzeitig in den Reorganisationsprozeß einzubinden.
4. Produkte/Projekte sind die Basis des Neuen Steuerungsmodells.
5. Ziel der Reorganisation ist die Optimierung der Geschäftsprozesse.
6. Produktkalkulationen ermöglichen einen interkommunalen Vergleich.
7. Qualifiziertes und motiviertes Personal sind entscheidende Erfolgsfaktoren.
8. Managementverantwortung und Budgetverantwortung sind nicht zu trennen.
9. Der Weg des Gemeinschaftsprojektes ist für den Modernisierungsprozeß richtungsweisend.
10. Die Erfolgsformel der Zukunft lautet
    - wenig machtbezogene Kontrolle
    - viel bürgerorientierte Steuerung.

Abbildung 10: 10 Thesen für die moderne Verwaltung
Quelle: Deckert, Klaus und Wind, Ferdinand: Das Neue Steuerungsmodell, Von der Vision zur Aktion, Köln, 1996, S. 28

*„**Zu 1**: Die bisherigen Strukturen einer Kommunalverwaltung sind fest und unbeweglich. Durch das Neue Steuerungsmodell kommt Bewegung in die scheinbar unverrückbare Struktur.*

***Zu 2**.: Der Reformprozess kann jedoch nur gelingen, wenn Politik-, Verwaltungsführung und Mitarbeiter sowie die Einwohner als Kunden der Verwaltung dieser Neuordnung trotz möglicher Umstellungsschwierigkeiten positiv gegenüberstehen.*

***Zu 3**.: Die Politik spielt eine entscheidende Rolle, da sie in den Vertretungen die Ziele, die in dem Gemeinwesen erreicht werden sollen und damit das Aufgabenspektrum festlegt.*

***Zu 4**.: Zu den Kernpunkten des Neuen Steuerungsmodells zählt die Definition der Verwaltungsleistung als Produkt. Für jedes Produkt ist ein Ziel und eine Zielgruppe vorzugeben, damit eine nachfrageorientierte Steuerung der Verwaltung möglich wird.*

Traditionelle Verwaltung		Neue Verwaltung
Erlaubt ist, was vorgeschrieben ist (verfahrensgesteuertes Gleichheitsprinzip)	***Steuerung***	Erlaubt ist, was nicht verboten ist (Innovations- und Erfolgsprinzip)
Konditionale Führung durch Vorschriften (wenn ..., dann ...)	***Führungsstil***	Zielorientierte Führung mit Delegation
Zentrale, bürokratische Entscheidungen	***Delegation***	Stufengerechte, eigenverantwortliche Entscheidungen
Verfahren	***Steuerungs-form***	Zielvorgaben mit Kontrollen, Soft law
Aspektorientiert (Weisungen, "Spezialisten")	***Entwicklung***	Kundenorientiert, interdisziplinär
Sprunghaft (Neuregulierung)	***Verbesse-rungen***	Ständig, partizipativ, dezentral
Budget- und Stellenplansteuerung, Beamten-beförderungsautomatismen (Inputsteuerung)	***Instrumente***	Leistungslohn, Kostenrechnung, Global-budget, Empowerment
Nullfehlerkultur (keine Kritik, schnelle Reak-tion auf öffentliche Kritik)	***Qualität***	Kundenorientierte Qualitätssicherung

Abbildung 11: Traditionelle versus Neue Verwaltung

Verwaltungsreformansätze

	Linear ("mean")	**Passiv ("dean")**	**Schlank (NPM) ("lean")**
Konsolidierungs-methoden	Lineare Ausgabenkürzungen Lobbies schonen	nicht weh tun sanfte Umverteilung durch stufenweise Steuer- und Ausgaben-erhöhungen	Produktivitäts- und Leistungssteigerung Abbau der Automatismen (Indexklauseln, Beamten-status etc.)
Reorganisations-maßnahmen	Schnellschüsse Wehrlose belasten	Beruhigungs- (Schein-) Reformen vorschieben auf externe Berater	Förderung der Innovation Neue Lastenverteilung Offene Kooperation
Zukunftsbewäl-tigung	Ist-Zustand erhalten	Ist-Zustand möglichst erhalten	Neue Versorgungsformen durch Innovation und Wettbewerb

Abbildung 1Verwaltungsreformansätze

Zu 5.: Eine Optimierung der Verwaltungsprozesse ist besonders wichtig, damit das Neue Steuerungsmodell nicht zum Selbstzweck wird und latente Effektivitäts – und Effizienzsteigerungspotentiale möglichst rasch und schrittweise realisiert werden, um nicht nur eine alte Begrifflichkeit durch eine neue zu ersetzen.

Zu 6.: Eine Produktbeschreibung ist Grundlage für die Ermittlung der zur Herstellung des Produkts benötigten Ressourcen. Für diese können dann Kennzahlen und Wirtschaftlichkeitsziffern errechnet werden.

Zu 7.: Eine erfolgreiche Modernisierung der Verwaltung kann nur stattfinden, wenn das Personal bereit ist, sich an diesem Prozess zu beteiligen. Denn die bewusste Übernahme von Mitverantwortung ist besser als jegliche Kontrolle.

Zu 8.: Die Management – und Budgetverantwortung dürfen nicht getrennt werden. Wer über eine Sache entscheidet, muss auch die Entscheidung über die entsprechenden Finanzfragen treffen können.

Zu 9.: Im Gemeinschaftsprojekt der KDVZ Rhein – Erft - Rur wird der Modernisierungsprozess der öffentlichen Verwaltung vorangetrieben. Für den Modernisierungsprozess ist die Erfüllung einer Reihe von Prinzipien erforderlich. Oberster Grundsatz in den Projekten ist „einmal entwickeln, x- mal anwenden."

Diesen Grundsatz leben die Kreise, Städte und Gemeinden der KDVZ Rhein – Erft –Rur beispielhaft vor. Die Automation folgt der Organisation im gesamten Reformprozess. Dabei gilt es, für jedes Untersuchungsfeld individuelle Lösungen zu erzielen., durch Optimierung Einsparungen zu realisieren und die neuen Geschäftsprozesse mit ADV- Unterstützung zu stabilisieren.

Zu 10.: Um für die Zukunft die erfolgversprechenden Maßnahmen starten zu können, bedarf es wenig machtbezogener Kontrolle aber viel bürgerorientierter Steuerung.

Dieses ist die Erfolgsformel des Neuen Steuerungsmodells.

Die Bertelsmann – Stiftung hat im Rahmen der Verleihung des Carl – Bertelsmann- Preises 1993 die Teilnehmer am Wettbewerb dahingehend gewürdigt, als exemplarische Konzepte ausgezeichnet wurden, welche den traditionellen Behörden die Entwicklung zu demokratisch kontrollierten Dienstleistungsunternehmen ermöglichen. „In der Projektarbeit wurde deutlich, dass ein enormer Handlungsbedarf besteht, Verwaltungsstrukturen in Richtung auf Effizienz, Effektivität, Bürgernähe, Flexibilität und Mitarbeiterorientierung zu entwickeln."

Die auszeichnungswürdigen Städte

- Duisburg in der Bundesrepublik Deutschland
- Farum in Dänemark
- Hämeenlinna in Finnland
- Braintree in Großbritannien
- Quebec in Kanada
- Christchurch in Neuseeland
- Delft und Tilburg in den Niederlanden
- Neuchatel in der Schweiz
- Phoenix in Amerika

haben überwiegend die vorangestellten zehn Thesen für die moderne Verwaltung initiiert und entwickelt, wir haben sie jetzt zu den „zehn Geboten der Reformverwaltung" gemacht.

Keiner der Teilnehmer kann sich auf den Lorbeeren dieses Zwischenergebnisses

auf dem Weg zum Optimum der Leistungserstellung

für den Bürger ausruhen. Anreiz und Hilfestellung zur dauerhaften Überprüfung von

Effektivität und Bürgernähe

geben Deckert / Wind mit der nachfolgenden Checkliste (abb. 13):

Diese Fragen verlangen auf den ersten Blick eine Beantwortung, denn die bisherigen Analysen und Resultate fordern dies geradezu heraus. In vielen Beispielen in einer Vielzahl von Kommunen werden die entsprechenden Antworten, auch beispielhaft und modellhaft, gegeben.

Die Erfahrungen mit dem Neuen Steuerungsmodell, Wirkungsweisen und Änderungsbedarf bedürfen nach einer aufgrund der fulminanten Fülle vorliegender Erfahrungen in Kommunen, auf Landkreis – und Landesebene einer Zuordnung und Bewertung.

1. **Welchem Leitbild folgt die Verwaltung?**
2. **Orientiert sich das Leistungsangebot an den Zielgruppen?**
3. **Erfolgt die Leistungserbringung bürgernah und outputorientiert?**
4. **Ist die Produktstruktur eindeutig definiert?**
5. **Ermöglichen die Geschäftsprozesse ein schnelles und flexibles Handeln?**
6. **Sind die Produktkosten transparent und steuerbar?**
7. **Stimmt die delegierte Verantwortung mit den übertragenen Aufgaben überein?**
8. **Werden die Mitarbeiter ausreichend gefördert und gefordert?**
9. **Bietet das Entlohnungssystem die notwendigen Leistungsanreize?**
10. **Werden wichtige Führungsinformationen für das Verwaltungsmanagement bereitgestellt?**

Abbildung 13: Zehn Fragen an die moderne Verwaltungsführung
Quelle: Deckert/ Wind, a.a.O., S. 34

Eine Aneinanderreihung von Erfahrungen und Meinungen ist dabei nicht hilfreich. Vielmehr ist unter dem Blickwinkel des Wettbewerbs der Kommunen als Wettbewerbsfaktor für Deutschland eine qualitative Aussage erforderlich.[45]

„Der Wettbewerb braucht Wettbewerber", stellt auch der Präsident des Verbandes kommunaler Unternehmen fest und führt insbesondere unter der Überschrift des Qualitätswettbewerbs die Stadtwerke an. Mit Kundennähe, Kundenkenntnis, Erfahrung als Mehrsparten – Manager (Multi –Utility-Unternehmen) mit dem Aufbau neuer Geschäftsfelder wie Facility Management, mit der Nutzung beim Einkauf und der Energiebörsen sollten sie wohl und hoffentlich in der Lage sein, ihre Vorteile auszuspielen. [46]

Es böte sich demnach an, unter Leistungs-, Qualitäts– und Wettbewerbsgesichtspunkten eine Matrix zu errichten, in der die Kommunen, Verbände und Länder synoptisch mit ihren bisherigen und den künftig postulierten Ansichten auf den Prüfstand gestellt werden. Sozusagen einen NStMT, einen Neuen Steuerungsmodell – TÜV.

---

45 Hill, Herrmann,: Wenn man vom Rathaus kommt, Veröffentlichung in: Management-Berater 8/98, S. 9

46 Präsident des VKU, OB Gerhard Widder: Kommunale Unternehmen in der Versorgung der Bürger, in: Schwartzsche Vakanzen-Zeitung, 21.07.2001, S. 249 - 250

Für die zehn Fragen müssten zehn Prüfstände errichtet werden, damit keine Leistungssaldierung möglich ist. Auch würden dadurch keine gegenseitigen Beeinflussungen auftreten. Um trotz der Vielzahl an Informationen zu einer geordneten Vorgehensweise zu gelangen, werden die Dokumente

- Aussagen der Städte ohne NStM 1994
- Die Wege der Städte ins NStM 1995
- Das NStM + Controlling 1996
- Die Verwaltunsmödernisierung Saarbrücken 1996
- Das Ergebnis der Reformpraxis der Stadt Soest 1997
- Die Kreisverwaltungen der Zukunft 1995
- Die Reform der Landesverwaltungen 1995
- Der Hinweis auf die Experimentierklauseln 1995

im Tenor dargestellt.

Kernaussagen der Dokumentation „Lernen von Spitzenverwaltungen“ [47]

Die Zwischenbilanz der Modernisierungsmaßnahmen bei der **Bezirksregierung Düsseldorf** stellt als Prämisse für den Erfolg aktives und vorausschauendes Gestalten der staatlichen Einrichtungen sowie effektive, moderne Verwaltungsstrukturen und Managementmethoden vorweg. 133 Einzelvorschläge zu den Untersuchungsfeldern Aufgaben, Organisation und Personalwirtschaft wurden durch eine Beratungsgesellschaft gemacht. Die wesentlichen Änderungserfordernisse bezogen sich auf

- Führung und Kommunikation
- Die damit verbundenen IuK – Strukturen
- Zielvereinbarungen
- Produkt – und Leistungsbeschreibungen
- Berichtswesen und Controlling.

Die Entwicklung der **Datenzentrale Schleswig – Holstein** sollte die Erledigung von Aufgaben der öffentlichen Verwaltung im Lande SH durch elektronische Datenverarbeitung als Grundversorgung weiterhin ermöglichen. Der zunehmende Trend zur Dezentralisierung führte zu einer größeren Eigenständigkeit, aber auch zu einer starken Wettbewerbsorientierung durch:

---

47 Hill, Herrmann; Klages, Helmut: Lernen von Spitzenverwaltungen, Dokumentation des 2. Speyerer Qualitätswettbewerbs, 1994

- Marktausrichtung und Kundenorientierung
- Unternehmensführung nach Zielen
- Controlling
- Personalentwicklung
- Kostenrechnung und Leistungssteuerung
- Neue Produkte und Produktentwicklungen
- Marktübergreifende Geschäftstätigkeit
- Beteiligungen und Kooperationen.

„Bereits vor der Übernahme des **Freilichtmuseums am Kiekeberg** von der Hansestadt Hamburg wurde unter Beteiligung der...MitarbeiterInnen ein umfangreiches Zielsystem erarbeitet." Unter anderem:

- Besuchernahe Vermittlung und Darstellung regionaler Kultur
- Auf – und Ausbau von Außenstellen
- Aktives Museumsmanagement
- Organisation, Führung und Kontrolle
- Besucherbefragungen
- Einführung eines Kostenrechnungssystems
- Vorbereitung zur Umwandlung in eine rechtlich
- selbständig wirtschaftende Einheit

Die **Kreisverwaltung Soest** hat einen von ihr selbst so bezeichneten pragmatischen Prozess der Personal – und Organisationsentwicklung eingeleitet. Die wesentlichen Eckpunkte und Elemente dazu:

- Leitbild und Ziele nach dem integrierenden Konzept von Personalentwicklung (PE),Organisationsentwicklung(OE) und der Betriebswirtschaftlichen Entwicklung (BE)
- begleitet von einem ergebnisorientierten Haushalt
- von dezentraler Ressourcenverantwortung
- und einer umfassenden Reorganisation

Dazu folgendes Schaubild [48]

48 Hill, Herrmann; Klages, Helmut: Lernen von Spitzenverwaltungen, Dokumentation des 2. Speyerer Qualitätswettbewerbs 1994, S. 86

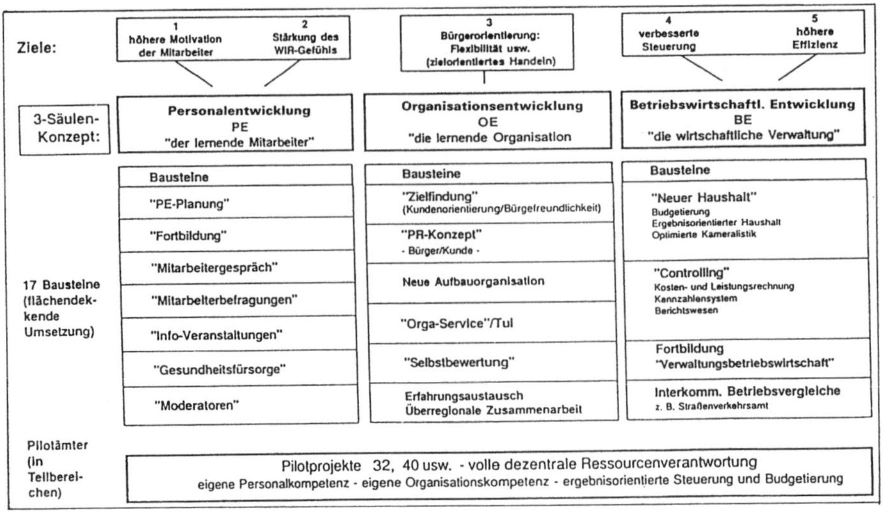

Abbildung 14: Lernen von Spitzenverwaltungen

Die LVA Sachsen als qualitätsorientierte Dienstleistungsverwaltung hat 1991 den gesamten Rentenbestand der ehemaligen Sozialversicherung für Sachsen übernommen und für ein Jahr für alle Rentenversicherungszweige verwaltet. Das war vor dem Hintergrund der dezentralen Organisation ein enormer Kraftakt – organisatorisch, personell und finanziell.

Mit dem Einsatz privatwirtschaftlicher Managementmethoden hatte sich die LVA Sachsen für eine qualitätsorientierte Dienstleistungsverwaltung entschieden. Dazu gehörten:

- die Entwicklung einer Vision und eines Leitbildes
- ein umfassendes Human Ressourcen – Konzept
- eine unverwechselbare Corporate Identity
- Dienstleistungsorientierung
- Kundenorientierung und Kundenbewusstsein
- Bürgernähe
- Dezentralität
- Qualitäts – und Leistungsorientierung
- Lernorientierung
- Umweltsensibilität
- TQM, Controlling und Prozessorganisation.

Wenn nicht die Seriösität einer souveränen und integren öffentlich – rechtlichen Körperschaft hinter diesen Zielen, Maßnahmen und Ergebnissen stehen würde, so bekäme der außenstehende objektive Beobachter fast Zweifel daran, dass diese Summe von Idealvorstellungen, Best Practices und Innovationen der Realität entspräche. Hut ab.

Die **verwaltungsstrukturellen Änderungen der Gemeinde Wesendorf** im Süden der Lüneburger Heide lauten plakativ: Permanente Weiterentwicklung zu einer kostenbewussten, auf Bürgerservice bedachten Verwaltungseinheit. In unmittelbarer Nähe zur ehemaligen DDR- Grenze ist das Ziel doppelt schwer zu erreichen, da allein schon ein erhebliches infrastrukturelles Defizit in der Form des Fehlens oder der nicht genügend ausgebauten Verkehrswege und der Infrastruktur festzustellen ist. Das entsprechende Änderungsmanagement umfasst:

- ein kommunales Energiemanagement, aufbauend auf einer Kosten - und Nutzen – Analyse
- Regionale Personalqualifizierungs – und Förderungskonzepte
- Interkommunaler Leistungsvergleich, Controlling und Outsourcing
- Haushaltskonsolidierung
- Verbesserung des Verhältnisses: Bürger – Verwaltung
- Bürger als Partner und als Kunde

Der **Bochumer Weg zur Verwaltungsmodernisierung** baut auf einem strategischen Gesamtkonzept für einen umfassenden Änderungsprozess auf: personell, instrumentell, technisch und strukturell.

Dazu werden folgende Schritte realisiert:

- Lernend die Verwaltung umbauen
- Orientierung zur Dienstleistung und Outputsteuerung
- Erlangung von Wettbewerbsfähigkeit
- Dezentralisierung und damit Übertragung von Ressourcen – und Fachverantwortung
- Führung durch Zielvereinbarungen
- Vom Querschnittsamt zur Beratungs – und Servicestelle

Anzumerken ist, dass die Fokussierung auf Pilotprojekte dem umfassenden, gut strukturierten und durchdachten Gesamtkonzept durchaus entgegenwirken kann. Das gleichzeitige und umfassende Änderungsmanagement bewirkt hier in gleicher Zeit bei gleichem Ressourceneinsatz in der Regel ein Vielfaches und eliminiert sogenannte „Hauptbremszylinder."

Der Übergang zu einer **Neuen Steuerung der Stadtverwaltung Coswig** vollzog sich in Form der Mutation von der reinen Staatsverwaltung zu einem betriebswirtschaftlich gesteuerten Dienstleistungsunternehmen. Das Spannungsfeld zwischen Verfügbarkeit und Abhängigkeit zwischen und von Arbeitskraft, Arbeitsmitteln und Arbeitsgegenstand **erforderte auch vor dem Hintergrund neuer politischer und administrativer Ausrichtungen** eine sensible Handhabung, ein vorsichtiges Ansteuern von Informations – und Kommunikationsverarbeitungstechniken sowie ein zugleich auflösendes wie integrierendes Element der unterschiedlichen Vorstellungen, Ansprüche und möglichen Ausfüllungen über die Entwicklung eines „Leitbildes Stadt."

Dieses wird inzwischen gelebt. „Regelmechanismen werden verfeinert, geändert, angepasst; der beschrittene Weg des Änderungsmanagements ist jedoch unumkehrbar."

Die **Reformansätze der Stadt Heidelberg umfassen** neben der fast schon zur Regel gewordenen Bürgerbeteiligung Stadtrahmenpläne, Tourismusleitbild und Human Ressources Management.

Erstmalig taucht hier der

- Begriff der Neuorganisation der Wirtschaftsförderung auf. Als One- Stop – Agency. Alle Probleme werden zentral einer Lösung zugeführt. Nicht mehr 64 Schritte bis zur Baugenehmigung. Nur noch 14. Oder so.
- Einrichtung eines umfassenden Controlling. Das heißt: Verwaltungscontrolling auf allen Ebenen,
- Finanzcontrolling,
- Personalcontrolling
- Beschaffungscontrolling
- Logistikcontrolling
- Investitionscontrolling, etc.
- Aufgaben – und Produktanalyse
- Dezentrale Ressourcenverantwortung

Das **Modell „Konzern Stadt Herten"** hat eine Vision: den Spitzenplatz in Servicequalität und Produktivität zu erreichen. Durch

- Produktivität
- Kunden – Bürgerorientierung
- Qualitätsverbesserung der Leistungen
- Mitarbeiterzufriedenheit
- Demokratisierung
- Politikerzufriedenheit

Das erstaunliche und ergebnisrelevante am Modell Stadt Herten waren

- die sofortige komplette Reorganisation der gesamten Verwaltung und somit die komplette Umsetzung aller Elemente des Neuen Steuerungsmodells auf die Stadtverwaltung
- Die Festlegung, das Neue Steuerungsmodell in einem Organisationsentwicklungsprozess unter breitester Beteiligung und Mitbestimmung aller MitarbeiterInnen durchzuführen
- Der enge Zeitrahmen, Umsetzung aller definierten Ziele innerhalb von zwei Jahren
- Die Konzernorientierung, die dafür sorgte, dass durch enge Kooperation der Fachbereiche und der städtischen Gesellschaften und Eigenbetriebe Synergieeffekte genutzt werden konnten. Zugleich haben alle Organisationseinheiten auf die gleichen Ziele hingearbeitet.

Haushaltsbuch, Budgetierungen und letztlich die Delegation bis in die letztlich sinnvoll abdeckbare Peripherie waren abrundend Garanten des Erfolges eines erfolgreichen Änderungsmanagements.

Das **Unternehmen Stadt Passau** weist als Besonderheit die Beteiligung externer Gruppen im Rahmen der Neuorientierung auf. Die Arbeitskreise **Wirtschaft und Verkehr, Kultur und Freizeit, Wohnen** und **Soziales** sowie **Tourismus waren Motor der Umsetzung aller Überlegungen.** In 31 Workshops wurde ein Leitbild entwickelt.

Dieses Leitbild war Basis für den angestrebten Wandel und zugleich langfristige Planungsgrundlage für:

- die Leitung der Stadtverwaltung bürger – und leistungsorientiert
- die Steuerungsunterstützung nach innen und außen durch Personalbeteiligung, Controlling und P/R
- Entwicklung der Service- und Unternehmensbereiche sowie der städtischen Beteiligungen
- Erzeugung von Synergieeffekten
- Ständiger Dialog aller am Stadtentwicklungsprozess Beteiligten

Die Leistungen dieser sogenannten Spitzenverwaltungen, die bisher ohne das Neue Steuerungsmodell leben und leisten mussten, sind durchaus beeindruckend. Vor allem hinsichtlich der unbedingten Konsequenz für ein Veränderungsmanagement.

Die Zehn Fragen an die moderne Verwaltungsführung sind sicherlich überwiegend zur Zufriedenheit beantwortet worden. Sieben Dokumentationen,

Grundlagen, eine Vielzahl von Meinungen sind aber noch zur Kenntnis zu nehmen und letztlich zu bewerten.

Die öffentliche Verwaltung ist sich oft selbst im Wege. Der Glaube an die Unfehlbarkeit von Gesetzen, Verordnungen und Ausführungsbestimmungen führt sehr oft zu einer Verhärtung und Erstarrung, die den Ansprüchen der Gesellschaft und den Änderungsbedarfen absolut entgegenstehen.

Oft werden Änderungswünsche als Kritik oder im Extrem als Schlechtleistung und Rüge aufgefasst. Hilfreich ist manchmal ein einfaches Türschild im Vorzimmer des Veränderungsmanagers, auf dem abzulesen ist, dass Organisationsänderungen keine Kritik an der Vergangenheit bedeuten, sondern notwendigen Anpassungen an geänderte Ansprüche und Gegebenheiten darstellen.[49]

Andererseits gibt es auch eine Selbstverpflichtung der Mitarbeiter, nicht nur aus den Nebenpflichten des Anstellungsvertrages heraus, aus dem Umkehrschluss der Schadenabwehr für den Arbeitgeber, auch Überlegungen anzustellen, wie Geschäftsprozesse oder Einzelarbeitsplatzbedingungen für alle verträglicher sein können. Oder?

Bei der Betrachtung der Grundlagen einer sogenannten neuen und wirkungsorientierten Verwaltungsführung ruht die Verwaltungswissenschaft zunächst in gesetztem Recht. Die Neuorientierung in Form einer gestaltenden Verwaltungspraxis schaut über den Berg der rechtssetzenden und relativ unbeweglichen bisherigen Struktur hinweg und lässt außerhalb fester Regeln auch variable Aufträge zu, die zum selben Ergebnis führen.

Eine schlanke Produktion bzw. Dienstleistungserstellung erlaubt Produktoptimierung und Kundenorientierung. Zum ersten Mal werden externe Effekte, vergleichbar den Property Rights, anerkannt und in die Folgenabschätzung des Verwaltungshandelns einbezogen. Eine dezentrale Struktur hilft dabei, wie in der nachfolgenden Übersicht (Abb. 14) zu sehen ist. Die Grundlagen einer sogenannten neuen und wirkungsorientierten Verwaltungsführung ergeben sich quasi aus einem Kreislaufmodell, welches in der Reihenfolge vorsieht:

- Die Verwaltungswissenschaft als Dach
- Die Kundenorientierung über das Marketing in öffentlichen Systemen (zu beachten sind die Grenzen eines adäquaten Marketings)
- Lean Management als schlanke Produktion und QM
- Das Benchmarking und wettbewerbskonforme Ausschreibungen
- Die Einbeziehung externer Effekte

---

49 Hauser, Werner ; Kaufmann, Otto:: Für rasche Reformen. Plädoyer für die Nutzung der gegebenen Möglichkeiten. In: Morath, Konrad: Wirtschaftlichkeit der öffentlichen Verwaltung; Reformkonzepte, Reformpraxis, Bad Homburg, 1994, S. 75

- Die Organisationslehre und die daraus folgende Organisationsstruktur reduziert auf die griffige Formel „Zelte statt Paläste“.

Bereits hier zeichnet sich ab, dass ein Change Management zur Umsetzung von Strategien unverzichtbar ist, da ansonsten der Brückenschlag zwischen Leadership-Ebene und den operativen Geschäftseinheiten vom Auftrag über das Controlling bis zur Systemanpassung im Falle von Verlaufsänderungen schlichtweg fehlt.

Die Betrachtung der Entwicklungen einzelner Ansätze des Neuen Steuerungsmodells soll zunächst noch ergänzt werden, um eine möglichst dichte Informationsdecke zu erzeugen.

Die bisher gemachten Beobachtungen in verschiedenen Kommunen und Organisationen sind Teil einer Entwicklung. Eine vollständige Darstellung ist aber aufgrund der Vielzahl der beteiligten oder vorhandenen Kommunen schlichtweg nicht möglich.

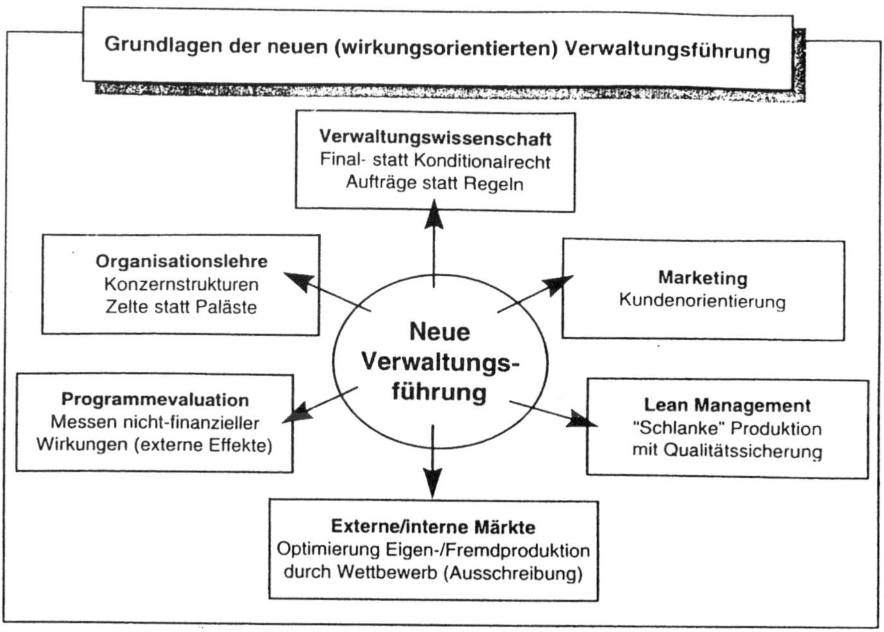

Abbildung 15: Grundlagen der wirkungsorientierten VW-Führung

Dennoch soll der Versuch gemacht werden, Wege, Entwicklungen und Versuche in Richtung einer neuen Steuerung für Kommunen, öffentliche Organisationen oder Beteiligungsunternehmen aufzuzeigen, um die Vielfalt und Unterschiedlichkeit der Ausgangssituationen, Lösungsansätze und Erfolge bewusst zu machen:

Die öffentliche Verwaltung steht zweifelsfrei unter Rationalisierungsdruck, Gerd - M. Achtenberger versucht, über eine Ganzheitlichkeit von Reformen Organisation, DV und Wertschöpfung in einen Time – Managementansatz einfließen zu lassen, Dr. Blume- Beyerles versucht es zweigleisig mit flächendeckender Inputbudgetierung und dezentralisierten Pilotprojekten, Cortner in Soest propagiert das Soester Modell mit dem Schwerpunkt auf die innerbehördliche Kommunikation, Gravemann in Rheine setzt auf die dezentrale Ergebnisverantwortung, Heiss stellt die Heidelberger Projektarchitektur in den Vordergrund, eine etwas verfremdete KAIZEN – Organisation.[50]

Budgetierung ist für Monika Kuban Einstiegsstrategie in das Neue Steuerungsmodell. Für sie ist Haushalt Grundlage des Handelns von Politik und Verwaltung. Die Betrachtung der Haushaltregeln von Haushaltsausgleich bis Wirtschaftlichkeit stellen für sie in der Bedeutung als

- politische, rechtliche, finanzwirtschaftliche Funktionen

eine höhere Funktion als

- Wirtschaftlichkeit als ökonomische Funktion dar.[51]

Zugleich verdeutlicht sie die systemimmanenten Mängel:

- der Budgetansatz unterliegt keiner Aufgabenkritik
- er unterliegt keiner mengen – und preismäßigen Berechnung
- Wertmäßige Ansätze können willkürlich gekürzt werden.

Die Erfahrungen in und mit unterschiedlichen öffentlich – rechtlichen Organisationen zeigen, dass Haushaltskonsolidierung, Budgetierung und Verwaltungsreform in der Tat zwar nur über den Weg der Zusammenführung von Ergebnis – und Ressourcenverantwortung zu erreichen sind**, zentralistische Kürzungsmaßnahmen bzw. Reduzierungen von Ausgabeansätzen ohne das strategi-**

---

50 Klages, Helmut; Hill, Hermann: Wege in die neue Steuerung, Heidelberg, 1996, S. 5-10

51 Klages,Hill: Wege in die neue Steuerung, a.a.O., S. 15

sche Denken und Handeln im Unternehmen Stadt kontraproduktiv wirken.[52]

Veränderungsdruck in Richtung Verwaltungsreform über das Neue Steuerungsmodell muss sich nach den Vorstellungen der Kämmerin Duisburgs über ein Bündel von gelebten Leitsätzen entwickeln und manifestieren:

- Finanzziele müssen vereinbart werden
- Die Zielerfüllung erfolgt dezentral
- Mit und nicht an den Mitarbeitern wird gespart
- Die dezentrale (neue) Ressourcenverantwortung muss deutlich und nachvollziehbar werden
- Durch die Haushaltskonsolidierung mit den gesamten zur Verfügung stehenden Werkzeugen werden Ressourcen adäquat zugeordnet und verfügbare Kontingente für die Reform geschaffen.

Bad Oldesloe hat für seinen Veränderungsprozess die Überschrift **„Administration – Reengineering – Modell"** gewählt und zugleich darauf verwiesen, dass entgegen anderen Umgestaltungsansätzen neue Budgetierungsmethoden als nicht ausreichend angesehen werden. Also: Ein großer Schritt in Richtung Verwaltungsemanzipation oder die nächste Stufe im Neuen Steuerungsmodell?

Durch die frühzeitige Hinwendung zum und Einbindung in konsequentes Lean Management, welches nur solche Strukturen akzeptiert, die echte **Wertschöpfungsketten** durch die Verschlankung in Form des Eliminierens von Wertevernichtern ermöglichen, werden über die Transformation bestehender Haushaltsansätze Leistungs – und Haushaltsbuch mit der Maßgabe angelegt, outputorientiert und mit Effizienzvorgaben zu messbaren Ergebnissen und Verbesserungen zu gelangen.

Erforderlich ist dazu ein Projektmanagement, mit dem komplexe und **controllinggestützte Geschäftsprozessketten** in mehrstufigen Produktionsunternehmen angesteuert werden. Die nachfolgende Übersicht (Abbildung 15) soll das verdeutlichen. Die Generalfrage ist zu stellen, in welchem Zeitraum zumindest das benötigte Personal mit dem erforderlichen Know- how verfügbar sein kann. Weiterer Aufwand für Systemänderungen müsste dann aus der bereits angesprochenen neuen Budgetierung gespeist werden.

---

52 vergleiche auch: Rürup, Bert in: Die Zeit v. 23.08.2001: Sparen allein ist noch keine Politik.

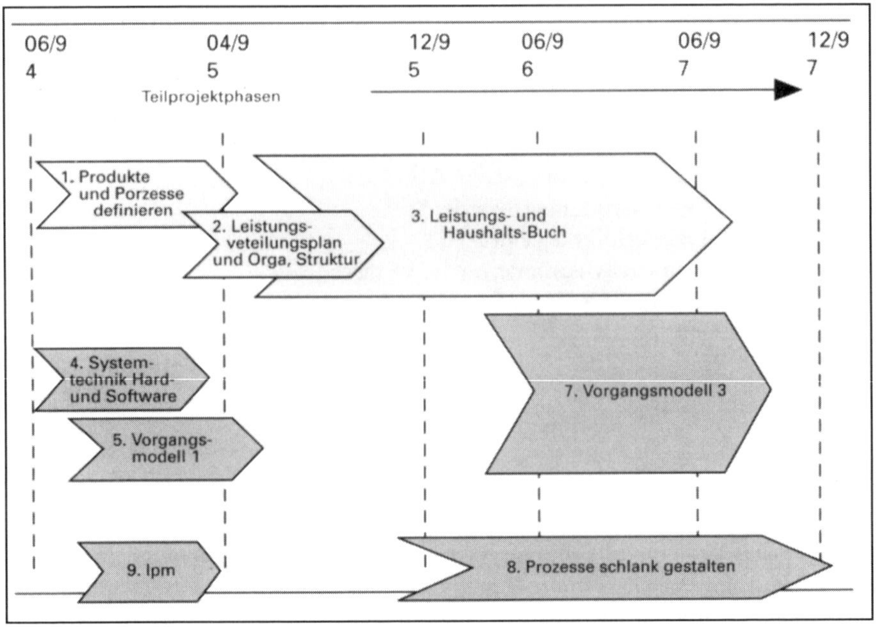

Abbildung 16: Projektablauf im „Administation – Reengineering – Modell"
Projektablaufskizze für die Stadt Bad Oldesloe
Quelle: Hill, Hermann, Klages, Helmut: Wege in die Neue Steuerung, Stuttgart, 1996, S. 35

Die Stadt Soest geht den Königsweg über die personelle Ansteuerung und nennt diese schwierige Entscheidung (der Weg über Betriebswirtschaft und Organisation ist in der Regel einfacher, wenn auch nicht so stark akzeptiert) eine „Einstiegsstrategie" in das Neue Steuerungsmodell. Dieses in der Folge unter dem Begriff „Soester Modell " bekannt gewordene Konzept ruht auf drei Säulen:

- **Personalentwicklung**
- **Organisationsentwicklung und**
- **Betriebswirtschaftliche Entwicklung.**[53]
- Diesem Ansatz und dem damit verbundenen Menschenbild liegt die Annahme zugrunde, dass die Mitarbeiter sich sowohl ständig weiterentwickeln als auch mit der Veränderungsgeschwindigkeit der Organisation Schritt halten. Damit wird bereits die Brücke zur **„Lernenden Organisation"** geschlagen, die sich somit ständig an die Ziele und die verfügbaren Hilfsmittel anpasst.

53 Heinz Kortner in: Hill, Klages, a.a.O.: S. 91 - 95

Interessant sind die Auswirkungen für die dritte Stufe, der Betriebswirtschaftlichen Entwicklung (BE), die den Prozess unterstützt, umsetzt und realisiert in **18 ausgeklügelten Einzelschritten**: die bestehenden Strukturen mit der Ämtervielzahl und der Aufgabenzuordnung musste aufgelöst und neu zugeschnitten werden (Abb. 16 + 17).

Die dazu erforderlichen **10 strategischen Schritte** müssen deshalb abschließend erwähnt werden, weil sie den Grundsätzen strategischen Denkens und Handelns [54], die system – und organisationsübergreifend gelten:

- Step one: Führungskräfte mobilisieren[55]
- Step two: Politische Rahmenbedingungen klären
- Step three: Internen Kommunikationsprozess als Daueraufgabe initiieren und planen
- Step four: Leitbild und Zielentwicklung
- Step five: Mitarbeiterbefragung als Stärke-/Schwächenanalyse
- Step six: Pilotbereiche als Erfahrungsfeld dezentraler
- Ressourcenverantwortung einrichten,
- **aktuell: Veränderungsmanager installieren**
- Step seven: Einzelne Bausteine flächendeckend einführen
- Step eight: Interkommunale Leistungsvergleiche für einzelne Ämter, aktuell: **Benchmarking**
- Step nine: Reorganisation und Umbau der Verwaltung
- Step ten: Innovationsfähigkeit auf Dauer sichern, aktuell: **Strategisches Controlling** [56]

Die Einzelschritte erfolgreicher Umsteuerung Mitte der neunziger Jahre lassen sich durch komplexere Führung und Verbesserung der Unterstützungsleistungen für Rat und Verwaltung wie auch durch ein enstprechendes intra – und internetgestütztes Kommunikations – und Informationssystem (KIS) auf drei wesentliche Ansätze reduzieren:

---

54 Hans H. Hinterhuber: Strategische Unternehmensführung I: Strategisches Denken, New York, 1992 und: Strategische Unternehmensführung II: Strategisches Handeln, New York, 1992: Vision, Unternehmenspolitik, Strategie, Direktiven Organisation, Umsetzung, Unternehmungskultur, Strategisches Controlling, Strategische Führungskompetenz

55 vergleiche auch: Miles, Robert H.: Corporate Comeback, Teil III, aus dem Amerikanischen, Freiburg, 1997, S. 209 - 277

56 Hill, Klages, a.a.O.: S. 99 - 104

1. Personalentwicklung

	Baustein
1.1	"PE-Planung"
1.2	"Fortbildung"
1.3	"Mitarbeitergespräch"
1.4	"Mitarbeiterbefragungen"
1.5	"Info-Veranstaltungen"
1.6	"Gesundheitsfürsorge"
1.7	"Moderatoren"

2. Organisationsentwicklung

	Baustein
2.1	"Zielfindung"
2.2	"PR-Konzept" - Bürger/Kunde -
2.3	"Neue Verwaltungsstruktur"
2.4	"Orga-Service"/TuI
2.5	"Selbstbewertung"
2.6	Erfahrungsaustausch Überregionale Zusammenarbeit
2.7	Arbeitszeitflexibilisierung

3. Betriebswirtschaftl. Bereich

	Baustein
3.1	"Neuer Haushalt" 3.1.1 Budgetierung 3.1.2 Ergebnisorientierter Haushalt 3.1.3 Optimierte Kameralistik
3.2	"Controlling" 3.2.1 Kosten- und Leistungsrechnung 3.2.2 Kennzahlensystem 3.2.3 Berichtswesen
3.3	Fortbildung "Verwaltungsbetriebswirtschaft"
3.4	Interkomm. Betriebsvergleiche z. B. Straßenverkehrsamt

Pilotprojekte

Von insgesamt 31 Abteilungen in 6 Fachbereichen haben 14 Abteilungen die komplette dezentrale Ressourcenverantwortung mit eigener Personalkompetenz, eigener Organisationskompetenz, ergebnisorientierter Steuerung und Budgetierung

- Verteidigungslasten
- Lohnstelle
- Ordnungsangelegenheiten
- Straßenverkehrsdienst
- Kfz.-Zulassungen

- Bevölkerungsschutz
- Veterinärdienst
- Schulverwaltung
- Schulaufsicht, Kultur, Medien, Sport
- Lastenausgleich

- Baubetriebshof
- Wasserwirtschaft
- Natur- und Landschaftsschutz
- Abfallwirtschaft

Stand: 01.01.1995

Abbildung 17: Personal- und Organisationsentwicklung Politik: Kreistag/Ausschüsse, Rolle, Aufgaben, Ziele. Quelle: Hill, Klages: a.a.O.: S. 96

1. Personalantwicklung Personalpflege	2. Organisationsentwicklung	3. Beriebswirtschaftl. Bereich
1.1 PE-Planung 1.1.1 Haussmitteilungen/Projektgruppe 1.1.2 Einbeziehung beurlaubter Frauen 1.1.3 Stellenbörse 1.1.4 Personalentwicklungsplan 1.1.5 Schaffung von Führungsleitlinien 1.1.6 Neues Beurteilungssystem 1.1.7 Führungskräftepool 1.1.8 Leistungszulage 1.1.9 Vorschlagswesen – permanente Aufgabenkritik „von unten“ 1.1.10 Analytische Stellenbewertung 1.2 Fortbildung 1.2.1 fachübergreifende Fortbildung – Mitarbeiterführung – Kontaktpflege mit dem Bürger – Führungskräftenachwuchsschulung – „Rhetorik für Frauen“ – „Wiedereinstieg in den Beruf“ für Frauen – Seminare für Organisatoren 1.2.2 fachbezogene Fortbildung 1.3 Mitarbeitergespräch 1.4 Mitarbeiterbefragungen 1.4.1 Mitarbeiterumfrage „Arbeitszufriedenheit“ 1.5 Info-Veranstaltungen 1.5.1 Info-Markt (nach innen) 1.5.2 Familientag/Tag der offenen Tür 1.6 Gesundheitsfürsorge 1.7 Moderatoren. usw.	2.1 Zielfindung 2.2 PR-Konzept – Bürger/Kunde 2.2.1 Bürgerbefragungen 2.3 Neue Verwaltungsstruktur/Projektgruppe 2.3.1 Schaffung von Rahmenbedingungen für dezentrale Organisationsstrukturen 2.3.2 Schaffung neuer Schnittstellen zwischen Querschnittsämtern und Fachämtern 2.3.3 Externe Berater/Begleiter/Doktoranden 2.4 Orga-Service/Tul 2.4.1 EDV-Entwicklungsplanung/Schulungen. 2.4.2 Qualitätszirkel und Projektgruppenarbeit/Projektgruppenmanagement 2.4.3 Dokumentation 2.4.4 Organisationsbeauftragte 2.5 Selbstbewertung (Speyer) 2.5.1 Verbesserung der „Verwaltungskultur“ 2.6 Erfahrungsaustausch/überregionale Zusammenarbeit 2.6.1 Innovationsring „Kreisverwaltung der Zukunft“ 2.6.2 Erfahrungsaustausch mit den kreisangehörigen Städten und Gemeinden 2.7 Arbeitszeitflexibilisierung usw.	3.1 Neuer Haushalt 3.1.1 Budgetierung 3.1.2 Ergebnisorientierter Haushalt 3.1.3 Optimierte Kameralistik 3.2 Controlling 3.2.1 Kosten- und Leistungsrechnung 3.2.2 Kennzahlensysteme 3.2.3 Berichtswesen 3.2.4 Einrichtung ämterunabhängiger Controllingstellen 3.2.5 Beteiligungsverwaltung 3.3 Fortbildung „Verwaltungsbetriebswirtschaft“ 3.4 Interkommunale Betriebsvergleiche z.B. Straßenverkehrsamt usw. **0. Politik** 0.1.1 Informationen Workshops 0.2.1 Beschlüsse 0.3.1 Neuzuschnitte der Fachausschüsse

Abbildung 18: Personal- und Organisationsentwicklung, Darstellung im Detail
Quelle: Hill, Klages: a.a.O.: S. 97

- **Aktives Veränderungsmanagement**
- **Benchmarking und**
- **strategisches Controlling.**

Heidelberg hat sich anstatt der Flächendeckung für Modellversuche in ausgewählten Bereichen entschieden. Zielobjekte waren Stadtbücherei, Theater und Orchester. Der Fokus lag auf der als Teilprojekt bestimmten **„Dezentralen Ressourcenverantwortung“.**

Damit wurde eine Veränderung unter höchstmöglicher Absicherung mit schnellstmöglicher Rückkehr gewählt, falls die Zielvereinbarungen nicht erreicht werden konnten. Die dazu eingeführte **Zuschussbudgetierung,** welche ab einer vereinbarten Veränderungsrate die Defizite auffangen sollte, ist nicht unbedingt dazu geeignet, innovative Entwicklungen und Eigenverantwortung zu stärken. Der Ansatz erscheint als zu zögerlich. Das Netz mit doppeltem Boden schimmert zu sehr durch.

Der erforderliche **Befreiungsschlag** nach Vision, Ziel, Strategie und Produktbestimmung für die Strategischen Geschäftseinheiten (Ämter und Beteiligungen) erfolgte im Falle des „Münchner Ansatzes“ über die Entscheidung für eine Kosten – und Leistungsrechnung und die Einführung der Doppelten Industriekontenbuchführung unter Einbeziehung der Experimentierklausel (DOPIK).

Bemerkenswert ist die professionelle Ausrichtung

- mit Hilfe einer externen Beratung,
- einer controlling – definierten Projektsteuerung
- und einem Projektgruppenquerschnitt,

der keine Rückzugsgefechte oder Bremswirkungen erzeugen konnte. Hinzu kam die Frage nach der **Sinnhaftigkeit** definierter Produkte und der Bündelung zur Synergiegewinnung. Abschließend wurde gefragt, ob die Produkte auch kundenorientiert und mit den Qualitätsmerkmalen von Wettbewerbsunternehmen vergleichbar sind.

Dazu war Personal gefragt, welches auch über sogenannte **„weiche Faktoren“** neben den harten fachlichen verfügt: **Offenheit, Solidarität, Mut, notwendiger Pragmatismus, ganzheitliches denken und handeln.**

Die Einstiegsstrategie der Stadt Nürnberg in das Neue Steuerungsmodell heißt **„Plafonierung“**, also Zuschuss. Was ist daran neu? Eigentlich nichts. Dort, wo die zugewiesenen Haushaltsmittel nicht ausreichen, sollen über Teilaspekte und Werkzeuge des Neuen Steuerungsmodells wie erweiterte Deckungsfähigkeit, Teilauflösung von Sammelnachweisen, etc. die Zuschüsse durch wirtschaftlicheres denken und handeln reduziert, im Idealfall auf Null gestellt werden. Neu ist, dass die Querschnittsämter stärker in die Beratungs -, Betreuungs – und Unterstützungsfunktion hineingehen. Die damit einhergehende Benchmarkingfunktion kann ebenfalls kostenreduzierend wirken, ist aber durch die Inaussichtstellung von Zuschüssen kontraproduktiv.

Positiv ist der Ansatz **der flächendeckenden Einführung von Veränderungen**. Er gleicht die Nachteile einer Plafonierung als nicht effektiv und effizient durchdachtem Aufbruch wieder aus und führt über ein Kontraktmanagement mit allen Beteiligten doch noch zu einem innovativen Veränderungsmanagement.[57]

Das beeindruckendste Veränderungsmanagement – vor allem über das umfassende Beteiligungsmanagement – bietet die Stadt Saarbrücken an.

Sie ist Sitz der Landesregierung, Universitäts – und Messestadt, von Monostruktur und den daraus resultierenden Krisen gebeutelt. Regionale Zusammenarbeit und Kooperationen haben aus der Krise geführt. Elemente des NStM wurden dabei als Ausgangsbasis genutzt.

Die wesentlichen Schritte waren

- Verschlankung und Ausgliederung
- Aufgabenverlagerung in Eigenbetrieben (im Jahr 2000 waren von ca. 6000 Mitarbeitern der Verwaltung bereits ca. 4000 nicht mehr im originären Rathausbereich, sondern in den Unternehmen der Beteiligungsverwaltung tätig).
- Reorganisation über teilautonome Projekte
- Veränderungsmanagement als Gesamtheitsaufgabe
- Einführung von Total Quality Management (TQM) über Projekte
- Change – Management als Vertrauensorganisation und dadurch
- Ende der Misstrauensorganisation

Es ist also deutlich sichtbar, dass die Elemente des NStM einerseits die Anstöße und Bausteine für Veränderungen überhaupt erst ermöglichten, andererseits zeichnet sich immer deutlicher ab, dass der Bedarf nach dem zusätzlichen „Sahnehäubchen", dem gewissen etwas mehr, dem Loslösen aus den Trippelschritten, gesucht wird. Es geht Richtung Veränderungsmanagement.

In einer zusammenfassenden Übersicht zur Reform der kommunalen Ebene in Deutschland werden die Gründe für Veränderungen im kommunalpolitischen Bereich deutlich formuliert:

➢ Der globale Strukturwandel greift auch in die Wirtschaft, Technologie, die ökologischen und sozialen Verhältnisse von Orten, Städten, Kreisen und Gemeinden ein

57 Hill, Klages, a.a.O.: S. 143 - 167

- Innovationspolitische Gründe erfordern die Neuausrichtung bisheriger sozialer, wirtschaftlicher und verwaltungsmäßiger Aufbau – und Ablauforganisation
- Knapper werdende Ressourcen verlangen die Ausrichtung auf eine schlanke Verwaltung und auf Leistungsumbauten
- Die Veränderungen gehen in Richtung Dezentralität mit erhöhter Eigenverantwortung und Eigenvorsorge
- Einzelaufgaben werden künftig nur noch vernetzt einem positiven Ergebnis zugeführt werden können.[58]

Um nicht in die „Wiederholungsfalle" zu geraten, sollen abschließend im Rahmen der praktischen Erfahrungen mit dem NStM die aktuellen Modernisierungsansätze in ausgewählten Kreisverwaltungen im Rahmen einer vergleichenden Untersuchung im Tenor angesprochen werden. Beteiligt an diesem Erfahrungsaustausch waren die Kreise Aachen, Ahrweiler, Kronach, Ludwigsburg, Main-Kinzig, Meißen, Miltenberg, Oberhavel, Osnabrück, Pinneberg, Soest und Waldshut. Insofern lässt sich sicherlich von einem repräsentativen Querschnitt unter Berücksichtigung der Veränderungsproblematik sprechen.

Es ging, ohne die Zuordnung zu den genannten Kreisverwaltungen vorzunehmen, um

- die Übertragung von Führungsfunktionen auf Zeit
- Einsatz von Controllingmaßnahmen
- Neuregelung von Arbeits- und Öffnungszeiten (Service)
- Dezentrale Dienstleistungscenter (DDC)
- Mitarbeiterbeteiligung / OE
- Privatisierung von Leistungen
- Kennzahlenentwicklung und Kennzahlenvergleiche
- Budgetierungsmodellentwicklung
- Beauftragung externer Berater [59]

Also doch: Veränderungsmanagement. Neue Steuerung ja. Aber innovativ und nicht tradiert. Nicht konservativ. Innovativ. Step by Step.

Der Vollständigkeit halber ist anzumerken, dass die Veränderungen im öffentlichen Sektor selbstverständlich in gesamter Breite und Tiefe alle **staatsfinanzierten Unternehmen** betreffen. Die Entwicklungslinien laufen aufgrund der

---

58 Hill, Klages: a.a.O.: S. 37 - 53

59 Deutscher Landkreistag ; Kreisverwaltung der Zukunft, Vergleichende Untersuchung aktueller Modernisierungsansätze in ausgewählten Kreisverwaltungen im Rahmen des Innovationsrings Kreisverwaltung der Zukunft, Stuttgart, 1995, S. 3-39

eingeleiteten Dynamik im wesentlichen „Bottom up". Entgegengesetzt verlaufen die Neuausrichtungen dort, wo die Aufsichtsbehörde oder die Parlamente den Gedanken des Neuen Steuerungsmodells aufgegriffen und bereits in Form von Leitlinien gekleidet haben.

Im Verlaufe einer Tagung der Hochschule für Verwaltungswissenschaften Speyer zur Reform der Landesverwaltung Ende März 1995 haben sich unter anderem Bayern, Berlin, Brandenburg, Nordrhein – Westfalen, Sachsen, Rheinland – Pfalz, Niedersachsen, Hamburg, Schleswig-Holstein und Baden- Württemberg ebenfalls auf die vorgenannten Ziele und Änderungsvorhaben verständigt, ergänzt um länderübergreifende Maßnahmen.

Die **Schwerpunkte** wie fachübergreifende Zielvereinbarungen, dezentrale Ressourcenverantwortung, Controlling, Kontrolle und Berichtswesen bilden den **Schulterschluss** zu den bisher genannten Verfahren, allerdings erst nach einigen zusätzlichen Orientierungsrunden für Kommunen und Landesverwaltungen.

Der überwiegende Teil der ins Rampenlicht gestellten Kommunen hat das Neue Steuerungsmodell um das Thema **„Controlling"** erweitert. Der Bogen reicht dabei von Ahlen über Mainz bis Zerbst. Im Kapitel 2.8 wird der kommunale Ansatz mit berücksichtigt. An dieser Stelle soll es reichen, darauf hinzuweisen, dass die Kommunen, welche die Steuerung innerhalb des NStM aufgriffen, implementiert oder auch erfolgreich eingesetzt haben, bereits so etwas wie **Alleinstellungsmerkmale im Wettbewerb** erworben haben.

Es wird noch deutlich werden, dass **Leadership, Management und Controlling** auch in öffentlich- rechtlichen Systemumgebungen unverzichtbare Voraussetzung für den Erfolg der Gemeinde sind.

In relativ kurzer Zeit haben die Länder erkannt, dass die Leitungsfunktionen sui generis mit Veränderungsmanagern besetzt werden müssen, um outputorientiert und ressourcenverbrauchsfreundlich zu einer adäquaten Aufgabenerledigung bei gleichzeitigem Haushaltsausgleich zu gelangen. Die Übertragung von Führungsfunktionen auf Zeit ist das eine Indiz, die Budgetierung und die Dezentralisierung sprechen ebenfalls dafür.

Methoden, Organisationsformen und Zuständigkeiten müssen neu definiert werden. Geschäftsprozessmanagement wird bürgerorientierte und kundenfreundliche Ergebnisse ermöglichen.

Prozessverantwortliche und Veränderungsmanager in einer Person werden sich mit Werkzeugen (Tools) anfreunden müssen und in ihrer Handhabung sicher werden, die den „Konzern Stadt" oder die „Holding Gemeinde" wie auch das „Zentrum Kommunale Dienstleistung" steuern lassen.

Die bisher durchgeführten Reformen waren in erster Linie Binnenreformen, also Systemänderungen, welche den internen Dienstbetrieb und deren „Spielregeln" betrafen. Konzepte für eine innovative und in die Zukunft weisende Entwicklung waren nicht angedacht und auch nicht opportun. Existenzielle Themen wie die Personalentwicklung, die Organisationsentwicklung, die Betriebswirtschaftliche Entwicklung, Stadtentwicklung, Benchmarking, Kundenorientierung, etc.wurden erst gar nicht gestellt. Zentrale Ressourcenverantwortung versus dezentraler war nicht überlegenswert. Visionen, Ziele, Leitbilder und Strategien gehörten bis vor kurzem noch zum Handwerkszeug von Unternehmen, die es ja viel leichter haben, Änderungen durchzusetzen.

Binnenmodernisierung müsste also der erste Schritt heißen. Marktorientierte Organisationslösungen könnten dem ebenso folgen wie kundenorientierte Ansätze. Eine Beteiligung des Kunden Bürger ermöglicht in der Folge eine Tendenz zur mündigen und beteiligten Demokratisierung der Kommune.

Interessant vor dem Hintergrund der bisher betrachteten Veränderungsansätze sind die Aussagen der renommierten Beratungsgesellschaft Roland Berger & Partner, die seitens des Rates der Stadt Essen den Auftrag für eine Analyse für

- Ein ganzheitliches Organisationskonzept und
- Ein integrierendes Steuerungssystem

erhielten. Sie lauten:

- Es ist ein ganzheitliches Steuerungssystem erforderlich
- Das NStM muss synchron entwickelt und eingeführt werden, auch für den Rat der Stadt (keine Projekte oder Projektasymmetrien)
- Ein zentraler Steuerungsdienst und eine gemeinsame divisionale Führung von Ämtern und Beteiligungsunternehmen als Managementeinheit mit Weisungsmacht ist zu installieren

Die Rahmenbedingungen, die Neue Steuerung, das Zielmodell, die Steuerungsfunktion und der Planungsprozess werden in den Abb. 17-21 verdeutlicht.

Erfahrungen mit dem Neuen Steuerungsmodell. Wie war das? Für Kommunen, Kreise, Landesverwaltungen? Wurden die Erwartungen erfüllt? Ist das, was war, noch aktuell? Hat dieses NStM Zukunft?

Rahmenbedingungen für die Aufgabenstellung: Externe Anforderungen an eine Steuerung und Organisation des Konzerns Stadt Essen steigen

- **Hoher Haushaltskonsolidierungsdruck** zwingt zu stringenten und intelligenten Budgetvorgaben für Ämter wie für Beteiligungen – neue Steuerungsverfahren erforderlich
- Aufgelaufene Haushaltsdefizite erfordern Vermögensaktivierungen und entsprechendes **"Portfoliomanagement"**
- Zahl der Beteiligungsunternehmen steigt durch weiteren **Ausgliederungsdruck** – bald >50% bei Mitarbeiten und Umsatz im Konzern Stadt Essen
- Wettbewerb und **Konkurrenzdruck** steigen und erfordern neue **strategische Ausrichtung von BU**
- Kundenanforderungen an **Servicequalität** von Verwaltungseinheiten und BU steigen

→

- **Führungsverantwortung der Stadtspitze gegenüber BU stärker gefordert**
  - in der Ausübung der Eignerrolle
  - in der Gewährleistungsverantwortung für kundenfreundliches Leistungsspektrum
- **Ausübung der Steuerung gegenüber BU wird anspruchsvoller**
  - quantitativ gewichtiger
  - qualitativ komplexer und risikobehafteter
- Gesamt-Konzernsteuerung erfordert ähnliche Steuerungsphilosophie und Steuerungsinstrumente gegenüber Ämtern wie Beteiligungsunternehmen

Ganzheitliche Veränderungsstrategie erforderlich: Neue Steuerung und neue Organisation synchron entwickeln und einführen – auch für den Rat

Neue Steuerung		**Delegation**		**Neue Anforderungen an den Rat**	
• Produktkatalog Stadt Essen • Kosten-/Leistungsrechnung • Ämter- und konzernweites Berichtswesen • Motivation, Qualifikation der Mitarbeiter	• Finanzsteuerung/Budgetierung • Dezentralisierung von Fach- und Ressourcenverantwortung • Ämtersteuerung • Beteiligungssteuerung	• Verwaltungsinterne Delegation von Verantwortung und Zeichnungsbefugnis • Aufwertung der Amtsleiterposition als Führungsposition auf Zeit ("Quasi-Geschäftsführer")	• **Entlastung des GB-Vorstands und der Fraktionsführungen** • **Konzentration auf Strategie- und Vernetzungsaufgaben bei Vorständen und Fraktionsführungen**	• GB-Vorstände als Partner des Rates in der strategischen Steuerung (insb. der BU) • Amtsleiter in direkter Verantwortung ggü. Fachausschüssen, Aufwertung der zweiten Führungsebene	• Weniger Ausschüsse • Zentraler Steuerungsbedarf • Stärkere Konzentration auf strategische Steuerungsfunktion in den Fachausschüssen • Abgabe von Detailentscheidungen an Bezirksräte

Abbildung 19: Externe Anforderungen an eine Steuerung und Organisation des "Konzerns Stadt Essen", DSt-Beiträge zur Stadtentwicklung und zum Umweltschutz, Stadt der Zukunft, Verwaltung der Zukunft, Köln 1999, Heft 28, S. 61 + 62

Zielmodell [1] – professioneller zentraler Steuerungsdienst und gemeinsame divisionale Führung von Ämtern und BU

Vorschlag — Ziel modell Stadtkonzern Essen

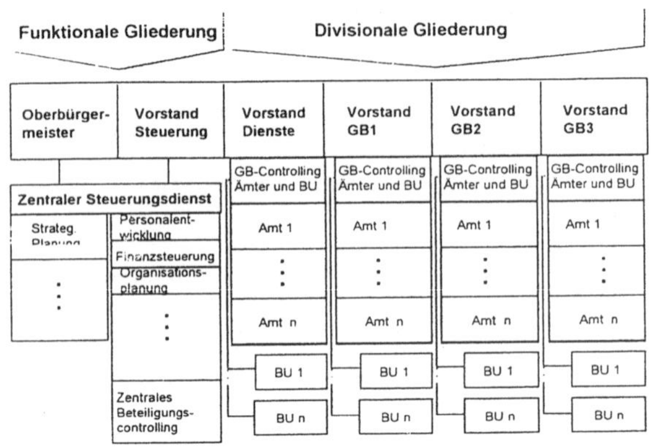

Merkmale

- Funktionale und divisionale Elemente in der Konzernspitze
- Vorstände der Geschäftsbereiche haben Führungsverantwortung sowohl gegenüber ihren Ämtern wie gegenüber den ihrem Geschäftsbereich zugeordneten BU
- Ausübung der dezentralen Führungsverantwortung mit Hilfe des dezentrales Controlling
- GB-Vorstände haben ein jeweils separates GB-Controlling für Ämter und BU
- Das zentrale (Beteiligungs-) Controlling ist dem zentralen Steuerungsdienst zugeordnet
- Zentraler Steuerungsdienst ist beim Vorstand Steuerung sowie dem OB angesiedelt
- Interne Dienstleistungsfunktionen in den Dezernaten 1B und 2 werden weitgehend auf den Vorstand Dienste verlagert

1) entsprechend dem aktuellen Ergebnisstand zum Zwischenbericht liegt das Zielmodell als Grundversion vor

Fazit – der funktionale Vorstandsbereich hat Steuerungs-, Integrations- und Reformfunktion für den Konzern Stadt Essen

Abbildung 20: Externe Anforderungen an eine Steuerung und Organisation des "Konzerns Stadt Essen", DSt-Beiträge zur Stadtentwicklung und zum Umweltschutz, Stadt der Zukunft, Verwaltung der Zukunft, Köln 1999, Heft 28, S. 63 + 64

Im Ist findet Planung als Teil des Controlling nur auf der operativen Ebene statt – eine vorgelagerte strategische Planung wurde noch nicht realisiert

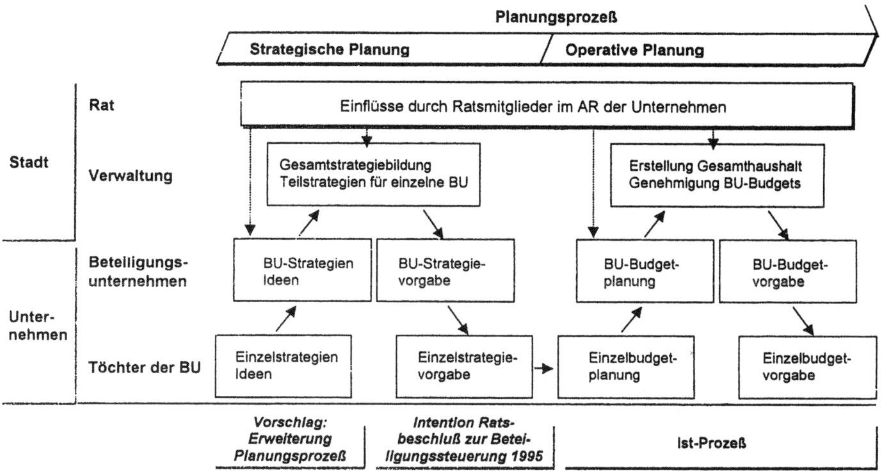

Abbildung 21: Externe Anforderungen an eine Steuerung und Organisation des "Konzerns Stadt Essen", DSt-Beiträge zur Stadtentwicklung und zum Umweltschutz, Stadt der Zukunft, Verwaltung der Zukunft, Köln 1999, Heft 28, S. 65

Budäus stellt bereits 1993 eine Modernisierungs – und Leistungslücke in öffentlichen Verwaltungen fest. [60] Verkürzt geben sie die von Peters und Waterman im Bestseller „Compending the future“ gemachten Aussagen zur Überschrift, was man von den bestgeführten Unternehmen lernen kann, wieder.[61]

Diese Modernisierungs – und Verwaltungslücke gab es und gibt es. Die Beiträge der Kommunen, Kreise und der Länder bis hin zur Bundesverwaltung lassen keinen Zweifel an der Richtigkeit aufkommen.

Unstrittig ist allerdings auch - durch die angeführten Nachweise insbesondere – die besondere Rolle des Neuen Steuerungsmodells zum Abbau der Defizite und der Hilfestellung, diese Lücke zu schließen.

Über das NStM soll – wie in der Wettbewerbswirtschaft – effektiv gesteuert (Controlling) und der Ressourceneinsatz auf die Ergebniseffizienz ausgerichtet – fokussiert werden. Wichtig dabei ist das Drei – Säulen –Modell des Verfassers, welches darauf abzielt, dass Leistungen einer sogenannten Aufgabenkritik unterzogen werden. Das bedeutet, die Aufgaben einer Kommune oder einer anderen öffentlich – rechtlichen Einrichtung so am verfügbaren Ausgabevolumen auszurichten, dass

- als Muss – Aufgaben die gesetzlich vorgeschriebenen Leistungen der akuten Daseinsvorsorge erbracht werden
- als Soll – Aufgaben nur Angebote erfolgen, die dem Bürger zugute kommen, sofern keine übergeordneten Aspekte einer solchen Regelung entgegenstehen
- als freiwillige Leistungen nur die in den öffentlich- rechtlichen Versorgungskreislauf eingespeist werden, welche über die vorgenannten Muss – und Soll – Leistungen hinaus aus verfügbaren Ressourcen, ohne die ersten beiden Kategorien zu beeinträchtigen, erbracht werden können.

Die Grundsätze des NStM sind allgemein bekannt und teilweise eingeführt.

Die Kernelemente

- Entwicklung zum Dienstleistungsunternehmen
- Fach – und Ressourcenverantwortung dezentral
- Kostentransparenz, Kosten – und Leistungsrechnung
- Kontraktmanagement zwischen Rat und Verwaltung

---

60 Budäus, Dietrich: Kommunale Verwaltungen in der BRD; Deutschland zwischen Leistungsdruck und Modernisierungsdefizit in: Banner/Reichard: Kommunale Managementkonzepte in Europa, 1993, S. 163 - 176

61 vgl. Deckert, Klaus ; Wind, Ferdinand: Das Neue Steuerungsmodell: Von der Vision zur Aktion, Köln, 1996, S. 6 - 9

- Outputorientierte Steuerung durch aktives Controlling
- Unternehmens - / Konzernstruktur
- Leistungsvergleiche (Benchmarking)
- Bürgerbeteiligung und Kundenzufriedenheitsanalysen
- Neuberwertung von Leistungsfähigkeit und Kompetenz
- Umwandlung der Querschnittsämter zu Service – und Leistungscentern
- Implementierung eines effizienten Beteiligungsmanagements
- Konsolidierungsbeitrag der Beteiligungsunternehmen zum Haushalt

sind weiterhin und unangefochten die Eckwerte des Neuen Steuerungsmodells. Die Entwicklung der Kommunen in der Zeit vom Erstansatz in Christchurch über die Analysen des Deutschen Städtetages in den wesentlichen Managementfeldern der jährlichen Geschäftsberichte wie

- ➢ Wirtschaft und Strukturpolitik
- ➢ Finanzen
- ➢ Steuerrechtliche Einzelbereiche
- ➢ Stadtentwicklung, Bau – und Liegenschaftswesen

verlangen ein Veränderungsmanagement. Zwischenzeitlich haben sich die finanziellen Rahmenbedingungen, die Aufgabenzuweisungen ohne Konnexität und die Ansprüche der Bevölkerung als Kunde der Verwaltung ebenfalls geändert. Vor allem in die Richtung eines echten Veränderungsmanagements und nicht nur in der Form von Überschrifts – oder Beschilderungsänderungen.

Gefragt ist die Leistung dahinter. Also im System. Gegenüber dem Bürger. Nachvollziehbar. Messbar. Vergleichbar. Um das vielzitierte Spannungsverhältnis zwischen Kunden (Bürger) und Leistungserbringer (Verwaltung) zu neutralisieren und zu einer akzeptierten Form der Kommunikation zu gelangen. Durch Information und gegenseitige Akzeptanz!

Die Anstrengungen der öffentlich-rechtlichen Organisationseinheiten müssen gewürdigt werden. An vielen Stellen wurden überfällige Reformen durchgeführt, die Begriffe wie Kunde, Dienstleistung oder Konzern Stadt werden nicht mehr negativ oder mit undurchsetzbar belegt. Aber es ist ein langer und auch dornenreicher Weg, denn „die überkommene und bürokratische Organisation und Handlungsweise öffentlicher Verwaltungen hat zu einer >öffentlichen Veraltung< geführt.“ [62]

---

62 Staatsminister a.D. Professor Dr. Hermann Hill: Verwaltungsreform und öffentlicher Dienst, in: Ipsen, Jörn: Verwaltungsreform – Herausforderung für Staat und Kommunen, Baden-Baden, 1996, S. 83

Sicherlich hat diese Formulierung bei den 6. Bad Iburger Gesprächen des Instituts für Kommunalrecht der Universität Osnabrück für Heiterkeit gesorgt. Aber wohl auch für Nachdenklichkeit. Zeigt und bestätigt diese Aussage wie viele andere nachher in besonderer Weise, dass Besitzstandsdenken, Inselbildungen und sowohl die Unfähigkeit als auch der fehlende Wille für Zukunftshandeln enorm ausgeprägt sind. Es gibt keine einfache Erklärung, die enumerativ aufzuzählen hilft, wer wann, wie und wo behindert, ausgebremst wurde oder ins Leere hat laufen lassen.

Die Summe der sogenannten Kleinigkeiten, die Angst vor Änderungen, aber auch das Beharren auf einmal erworbenen Rechtspositionen – Property Rights – macht das Ganze so schwierig. Das NStM ist unbestreitbar der richtige Weg, um einen Neuanfang, einen Umbruch überhaupt zu ermöglichen. Die nächsten Schritte, sind sie mit diesem Instrumentarium zu bewältigen? Oder fährt man sich im Treibsand des Mahlstroms und der Verzahnung von informierter Verwaltung, teilinformiertem Rat und wenig informierter Bevölkerung fest?

Ohne eine Bewertung vorwegzunehmen oder für ein übergreifendes (Wettbewerbsunternehmen im Verhältnis zu üblichen öfftl.- rechtlichen Organisationsstrukturen) Modell wesentliche Parameter vorab zu positionieren, ist bereits jetzt die Annahme in den Raum zu stellen, dass alle bisher genannten Maßnahmen, Bedingungen und Regelungen für ein anderes Veraltungsverständnis und Verhalten der Beteiligten eine strategische Vorgabe, eine strategische Einbettung der Maßnahmen in die Organisation und ein strategisches Controlling das quasi "Korsett" bilden, ohne dessen Leit- und Stützfunktion Veränderungen weder durchsetzbar, noch haltbar und schon gar nicht dauerhaft effizienzorientiert implementierbar sind.[63]

Bereits zu Beginn der 90er Jahre hat Hinterhuber auf die Wichtigkeit des roten Fadens für Führungskräfte hingewiesen, indem er die Stationen des Erfolges auf dieser Grundlage klar definiert hat:

- Die Entwicklung strategischen Denkens
- Die Grundlagen der Strategie
- Die Suche nach allgemeinen Grundsätzen
- Strategische Planung und strategisches Denken
- Strategische Führungskompetenz
- Die Objektivierung der Strategien und strategischen Entscheidungen
- Ihre Umsetzung in Unternehmenspolitik

63 Hans H. Hinterhuber, Brunner-Salten, Rolf: a.a.O., S. 99 –112

- Ihre Umsetzung in Direktiven
- Ihre Umsetzung in die Unternehmenskultur.[64]

In der Folge hat er die Umsetzung strategischen Denkens und Handelns nahtlos und nachvollziehbar in die operative Ebene gefordert. Voraussetzung dazu war der Weg oberhalb „bloßen Managements", in dem

- Leadership, also die Fähigkeit, neue Paradigmen zu schaffen, die Visionen und Ziele, die Unternehmenspolitik bestimmt
- Management innerhalb dieser Paradigmen aktiv wird
- Die Leiter innerhalb der Strategischen Geschäftseinheiten (z.B. Ämter)
- operational die Vorgaben umsetzen lassen [65]

Die Verknüpfung dieser Verantwortungsebenen von Leadership, Management und Operation ist hinreichend bekannt, wurde jedoch bisher im öffentlichen Sektor unzureichend wahrgenommen. In der bereits angesprochenen Property Rights – Betrachtung ist in besonders intensiver Form darauf eingegangen worden. [66]

Die Bedeutung der Strategie in der Führungsebene, exzeptionell im Geschäftsprozessmanagement des öffentlichen Sektors gilt synonym für alle Bereiche der öffentlichen Hand und ihrer Beteiligungen,nicht nur für Krankenhäuser. Heinz bestätigt diese Feststellungen aktuell, indem er sogar so weit geht und das Ergebnis von Addition und Verknüpfung der Strategien mit dem Prädikat: „KGSt– Managementansatz" versieht.[67] Aber nur für Kommunen.

Die Privatwirtschaft steht vor neuen Herausforderungen. Die wichtigsten sind die Globalisierung und der Wettbewerb von mindestens vier wirtschaftlichen Großräumen in USA, Asien, USA, und Mittelamerika, darunter zwei Währungsgiganten, dem Dollarraum und dem Eurosektor. Märkte und Unternehmen stellen sich – je nach Größe und Schwerpunktbildung relativ schnell auf veränderte Gegebenheiten und Anforderungen ein.

Die Parallelen zur Neuorientierung öffentlicher Strukturen sind nicht zufällig. Lernen von den bestgeführten Unternehmen! Flexibilität, Dezentralität, Kundenorientierung. Wir erinnern uns: Unternehmensleitungen sind in erster Linie gewinnorientiert. Dann produktorientiert. Dann mitarbeiterorientiert. Ob sie auch zukunftsorientiert sind, bestimmt die Reihenfolge der Eigentümerprioritäten.

---

64 Hinterhuber, Hans H.: Wettbewerbsstrategie, New York, 1990, Abb.1

65 Hinterhuber, Hans H.: Leadership mehr als Management, Wiesbaden, 1997

66 vgl. auch Brunner-Salten, a.a.O., 1999, insbesondere S. 99 – 112, S.199 - 204

67 Heinz, Rainer: Kommunales Management; Überlegungen zu einem KGSt-Ansatz, Stuttgart, 2000, insbesondere S. 11-25 und S. 194

Die demokratisch gewählte Volksvertretung – auch in Kommunen – ist zunächst gemeinwohlorientiert. Dass andere und unterschiedliche Faktoreinflüsse die nachfolgende Reihenfolge verändern können, ist anerkannt. Zunehmend wichtiger wird das Selbstverständnis der Individuen in den Stadt – und Gremienparlamenten hinsichtlich einer neuen Rollenverteilung.

Nur wenn die Volksvertreter sich mehr um die Strategieebene kümmern, statt in nachgeordnete Einzelfallentscheidungen abzugleiten, wenn sie mehr in die Strategieebene gehen als in die operativen Abläufe einzugreifen, kann es zu einer qualitativen Anhebung der Grundlagen des NStM führen und letztlich zu einer neuen Qualität zwischen Verwaltung und Rat zugunsten einer **Leadership–Steuerung der demokratischen Elemente gelangen.**

Bisher kamen die Anregungen und Vorstöße – wesentlich initiiert durch die KGSt – aus der Verwaltung. Die Kommunalparlamente und ihre Gremien sind aber gefordert, den Änderungsprozess in die eigene Hand zu nehmen.

Das NStM dient dazu als erste (oder zweite?) Stufe. Wenn es nicht den betriebswirtschaftlich – unternehmerischen Konzepten und Erfolgsmodellen angepasst wird, ist die Bestimmung als weitere (dritte) Stufe eines Erfolgsmodells zu verneinen.

Wenn es überhaupt eine Chance für eine solche Mutation geben soll, und die Ineffizienzen im öffentlichen Sektor nicht über die klassischen politischen Steuerungsinstrumente abgebaut werden können, sondern im Gegenteil noch durch diese verstärkt werden, dann liegt es nahe, solche Rahmenbedingungen zu institutionalisieren, welche wirtschaftliches Verhalten belohnen und unwirtschaftliches bestrafen. Dafür steht im Moment allein das sogenannte Wettbewerbsmodell.

Die Kommunale Gemeinschaftsstelle für Verwaltungsvereinfachung (KGSt) hat 1999 ihr fünfzigjähriges Jubiläum in Leipzig gefeiert. Die Feststellungen zur Entwicklung der Kommunen basieren auf den Aussagen, dass jetzt die Grenzen des Machbaren erkannt und die Reformen in den Kommunalverwaltungen dringend notwendig sind. Aufbauend auf den Entwicklungen über das NStM müssen die Kommunen sich weiter zu Dienstleistern mit Bürgerorientierung, Effektivität und Effizienz entwickeln. Das Zwischenergebnis, dass viele Kommunen die Reform ihrer Verwaltung eingeleitet hätten und die Chancen für eine adäquate Veränderung groß seien, zeigt zugleich, wie schwer es ist, den Durchbruch zu einem Veränderungsmanagement endlich zu vollziehen. [68]

In dieser Veranstaltung gab es zwölf Themenblöcke, die alle gleichermaßen den Aufbruch in die neue Ära signalisierten. U.a.:

---

68 Bericht zum KGSt – Forum v. 03. –05. 11.1999 in Leipzig, in: Schwartzsche Vakanzen–Zeitung Nr. 36 vom 21.12.1999, S. 285 - 286

- ➢ **Bürgerkommune**
- ➢ **Finanzmanagement / Neues Haushalts – und Rechnungswesen**

- ➢ **Kommunale Leistungen im Wettbewerb**
- ➢ **Methoden der Steuerung**

- ➢ **Gestaltung von Veränderungsprozessen**
- ➢ **Konzern Kommune**

- ➢ **Strategisches Management**

Als absolutes Novum wurden drei Themen diskutiert, welche den BAT und den MTB durchaus angreifen bzw. die notwendigen Anpassungen bzw. Neuregelungen als unverzichtbar für Dienstleistung und Leistungfähigkeit herausstellen:

- Manager und Experten in den Verwaltungen auf Zeit ?
- Leistungsanreize über alternative Vergütungen und Arbeitszeitmodelle ?
- Bedarfsangepasste Mitarbeiterzahl ?

Den sogenannten „Alternativen BAT“ gibt es schon seit vielen Jahren. Er stellt den untauglichen Versuch dar, jemandem zu erklären, „wie man warmes Wasser erhitzt“, sprich: wesentlich Neues gab es mangels Courage nicht. Das soll sich ändern.

- ➢ mit Hilfe der Personalvertretung
- ➢ mit Hilfe der Koalitionen im Arbeitsrecht.

Letztlich läuft es auf bereits bekannte Modelle in Industrie und Dienstleistung hinaus. Schließt sich der Kreis mit der inzwischen bekannten Frage, ob wir im öffentlichen Sektor von Spitzenverwaltungen lernen können? Vielleicht durch Zielvereinbarungen wie im **Netzwerk der Kommunen** der Zukunft, wie die Bertelsmann – Stiftung sie initiiert hat.

Das funktioniert allerdings nur, wenn die Grundlagen für umsetzungsfähige Politikvorgaben aktives Verwaltungshandeln in Verbindung mit der Aufgabenfinanzierung ermöglichen.

Unterfinanzierte Unternehmen oder anhaltende **Deinvestitionen** ohne strategische Zukunftsausrichtung und möglichem **Turn – around** haben keine Zukunft. Das gilt – bis auf Ausnahmen, in denen das Land oder der Bund einen sogenannten Staatsbankrott verhindern müssen, da die **aktive Daseinsvorsorge** verfassungsrechtlich garantiert ist, insbesondere für den öffentlichen Sektor.

Das NStM und eventuelle Mutationen können nur wirksam sein, wenn der **Kostenausgleich bei Aufgabenübertragungen** neben dem originären Haushaltsausgleichsgebot funktioniert. Der HGF des Deutschen Städtetages, Articus, äußerte in der „Welt“ im Juli 2001 die Meinung, dass die Städte bereits jetzt in ihrer Leistungsfähigkeit überfordert sind, weil das Konnexitätsprinzip nicht mehr eingehalten wird, Innenminister Behrens (NRW) malt sogar das Bild eines Defizits für NRW – Städte in Rekordhöhe an die Wand.[69] Bereits im Januar diesen Jahres hat der Deutsche Städtetag in Person seines Präsidenten, Hajo Hoffmann, über einen dramatischen Verfall der Investitionen aufgrund der Steuergesetzgebung und der langjährig aufgebauten Haushaltsdefizite geklagt.

Sind diese Entwicklungen hausgemacht oder sind sie durch eine Neue Steuerung zu beseitigen? Unterschieden werden muss auf jeden Fall zwischen internen Möglichkeiten und externen Einflüssen, die eine **Drittwirkung** entfachen, welche auch intelligente und unternehmensorientierte Steuerung obsolet macht.

Insofern ist die Betrachtung von Mechanismen und Werkzeugen zur Veränderung bisheriger systemimmanenter Defizite auf Effektivität und Effizienz eines outputorientierten **Geschäftsprozessmanagements** im öffentlichen Sektor inkl. seiner Beteiligungen zu richten.

Ob die Möglichkeiten im Rahmen des NStM und die produktoptimierte Gestaltung von Verwaltungs– und Vermögenshaushalt, von Personalanreizsystemen und kompetenter Dienstleistung dauerhaft zukunftsfähig sind ? **Oder gibt es schlankere und bessere Modelle?**

2.5 Lean Management

Die Änderungen in der Aufbau – und Ablauforganisation öffentlicher Verwaltungen und Beteiligungsgesellschaften beziehen bzw. orientieren sich immer stärker auf Wettbewerbsunternehmen, da die wirtschaftlichen Ergebnisse – zumindest bei der Erstbetrachtung – immer stärker in den Vordergrund rücken.

Damit erfolgt ein interner **Paradigmenwechsel** von der Allzuständigkeit der Juristen, der Politik – und Verwaltungswissenschaftler auf die Betriebs – und Volkswirte. In der westlichen Hemisphäre haben die zunächst erfolgreich erscheinenden Produktionsverfahren und Managementmethoden die Schwankungen und Risiken der Weltmärkte nicht auffangen können.

Die tradierten Werkzeuge von antizyklischer Haushalts – und Wirtschaftsführung, die Intervention in Geldmärkte oder auch die gezielte Verknappung von Rohstoffen und Gütern haben unter Einbeziehung des Versuchs bilateraler oder

---

69 Westfälische Nachrichten vom 26. August 2001

multilateraler Verhandlungen und Verträge nicht die gewünschten Ergebnisse erbracht.

Nach **Adaption der japanischen Produktionsabläufe**, der Verwaltungs – und Controllingstrukturen sowie der Übernahme von Kundenbindungsstrategien stabilisierten sich die Ergebnisse und ein weiteres Durchsacken der Gesamtdaten konnte verhindert werden.

Dazu gehört neben der **ständigen Verbesserung** der **Geschäftsprozessabläufe** in Wirtschaft und Verwaltung (KAIZEN) auch die Kundenzufriedenheit. Eine **schlanke Unternehmensstruktur, Just – in - time** – Ersatzteilversorgung, geringe Lagerbindungskapazitäten, **hochqualifiziertes Personal** und die **absolute Umsetzung der Unternehmensleitbilder** sind wesentlich für den Erfolg des Konzeptes. Der absolute Bezugspunkt ist der **Wertschöpfungsprozess,** in dem die menschlichen Fähigkeiten und die verfügbaren Ressourcen optimal aufeinander abgestimmt werden, um das gewünschte Dienstleistungs – oder Produktionsergebnis zu ermöglichen.

Neben die Inhalte der KAIZEN und des Just – in - time treten die Arbeit im Team und die Dezentralisierung von Verantwortung. Hinzu kommen die interne und externe Kooperation und ein umfassendes **Qualitätsmanagement (Total Quality Management).**

Lean Management soll eine wesentlich treibende Kraft im **Gesamtwirkungszusammenhang** darstellen, die das Unternehmen quasi „entschlackt“, es von Wirkstoffen befreit, die dem Unternehmensziel, der Effektivität und Effizienz entgegenstehen.

Es entstehen erst im Wirkungsverbund aller Management – und Ressourceneinsätze die Ergebnisse, die aus der integrativen Sichtweise aller Beteiligten realisiert werden können. Nur in der Summe, der Addition, der Gesamtheit der Maßnahmen entsteht der angestrebte schlanke und wettbewerbsfähige Zustand des Unternehmens.

Schaut man durch diese bereits transparente Folie von Leitbild, Wertschöpfung und Qualitätsmanagement, so wird deutlich, dass Lean Management durchaus eine Ergänzung, im Idealfall einen Veredelungsprozess für das NStM bedeuten kann, da es einerseits vom Anspruch her, andererseits in der stringenten Umsetzung das spezifische Beharrungsvermögen, welches Aktivitäten in Veränderungsprozessen im öffentlichen Sektor behindert, überwindet.

Das Leistungserstellungs –und Managementkonzept des LM erstreckt sich auf alle Unternehmensbereiche. Der Bogen reicht dabei von **Leistungsanreizsystemen** über **Make –or – buy – Entscheidungen** bis hin zum Wegfall von Querschnittsämtern und Fachämtern zugunsten direkter und **dezentralisierter Verantwortung**. Es ist nicht nur lediglich ein Ansatz, da es direkt über methodische

Ansätze hinausgeht. Es werden alle Ressourcen genutzt. Über Erfahrung, Kreativität und Kooperation.

Funktionieren wird das Konzept aber nur, wenn das, was die Japaner „Muda“ nennen, nämlich „Verschwendung“, in jeder möglichen Erscheinungsform bekämpft wird. Konkret bedeutet es:

- keinen Ressourceneinsatz, der keinen Wert erzeugt
- ständige Fehlerkorrektur
- keine Produkterstellung, die als Ergebnis nicht nachgefragt wird
- Vermeidung unnötiger Prozessschritte
- Keine Versetzung von Personal oder Transport von Material, wenn keine positive Änderung herbeigeführt wird
- Änderungen in der Wertschöpfungskette nur, wenn diese transparent und ergebnisverbessernd wirken
- Beseitigung von Trägheit. [70]

Diese plakative Form direkter Praxisbezüge mag ungewöhnlich erscheinen, weicht sie doch von den gängigen Überschriften, wie sie überwiegend in der sogenannten Managementliteratur vorkommen, ab. Es kommt also, wie bereits festgestellt, immer wieder auf die direkte und zügige Umsetzung an. Die Parallelen in der Vorgehensweise zwischen öffentlichem Sektor und Wettbewerbswirtschaft sind dabei nahezu gleichgelagert.

Voraussetzung für die erfolgreiche Umsetzung ist in der Regel die Einrichtung eines sogenannten „Projektbüros“, aus dem heraus eine „Task force“ Entscheidungen für eine Umsteuerung treffen darf. Mit Kompetenz und Know- how. Nicht nebenbei und nur zeitlich begrenzt „abgestellt.“

Beginnend mit dem Konzernvorstand (Oberbürgermeister) kommt es insbesondere darauf an, die richtigen Führungskräfte mit dem adäquaten Wissen und der ergebnisorientierten Durchsetzungsfähigkeit zu finden. Damit beginnt der Wertschöpfungsprozess. Damit er nicht bereits in der Startphase durch interne und externe Einflüsse behindert wird, bedarf es einer recht hohen Startgeschwindigkeit, einer „radikalen Verbesserung“, dem „KAIKU.“ Danach ist der Bereich der Änderungen ständig auszuweiten, bis er das ganze Unternehmen / die Verwaltung / den Dienstleister und die Geschäftsprozesse umschließt.

Ist der Veränderungsprozess erst unumkehrbar, muss die Ganzheitsbetrachtung intensiviert und eine ständige Verbesserung der erreichten Ergebnisse über Kaizen, also über die kontinuierliche Verbesserung, unterstützt und gesichert

70 Womack, James P. und Jones, Daniel T.: Auf dem Weg zum perfekten Unternehmen; Lean Thinking, New York, 1997, S. 15 - 122

werden. Die starke Einstrahlung von Change Management zu diesem Zeitpunkt ist Datum. Mit den nachfolgend genannten Regeln sollen sowohl Kaiku als auch Kaizen zu der gewünschten schlanken Organisation, zu einem erfolgreichen LM führen:

- Erstellen eines Aktionsplans
- Start der Veränderungen mit KAIKU
- Wissens – und Ressourcenbeschaffung
- Einsatz von Veränderungsmanagern [71]
- Den Hebel bei einer Krise ansetzen oder eine solche konstruktiv für den Wandel herbeiführen
- Über die Gesamtstrategie nicht die operationale Ebene vernachlässigen
- Wertströme erfassen
- Zentrale und sichtbare Aktivität entfalten
- Bestehen auf sofortigen Resultaten
- Erfolge durch Übertragung auf andere Bereiche nutzen
- Klären der Wachstumsstrategie und der Personalfragen
- Trennung von sogenannten Hemmschuhen
- Schlankes Rechnungswesen ; Transparenz durch Benchmarking
- Überzeugen der Stakeholder
- Umschalten von Top – down – Führung auf Bottom – up Initiativen [72]

2.6. Business Reengeneering (BR)

Im Gegensatz zum **Lean Management**, in dem Geschäftsprozesse ständig optimiert werden, stellt das Reengineering in seiner Ausprägung die gesamte Aufbau – und Ablauforganisation in Frage. Es geht von einem **absoluten Neubeginn** aus. Bei Null anfangen. Alles über Bord werfen. Keinen Stein auf dem anderen lassen. Alles für obsolet erklären. Ist das überhaupt möglich? Und vor allem: wenn, wie soll der öffentliche Sektor mit seinen besonderen (starren) Strukturen eine solche Quasi-Revolution durchlaufen?

---

71 Vgl. auch Middelhoff, Thomas in: ULA – Nachrichten 8/2001, S. 3: „Führungskräfte....... sind für Veränderungen in einem Unternehmen maßgeblich verantwortlich. Sie sind die Change Agents eines Unternehmens. Das bedeutet zum einen, dass sie in ihrer externen Wirkung als Treiber des Unternehmens fungieren. Sie bringen Visionen...und Impulse, die zu Änderungen der Marktsituationen führen können. Das bedeutet zum anderen, dass sie Mitarbeiter auf Neues und Veränderungen einstellen. "

72 Womack, Jones: a.a.O.: S. 312 - 345

Der Reihe nach. Reengineering stellte keine Chaos – Regeln an die Stelle bewährter Organisationen. Es akzeptiert aber auch keinen By - Pass oder Notoperationen am nicht reanimierbaren Patienten. Vielmehr verlangt es, bisherige **Verhaltensweisen und Strukturen** zugunsten einer neuen Betrachtungsweise der Produkte, Dienstleistungen und Prozesse **zu ändern**. Der Kunde (Bürger) definiert die Kompetenz, nicht das Unternehmen oder die Verwaltung. Der Wettbewerb wird zur Existenzfrage. Regional, überregional und global. Mit allen wechselseitigen Auswirkungen auf Menschen, Einkommen, Lebensqualität und Regionen.

Eine Legaldefinition für Unternehmen beschreibt Business Reengineering als **„fundamentales Überdenken und radikales Redesign von Unternehmen oder wesentlichen Unternehmensprozessen.“** Es bewirkt Verbesserungen in Form von **Quantensprüngen,** nachvollziehbar, also messbar, in den Sektoren Kosten, Qualität, Service und Zeit. [73]

Die in dieser Definition enthaltenen die für die Umsetzung des Konzeptes und für die inhaltliche Ausgestaltung vier entscheidenden Schlüsselworte:

- **Fundamental, d.h.,**
  dass zunächst festgelegt werden muss, was ein Unternehmen tun muss, dann erst, wie es dabei vorgeht. Was ist, soll ignoriert werden, die Konzentration ist auf das, was sein soll, auszurichten.

- **Radikal, d.h.,**
  Keine oberflächlichen Veränderungen, sondern ein klarer Trennungsstrich zur Vergangenheit; völlige Neugestaltung unter Mißachtung aller bestehender Strukturen und Verfahrensweisen

- **Verbesserungen um Größenordnungen, d.h.,**
  nicht minimale prozentuale Steigerungen, sondern Schritte, mit denen man andere Wettbewerber weit hinter sich zurück lässt

- **Unternehmensprozesse, d.h.,**
  vom Denken in Funktionen zum Denken in Prozessen[74]

---

73 Hammer, Michael und Champy, James: Business Reengineering – Die Radikalkur für das Unternehmen – New York, 1994, S. 48

74 Hammer / Champy: a.a.O., S. 48 – 53, zum Stichwort Unternehmensprozesse vgl. auch Hans H. Hinterhuber: Aufbruch in die Veränderung, Wiesbaden, 1995, S. 13

Wichtig in diesem Zusammenhang ist die Feststellung, dass BR auf **nachvollziehbaren und transparenten Regeln aufbaut** und keinesfalls alle vorhandenen Strukturen und Prozesse negiert. Vielmehr kommt es darauf an, dass die Schwächen der vorhandenen Systeme nicht gehätschelt und nicht Ressourcen für eine falsch verstandene Heilung der"Dominanz des Minimumsektors" eingesetzt werden (das schwächste Glied bestimmt die Stärke der Kette und muss auf das Leistungsniveau der anderen Leistungseinheiten angehoben werden).

Die **wesentlichen Merkmale des BR** sind die Erfahrungen aus erfolgreichen Unternehmens – Reengineering- Massnahmen:

- Ein Caseworker oder ein Caseteam übernimmt bisher voneinander getrennte Aufgaben und / oder Positionen. Dadurch entstehen keine Informationsbrüche
- Mitarbeiter treffen Entscheidungen, die ansonsten der nächsthöheren Ebene vorbehalten waren = Entscheidungen aus einer Hand.
- Entlinearisierung von Arbeitsprozessen, also die prozessoptimale Folge von Arbeitsschritten und die Verringerung der Nachbesserung
- Arbeit dort erledigen, wo sie am sinnvollsten ist; Dezentralisierung
- Geringerer Überwachungs – und Kontrollbedarf durch eine System der verhältnismäßig angepassten Kontrolle
- Reduzierung von Abstimmungsarbeiten unter gleichzeitiger Inkaufnahme von Asymmetrien, die saldiert weniger Aufwand erfordern [75]

Ähnliche, aber auch ergänzende Voraussetzungen für ein erfolgreiches BR – auch sieben an der Zahl - werden zeitgleich von Morris/ Brandon propagiert:

- Herstellung von Beziehungen zwischen allen unternehmensrelevanten Managementparametern
- Koordiniertes Innovationsmanagement für alle Unternehmensfunktionen
- Beurteilung, Planung und Umsetzung von Innovationen auf kontinuierlicher Basis
- Analyse aller potentiellen Auswirkungen vorgesehener Innovationen
- Modellbildung und Simulation vorgesehener Innovationen
- Kontinuierliche Nutzung der erarbeiteten Modelle
- Durchführung der BR anhand umfassender und systematischer Methodik.[77]

---

75 Hammer / Champy: a.a.O., S. 71 - 89

76 Hammer / Champy: a.a.O., S. 71 - 89

77 Morris, Daniel und Brandon, Joel: Revolution im Unternehmen – Reengineering für die Zukunft, München, 1994, S. 29 - 33

Sehr plastisch und nachvollziehbar ist das nachfolgende Schaubild, dass ein wie vor angesprochenes und additiv gestaltetes Modell als -selbstverständlich-dynamische Unternehmensorganisation ausweist:

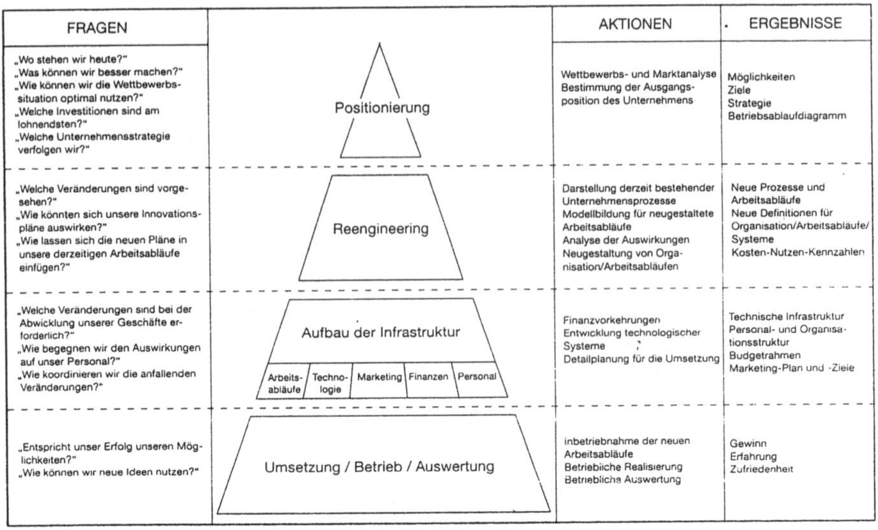

Abbildung 22: Innovationsmodell im Rahmen der dynamischen Unternehmensorganisation. Quelle: Morris/ Brandon, a.a.O.: S. 35

Die **stufenweise Zuordnung und Bewertung**, in der das NStM analog zur Maslow `schen Pyramide als Sockel betrachtet, LM darauf aufbaut und BR die nächsthöhere Ebene darstellt, ist so vereinfachend unzutreffend.

Richtig ist, dass LM Elemente des NStM voraussetzt oder sie bereits integriert. Zutreffend ist auch, dass BR **Elemente aus beiden Modellen** verinnerlicht, aber augenscheinlich brachialer, weil konsequenter, vorgeht.

Der **öffentliche Sektor** steht in dieser Untersuchung im Vordergrund. Werkzeuge und Verfahren aus Wettbewerbsunternehmen sind interessant, soweit sie vergleichend eingesetzt werden können. Oder angepasst. Die

- Besonderheiten der Verwaltungen,
- der demokratischen Einrichtungen in Stadt und Land

stehen im Fokus von Veränderungsanstrengungen.

78 Morris, Daniel und Brandon, Joel: Revolution im Unternehmen – Reengineering für die Zukunft, München, 1994, S. 29 - 33

Das **Principle – Agent – Problem**, wonach der Stellvertreter, insbesondere der angestellte Stellvertreter - sehr verkürzt ausgedrückt – überwiegend die Interessen des Eigentümers vertreten soll, dieses aber aus der fehlender Deckungsgleichheit von Eigentum und Verfügungsmacht nicht oder nur unzureichend gelingt -, ist auch in der Leitungsebene von Ämtern und Beteiligungsgesellschaften präsent.

Die Frage nach der Intensität der Aufgabenwahrnehmung, nach dem beruflichen Selbstverständnis, der sozialen Stellung, dem Ansehen innerhalb eines Rathauses, einer Kommune, einer Verwaltung oder einer Beteiligungsgesellschaft stellt sich gleichermaßen:

- welche Rechte hat der Stelleninhaber,
- wie wirkt eine Veränderung dieser Einzelrechte oder Rechtebündel ?

Fragen zur Funktion einer adäquaten Zuordnung und Verteilung, die zumindest eine weitere Betrachtung erfordern:

2.7 Property Rights

Darunter sind zu verstehen: Verfügungsrechte, Vermögensrechte, Besitzrechte, Eigentumsrechte, etc. Im Grundsatz handelt es sich um die Rechte von Individuen im Rahmen der Nutzung von Ressourcen, deren Bogen breit gefächert bis hin zur Verfügung über Rechte und Lizenzen reicht.

Dazu gehören Rechtspositionen und Handlungspositionen, Optionen und Vertragsbeziehung, Transaktionskosten, Koordinations – und Anpassungskosten, aber auch die Kosten, welche durch externe Effekte entstehen. Welche Bedeutung haben diese Rechte für den öffentlichen Sektor?

Um diese Frage zu beantworten, und weil die **Property Rights – Problematik** nicht im Vordergrund dieser Untersuchung steht, sind öffentlich – rechtliche Unternehmen / Organisationen darauf hin zu **überprüfen,** ob sie Aufgaben übernehmen sollen, die der Natur der wirtschaftlichen Lösung nach privatrechtlichen und auch im Privatbesitz stehenden Organisations – und Rechtsformen eher **entsprechen und auch optimal erledigt werden.**

Es ist zumindest sehr stark in Frage zu ziehen, ob die Beteiligten an einem nicht der akuten Daseinsvorsorge zuzuordnenden **Leistungsprozess** unbedingt öffentlich– rechtliche Träger sein müssen. Vor dem Hintergrund, dass der größte Teil der Staatsbediensteten zumindest über das NStM trainiert werden muss, um serviceorientiert zu denken und zu handeln, wird versucht, den Leistungsvorteil des Wettbewerbssektors durch einen hohen **Ressourceneinsatz** auszugleichen.

Grundsätzlich sind Anpassungs – und Weiterbildungsaktivitäten für ein besseres **Kundenverständnis** in der öffentlichen Verwaltung zu begrüßen. Allein aus den vorgenannten Gründen sollte eine **Begrenzung auf unabdingbare Bereiche** öffentlich – rechtlichen Handelns erfolgen. Dann werden in der **Güterabwägung** und vor allem vor dem Hintergrund verfügbarer Mitteleinsätze – auch über Koordination und über **Kooperationen** die gewünschten Erfolge erzielt.

Ob der Begriff „Erfolg" auch hinreichend ausgefüllt wird, bemisst sich gem. Oettle aus der Faktorzusammensetzung von

„gesellschaftlichen Kosten und Nutzen, die von der kaufmännischen Erfolgsrechnung nicht erfasst werden können und für private Unternehmungen auch solange uninteressant sind, als es nicht um die **Umwandlung** von ihnen verursachter **gesellschaftlicher Kosten in private** oder um die Honorierung von ihnen gestifteten **gesellschaftlichen Nutzens** geht, die etwa in Form von Subventionen erfolgen könnte.

Die bloße Orientierung öffentlicher Betriebe am kaufmännischen Gewinn oder Verlust kann an anderer Stelle gesellschaftliche Kosten verursachen und das Entstehen gesellschaftlichen Nutzens verhindern." [79]

Das Beispiel der zentralen Poststelle, welche alle Bürger eines Stadtteils / einer Stadt aufsuchen müssen, um ihre Post abzuholen, weil die Kosten für die Zusteller eingespart werden sollen, zeigen durch den aus einer solchen Entscheidung und Organisationsänderung dauerhaft entstehenden **Zusatzaufwand** für Parkplätze, Verkehrsführung, Personal in der Zentrale, Logistik, Infrastruktur, etc., dass die Besonderheiten öffentlicher Aufgabenerfüllung auch vorausschauende **Leadership**, eine völlig andere **Strategie** und **operationale Umsetzung** verlangt als bei ausschließlich gewinnorientierten Unternehmen.

Die Unternehmens – und Organisationsstruktur wettbewerbswirtschaftlich orientierter und mit privaten **Property Rights** ausgestalteter Unternehmen ist ohne eine wesentliche und grundsätzliche Änderung und Anpassung schlussendlich nicht auf öffentliche Unternehmen übertragbar.[80]

Öffentliches Eigentum (Public Ownership, ‚Common ownership) an Ressourcen wird durch die Property Rights – Theorie ausdrücklich in die Betrachtung wirtschaftlichen Handelns mit Gütern aufgenommen.[81] Die daraus resultierenden Schlüsse lassen sich durchaus auf öffentliche Unternehmen übertragen.

---

79 Oettle, Karl: Betriebswirtschaftliche Beiträge zur öffentlichen Finanzwirtschaft; Ausgewählte Aufsätze zum Haushalts – und Rechnungswesen der öffentlichen Verwaltungen, Baden-Baden, 1991, Seite 22

80 Vgl. Oettle, a.a.O., 1991, Seite 21

81 Alchanian A.A., Demsetz, H.: The Property Rights Paradigm, in: Journal of Economic History, Vol. 33, 1973, Seite 17

Der gravierende Unterschied in der Verteilung zwischen privaten und öffentlichen Unternehmen ist hauptsächlich in der Verteilung **(Verdünnung)** von Property Rights auf eine Vielzahl von Individuen durch die **Zuordnung von Rechten** auf die Bürger als Träger dieser Rechte begründet. Hinzu kommt, dass die Fähigkeit, individuelle Rechte auf Dritte zu transferieren, für den Bürger unmöglich ist. Eine wesentliche Voraussetzung und Funktion für die **Gesetzmäßigkeit funktionierender Märkte** ist dadurch fast völlig ausgeschlossen.

In letzter Konsequenz werden die Vorteile wirtschaftlichen Handelns für den Einzelnen nicht deutlich genug fühlbar, die Vor – und Nachteilhandlungen im Umgang mit Gütern werden **nicht genügend sanktionsintensiv**. Daraus entsteht ein ungenügender und somit wenig effizienter Umgang mit den Gütern; Handlungsinterdependenzen werden nicht genügend transparent.

Diese **Nichttransferierbarkeit** aufgrund der vorgenannten Informationsdefizite macht den wesentlichen Unterschied zwischen privatem und öffentlichem Eigentum und den daraus resultierenden Property Rights aus. [82]

Demnach **fehlt die Anreizfunktion**, Aktivitäten oder Instrumentarien zu entwickeln, die einem zweckgerichteten und ergebnisorientierten Einsatz und einer Ressourcenadäquanz zugänglich wären. Gäbe es diese, würde der notwendige **Freiraum** für die Leitungsebene verfügbar, der eine Zuordnung oder Verwendung für nicht zielkonforme Einsätze ausschließt.

Ansonsten entsteht eine Basis für **organisationsbedingte Ineffizienz**, der sogenannten X – Ineffizienz, deren Abbau und Anpassung an die geforderte formale Betriebsorganisation nur mit außerordentlich hohen **Kontrollkosten** und weiteren Inputs erfolgen kann. Rechnet man diese Kontrollkosten dem bereits systemimmanten Aufwand öffentlicher Unternehmen hinzu, verschlechtert sich das Input – Output – Verhältnis und damit die Effizienz noch einmal nachhaltig.

Für Kommunen wie auch öffentlich – rechtliche Unternehmen ist **allokative Effizienz** aber nicht alleiniger Maßstab für Leistungsfähigkeit und Leistungserbringung. Budäus ist der Auffassung, dass öffentliche Unternehmen der **Instrumentalthese** entsprechend verschieden gearteten Zielen verpflichtet sind, so auch verteilungs- und versorgungspolitischen. Aus diesem Grund müssten bewusste **Verdünnungen der Eigentumsrechte** vorgenommen werden, indem den öffentlichen Unternehmen beim Einsatz ihrer unternehmerischen Parameter Beschränkungen auferlegt werden.[83]

---

82 Alchanian, A.A, Demsetz, H.: How should prices be set? In: Il Politico, Vol. 32, 1967, S.369 ff

83 Budäus, Dietrich: Thorie der Verfügungsrechte als Grundlage der Effizienzanalyse öffentlicher Regulierung und öffentlicher Unternehmen in: Betriebswirtschaftslehre und Theorie der Verfügungsrechte, Hrsg: Budäus, Gerum, Zimmermann, Wiesbaden, 1988, S. 45 - 64

„Aus dieser Überlegung wäre abzuleiten, dass die Theorie der Property Rights in Bezug auf die allokative Effizienz aussagefähig ist. Sie kann uneingeschränkt Anwendung finden für die Bandbreite, in der öffentliche Unternehmen trotz besonderer Aufgabenzuordnung und einschränkender Verpflichtungen **effizienzmaximierend** tätig sind unter der **Maßgabe der öffentlichen Aufgabenerfüllung**.

Die Beschränkung der Analyse der Bedingungen für und auf effiziente Produktion ist für private Unternehmen legitim, da letztlich die Erwirtschaftung von Gewinnen – evtl. die Verbesserung der **Shareholder Value** (beachte auch: Stadtwerke AG) – den Kern der Interessen privater Eigentümer oder Anteilseigner bildet.

Das öffentliche Unternehmen dagegen besteht aufgrund graduell anders gesetzter Ziele. Allokative Effizienz kann für die öffentlichen Unternehmen und ihre (wirtschafts-) politischen Entscheidungsträger nicht der alleinige Maßstab sein“ [84]

Allerdings wird bereits an dieser Stelle deutlich, dass die Intensität der Zuordnung oder „Wegnahme“ von Handlungs – oder Verfügungsrechten die Einstellung bzw. das Verhalten von Individuen wesentlich beeinflusst. Die bereits weitestgehend überholte Aussage, dass die **Organisation das Verhalten** prägt, wird überwiegend durch die stärker **individuelle Vor – und Nachteilsbetrachtung** des Einzelnen, insbesondere in öffentlich – rechtlichen Einrichtungen, in denen nahezu ausschließlich Visionen, Leitbilder und eine geschlossene Unternehmenskultur fehlen, abgelöst.

Eine wesentliche Rolle in diesen Wechselbeziehungen spielen die Trägerschaft, die Ziele und die Rechtsform. Sie eröffnen Freiräume und Individualisierung durch Neuzuordnung von Rechten. Sie können aber auch durch zu starke Kontrolle im Rahmen von Transaktionskostenbewertungen zu Ineffizienz und X – Ineffizienz führen.

2.8 Kommunales Finanz – und Haushaltsrecht

„Aufbauend auf den vorangegangenen Arbeiten sowie auf den Ergebnissen der dritten Umfrage des Deutschen Städtetages (DST) zur Verwaltungsmodernisierung wurden die Beratungen im Finanzausschuss zur Reform des kommunalen Haushalts - und Rechnungswesens fortgesetzt.

Eine Arbeitsgruppe des Finanzausschusses des DST zur Reform des kommunalen Haushalts- und Rechnungswesens hat im Berichtszeitraum Eckpunkte des

84 Brunner-Salten, Rolf: a.a.O., 1999, S. 21

DST zur Reform des kommunalen Haushalts - und Rechnungswesens erarbeitet, das als Abschluss eines Klärungsprozesses und als Grundsatzentscheidung über die künftige Ausrichtung des kommunalen Haushalts - und Rechnungswesens zu verstehen sind.

Im November 1998 hat das Präsidium des DST die formulierten Eckpunkte als Leitlinie für die Gestaltung des neuen kommunalen Haushalts - und Rechnungswesens beschlossen.

In seinem Beschluss hat das Präsidium festgestellt, dass das derzeitige kommunale Haushalts - und Rechnungswesen nur begrenzt in der Lage ist, die für die Steuerung der Kostenkontrolle einer modernen bürgerorientierten Verwaltung erforderlichen Daten zur Verfügung zu stellen. Gleichzeitig hat es herausgestellt, dass die dauerhafte Sicherung der in den Städten erreichten Erfolge der Verwaltungsmodernisierung eine Umgestaltung des Gemeindehaushaltsrechts erfordert und hat daher für die Einführung eines neuen, integrierten kommunalen Haushalts - und Rechnungswesens auf der Grundlage der Doppelten Industriekontenbuchführung (Doppik) ausgesprochen.

Wesentliche Forderung ist, dass Städten, die den Übergang auf ein neues Haushalts - und Rechnungswesen jetzt wünschen, dies sofort ermöglicht werden muss. Ein verlässlicher Zeitplan für den Übergang auf ein neues kommunales Haushalts - und Rechnungswesen ist dabei - auch vor dem Hintergrund anstehender hoher Investitionskosten im Bereich der Datenverarbeitung (DV) - unabdingbar.

Gleichzeitig wird eingeräumt, dass bei der Festlegung des Zeitraumes auch die unterschiedlichen Ausgangsbedingungen großer und kleinerer Städte berücksichtigt werden müssen.

Mit den Eckpunkten zur Reform des kommunalen Haushalts - und Rechnungswesens hat das Präsidium eine eindeutige Richtungsentscheidung für die Einführung der Doppik in der Kommunalverwaltung getroffen. "[85]

Ist das Ergebnis der Vorgaben und Empfehlungen des DST der entscheidende Schritt zur Steuerung der kommunalen Haushalte oder handelt es sich lediglich um die Verbesserungen des bestehenden Haushalts - und Rechnungswesens in Richtung einer Kosten - und Leistungsrechnung und eines daran anschließenden Controlling als Forecast?

Die öffentliche Hand schichtete seit der Finanzreform 1969 bis zum Jahre 1996 einen Schuldenberg von über DM 2 Billionen auf. Das Konnexitätsprinzip, nachdem den Gemeinden Aufgaben nur übertragen werden dürfen, soweit dafür

85 Deutscher Städtetag, Geschäftsbericht 1999, Berichtsteil Finanzen, S. 129

auch die entsprechenden Ressourcen bereitgestellt bzw. zugewiesen werden. Insbesondere gilt dieses für neue Aufgaben.[86]

Die Differenz zwischen den für die Aufgabenerfüllung verfügbaren Mitteln und den tatsächlich verfügbaren Einnahmen wird immer größer. Bund und Länder verlagern zunehmend Aufgaben, die einen finanziellen Aufwand erfordern, auf die Gemeinden. Dadurch werden die Gemeinden in ihrer Gestaltungskraft fast ausschließlich auf die Pflichtaufgaben zurückgedrängt. Eine sogenannte freie Spitze im Haushalt gibt es nicht mehr, freiwillige Aufgaben, welche die Attraktivität einer Gemeinde im Wettbewerb der Systeme sehr stark berühren (Gewerbeansiedlung, Gewerbesteuer), entfallen.

Systemimmante Probleme haben häufig einen Partner, der das vorgenannte Szenario verschlimmert und Lösungen nicht mehr zulässt: Leiter kommunaler Unternehmen oder Verwaltungen, die sich aus unterschiedlichen Gründen über die Bestimmungen der Gemeindeordnung hinwegsetzen, indem Ausnahmetatbestände konstruiert werden, die so nicht zutreffen oder die Aufsichtsbehörde, selbst in Fällen eines bereits bestehenden Haushaltssicherungskonzeptes in ähnlicher Form dazu bewegen, auch unter extremen Auflagen, weiteren Ausgaben zuzustimmen, die sich die Kommune nicht mehr leisten kann und deren Refinanzierung unmöglich ist.

Das vollmundige Versprechen des Konzernchefs einer deutschen Großstadt, im Rahmen der Hauhaltskonsolidierung u.a. Defizite der vergangenen Jahre abzubauen, Ausgaben nur zu leisten, die auch finanzierbar sind und die Beteiligungsverwaltung endlich über ein adäquates Controlling zu steuern, weist als heutiges Ergebnis aus:

Die Kommune hat ihren Schuldenberg in Richtung über eine Million Euro verdoppelt, es gab keine Ausgabendisziplin, sondern politische Opportunitätsgründe standen im Vordergrund, die Beteiligungsverwaltung besitzt kein adäquates Management und keine direkte Einbindung in das Finanzmanagement, etc.

Die Frage nach der Verantwortung und der Reaktion der Aufsichtsbehörde (n) wird besser nicht gestellt, da die Sanktionsmöglichkeiten weitestgehend nicht genutzt werden und selbst Großstädte, die völlig heruntergewirtschaftet wurden, den Einsatz eines Staatskommissars lediglich in Aussicht gestellt bekommen.[87]

---

86 vgl. Verwaltungsvorschriften (VV) zu § 3 Gemeindeordnung (GemO) des Landes Rheinland–Pfalz, insbesondere Absatz 2 - 4 zur Aufgabenerfüllung und Finanzierung.

87 Gemeindeordnung des Landes Rheinland - Pfalz,§§ 120 - 128, insbesondere § 124, Bestellung eines Beauftragten und $ 125, Auflösung des Gemeinderates

„Die Stadt München ist bankrott", heißt es in einer aktuellen Zeitungsmeldung.[88] Die Gewerbesteuer ist weggebrochen und eine Haushalts - und Investitionssperre ist zu beschließen. Die Entwicklung war voraussehbar, auch für andere Kommunen. Die neue Gewerbesteuerumlage zugunsten des Bundes und der Länder, die auch bereits andere bayerische Grosstädte wie Nürnberg und Augsburg an den Rand der Leistungsfähigkeit gebracht hat, war in ihren Auswirkungen vorhersehbar. Vielleicht hat die ständige Verletzung des Konnexitätsprinzips zu einem sehr sorglosen Umgang mit der Folgeabschätzung von Gesetzesvorhaben, insbesondere deren Auswirkungen auf die akute Daseinsfürsorge, geführt. Vielleicht waren die Beteiligten aber auch der Meinung, dass es auch hier Selbstheilungskräfte gibt, die der Wirtschaft ständig unterstellt werden. Der Irrtum ist fatal.

Wie sehen demnach Notwendigkeiten für die Steuerung kommunaler Aufgabenerfüllung durch das Finanz - und Haushaltsrecht aus und wo liegen die Grenzen?

„Den Letzten beißen die Hunde“ formulierte der ehemalige sächsische Finanzminister und heutige Ministerpräsident Milbradt im Frühjahr 2002 in einem Rundfunkinterview und meinte damit die Kommunen. Radikale Einschränkungen der städtischen Leistungen und der Rückgang der öffentlichen Investitionen auf nahe Null sind das Ergebnis der vorgenannten Steuerreform 2002. In Nordrhein - Westfalen fehlten den Kämmerern bereits mehr als vier Milliarden DM, 2002 wird der Notstand noch größer werden.

Die Kommunen befinden sich strukturell in einer tatsächlich äußerst ungünstigen Lage. Bei Einnahmen und Ausgaben haben sie nur geringe Gestaltungsmöglichkeiten, da Bund und Länder weitestgehend die Aufgabenerfüllung vorgeben und eigene Steuereinnahmen diese Leistungen nicht abdecken.

Auf diese Entwicklung haben Bund und Länder nicht oder nur unzureichend reagiert, indem sie z.B. einen Aufgabenabbau ermöglicht oder Normen und Standards verringert hätten, vielmehr haben sie die staatlich geregelte Gestaltung von Lebenssachverhalten bei häufiger Anspruchsbegründung Dritter gesehen. Dieser „Wegdrückungsmechanismus“ führt „mit Volldampf in die Sackgasse“[89]

Die Verteilungskämpfe um die finanzielle Ausstattung zwischen Bund, Ländern und Gemeinden nimmt zu. In der jüngsten Zeit werden die Gerichte immer öfter angerufen, insbesondere durch Kreise und Gemeinden, um eine finanzielle Mindestausstattung sicherzustellen, die Übertragung von Aufgaben ohne Kosten-

---

88 Stuttgarter Zeitung vom 24. Juli 2002

89 Henneke, Hans-Günter, Hrsg. in: Steuerung der kommunalen Aufgabenerfüllung durch Finanz und Haushaltsrecht, Professorengespräch 1996 des Deutschen Landkreistages, S. 12-13

erstattung abzuwenden oder aus den Aufgabenübertragungen resultierende Ansprüche herzuleiten.

Es kann doch nicht zum Regelfall werden, dass die Gerichte die fehlenden Korrekturen in Aufgabenzuweisung und Finanzierung vornehmen. Vielmehr ist zu hinterfragen, wie es zu den festgestellten Fehlentwicklungen gekommen ist und konstruktiv und weitestgehend friktionsfrei die Aufgabenlösungen zwischen Bund, Länder und Gemeinden erfolgen können.

Die gegenwärtige und zunehmend sich verschärfende Finanzkrise wirft die generellen Fragen nach einer strukturgerechten Finanzierung auf, nach der demokratieverträglichen Ausgestaltung, der möglichen Aufgabenerfüllung und der Zuordnung von Verantwortung. Die damit verbundenen Fragen

- der Finanzierungskompetenz,
- der Finanzierungsbefugnis und
- der Transferbefugnis

müssen vorab im Rahmen einer staatlichen Finanzverfassung beantwortet werden.

Welche Möglichkeiten der Steuerung der kommunalen Aufgabenerfüllung durch Finanz - und Haushaltsrecht ergeben sich vor dem aufgezeigten Hintergrund unterschiedlicher Kompetenzen und Befugnisse?

1. Steuerung der kommunalen Aufgabenerfüllung durch die Finanzverfassung des Grundgesetzes

„Verfassungsfragen sind Machtfragen - Finanzverfassungsfragen sind Verteilungsfragen.“ Die Finanzverfassung in der BRD steht heute an einem Punkt, wo die Überforderung der öffentlichen Haushalte durch die etablierte Aufgabenverteilung offensichtlich ist.[90]

Im Regelfall des Artikel 83 Grundgesetz (GG) ist das Land gemäß Artikel 104a Absatz 1 GG für die Finanzierung einer bundesgesetzlich begründeten Aufgabe verantwortlich. Aufgaben beliebig zu Lasten der Kommunen zu verschieben, ist nach der herrschenden Meinung i.V. mit der dazu ergangenen Rechtsprechung der Staatsgerichtshöfe unzulässig. Nur auf der Grundlage erkennbarer und nachprüfbarer Kostendeckungsbestimmungen, die auch eine Pauschale, allerdings keine beliebige Größe, ausmachen darf. Insofern kann man länderübergreifend auch von einer staatlichen Garantenstellung sprechen, welche die Finanzie-

90 Jürgen Quantz in: Henneke, Hans-Günter, a.a.O.: S. 33

rung der kommunalen Ausgaben ermöglicht und dadurch eine kontinuierliche Steuerung auf finanzverfassungsrechtlicher Grundlage ermöglicht. Unter dem Strich bedeutet es, dass die Kommunen eine relativ starke Stellung durch diesen verbindlichen Rahmen behalten.[91]

2. Steuerung der kommunalen Aufgabenerfüllung durch das Landesverfassungsrecht

Neben den zugewiesenen Auftragsangelegenheiten und den originären pflichtigen Selbstverwaltungsangelegenheiten hat jede Gemeinde und jeder Gemeindeverband das Recht, freiwillige Selbstverwaltungsaufgaben zu erledigen. Das Land Rheinland - Pfalz garantiert seinen Kommunen eine angemessene Finanzausstattung unter Berücksichtigung der eigenen Finanzkraft, ohne dass es auf die finanzielle Leistungsfähigkeit des Landes abhebt (Art. 49 LV RP).
Die Steuerung erfolgt zunächst über das Maß der Kommunalisierung der Aufgaben, dann über deren Qualität, also über die Ausgaben. Eine weitere Steuerung erfolgt über die Einnahmen, insbesondere über den Steuerverbund im Wege des Finanzausgleichs. Neue Steuerungsmodelle und Privatisierungen können diese beiden Hauptbereiche wesentlich ergänzen und stützen.

3. Steuerung der kommunalen Aufgabenerfüllung durch Genehmigungsvorbehalte und Haushaltssicherungskonzepte

Die Kommunalaufsicht stellt einen wesentlichen Stabilisierungsfaktor für den Ausgleich der kommunalen Haushalte dar. Sie hat vorbeugenden Charakter, um Negativentwicklungen zu vermeiden, zumindest eingetretene Verschlechterungen im kommunalen Haushalt mit einer Notbremse zu korrigieren. Mit einer ausschließlichen Gesetzmäßigkeitskontrolle zieht diese Bremse aber nur ungenügend. Da Genehmigungsvorbehalte in der Regel nur auf die Kreditaufnahme wirken, neuerdings auf die Erhöhung der Kreisumlage in NRW, ist die Möglichkeit, darüber Haushalte zu konsolidieren, sehr eingeschränkt.

„Es ist wenig realistisch, zu glauben, mit dem Abbau freiwilliger Leistungen könne bereits eine wirksame Haushaltskonsolidierung erreicht werden. Die Annahme, Haushaltskonsolidierungen ließen sich nur durch den Abbau freiwilliger Leistungen erreichen, weil nur sie disponibel seien, geht fehl. Die Erfahrung mit der Konsolidierung kommunaler Haushalte beweist, dass der Vollzug gesetzlicher Pflichtaufgaben, Aufgaben der Auftragsverwaltung und Pflichtaufgaben im

91 Joachim Wieland in: Henneke, Hans-Günter, a.a.O.: S. 53

Rahmen des Drei-Säulen-Muss zur Erfüllung nach Weisung, erhebliches Konsolidierungspotential enthält.“ [92]

Haushaltssicherungskonzepte (HSK) sind inzwischen sehr oft Teil des Haushalts - und Investitionsplanes. Sie sind Standbein einer „Politik der gesteuerten Selbstverantwortung“, d.h., dass der Haushaltsausgleich innerhalb eines bestimmten Zeitraumes durch nachvollziehbare und tragfähige Maßnahmen möglich wird. Eckpunkte für ein HSK sind die Dauer der mittelfristigen Finanzplanung (5 Jahre), der Abbau von Altschulden und die Vermeidung neuer Fehlbeträge. Weiter gehört dazu die Beschreibung des Maßnahmekataloges auf einer Schiene, die Zeitraum und Höhe der Reduzierung bis zum Ausgleich aufweist.

In den Verwaltungsvorschriften zur Haushaltssicherung wird ein Katalog kurz - bis mittelfristiger Konsolidierungsmaßnahmen gefordert. Darüber hinaus erscheint es sinnvoll, ein markantes Programm mit klaren Umsetzungschancen zu entwickeln und vom Rat verabschieden zu lassen. Es könnte wie folgt ausssehen:

- Umwandlung von Kassenkrediten bzw. kurzfristiger Kassenkredite in langfristige Darlehen mit gleichzeitigem Tilgungsdienst und Einführung eines zentralen Cash - flow

- Einführung des sogenannten Drei - Säulen - Modells in der Form, dass überprüft wird, ob Muss-Leistungen (gesetzliche, rechtliche Verpflichtung) erbracht werden müssen, Soll-Leistungen bei genügender Ressourcenausstattung erbracht werden können (falls keine übergeordneten Interessen entgegenstehen) und Kann -Leistungen eventuell gestrichen werden können. Zugleich werden in diesem Zusammenhang und interdependent alle vertraglichen Lieferungen und Leistungen sowie Lizenzen und sonstige Verbindlichkeiten aller städtischen Ämter und Beteiligungen auf den Prüfstand gestellt

- Sämtliche Dienstleistungen und Produkte im Rahmen eines aktiven Beteiligungsmanagements werden dem Management eines Beteiligungscontrollings untergeordnet

- Entwicklung eines input-outputorientierten Haushaltes, effektiv ausgerichtet und effizienzorientiert, verbunden mit einer umfassenden Haushaltskritik, die letztlich in ein Haushaltssicherungskonzept mündet

92 Held, Friedrich Wilhelm, in: Henneke, Hans - Günter, a.a.O., S. 67-73

- Aufbau und Einführung einer Kosten - und Leistungsrechnung sowie eines umfassenden Finanzcontrollings unter Einbeziehung des Beteiligungscontrollings

- Reduzierung der Haushaltsfehlbeträge durch Veräußerung von Vermögen, welches für die Stadt verzichtbar, dispositiv und marktfähig (verwertbar) ist

- Verbesserung und Ausbau der Informationstechnologie, des Berichtswesens und der Verfügbarmachung von entscheidungsrelevanten Daten für den Rat, die Gremien und die Verwaltungsspitze

- Leistung von Zukunftsinvestitionen nur im Rahmen direkt verfügbarer Gegenfinanzierungen bzw. nur dann, wenn kein zeitlicher Versatz zwischen zu leistenden Ausgaben und erwarteten Einnahmen liegt

- Leistung von freiwilligen Zuschüssen als institutionelle Förderung nur dann, wenn Aufgabe und Bestand in besonderem städtischen Interesse liegen

- Die Höhe der Kassenkredite wird über eine durchgehende Ausgabendisziplin auf den heutigen Stand eingefroren und über Umschichtungen im Haushalt sowie einer Kreditaufnahme im Rahmen einer genehmigungsfähigen Experimentierklausel langfristig abgebaut

- Die Finanzverwaltung/ Kämmerei forciert den Einsatz betriebswirtschaftlicher Steuerungselemente, möglichst orientiert am Projektablauf zur Einführung einer berichtswesen - und controllinggestützten Kosten - und Leistungsrechnung [93]

Werden die Genehmigungsvorbehalte nicht beachtet, versagt die Staatsaufsicht mit ihrem Sanktionskatalog und werden HSK nur plakativ ohne echten Bindungswillen durchgereicht, dann kann es durchaus zu einem öffentlich - rechtlichen Kollaps führen. Es ist durchaus vorstellbar, dass Banken der Kommune die erforderlichen Kassenkredite verweigern, im schlimmsten Fall weitere Kreditlinien oder Finanzierungspakete aufkündigen. Das jeweilige Bundesland wäre sicherlich überfordert, bei der jetzt zunehmenden Zahl notleidender Kommunen adäquat Hilfestellung zu geben, zumal die Länder selbst erhebliche Probleme ha-

---

93 Jens Hartmann: Handbuch der standardisierten Kosten - und Leistungsrechnung in Rheinland–Pfalz, Mainz, 2000

94 Jens Hartmann: Handbuch der standardisierten Kosten - und Leistungsrechnung in Rheinland–Pfalz, Mainz, 2000

ben. Kommen Inanspruchnahmen aus der Vielzahl bestehender Bürgschaften oder aus der Abwicklung von Beteiligungsunternehmen hinzu, dann ist die Leistungsfähigkeit insgesamt nicht mehr gegeben.

Für die Jahre 2001 / 2002 fehlen dem Bundesfinanzminister nach Schätzungen aus dem November letzten Jahres ca. 17 Milliarden Euro, die dort genannten Privatisierungspläne und Aktienemissionen lassen sich auch nicht realisieren.[95] „Der Karren steckt im Dreck, ohne wirksame Reformen, die seit 10 Jahren auf sich warten lassen, lässt er sich nicht mehr herausziehen, die Steuerausfälle treffen Städte und Gemeinden und legen ihnen finanzielle Fesseln an.“ [96]

Die Steuerung der kommunalen Aufgabenerfüllung durch Finanz - und Haushaltsrecht ist machbar. Aber nur bedingt. Erforderlich ist eine mentale Änderung in den Köpfen der Führungskräfte, eine transparente und verantwortete Haushaltsführung, ein Rat bzw. Aufsichtsgremien, welche die Elemente des NStM einsetzen und diese durch einen strategischen Überbau unter Einsatz eines tatsächlichen und effizienten Veränderungsmanagements qualitativ und quantitativ kundenorientiert entwickeln und implementieren.

Dass die Staatsaufsicht von der Bezirksregierung über Rechnungshof etc. ihre prüfende und beratende Funktion bis hin zur Sanktion ebenfalls bewusst ausübt und einsetzt, ermöglicht eine Art haushaltsrechtlicher Gefährdungsvermeidung, also eine Art „Einnahmen - Stabilisierungs - Programm (ESP)“ für den öffentlich - rechtlichen Sektor. Dadurch kommt es automatisch zu einer hoffentlich adäquaten Ausgabendisziplin und nicht, wie es in einer Sitzung der Grosstadtkämmerer im Frühjahr 1999 in Hannover hieß, zu einer Hecksteuerung des Haushaltes.

2.9 Steuerung mit Controlling - Instrumentarien

„Controlling passiert, wenn Manager und Controller zusammenarbeiten. Controlling ist der Prozess der Zielfestlegung, der Planung und der Steuerung im finanz - und leistungswirtschaftlichen Bereich. Controlling umfasst Tätigkeiten wie Entscheiden, Definieren, Festlegen, Steuern, Regeln. Demzufolge müssen Führungskräfte Controlling betreiben, da sie über die zu erreichenden Ziele sowie den Zielinhalt entscheiden und den Plan im Inhalt festlegen. Sie sind für das erreichte Resultat verantwortlich. Controlling ist somit in jedem Unternehmen, auch im kleinsten, zu betreiben. Controlling ist nicht an eine Controllerperson gebunden. Controllinggerechte Führung ist ziel - und planungsorientiert, antizi-

95 Frankfurter Allgemeine Zeitung v. 10. November 2001, Titelseite
96 Rheinische Post v. 10. November 2001

pativ, adaptiv und dezentral. Controllerdienste sind in jenen Unternehmen sinnvoll installierbar, die über controllinggerechte Führung verfügen.

***Strategisches Controlling** ist die Tätigkeit der Führungskräfte, die das Entwerfen, Prüfen, Durchsetzen und Überwachen von Strategien beinhaltet. Der Zeithorizont ist unbeschränkt und ergibt sich durch die mit den Strategien abzudeckenden Zeiträume. **Zielgrößen** sind bestehende und zukünftige Erfolgspotentiale, Marktanteile sowie (Free-) Cash - flow.*

***Operatives Controlling** ist die Tätigkeit der Führungskräfte, die Zielbildung, Planung und Steuerung im einjährigen und im mittelfristigen Zeithorizont umfasst. **Zielgrößen** sind Liquidität, Gewinn und Stabilität.*

***Controlling - Kalender** ist der Controlling - Business - Plan, in dem Controlling und Controllerarbeit termingerecht ein - und umgesetzt werden, er umfasst den Zeitraum eines Jahres.*“[97]

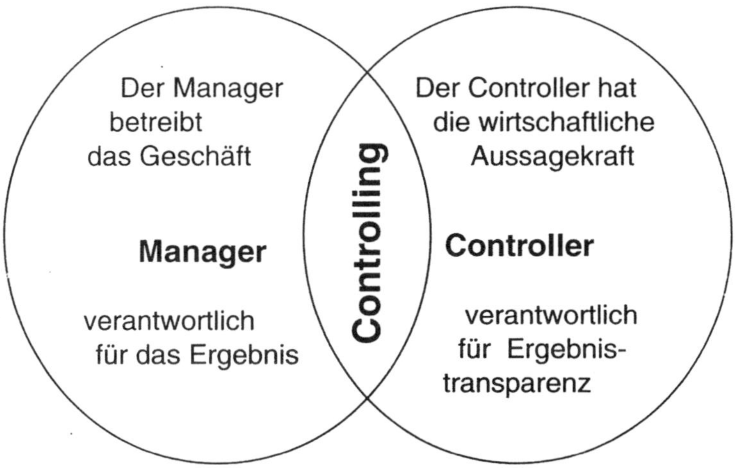

Abbildung 23: Aufgabenteilung zwischen Manager und Controller
Quelle: Controller - Wörterbuch der International Group of Controlling, 1999, S. 34

Die grenzüberschreitende Bedeutung der International Group of Controlling lässt durchaus die Aussage zu, dass die verwendeten Begriffe als Legaldefinition betrachtet werden können. Die dem **Leitbild des Controllers** zugrunde liegenden klassischen Anforderungen werden von der Praxis teilweise nur unzureichend angenommen. Die Begriffe Kontrolle und Controlling werden häufig noch

97 International Group of Controlling: Controller - Wörterbuch, Stuttgart, 1999, S.34 - 36

immer verwechselt. Der Controller schafft Strategie-, Prozess-, Finanz - und Ergebnistransparenz, koordiniert die Controllingpläne, moderiert den Controlling - Prozess, sichert die erforderlichen Informationen und kommuniziert sie. [98]

Aktuell werden diese Anforderungen ergänzt und erweitert um das strategische Controlling zur Kundenorientierung, Kundenzufriedenheit und Kundenbindung, um den Einsatz der Ressourcen optimal zu steuern und die Zielerreichung innerhalb des fokussierten Korridors sicherzustellen.

Die Unternehmen / Verwaltungen im öffentlichen Sektor haben bereits Projekte oder Change Management - Programme auf der Basis des NStM installiert, welche die Kundenbedürfnisse in den Vordergrund stellen. Bedingt durch den öffentlich - rechtlichen Auftrag für die Daseinsfürsorge bei gleichzeitigem Veränderungsdruck durch veränderte Gesamtbedingungen in Verwaltung und Wirtschaft, beim Kunden und den eigenen Mitarbeitern sind die herkömmlichen Organisationsformen und die Art des Umgangs mit Kunden und Mitarbeitern nicht mehr geeignet, die heutigen und künftigen Aufgaben, die an ein bürgerfreundliches Unternehmen Stadt oder Gemeinde gerichtet sind, zu erfüllen.

Es bilden sich demnach immer stärker die Bezugsfelder heraus, die ein aktives Controlling im öffentlichen Sektor verlangen:

- Die Komplexität der Aufgaben
- Die verfügbare Zeit
- Die Kundenerwartungen.

Bereits bei der Umstellung auf das NStM wurde deutlich, dass es neben dem Uraltthema Machterhalt im wesentlichen um den Erhalt von Steuerungsmöglichkeiten geht. Die zugrundeliegenden Befürchtungen umfassten aber eher die eigene Machtposition, die Property Rights, nicht so sehr die Gesamtsteuerung. Ein Paradigmenwechsel bei den und für die Beteiligten an der Erstellung des kommunalen Leistungsprozesses ist also unverzichtbar. Die Leitungsebene wie auch der Rat und die Mitglieder in Aufsichtsgremien müssen erkennen, dass der Übergang von der operativen Befassung mit Einzelmaßnahmen zur politischen und strategischen Steuerung mehr Effizienz ermöglicht.

Loslassen, um die kommunalen Visionen in realisierbare Ziele umzusetzen, die Strategien zu entwickeln und die operative Ebene in ein adäquates Berichtswesen einzubinden, um notwendige Anpassungen rechtzeitig vornehmen zu können, stellt quasi den Regelkreis des strategischen Controllings für Leadership dar.

---

98 Scheer, August-Wilhelm: Neue Märkte, neue Medien, neue Methoden - Roadmap zur agilen Organisation: 19. Saarbrücker Arbeitstagung für Industrie, Dienstleistung und Verwaltung Saarbrücken, 1998, S. 525

Die Finanzsituation der Kommunen, die Ausrichtung auf die Kunden und der Wechsel zur strategischen Unternehmensführung verlangen nach einem System, welches zum „Anwalt der Wirtschaftlichkeit“ in der Kommunalverwaltung wird.[99]

Die für Unternehmen anerkannten relevanten Schwerpunktfunktionen des Controlling sind

- die Steuerungs - und Regelfunktion
- die Koordinationsfunktion und
- die Informationsfunktion [100]

Die gleichen Funktionen erfüllt das Controlling auch für den öffentlichen Sektor. Zunächst ist damit die **Gesamtsteuerung,** also weg von der Teilbetrachtung einzelner Unternehmens - oder Verwaltungsbereiche, gemeint. In Form des angedeuteten kybernetischen **Regelkreises** wird unmittelbar nach der Zielsetzung die Planung umgesetzt, die Realisationsphase in Form eines kritischen Pfades analog der Netzplantechnik mit den entsprechenden Ausweichmöglichkeiten in einen strategischen Plan eingebettet und innerhalb der Abweichungsanalyse nachgeregelt, um das Ziel mit den verfügbaren Ressourcen zeitgerecht und mit dem angestrebten Ergebnis zu erreichen.

Unverzichtbar ist in diesem Zusammenhang die **Koordination** der Teilbereiche, der Ämter und Beteiligungsunternehmen sowie die Verknüpfung mit den Sekundärleistern an der Peripherie, die ggf. als Outsourcing - Einheit in den Leistungserstellungsprozess eingebunden werden müssen. Insofern tritt die gesteuerte **Kooperation** intern und extern unverzichtbar hinzu.

Managementinformationssysteme (MIS) aus der Privatwirtschaft sind ab einer bestimmten Unternehmensgröße / Verwaltungsgröße unverzichtbar. Sie bündeln entscheidungsrelevante und entscheidungsunterstützende Informationen aus den SGE und den Beteiligungen, bieten die Möglichkeit der Aufbereitung für alternative Beschlussvorlagen und sichern über die frühzeitige Bereitstellung von Informationen eine adäquate Ressourcenverteilung.

Information und Kommunikation werden in komplexen Systemen immer wichtiger.

Vor dem Hintergrund des NStM und eines stringenten Change Management werden transparente Entscheidungsmuster für verantwortungsbewusste Mitar-

99 Hill, Hermann, Klages, Helmut: Controlling im Neuen Steuerungsmodell - Werkstattberichte zur Einführung von Controlling -, Düsseldorf, 1996, S. 3
100 Schmidt, Rudolf: Grundfunktionen des Controlling, Frankfurt, 1995
101 Schmidt, Rudolf: Grundfunktionen des Controlling, Frankfurt, 1995

beiter und Aufsichtsgremien immer unverzichtbarer und motivierender. Für eine effiziente Führung bilden sie die Grundlagen einer aktiven Steuerung über das gesamte Controllingspektrum (u.a. Finanz -, Personal-, Logistik-, Investitions- und Beteiligungscontrolling).

Die Ansicht, Controllingfunktionen sind grundsätzlich so miteinander verzahnt, dass die Trennung in strategische und operationale Funktionen nahezu unmöglich wird oder nicht sauber definiert werden kann, ist so nicht zutreffend, bzw. durch die Controllingdynamik überholt. Argumentiert wird häufig mit der unzureichenden Abgrenzungsmöglichkeit, Effizienzkriterien festzulegen. Auch das ist obsolet. Richtig ist, dass eine Input - Festlegung und eine Output - Definition nicht mit reinen Ertrags - oder Vertriebsmerkmalen produzierender Wettbewerbsunternehmen vergleichbar ist. Dennoch, und das sehen wir an den Haushalts - und Produktbüchern wie z.B. der Großstädte Duisburg oder Münster, werden die Ressourceneinsätze an Zielerreichungen und Ergebnissen gemessen. Sicherlich lässt sich die Effizienz eines Unternehmens der öffentlichen Hand oder eine Stadtverwaltung nicht daran messen, wie viele Verwaltungsakte in einem bestimmten Zeitraum an den Adressaten gelangt sind. Eine solche absurde Zuordnung verlangt niemand. Es lassen sich aber Feststellungen treffen zu verkürzten Genehmigungsverfahren, zu komfortablen One–Stop-Agencies, zu Gebührensenkungen bei gleichzeitiger Qualitätsanhebung, etc.

Insofern gibt es sehr wohl eine sogar deutliche Trennlinie zwischen dem strategischen und operativen Bereich. Der strategische Plan eines Unternehmens ist das Bezugssystem für das strategische Controlling. Er ist das Ergebnis der Leadership - Entscheidungen, welche das Ziel verfolgt, die Übereinstimmung der Unternehmenstätigkeiten mit den Zielen und Strategien sicherzustellen. Mit Hilfe des strategischen Controllings soll die Vitalität des Unternehmenssystems maximiert werden.[102] Neue Ereignisse werden über das MIS eingespeist und verarbeitet, Strategien dadurch angepasst und die operative Reaktion der SGE ermöglicht.

Die Umsetzung der langfristig angelegten Strategien in die operationale Ebene stellt eine verzahnte Führungsaufgabe dar. Die Umsetzung dieser Ziele innerhalb der Organisation erfolgt im Rahmen der Strategie, die sich, wie bei der Balanced Scorecard für die SGE, in ihren grundsätzlichen Aussagen nicht ändert. Die strategische Führung setzt den Handlungsrahmen für die Organisation.

Dort setzt die Ebene des operativen Controlling ein. Sie befasst sich mit der unmittelbaren Produkt - oder Leistungserstellung vor dem Hintergrund der skizzierten strategischen Vorgaben. Das operative Controlling bezieht sich auf Maß-

---

102 Hinterhuber, Hans H.: Strategische Unternehmensführung I: Strategisches Denken, New York, 1992, S. 191 - 194

nahmen zur Verbesserung der Elemente der Produkterstellung im öffentlichen Sektor. *„Die operative Koordination bezieht sich als ein weiterer Aufgabenschwerpunkt des Controlling auf Verbesserungen der Planung* in *einzelnen Planungsbereichen und die Einordnung in das politisch -administrative Zielsystem. Dabei geht es vornehmlich um eine Vorbereitung der Kontraktverhandlungen, also eine Feststellung der aus operativer Sicht notwendigen Kontraktinhalte, nicht nur um eine Ermittlung von Budgetanmeldungen, also der benötigten Ressourcen finanzieller Art.*

		Aufgaben der		
	Ausrichtung	Information	Steuerung und Regelung	Koordination
strategisch	„Produktkonzeption", Effektivität	Entwicklung der Kommune einzelner Politikbereiche, Aufgaben Aufgabenträger	Programm-, Produktentwicklung und -evaluation	Kontraktmanagement, Budgetierung
operativ	„Produkterstellung", Effizienz	Abläufe, Strukturen, Kosten	Produktqualität, Prozeßsteuerung, Kostenmanagement	Vorbereitung Kontraktverhandlungen, Produktbezogene Ressourcen und Budgets

Abbildung 24: Strategische und operative Aufgaben des Controlling
Quelle: Hill, Klages, a.a.O., S. 13

103 Hill, Klages: a.a.O., S. 12

Insofern übernimmt das Controlling die Aufgabe, das Leistungsangebot der betrachteten operativen Einheit zusammenzustellen und mit den zentralen Vorgaben abzugleichen, um in den Kontraktverhandlungen einen Interessenausgleich herbeiführen zu können. Dabei steht, wie gesagt, die Leistung im Vordergrund. Das Controlling soll dabei helfen, die angeforderten Produkte entsprechend den gesetzten Qualitätsstandards zu erbringen. " [104]

Strategisches Controlling als Überbau für ein Change-Management. Kann so die Forderung für kontrollierte Veränderungen lauten? Benötigen wir stärkere und bessere Controllinginstrumente, wenn wir die bestehenden Verbesserungen durch das NMS optimieren wollen? Reichen die operativen Controllinginstrumente, die Qualität des Personals aus, um die notwendigen bürgerorientierten Strukturen bei verbesserter Kundenfreundlichkeit unter gleichzeitiger Budgeteinhaltung zu gewährleisten?

Voraussetzungen dazu sind die strategische Entscheidung des Unternehmens zur zielgerichteten

**rentabilitäts-,
liquiditäts- und
ergebnisorientierten Steuerung**

und stellt durch die durchgängige Übernahme der Controlling-Philosophie auf allen Leitungsebenen die langfristige Wettbewerbs - und Leistungsfähigkeit des Unternehmens sicher.

Zur vollständigen Realisierung und Funktionsfähigkeit des strategischen und operativen Controlling müssen folgende Voraussetzungen erfüllt sein:

- Planungssystem und strategische Planung
  - Grundsatzplanung
  - Unternehmensziele
  - Unternehmensgrundsätze
  - Strategische Konzepte und strategische Führung

- Operative Planung und Budgetierung
  - Planungsrahmen
  - Planung der operativen Teilbereiche

104 Hill, Klages: a.a.O., S. 12

➢ Administrations - und Dispositionssysteme
  – Mengenorientierte operative Systeme (Beschaffung, Produktion, Verteilung)
  – Wertorientierte Abrechnunssysteme (Kosten - und Leistungsrechnung, Buchhaltung)

➢ Kontroll - und Steuerungssysteme
  – Flexible Plankostenrechnung
  – Deckungsbeitragsrechnung
  – Projektkostenrechnung

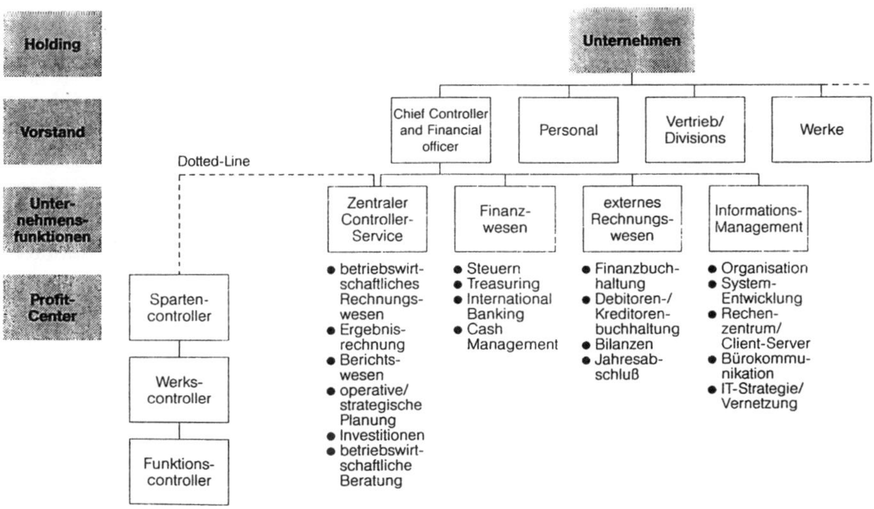

Abbildung 25: Führungs- und Funktions-Struktur-Modell
Quelle: Controller-Statements, a.a.O., S. 67

2.10 Trends

Das Neue Steuerungsmodell, eingebettet in den Rahmen des Public Management, aber zugleich davon emanzipiert, weiter entwickelt durch die KGSt, durch Hochschullehrer, Kämmerer und sonstige Multiplikatoren, hat die Tür geöffnet für neue Entwicklungen im öffentlichen Sektor, war und ist Wegbegleiter. Die öffentlich - rechtliche Grundlagenprägung verleiht in vielen Fällen in Organisationsumbrüchen und Projekten doch ein sehr großes spezifisches Gewicht, eine Erdanziehungskraft, die häufig den Sprung in die nächste Entwicklungsebene behindert, verzögert oder auch verwehrt.

Lean Management als Meilenstein auf dem Weg zu einer schlanken Verwaltung ist in vielen Bereichen durchaus als „Treiber“ analog der Ansteuerung von Computern einsetzbar, Business Reengineering verlangt eine komplette Neuausrichtung und überfordert die Beteiligten zur Zeit wohl noch, die Veränderung von Property Rights ist ebenfalls nicht unproblematisch und verlangt den Schulterschluss aller Beteiligten, der durchaus bei problematischen oder unangenehmen Wegstrecken aufweichen kann.

Das kommunale Finanz - und Haushaltsrecht ist verfassungsgemäßer, gesetzlicher Rahmen mit relativ eingegrenzten Steuerungsmöglichkeiten, welche durch Experimentierklauseln durchaus einen gewissen Beschleunigungseffekt erlangen können. Controlling - Instrumentarien sind Teil und zugleich Überbau des NSM mit einer sehr starken Steuerung und ergebnisorientierten Ausprägung.

Im Grunde sind all diese Möglichkeiten Tools, betriebswirtschaftliche und unternehmensbezogene Instrumente, die einen konzertierten Einsatz erfordern. Nicht als Gemischtwarenladen. Vielmehr orientiert an den Veränderungsmöglichkeiten und besonderen Bedingungen des öffentlichen Sektors. Die Kombination der Grundlagen des NSM mit den Controlling-Tools erscheint dafür geeignet. Den strategischen Rahmen in Form der unverzichtbaren Leadership bildet sicherlich ein aktives Change- Management. Ohne diesen ständigen Wandel laufen wir Gefahr, wieder in Routinestrukturen der Verwaltung und des Verwaltungshandelns zurückzufallen.

Insofern sind die Trends erkennbar: Das Neue Steuerungsmodell muss erweitert und optimiert werden um die Möglichkeiten, welche ein vorwärts - orientiertes Controlling bietet. Dazu ein kurzer Ausblick:

Controlling stellt ein in Breite und Tiefe gestaffeltes System von Informationen aus der Berufs - und Lebenserfahrung dar,

- welches in der Zukunft liegende Friktionen oder
- von der formalen Organisation nicht gewollte Ereignisse

vermeiden hilft.

Der Bogen reicht dabei von Controlling in der kommunalen Sozialverwaltung in Form einer kontinuierlichen Sozialberichterstattung und diskursiver beteiligungsorientierter Sozialplanung [105] über das Finanz - und Personalcontrolling bis

105 Reis, Claus und Schulze - Böing, Matthias: Planung und Produktion sozialer Dienstleistungen – Die Herausforderung Neuer Steuerungsmodelle -, Berlin, 1998

hin zum Beteiligungscontrolling, wobei diese Aufzählung nur beispielhaft und nicht enumerativ sein kann.

Der Controller ist inzwischen als Change Agent anerkannt. Er begleitet sein Unternehmen und bereitet es auf die kommenden Aufgaben als ökonomischer Trainer vor. Die Änderungen in der Gesellschaft, der Wirtschaft, den betriebswirtschaftlichen, unternehmerischen und informationstechnologischen Sektoren erfolgen heute, morgen und in den nächsten Jahren mit einer Geschwindigkeit, die bloße reaktive Einstellungen in Wirtschaft und Verwaltung zu einer echten Existenzgefährdung werden lassen.

Die nächste Kondratieff- Welle ist unterwegs. [106] Vielleicht wird es eine mehr als eine Dekade andauernde Boom - Phase geben, in der langwierige Anpassungsphasen korrigiert werden. Technische Änderungen und die Entwicklung zu einer komplett durchgestylten Informationsgesellschaft - trotz der momentan restriktiven Entwicklungen auf allen globalen Märkten - könnten in der Tat ein Wachstums -, evtl. ein Boom - Scenario ausmachen. Hindernisse, die Informationen und die notwendige Unternehmenstransparenz behindern, müssen dazu abgebaut werden, um Innovationen und neue Arbeitsplätze nicht zu behindern.

Als Beweis für die negativen Auswirkungen mangelnder Transparenz und Informationspolitik sind Liquiditätsengpässe und Unternehmenszusammenbrüche in der Privatwirtschaft wie unter vielen: Bremer Vulkan, KHD, Traub, März AG, Babcock- Borsig, WorldCom, Enron, Quam, MLP. Ein aktives und transparentes Controlling hätte sicherlich Schaden abwenden oder rechtzeitig über das systemeigene Frühwarnsystem ein Lösungsansatz gefunden werden können. Wird dem Controller der Zugang zu Daten und Informationen verwehrt oder erhält er gezielt Desinformationen, so kann er seiner Aufgabe in einem solchen Grenzbereich unternehmerischen Geschehens nicht nachkommen.

Das führt zu der Erkenntnis, dass Controlling nicht an eine Person gebunden ist und sein darf. Vielmehr ist Controlling auf viele Schultern zu verteilen:

- auf alle Leader in der Unternehmensführung (strategisch)
- auf die Leiter der Strategischen Geschäftseinheiten (strategisch - operativ)
- auf die Change -Agents und Teamleiter (operativ).

Kritik am real existierenden Controllingkonzept wird trotz nachweisbarer Erfolge geäußert:

106 Borszcz, Andreas: Die Zukunft des Controlling, in: Controlling - Praxis erfolgreicher Unternehmen, - Von den Besten lernen -, Wiesbaden, 1998, S. 15

- *„Im Controlling dominieren nach wie vor finanziell ausgerichtete Größen, Berichte erfolgen zeitverzögert, Messungen erfolgen indirekt, der Top-down Ansatz ist nicht lohnkostengekoppelt, berücksichtigt zu wenig die Wirkungszusammenhänge,*
- *Berichtet zu wenig an die Stakeholder, verfügt nur über eine geringe Durchdringungstiefe, hat kaum Bezug zur Implementierung und bietet für diejenigen, die sich in einem Wandelprozess befinden, nahezu keine Unterstützung für ein **Management des Wandels.**"*[107]

Die Lösung soll heißen: Performance Messung. Das Interesse an einer solchen Lösung soll aus der Unzufriedenheit mit der Leistungsfähigkeit der meisten Controlling- Ansätze resultieren. Die traditionellen, oft bilanzorientierten und überwiegend auf dem betrieblichen Rechnungswesen aufbauenden Planungs - und Steuerungsansätze sind für die Zielsetzungen der Strategienimplementierung nicht ausreichend genug. Der Vorwurf lautet, dass sie immer mehr Zahlen produzieren bei gleichzeitiger Zunahme der Anzahl an Controllern, ihr Nutzen jedoch weit hinter den Erwartungen und Anforderungen zurückbliebe.

Wie kann denn die Lösung lauten, wenn die Vorwürfe tatsächlich zutreffen? Oder ist es eine erneute Trendsetzung ohne Inhalte?

Performance Messung (PM) soll mehr sein als es die Aussagen der Controllingerhebungen und Auswertungen ermöglichen. Zusätzlich zur Ergebnismessung soll PM Zukunftsaussagen zur Geschäftsentwicklung wie auch Urteile über die Wirksamkeit von Geschäftsinitiativen ermöglichen. [108]

Mit der Benennung der Größen, nach denen Verhalten direkt beurteilt wird, entsteht die Möglichkeit, direktes Feed-back zur Leistung des Einzelnen zu geben. Er weiß jetzt besser, wie hoch sein Beitrag zum Unternehmen und dessen Erfolg ist, behaupten Stewens/Lechner.

Leider bieten sie nicht mehr an, als den Rat: *„Wer Veränderungen will, sollte nach dieser Argumentation einen Weg zu ihrer Messung bzw. Evaluation suchen,...etc.etc."* [109]

Anerkannte und erfolgreiche Systeme zu kritisieren ist das Eine, nebulöse Alternativen ohne nachvollziehbare Regelwerke und Erfolgsnachweise in den Raum zu stellen, das Andere. Schlagworte statt Ergebnisse?

---

107 Müller-Stewens, Günter / Lechner, Christoph: Strategisches Management - Wie strategische Initiativen zum Wandel führen- Der St. Gallener Management Navigator, Stuttgart, 2001,S.518/519

108 Müller-Stewens, Günter / Lechner, Christoph: a.a.O., S. 519

109 Müller-Stewens, Günter / Lechner, Christoph, a.a.O., S. 520

Bleiben wir beim bewährten NSM in Verbindung mit Controllinginstrumentarien unter dem strategischen Dach von Change - Management.

Interessanter sind sicherlich einige Zukunftsvisionen wie sie z.B. vom ehemaligen OB der Stadt Frankfurt, Andreas von Schoeler, im Sommerinterview 1998 vorgestellt wurden: „Das Modell des **Shareholder - Value“** gibt es natürlich auch im kommunalen Bereich. Da müsste man es umschreiben in **„Citizen Value“.** Das bedeutet, als Bürger verlange ich mit Recht, dass ich bessere staatliche Leistungen bei geringerem Mitteleinsatz erhalte. Als Bürger bin ich Kunde und Shareholder in einem, da ich mit meinen Steuern die Gemeinde finanziere.“

Das Modell **„Private Public Partnership“** (PPP) hat sich bewährt, so Helmut Schulte, Vorstandsmitglied der ARGE PLAN AG Mühlheim/Ruhr im Sommer 1998. Er stellt heraus, dass der Schlüssel zum Erfolg die gemeinsame Aufgabenlösung über eine gemeinsame Gesellschaft oder über die Kooperation zwischen öffentlicher und privater Seite ausmacht. Nur dann, wenn die öffentliche Hand als Beteiligte, Beauftragte, Berater oder Funktionsträger bei einer solchen Kooperation mitwirkt, kommt eine erfolgreiche PPP zustande. Beispiele für erfolgreiche Lösungen sind der Freizeitbereich, der Wohnungsbau, der Nahverkehr, die Ver - und Entsorgung, die Wirtschaftsförderung, das City-Management, die Standortentwicklung, Serviceleistungen und ähnliches. Insbesondere zählen dazu

- Die Energieagentur NRW mit mehreren tausend Beratungen pro Jahr
- Die Standortinitiative Friedrichshafen zur Wirtschaftsstrukturänderung mit der Initiative: Multimedia-Aktivitäten für Ausbildung und Dienstleistung
- VIA NRW zur Gestaltung neuer Kooperationsformen für Automobilfirmen
- Projekt - Leasing im Rahmen der Total Cost of Ownership
- Center for Business - Benefiz und Unified Message - Dienste als regionale Outsourcing - Modelle zur Servicebündelung für Kommunen

im Rahmen der Vitalisierung von Change Management - Prozessen.

Interessant in diesem Zusammenhang und als Trend zur Schaffung eines besseren Verständnisses der unternehmerischen Tätigkeit für die Stakeholder im öffentlichen Sektor dürfte die Initiative der Firma DEBIS sein, die in einem spezialisierten Segment öffentliche Unternehmen und Verwaltungen berät und coacht, und folgendes Leitbild kommuniziert:

„Vor dem Hintergrund, dass nur Menschen Werte schaffen, soll deutlich werden, dass bei aller Spezialisierung auf Geschäft und Technik Offenheit, Verbindlichkeit und Ehrlichkeit die Grundtugenden bleiben. Verständnis für die Belange des Kunden, klare Entscheidungen und mutige Schritte sind oberstes Gebot.

Leitbild und Maßstab des täglichen Handelns sind die gelebten Grundwerte der DEBIS - Unternehmenskultur für unsere Kunden (Debis-Systemhausinfo 1998)."

TEIL II

Von der Reorganisation über Strategien zum Integrationsmanagement

3. Änderungsbedarf

Qualität, Quantität, Interdependenzen und Veränderungen im Rahmen von Anpassungsprozessen von der funktionalen zur prozessorientierten Produkt – und Dienstleistungserstellung, Reorganisationen in Teil – und Gesamtbereichen von Institutionen, Wettbewerbsausrichtung durch Benchmarking,, Entwicklung von Alleinstellungsmerkmalen etc. haben in den vergangenen Jahren zu Überforderungen des Systems, aber auch des Entscheiders geführt. Beide waren nicht auf die Änderungsprozesse und die damit verbundenen, systemimmanenten Geschwindigkeiten vorbereitet. Und die Geschwindigkeit nimmt weiterhin zu!

Die Begriffe Stakeholder und Dienstleistung rücken dabei immer stärker in den Fokus der Analysen, Konzepte und des Produktkataloges, der angeboten wird. Kundenorientierte Strukturen, der Konzern Stadt, sowie das Unternehmen Krankenhaus stellen nur eine Auswahl an Begriffen dar, die den Umbruch im Selbstverständnis und in der Ausrichtung an Wettbewerbsunternehmen – auch vor dem Hintergrund zunehmender Privatisierungen – verdeutlichen.

Strategien zur Entwicklung und zur Durchsetzung von Change – Management – Prozessen müssen mit der Maßgabe entwickelt werden, Modelle zu implementieren, die mit einem „Werkzeugsatz" bestückt werden, die eine Synchronisation von Personal und Organisation ermöglichen. Voraussetzung dafür ist nach wie vor der Schulterschluss der Gesellschafter mit dem Veränderungsmanager und seinen leitenden Mitarbeitern, die ebenfalls in die Change – Agent – Funktion voll verantwortlich eingebunden werden. Letztlich kommt es darauf an, nicht lediglich einen kurzfristigen Turn –around zu erreichen, der sich lediglich peripher auswirkt und in einer Art Drehtüreffekt endet.

Vielmehr ist eine Erneuerung von Grund auf erforderlich. Projekte, in denen Ansätze des Neuen Steuerungsmodells erprobt werden oder Veränderungsmanagement für ausgewählte Bereiche helfen entgegen dem formal gewünschten und erforderlichen Ergebnis lediglich dazu, Abschottungen, Wagenburgen oder Strukturen für ein Non – Change- Management aufzubauen. Oder, wie so oft, lediglich Türschilder auszutauschen, die inhaltsleer sind. Verwaltungen oder öffentlich – rechtliche Institutionen, Kommunen, Beteiligungsunternehmen, Krankenhäuser auf rasanter Talfahrt bedürfen zu ihrer Rettung einen umfassenden Kontext aller Beteiligten.

Auf diesem Fundament sind die strategischen, organisatorischen und finanzwirtschaftlichen Veränderungen für das Überleben, die Neuausrichtung und den langfristigen Erfolg aufzubauen.

3.1 Änderungsbedarf in Wettbewerbsunternehmen

Die Notwendigkeiten und Voraussetzungen für Veränderungsprozesse in öffentlich – rechtlichen Einrichtungen werden sichtbar und nachvollziehbar, wenn ähnliche Umbrüche und Abläufe in rein privatwirtschaftlichen Unternehmen verdeutlicht und kommuniziert werden.

„Die wichtigste Aufgabe der Unternehmen im heutigen Wirtschaftsleben lautet, sich zu erneuern und gleichzeitig eine stabile Finanz – und Ertragslage herzustellen und langfristig abzusichern. Man könnte die Herausforderung, vor der sie stehen, auch so formulieren: Wie führt man eine Organisation durch die notwendigen Veränderungen, damit sie den Anforderungen der Zukunft gewachsen sein wird? Die wirtschaftlichen Rahmenbedingungen haben sich grundlegend und unwiderruflich geändert, und früher oder später muss sich jedes Unternehmen dieser Tatsache stellen.“ [110]

Leider sind die Leader von Unternehmen / Institutionen sehr oft nicht bereit oder in der Lage, sich der Realität zu stellen. Das typische „Ausruhen auf den Lorbeeren der Vergangenheit“ oder eine falsche Zufriedenheit, weil man „immer gut und besser als Andere“ war, ist für Gegenwart, Zukunft und damit die Existenz eines Unternehmens bzw. der Verwaltungsspitze oft der Anfang vom Ende. Der Bogen reicht dabei von der ständigen Zunahme der Verschuldung einer Kommune bis zu absolut nicht kostendeckenden Erlösen für Dienstleistungseinrichtungen, gleichgültig, ob es das Hallenbad, das Krankenhaus, die Volkshochschule oder ein sonstiges Beteiligungsunternehmen trifft.

Erst die Konfrontation mit der Realität, dem betrieblichen Misserfolg oder dem Versagen im Wettbewerb führt in der Regel zu einer Aufbruchstimmung. Doch auch in einer solchen Situation darf nicht übersehen werden, dass es notwendigen Veränderungen gegenüber absolut resistente Mitarbeiter und Gruppierungen im Unternehmen gibt, welche die eigenen Interessen, ihre Property Rights, über die Interessen aller Mitarbeiter und das Gesamtunternehmen stellen. In diesen Fällen ist ein Training mit pro – aktiver Ausrichtung unverzichtbar. Führt auch dieses nicht zum Erfolg und ist der weitere Veränderungsprozess dadurch gefährdet, müssen diese Individuen oder die den Prozess umkehrenden

---

110 Miles, Robert: Corporate Comeback, Freiburg, 1997, S. 5

Gruppen das Unternehmen verlassen. Die dienstrechtlichen Besonderheiten stehen dem nicht entgegen.

Vielmehr kommt es in einem solchen Fall darauf an, dass Dienststellenleitung, Personalvertretung und Gesellschafter stringente und richtungsweisende Entscheidungen treffen, die den Change – Managern und den Mitarbeitern die weitere Neugestaltung ermöglichen.

Beispiele dafür sind die nachfolgenden Veränderungsprozesse u.a. in folgenden Unternehmen:

➢ **Rockwell International Semiconductor**

Ein bis in die Mitte der 80er Jahre erfolgreicher international orientierter und agierender Halbleiterhersteller mit innovativen Herstellungs – und Vertriebsschwerpunkten für preiswerte, standardisierte Massenprodukte in den superschnell wachsenden Computer-, Kommunikations – und Netzwerkmärkten hatte nicht rechtzeitig auf Überkapazitäten und mangelnde Nachfrage am Markt reagiert. Das Eigenbild wurde von der bisherigen hohen herstellungs – und technologieorientierten Kultur bestimmt, die es ermöglichte, jede Nachfrage am Markt zu bedienen.

Als Reaktion auf die negative Entwicklung wurde versucht, durch den Zukauf von Fairchild Semiconductor eine marktbeherrschende Stellung zu entwickeln. Statt dessen erwarb Rockwell zusätzliche, nicht benötigte Kapazitäten und Massenprodukte.

Hinzu kamen der weltweite Konzentrationsprozess in der Chipindustrie und eine absolute Veränderung in den anwendungsorientierten Technologien. Zugleich zogen global operierende Konzerne, welche schneller auf das Veränderungsszenario reagiert hatten, im Wettbewerb an Rockwell vorbei.

Zwei erfolgreiche Unternehmenssanierer wurden mit dem unverzichtbaren Change- Management beauftragt: Gil Almelio und Robert H. Miles. Sie entwickelten ein gestuftes Konzept, um die sog. Todesspirale des Unternehmens umzukehren.[111]

Vor dem Hintergrund zweier grundlegender Parameter, der Veränderungsbereitschaft der Mitarbeiter und des Unternehmens sowie den verfügbaren Ressourcen für den anstehenden Change – Prozess wurden alle Beteiligten mit der Realität konfrontiert, indem

1. Die Ertragslage ungeschminkt dargestellt,
2. Die eigene Wettbewerbssituation anhand branchenübergreifenden Benchmarkings und die

111 Miles, Robert H., a. a. O., S. 69 – 70

3. Stärken und Schwächen über eine vorläufige Analyse und Diagnose bewusst gemacht wurden.
4. Die Darstellung branchenweiter Trends,
5. Die Frage nach der Auswegfinanzierung bzw. Konsolidierung,
6. Die Repositionierung der Geschäftsfelder (Kernkompetenzen)
7. sowie die Anforderungen an das künftige Leistungs – und Führungsverhalten an die Leader und die SGE rundeten die

Vorgaben für den möglichen und unverzichtbaren erfolgreichen Change-Management – Prozess ab.

Die Entwicklung einer neuen Vision, dezentrale Strukturen und Infrastruktur, begleitende Executive – Workshops und eine Einstellung der Führungsebene, den Wandel von der Spitze bis zur Basis zu vollziehen, waren unverzichtbare Voraussetzungen für die Zielerreichung.

Als besonders großes Problem stellte sich das Desinteresse des Mittelmanagements an der Einordnung und Durchsetzung des Änderungsprozesses dar. Nach der Aufbruchstimmung im ersten Jahr erfolgte ein starker Rückzug im zweiten Jahr. Im dritten Jahr glaubte diese Führungsebene nicht mehr an den Erfolg, im vierten entstand vor dem Hintergrund der sichtbaren Existenzbeeinträchtigung doch wieder ein starkes Engagement und die Einbringung als Change – Agent. Nach vielen Seminaren mit Führungsebene und mittlerem Management, nach Implementierung eines „Vision White Papers" als Modell für die gemeinsame Zukunft entstand doch noch ein Schulterschluss, der das Unternehmen im fünften Jahr wieder erfolgreich in den Wettbewerb zurückkehren ließ.[112]

Die Systematik unter 1 – 7 sowie die weiteren Ausführungen zu einer erfolgreichen und motivationsgesteuerten Rückkehr in den Wettbewerb sind in adaptierter Form sicherlich auch für andere Sektoren erfolgversprechend.

- **PORSCHE**

  Manager in Verwaltung und Wirtschaft müssen sich ständig zusätzliche neue Methoden aneignen und Fähigkeiten erlernen, um die permanenten Änderungsprozesse bewältigen zu können. „Organisationen müssen sich in lernende Organisationen verwandeln, in denen das Lernen ein fester Bestandteil des Daseins und der Kultur der Organisation ist." [113]

  Führungsmethoden und Denkweisen von Unternehmensführern basieren im wesentlichen auf diesen relativ einfachen Erkenntnissen. Lernen von den

112 Miles, Robert H., a.a.O., S. 85 – 249

113 Winter, Stefanie: Die Porsche – Methode, Wien 2000, S. 9

bestgeführten Unternehmen ist dabei eine hervorragende Möglichkeit, Erfolge auf den Weg zu bringen.
Ohne die Betrachtung des diesen Erfolgen zugrunde liegenden Leadership – Gedankens und der Management – Ansätze, der Methoden erfolgreicher Unternehmensführung wäre es aber nicht möglich, Ideen nachhaltig für unternehmerische Effizienz verfügbar zu machen.
Was macht den Erfolg des Sportwagenherstellers Porsche aus? Gibt es die einfache Antwort, es handelt sich um einen Produkterfolg? Oder ist es doch mehr ein Unternehmererfolg durch entsprechende Leadership? Ist es vielleicht keine dieser beiden Pole und es handelt sich um eine Ergänzung außerordentlich fähiger Unternehmensführung in Verbindung mit einem Produkt, welches eine solche Fülle von Alleinstellungsmerkmalen aufweist, dass der Erfolg sich zwangsläufig einstellt?
Von besonderem Interesse für erfolgreiche Unternehmensführung ist, dass der Porsche – Chef Wendelin Wiedeking die am Markt teilweise als Trends etablierten Management – Strategien nicht übernommen oder lediglich ausprobiert hat, um sich dann wieder einer anderen Richtung zuzuwenden. Vielmehr hat er sich „differenziert an den Standards der modernen Management – Trends orientiert“ [114]
Diese sind im wesentlichen
Lean Management, Qualitätsmanagement, Business Reengineering, Wissensmanagement, Prozessorientierung, Turnaround-Management und, last but not least, Change – Management.
Die vorgenannten Strategien, Techniken und Trends sind allerdings lediglich Rahmen für eine auf 10 Unternehmergeboten ruhenden Erfolgskette:

1. Zielbewusst handeln, d.h., unabweisbare Notwendigkeiten zu Veränderungen kommunizieren und gradlinig umsetzen
2. Konzentration auf das Wesentliche, d.h., Verringerung der eigenen Fertigungstiefe, Optimierung interner Arbeitsprozesse, Entwicklung innovativer Produkte für Dritte, KAIZEN + KVP
3. Stillstand als Rückschritt wird nicht zugelassen, Strukturiertes Lean Management, Teambildung, verstärkt Übergang zur Deckungsgleichheit von Sach – und Ressourcenverantwortung
4. Klartext reden. Transparente Kommunikation nach innen und außen. Probleme deutlich ansprechen, Lösungen über Zeitrahmen festlegen, sich auch in unangenehme Entwicklungen einmischen.
5. Wettbewerb ist keine Falle. Benchmarking. Auch überregional. Verbesserung der Standortfaktoren, der Qualifikation und Qualität.

114 Winter, Stefanie, a.a.O., S. 44 – 45

6. Sich selbst treu bleiben. Das bedeutet, die eigene Identität nachhaltig leben und stärken, weiter entwickeln und Stakeholder gewinnen. Eigenständigkeit geht vor Fusion.
7. Image pflegen. Verbesserung des internen und externen Marketing. Glaubwürdigkeit des Leaders, Identifizierung mit dem Produkt.
8. Leidenschaft wecken. Leistungs – und Begeisterungsanforderungen erfüllen. Produkte und Dienstleistungen emotionalisieren.
9. Bodenhaftung nicht verlieren. Ständiger Kontakt zur Führungsebene und zu den Mitarbeitern, direktes Gespräch, direkte Kommunikation und Information. Motivation.
10. Alles ist Chefsache. Generalist. Unentbehrlich. Ohne sich in mikrobetriebswirtschaftlichen Bereichen zu verzetteln. Überblick. Leadership.[115]

Wie kann ein Dritter als Fachgebiets -, Amts – oder Behördenleiter, Geschäftsführer eines Beteiligungsunternehmens oder als Mitglied im Vorstand oder Aufsichtsrat die Porsche – Methode für ein erfolgreiches Veränderungsmanagement einsetzen?

Voraussetzung ist einerseits die Summe persönlicher Eigenschaften wie sie im Leadership – Haus als nicht delegierbare Aufgaben dargestellt sind, ergänzt um Mut, Ehrgeiz, Durchsetzungsfähigkeit, Konsequenz sowie soziale Kompetenz. Andererseits geht es nicht ohne Umdenken und den absoluten Willen, Veränderungen zielorientiert zu implementieren. Dazu soll nach der „Methode Porsche“ wie folgt vorgegangen werden:

- Ein konkretes Ziel bestimmen, Tempo und Schritte vorgeben
- Absolut konsequent bleiben, Sympathieverluste in Kauf nehmen
- Etwas komplett Neues wagen ; KAIZEN, KVP, Externe Berater
- Jeden Schritt kommunizieren; Angenehmes und Unangenehmes
- Jedem möglichst viel Verantwortung übertragen
- Niemals zufrieden sein
- Sich selbst erfinden, Deckungsgleichheit von Produkt und Ich
- Auf die Details achten; Über die Vision nicht die Praxis vergessen
- Vorsichtig und umsichtig bleiben: sensibel für Veränderungen, die keine Verbesserungen bewirken; Strömungen von außerhalb wahrnehmen.

115 Winter, Stefanie, a.a.O.: S. 5-7 und 15- 194

3.2 Änderungsbedarf in und für Verwaltungen, Organisationen und Beteiligungen

Das Projekt „Best Practice“ in schwedischen Kommunen soll diesen ermöglichen, mit marktwirtschaftlichen Reformen ihre Verwaltungen zu reorganisieren und zu optimieren:

- Einführung des Leistungsprinzips, indem die Ämter und sonstigen städtischen Einrichtungen im Wettbewerb mit privaten Anbietern stehen
- Im Bildungs –und Sozialbereich fasst die freie Wirtschaft immer stärker Fuß: Schulen, Kindertagesstätten und Altenheime werden von privaten Aktiengesellschaften geführt., etc.

In Linköping wird den einzelnen Verwaltungsabteilungen nicht mehr vorgeschrieben, wie viel Geld sie für welche Dinge auszugeben haben, sondern für die politischen Ziele werden Budgets definiert. Die Abteilungen dürfen eigenständig über Personal, Löhne, Materialeinsatz, etc. entscheiden. Es ist allein ihre Angelegenheit, wie sie die Zielvorgaben umsetzen. Zugleich treten sie mit privaten Anbietern in einen Wettbewerb. Auftraggeber und Auftragnehmer in der Verwaltung sind dabei strikt getrennt. Die Vorteile dieses Systems, so die Verlautbarung, wirke wie eine **„Produktivitätspeitsche“** auf die städtischen Einrichtungen. Keine Aufträge - kein Geld.

Die Effizienzsteigerung der Verwaltung ist enorm. Die Stadt spart gegenüber dem alten Verwaltungsmodell jährlich ca. 300 Millionen Kronen. Der politische Effekt: Weil die kommunalen Produzenten ihre Kosten exakt ermitteln, sind sie in der Lage, den politischen Entscheidern Alternativangebote zu unterbreiten. Dadurch ist bestimmbar, welchen Preis z.B. eine bestimmte Qualitätsverbesserung in den Kindergärten oder im Winterdienst erfordert.

Bereits ein Drittel der schwedischen Kommunen haben sich nach diesem Modell organisiert. Dadurch war in den letzten 12 Jahren ein Abbau von rund 25.000 Stellen möglich, obwohl neue Aufgaben zusätzlich übernommen werden mussten. Seit 1998 gehen zum ersten Mal die Gesamtausgaben der Kommunen zurück. Das liegt auch daran, dass kommunale Anbieter nicht bevorzugt werden dürfen und mit subventionierten Preisen den Wettbewerb verzerren. Andererseits bekommen Firmen, die defizitär arbeiten, keine Zuschüsse oder Quersubventionen. Dadurch werden Dumpingpreise im Wettbewerb ausgeschlossen.

In Stockholm sollen bis auf einen hoheitlichen Kernbereich alle Dienste ausgelagert werden. Nach einer entsprechenden Untersuchung eröffnet diese Vorgehensweise ein Einsparpotential von ca. 10%, welches unmittelbar steuersenkend eingesetzt werden könnte.[116]

Schweden scheint jetzt in der „Hall of Fame" neuer Steuerungsmodelle und Change-Management-Strukturen eine Leitfunktion zu übernehmen. Das sogenannte sehr erfolgreiche „Neuseeland-Experiment" mit Lean Administration, Kontraktmanagement, etc. war eines der wegweisenden Modelle, um aus verkarsteten, ineffizienten und ressourcenfeindlichen Verwaltungsorganisationen auszubrechen. Es wurde zum globalen Vorbild für Ökonomen und Politiker. Phönix in USA, Tilburg in den Niederlanden und andere haben ebenfalls als Wegbereiter für eine moderne Verwaltung gedient.

Deutschland hat über den Deutschen Städtetag und die Kommunale Gemeinschaftsstelle für Verwaltungsvereinfachung die europäischen und internationalen Entwicklungen auf dem Gebiet der Verschlankung von Verwaltungen und der Ergebnisorientierung des Verwaltunghandelns für die Kommunen und ihre Betriebe adaptiert und verfügbar gemacht. Betrachtet man die Entwicklung der letzten ca. einem Dutzend Jahre, so ist dennoch festzustellen, dass der größte Teil der Kommunen nur Teile des Neuen Steuerungsmodells übernommen hat oder die Einführung noch aussteht. Erfreulich ist dagegen der Erfolg einzelner Kommunen, die als Vorbild für ein neues und kundenorientiertes Verwaltungshandeln Auszeichnungen erhalten haben, zuletzt die Stadt Detmold. Die Change-Management Verfahren in Wettbewerbsunternehmen sind letztlich wesentlich umfassender, stringenter und effizienter. Denkbar wäre also eine gegenseitige Ergänzung oder die Ausrichtung an neuen Erkenntnissen.

Wenn sich die Bildungsministerin des Landes NRW in der Form zitieren lässt, dass „Schulen wie Unternehmen geführt werden müssen" [117] und zugleich ergänzt, dass Organisationsentwicklung des Wirtschaftsalltages dort stattfinden müsse, neue Transparenz, neues Berichtswesen und neue Controllinginstrumente implementiert werden müssen, dann dürften sich – orientiert an der Realität – sicherlich keine neuen Führungskonzepte und Qualitätsmanagement realisieren lassen, da zunächst die Konzeptionen fehlen und Schulen im Allgemeinen keine Eliteuniversitäten sind, an denen diese betriebswirtschaftlichen Instrumente mit dem entsprechenden Aufwand und Personal realisiert werden konnten.

Der Grundgedanke stimmt. Die Umsetzung kann aber nicht hoheitsrechtlich – bis auf Lehr –und Lernpläne, Didaktik, Methodik und Curricular – erfolgen. Es bedarf vielmehr einer ordnungspolitisch begründeten und vertretbaren Privatisie-

---

116 Bert Losse in: Wirtschaftswoche Nr. ½ vom 06.01.2000, S. 28 - 30

117 Interview der Bildungsministerin des Landes NRW, Frau Gabariele Behler, in: Welt am Sonntag vom 12. August 2001, S. 70

rung, da die hoheitliche Wirtschaftsaktivität sich überwiegend als ineffizient und wettbewerbsverzerrend erwiesen hat.

Bereits zu Beginn der 90er Jahre hat der Deutsche Städtetag festgestellt, dass eine umfassende Überprüfung des öffentlichen Leistungsspektrums erforderlich sei, „der gesamte Leistungsapparat müsse auf den Prüfstand.“ [118]

Verkürzt ist festzustellen, dass es einen nicht nur gewünschten, sondern unabdingbaren Bedarf an wirksamen und ergebnisorientierten Änderungen gibt. Diese ständig gebetsmühlenartig vorgetragenen Allgemeinplatzformulierungen reichen aber nicht mehr aus. Sie müssen mit Leben erfüllt werden. Mit all den unbequemen Entscheidungen und den Folgen für die Beteiligten, für die eigene Position, für die Einbettung in die Organisation, für die Organisationsprozesse selbst und für die Folgen, die außerhalb der Verwaltung mit z.B. „Technologiefolgenabschätzung“ bezeichnet werden. Eine wissenschaftliche

Unterstützung von Veränderungsprozessen, welche eine Art „Verwaltungsaktfolgenabschätzung“ modellhaft analysieren und als Scenario kommunizieren könnte, wäre vielleicht, wenn auch im Moment noch unvorstellbar, sehr hilfreich.

Solange wir uns im Rahmen der Verwaltungswissenschaften lediglich mit formalen Strukturen wie den gleichzeitig vorliegenden Merkmalen eines VA, seiner Bestandskraft, der Rechtmäßigkeit oder Rechtsfehlerhaftigkeit, der Anfechtbarkeit, der Wiedereinsetzung in den Vorigen Stand o.ä. beschäftigen, werden die tatsächlichen Interessen des Bürgers, des Kunden, nicht wahrgenommen. Statt dessen lebt die Verwaltung sich selbst.

Wir sehen in diesem Zusammenhang eine Vielzahl von Defiziten, die man sicherlich auch mit Modernisierungslücken bezeichnen könnte, als da wären:

- Die Strategielücke
- Die Legitimationslücke
- Die Managementlücke
- Die Motivationslücke und die
- Attraktivitätslücke.

Die KGSt ordnet diesen Lücken oder Defizitbereichen folgende Eigenschaften zu

- Die **Strategielücke** entsteht durch eine Blockade des kurzfristigen Tagesmanagements, in dem notwendige Antworten auf die europäische Standortkonkurrenz u.a. auf den Feldern der Stadtentwicklung, Wirtschaftsansiedlung, Sozialpolitik, Ökologie usw. nicht gegeben werden.

118 OB der Stadt Köln, Norbert Burger, in: Städte in Not – Dokumentation der außerordentlichen Hauptversammlung des Deutschen Städtetages in Bonn -, 1993. S. 18

- Die **Legitimationslücke** entsteht überwiegend durch die Unfähigkeit, in immer geringerem Maße Pflichtaufgaben für den Bürger zu erledigen, die Gebühren dafür ständig zu erhöhen,

- auf Leistungs – und Beteiligungsanforderungen nicht eingehen zu können und auch nicht die notwendigen Rechenschaftsberichte vorzulegen. Bedarfsgerechte Dienstleistungen an den Bürger verkümmern und die Politikverdrossenheit nimmt zu.

- Die **Managementlücke** entsteht oder wird beibehalten durch zentralistische Ressourcenbewirtschaftung und ebensolche bürokratische Steuerung. Das Routinegeschäft ist gekennzeichnet durch Übersteuerungseffekte, während die Strategie an einer Untersteuerung leidet. Die Institutionen im öffentlich – rechtlichen Bereich weisen ebenso wie ihre Beteiligungen ein erkennbares Steuerungsvakuum auf und laufen sehr oft aus dem Ruder, indem sie ihre eigenen Interessen dem kommunalen Interesse nicht adäquat unterordnen oder diesem dienen.

- Die **Motivationslücke** beim Verwaltungspersonal ist ebenfalls eklatant. Die sogenannten hergebrachten Grundsätze des Berufsbeamtentums führt statt zu einer Motivation zu einer relativen Zufriedenheit und Innovationsverweigerung. Der Angestellten – und Arbeiterbereich weist sogenannte „Gemütlichkeitsnischen“ [119] auf, die einerseits eine geringe Arbeitsdichte aufweisen, andererseits in hohem Masse – mit Ausfallquoten bis zu 50% - bereits die „Innere Kündigung “ vollzogen haben. Die Defizite im Führungsverhalten der Vorgesetzten tragen zusätzlich dazu bei.

- Die **Attraktivitätslücke** beruht auf nicht zeitgemäßen Arbeitsbedingungen, zu hoher Regelungsdichte, einhergehend mit zu wenig Eigenverantwortung, zu geringer Vergütung für Jüngere, einseitige Ausbildung und geringen Aufstiegsmöglichkeiten mit hohen Barrieren. Hinzu kommen Parteibuchwirtschaft und Ämterpatronage. [120]

Diese überkommene Form einer hierarchisierten Arbeitsteilung ohne Schnittstellenkommunikation und Prozessorientierung wird von Bannert als **„System organisierter Unverantwortlichkeit“** bezeichnet. Als Beispiel dafür soll das von ihm zitierte Fallbeispiel dienen:

---

119 Reichard, Christoph: Umdenken im Rathaus - Neue Steuerungsmodelle in der deutschen Kommunalverwaltung, Berlin, 1994, S. 15 – 16

120 Reichard, Christoph, a.a.O.: 1994, S. 16

„Was tut z.B. ein Fachbereichsleiter, wenn irgendwo in seinem Verantwortungsbereich die Arbeit zunimmt? Er fordert mehr Planstellen, mehr Mitarbeiter, mehr Diensträume, einen höheren Sachetat, mehr Investitionsmittel etc. Was tut er dagegen nicht, von seltenen Fällen abgesehen? Er prüft nicht zuerst, ob er vielleicht intern ausgleichen kann.

Vielleicht sind ja an einer anderen Stelle seines Verantwortungsbereiches die Fallzahlen zurückgegangen oder eine Dienstleistung wird nicht mehr so stark nachgefragt, oder man könnte durch Technisierung teures Personal durch preiswerte Maschinen ersetzen. Warum macht dieses ein Fachbereichsleiter in der Regel nicht?

Weil er, wenn er es versuchte, sofort Gegenwind bekäme. Er müsste Mitarbeiter umsetzen, die darüber nicht gerade begeistert sind. Sie müssten eventuell umgeschult werden. Er müsste Geld von einer Haushaltsstelle, wo es nicht gebraucht wird, umwidmen können.

Das darf er meistens nicht, weil es an der Deckungsfähigkeit fehlt. Er muss dann eine überplanmäßige Ausgabe bei der Kämmerei beantragen. Möglicherweise ist für die Entscheidung der Rat oder der Kreistag zuständig. Eine Planstelle kann auch nicht so ohne weiteres verlagert werden. Dazu benötigt er die Genehmigung des Hauptamtes. Er bekommt also Schwierigkeiten, wenn er das umsetzt, was von ihm verlangt wird, nämlich eigenverantwortliches und wirtschaftliches Verhalten. Also geht er den Weg des geringsten Widerstandes und beantragt zusätzliche Ressourcen.“ [121]

Das Fallbeispiel zeigt, wo das bestehende System versagt. Der Fachbereich ist fachlich – technisch verantwortlich, die Querschnittsämter für die Ressourcenbereitstellung. Die Ergebnisverantwortung ist nicht mehr zuzuordnen und es gibt insofern auch niemanden, der für Misserfolge, Schlechtleistungen oder Nichtleistungen zur Verantwortung gezogen wird.

Die Änderungen im System, die Steuerung und die Kontrolle bedürfen insofern einer strategischen Unternehmensführung in Verbindung mit einem strategischen Controlling, einem Lean Management, ggf. Reengineering – orientiert und Benchmarking - bezogen.

Dabei kommt es insbesondere darauf an, Änderungen durch Prozesse zu realisieren statt bestimmte Vorhaben ausschließlich mit bestimmten Personen zu identifizieren und zu verknüpfen. Im Falle einer personellen Umstrukturierung, Versetzung, Entlassung sind in der Regel in einem so angelegten Fall die Strategien, Visionen und eingesetzten Ressourcen obsolet und überwiegend nicht mehr verfügbar zu machen.

---

121 Reichardt, Christoph, a.a.O.: , S. 17

Das bedeutet nicht, dass die jeweilige Führungskraft nur an der Peripherie des Veränderungsmanagements eingesetzt wird. Im Gegenteil. Gerade In der strategischen Mitte eines Change – Management – Prozesses ist die Leitungskraft unverzichtbar. Aber nicht als Einzelkämpfer. Gefragt ist die Persönlichkeit, welche die anderen Change – Manager auf der gleichen Ebene mitreißen und motivieren kann. Jemand, der Mitarbeiter überzeugen und die Unternehmensziele zu deren eigenen Ziele zu machen versteht.

Das verlangt ein Abrücken vom traditionellen Rollenverständnis und vom Denken und Handeln in Funktionen. Die Fähigkeit, Prozesse zu moderieren, steht künftig im Vordergrund. Die direkte Einflussnahme und die damit verbundene Kontrolle muss einem Verständnis von Führung weichen, welches die Verantwortung weitestgehend auf den Mitarbeiter überträgt, diesen unterstützt und fördert. Fachliche und soziale Kompetenz müssen verzahnt zur Zielerreichung eingesetzt werden.

Beide Parteien in einem Veränderungsprozess müssen dazu jeweils eine grundlegende Voraussetzung mitbringen: **Die Reife, zu führen und die Reife, sich führen lassen** zu können. Fehlt einer Seite diese Fähigkeit, so kann sie nicht mit der jeweils anderen umgehen. Erforderlich ist also im Vorfeld eine Analyse der Führungsreife der jeweils beteiligten Leader, Change – Agents und der weiteren Mitarbeiter.

Im Rahmen einer solchen Analyse, die Schlüsselqualifikationen und Softfaktoren innerhalb der Leitungsebenen, in der Geschäftsführung, in der Verwaltungsleitung wie auch innerhalb der SGE verdeutlicht und dadurch besser verfügbar und einsetzbar macht, werden erfahrungsgemäß Einstellungen und Rollenverständnisse deutlich werden, die dem Veränderungsprozess entgegenstehen, zumindest aber zu einer nicht unbedeutenden Behinderung der Beteiligten und der Organisation führen können.

„Negative mentale Programmierungen überwinden", „Einstellungen an die veränderten Ziele und Ressourcen anpassen" und „neue und erstrebenswert Rollenbilder akzeptieren und einnehmen" sowie von erfolgreichen Prozessen in Wettbewerbsunternehmen lernen, sind sicherlich drei Säulen, auf denen ein neues **Leadership – Haus** entstehen kann.[122] Die überkommenen Rollenbilder in Form negativer tradierter Verhaltensmuster werden den Zukunftsbildern beispielhaft gegenübergestellt:

122 Meixner, Hanns-Eberhard: Bausteine neuer Steuerungsmodelle: Mitarbeiter zu Mitdenkern und Mitgestaltern gewinnen. München, 1998, S. 28 – 29

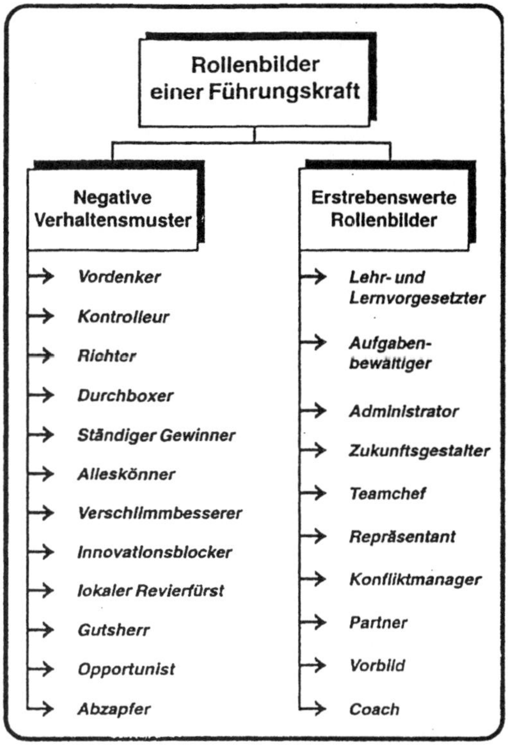

Abbildung 26: Rollenbilder einer Führungskraft
in: Meixner, Bausteine neuer Steuerungsmodelle, a.a.O., S. 32

Es muss also, um die Unternehmen und Verwaltungen des öffentlichen Sektors an geänderte Bedingungen und Organisationen anzupassen, das bisherige Organisationsmodell der stringenten Über – und Unterordnung (z.B. Verwaltungsakt) mit seinen

- nicht genutzten Gestaltungs – und Handlungsmöglichkeiten durch Vorauskoordination und Standardisierung ersetzt werden durch
- Erweiterung der Gestaltungs – und Handlungsmöglichkeiten mittels Feedback-Steuerung und Flexibilisierung.

Das NStM mit seinen Hauptausprägungen funktionaler Instrumente und personaler Instrumente[123] war bisher durchaus hilfreich, betrachtet man es aber genauer und unter der Fragestellung von Durchschlagskraft und Effizienz, dann wird folgende Divergenz zwischen Eigen - und Fremdbild oder, betriebswirtschaftlich gesehen, ein nicht unbeträchtlicher Graben zwischen Input – und Output deutlich:

A. **Ziel –und produktorientiertes Verwaltungshandeln**
findet nur bedingt statt, weil die Politik nicht den notwendigen und übergeordneten Steuerungs – Input an strategischen Vorgaben liefert, sondern sich in Details verliert. Zudem gilt, dass nicht jede Handlung ein Produkt im engeren Sinn darstellt. Lediglich die Umbenennung von bestimmten Organisationsabläufen im Rahmen von Verwaltungsfunktionen stellt noch kein Produkt im Sinne der gewünschten Leistungserzeugung dar, wie der Bürger als Kunde dieses sieht und beurteilt. Die Erzeugung und Bereitstellung von Produkten erfordert Kompetenz. Insbesondere nicht die, welche sich die Verwaltung zuordnet, sondern vielmehr die, welche der Bürger im Rahmen von Basis-, Leistungs- und Begeisterungsanforderungen wünscht, wahrnimmt, akzeptiert und honoriert.

B. **Dezentralisierung und Dekonzentration der Organisations – und Führungsstruktur**
müssen den Prozessabläufen in Wettbewerbsunternehmen mit der Besonderheit öffentlich-rechtlicher Leistungserstellung und aktiver Daseinsfürsorge entsprechen.
Der Weg über die Auflösung der Querschnittsämter (Kämmerei, Personalamt, Hauptamt) zugunsten der Deckungsgleichheit von Ressourcen und Kompetenz der Fachämter ist ein sehr wichtiger Schritt in die richtige Richtung. Er ist allerdings nur dann sinnvoll, wenn die ehemaligen Querschnittsämter nicht mit einem anderen Firmenschild wie bisher weiter die Output-orientierten Einheiten bevormunden und behindern.

Sinnvoll erscheint der schwedische Weg, wie bereits dargestellt, eventuell an die besonderen rechtlichen und organisatorischen Besonderheiten der BRD angepasst. Diese Adaption darf aber nicht zugleich Ausrede für nicht mögliche Veränderungen sein. Die Einrichtung einer zentralen Servicestelle, in der die strategischen Ziele im Rahmen eines strategischen Controlling operational orientiert umgesetzt werden, könnte einen solchen Lösungsansatz darstellen. Dort würden

123 Meixner, Hans-Eberhard, a.a.O., S. 52 ff. und S. 87 ff.

sämtliche Dienstleistungen für den Kunden verfügbar gemacht, indem sämtliche Ressourcen und Dienstleistungen erzeugt und eingekauft werden bis auf einen Kernbereich unverzichtbarer öffentlich – rechtlicher Elemente.

Dieser Kernbereich muss für jede Kommune und jedes Unternehmen fallweise definiert werden, da über den originären Sockel der Pflichtaufgaben hinaus regionale besondere Bedarfe berücksichtigt werden müssen. Eine bloße Ausgliederung, die lediglich Finanzdefizite verschiebt, stellt keine Lösung, sondern eine zusätzliche Belastung des Haushalts dar.

Als Beispiel sei die Ausgliederung der städtischen Schulen in einen Beteiligungshaushalt genannt. In diesem konkreten Fall wurden in einer westdeutschen Großstadt aufgelaufene Staatsschulden in Höhe von mehreren einhundert Millionen DM in diese Beteiligungsgesellschaft überführt. Der originäre Haushalt wurde dadurch erheblich entlastet. Die Beteiligung „Schulen" wurde zugleich belastet. Da die Schulen keine Einnahmen erzielen (geringfügige Sponsoring – Beträge können unberücksichtigt bleiben), führt diese Umwidmung zu weiter wachsenden Schulden im Nebenhaushalt mit der zusätzlichen Maßgabe, dass für Instandsetzung, Instandhaltung und eine dem Bedarf angepasste Einstellung von Lehrpersonal ebenfalls keine Mittel verfügbar waren.

C. Lean Management

bedeutet, ein Unternehmen / eine Verwaltung analog der Leistungsfähigkeit eines athletischen Hochleistungssportlers so zu verändern, dass die vorhandenen Strukturen prozessorientiert „verschlankt" werden, also eine bessere Qualität bei höherem Output für den Kunden ermöglicht wird. Dazu gehören u.a. die vorgenannte Dezentralisierung, die Verkürzung von Genehmigungsverfahren, die Bereitstellung von Ressourcen „just in time", Teamspirit und Teamwork. Lediglich Stellen abzubauen, ist zu kurz gedacht. Am Beispiel einer der größten Universitätskliniken Deutschlands resultierte aus einer Analyse der horizontalen und vertikalen Logistikprozesse, dass an Stelle eines gewünschten Personalabbaus ca. zwanzig Prozent mehr Mitarbeiter benötigt wurden, um die notwendigen Prozesse optimal gestalten zu können und die Patientenzufriedenheit zu gewährleisten.

D. Budgetierung, Kostenrechnung und Kontraktmanagement; Controlling und Zielvereinbarung

Flott formuliert, könnte der Slogan für ein Veränderungsmanagement lauten: „`Raus aus der Zwangsjacke, `rein in die Jeans." Im Bereich öffentlicher Haushalte müsste es sich bestimmt um sogenannte „Edeljeans" handeln. Hier soll nicht dem „Armani-Haushalt" das Wort geredet werden, sondern der De-

zentralisierung mit der Wirkung, dass die für die Kundenzufriedenheit benötigten Ressourcen auch tatsächlich zur Verfügung gestellt werden. Dazu sind strategische Vorgaben und Abstimmungen innerhalb der Leitungsebene, mit und bei den Fachämtern und Beteiligungen wie auch innerhalb der SGE erforderlich.
Dazu gehören neben mehrjährigen Budgets auch gegenseitige Deckungsfähigkeiten über die bestehenden Ansätze hinaus (z.B. Personalausgaben und Materialausgaben wie auch Investitionen sind gegenseitig deckungsfähig), soweit dadurch die Leistungsfähigkeit der SGE für den Kunden nicht beeinträchtigt wird.[124] Das erfordert eine Kosten – und Leistungsrechnung, die in der Mehrzahl der öffentlichen Unternehmen und Verwaltungen noch nicht existiert, Produkte müssen definiert und zugeordnet und in ein sogenanntes Produktbuch analog dem bisherigen Haushaltsbuch eingebunden werden.
Die Aufsichtsgremien, die Leitungsebene und die politische Führung werden ständig in einem sinnvollen Berichtswesen informiert nach dem Motto: „Fakten statt Akten". Daraus kann sich die Vertrauensbasis entwickeln, die zu dem im NSM verankerten Kontraktmanagement führt. Zielvereinbarungen innerhalb der SGE ergänzen diesen Veränderungsprozess.,

E. Unternehmensleitbild und Servicementalität

Analog zu erfolgreichen Wettbewerbsunternehmen ist neben dem Einsatz einer stringenten und schlüssigen Unternehmensstrategie die systemimmanente mangelnde Identifizierung mit den Zielen des Unternehmens / der Verwaltung zu überwinden. Die Erarbeitung eines gemeinsamen Unternehmensleitbildes, möglichst „Bottom-up", also unter Beteiligung aller relevanten Gruppen im Unternehmen, ist dafür Grundlage. Ein Leitbild, sichtbar für den Kunden an herausgehobener Stelle im Servicebereich könnte demnach folgendes Aussehen haben:

a. *Die Stadt X ist ein Dienstleistungsunternehmen, das seine Leistungen konsequent an den Bedürfnissen der Bürger ausrichtet. Das Interesse der Gesamtheit und der gerechte Ausgleich der Einzelinteressen untereinander stehen dabei im Vordergrund*
b. *Rat und Verwaltung sorgen nicht lediglich für die Erbringung der*
c. *Dienstleistung, sondern sind gleichfalls für deren Qualität, Effektivität und Effizienz verantwortlich. Sie sind dem Bürger als Kunden gegenüber rechenschaftspflichtig.*

124 siehe auch Abschnitt 3.2.3, s. 148: Diesseits der Experimentierklausel - jenseits von Lösungen

d. Den BürgerInnen werden Möglichkeiten der Mitwirkung und Mitgestaltung an den Leistungsprozessen sowie der Umsetzung der kommunalen Dienstleistungen gegeben.
e. Die Mitarbeiter der Stadt verpflichten sich, serviceorientiert und kundennah die Beurteilungs – und Ermessensspielräume zu nutzen.
f. Die Beteiligungsunternehmen, die Fachbereiche und die Abteilungen handeln wie selbständige Betriebe innerhalb des Konzerns Stadt und passen dementsprechend ihr Leistungsangebot ständig im Rahmen einer wirtschaftlichen Kontinuität den wirtschaftlichen und gesellschaftlichen Rahmenbedingungen an.

Die Stadt stellt sich dem interkommunalen Leistungsvergleich und sorgt dadurch für eine adäquate, stets dynamische und kundenfreundliche Preis – Leistungsgestaltung.[125]

So oder ähnlich könnte der öffentliche Dienstleister auftreten und seine Kundenorientierung kommunizieren. Eine noch stärkere Annäherung der Aussagen an Wettbewerbsunternehmen ist durchaus möglich. Es sollte aber darauf geachtet werden, Mitarbeiter und Kunden in einem ersten Schritt und dem bereits damit einhergehenden Veränderungsmanagement nicht zu überfordern.[126]

F. Notwendige Anpassungen an veränderte Bedingungen

Die Auffächerung des NSM in funktionale und personale Instrumente stellt als weiteren Fokus neben der Organisationsänderung – wodurch kein Ranking hergestellt werden soll – das Personal des öffentlichen Sektors in den Mittelpunkt von Betrachtungen und Änderungsansätzen. Ohne aktives und vorausschauendes Personalmanagement sind die Änderungen in der Organisation nicht machbar. Voraussetzung für eine nachhaltige und effiziente Leistungserstellung sind demnach Qualifikationen, die fachübergreifendes Denken und Handeln ermöglichen, Anreizsysteme wie Leistungszulagen, flexible Arbeitszeiten, etc.

Einfach ist die Ausgestaltung der traditionellen und insbesondere die innovative Seite dieser unabdingbaren Personalsteuerungselemente und ihre Realisierung nicht, zumal die immer stärker durchschlagende Finanzkrise der

125 in: Carl Bertelsmann-Preis 1993: Demokratie und Effizienz in der Kommunalverwaltung; Band 1, Dokumentationsband zur internationalen Recherche, S. 12 – 16

126 Vergleiche auch: Ansicht des Eingangszentrums des Rheumazentrums Baden-Baden, umgebaut 1996, Unternehmensleitbild und Selbstverpflichtung der Mitarbeiter

Kommunen zunehmend weniger Gestaltungsmöglichkeiten zulässt. Die Frage, ob Qualifikation und Motivation Opfer eines mangelhaften kommunalen Managements oder einer nicht finanzierten Aufgabenzuweisung werden oder sind, darf sich so aber nicht stellen. Die Investition in Personalplanung und Personalentwicklung stellt, zukunftsorientiert und durch ein Personalcontrolling begleitet und gestützt, das eigentliche Potential des öffentlich-rechtlichen Unternehmens, gleich in welcher Ausprägung dar. Nur mit entsprechend motivierten Mitarbeitern können notwendige Veränderungen umgesetzt werden. Eine solche Unternehmenskultur ist von Transparenz, Mitwirken und Begeisterung geprägt.
Das bedeutet im Kern der Aussagen, dass sich das NSM nicht auf das schlichte Gegengeschäft, dass die kommunalen Fachämter oder die Beteiligungen erhebliche Mittelkürzungen erfahren, dafür aber mit diesen geringeren Ansätzen und Ressourcen freizügiger als bisher wirtschaften müssen, reduzieren darf.[127]

„Bürger denken und leben anders als traditionelle Bürokratien. Es geht ihnen um ganzheitliche Lebenssachverhalte die aktiv gestaltet und verändert werden. Die Einrichtung von Bürgerämtern, Bürgerbüros, Bürgerläden oder Bürgerzentren kommt dem entgegen. Wichtig erscheint dabei, dass sich Verwaltungsmitarbeiter einfach vorstellen, sie müssten als einfacher Bürger ohne Kenntnis der Verwaltungsstrukturen und – abläufe sowie Formulare in die Verwaltung kommen und sollten sich zurecht finden. Die Stadt Karlsruhe hat dies beispielhaft in ihrer Broschüre genannt: Denken im Kopf des Kunden.“[128]

Diese Sicht des Kunden, des Nachfragers auf der „anderen Seite des Schreibtisches“ ermöglicht, - ähnlich wie die Erkundung einer Stadt mit Rollstühlen zur Feststellung der sogenannten Behindertenfreundlichkeit öffentlicher Infrastruktur – durch Eigenerfahrung von Funktionen zu Prozessen und somit zu einer ausgeprägten Kundenorientierung zu gelangen. Diese Veränderungen in den Köpfen und der Organisation in ihrer entsprechenden Interdependenz stellen einen echten Paradigmenwechsel dar, insbesondere durch die hierarchieübergreifende Wirkung und das neue Dienstleistungsdenken, der umfassenden Serviceorientierung aller Beteiligter am Produkt – und Bereitstellungsprozess.

---

127 Reichard, Christoph: Umdenken im Rathaus,Berlin, 1996, S. 10
128 Hermann Hill in: Edition Kienbaum, Schückhaus, Ulrich, Hrsg.: Kommunen in Not – Wege aus der Krise: Stuttgart, 1996, S. 14

- Es wird deutlich, dass sich Unternehmen in der heutigen gesamtwirtschaftlichen und gesellschaftlichen Situation tradierte und überkommene Organisationsstrukturen nicht länger mehr leisten können und eine funktionsübergreifende Prozessorientierung benötigen
- Die zentralen Erfolgsfaktoren für das erforderliche Veränderungs- und Prozessmanagement erfordern eine höhere Zufriedenheit und einen nachvollziehbaren Effizienzeffekt, eine Wertsteigerung (Freizeit – und Lebensqualität durch bessere und schnellere bürgerorientierte Leistungen
- Im Rahmen eines TQM müssen die generierten Leistungen auf einem hohen Niveau wiederholbar sein und verfügbar gemacht werden
- Die Kommunikation zwischen Leistungserbringer und Stakeholder muss transparent sein
- Das Unternehmen / die Verwaltung im öffentlichen Sektor steht im Wettbewerb und muss Alleinstellungsmerkmale entwickeln, welche den Bürger und den Gewerbetreibenden an die Kommune binden. [129]

Als dritte Säule der Demokratie bezeichnet ein Kenner der Materie die Kundenorientierung der Kommunalverwaltung aus dem Grunde, da sie als „modernisierungspolitisches Leitbild" einzustufen sei.[130] Er geht davon aus, dass das NStM durchaus eines der besten Wege für eine Reorganisation der Verwaltungen ist, zweifelt aber die Folgeentwicklung an. Er teilt an dieser Stellen die Bedenken des Autors dieser Arbeit in der Form, als er klar und deutlicht urteilt, dass „sich die Erwartungen zwischen modernisierungspolitischer Hybris und wissenschaftlicher Hilflosigkeit bewegen." Vor allem sieht er diese Problematik für die Demokratiefolgen von Kundenorientierung.[131]

Anerkannt ist, dass die Verwaltung und die Unternehmung der öffentlichen Hand sich an den geänderten Belangen intern und extern orientieren und entsprechende Konzepte sowie Umsetzungen anbieten müssen. Es entsteht also ein strategisch angelegter Prozess der Organisationsentwicklung (OE).

Kernfrage einer Kommunalpolitik, die ihre Leistungen nicht mehr in der bisherigen „Produktionstiefe" erzeugt, sondern Outsourcing -Modelle realisiert, Kernkompetenzen teilweise sogar in die Beteiligungen transferiert, stellen sich in Form der Überprüfbarkeit von Rechtmäßigkeit, Kontrollierbarkeit und Vereinbarkeit für die verantwortlichen in Politik und Verwaltung. Das öffentlich - rechtliche Unternehmen muss sich ändern. Kommunale Beteiligungen bis hin zur

129 Hinterhuber, Hans H.: Aufbruch in die Veränderung: Strategien für eine erfolgreiche Unternehmensführung, Wiesbaden, 1995, S. 13-21

130 Kißler, Leo in: Bogumil, Jörg / Kißler, Leo: Verwaltungsmodernisierung und lokale Demokratie, Baden-Baden, 1997, S. 95 ff.

131 Kißler, Leo: a.a.O., S. 95 ff.

Private Public Partnership sind unverzichtbar. Der Staat darf bestimmte Aufgaben nur über eine entsprechend gesteuerte Übertragung lösen. Er hat nicht die Allkompetenz.

Dennoch darf er sich nicht das Leadership - Konzept aus der Hand nehmen lassen. Er muss Herr des Verfahrens bleiben. Change Management ja, aber nur im Rahmen eines strategischen Controlling.

Der Bürger als Kunde, **der Kunde als Botschafter**, wie es Hinterhuber treffend bezeichnet, [132] tritt verwaltungsintern als Abnehmer, extern als Bürger, Steuerzahler und Klient von Verwaltungsleistungen auf. ER stellt Leistungsanforderungen auf den Prüfstand. Insofern tritt er als „Leistungsverstärker" auf. Das NSM als quasi konzeptionelle Verdichtung des Public- Management - Ansatzes im Sinne von Budäus räumt dem Kunden im Rathaus durchaus eine Konsumentenfunktion ein, weist aber zugleich auf die eingeschränkte Möglichkeit hin, auf andere Leistungen und Produkte auszuweichen.[133]

Diese Tatsachen weisen auf einen Graben hin, der auf der „Angebotsseite" der Verwaltung entsteht und auf der „Nachfrageseite" nicht genügend überbrückt wird. Erforderlich ist eine Strategie, die operationale Lösungen anbietet, um den Bürger als Kunden in eine bessere Lage zu versetzen und zugleich über die Leistungsanforderungen hinaus Begeisterungsanforderungen zu befriedigen.

Ein umfassender Wandel, ein echtes Change Management in Richtung einer stärker ergebnis - und vertrauensorientierten Unternehmenskultur kann dazu beitragen. Das NStM ist sicherlich Katalysator auf diesem Wege, darf aber nicht überschätzt werden. Wie schwer sich die Kommunen tun, die Grundsätze auf der organisatorischen und personalen Ebene zu implementieren, zugleich den laufenden Betrieb zu gewährleisten und zukunftsbezogene Veränderungen zu ermöglichen, ist an der Statistik ablesbar. Anfang der 90er Jahre haben alle Kommunen als Mitglieder des Deutschen Städtetages beschlossen, das NSM einzuführen. Bis heute sind es nicht einmal ein Drittel aller Beteiligten, die eine komplette Anwendung abgeschlossen haben. Oftmals sind die Änderungen in Projekten oder Teilvorhaben versandet.

Bezeichnend für eine solche Entwicklung ist das Ergebnis einer Sitzung der sogenannten Steuerungskommission innerhalb einer westdeutschen Landeshauptstadt, die erstaunlicherweise nach ca. 5 Jahren feststellen konnte, dass außer plakativen Aussagen und vielen Beratungen keine konstruktiven Änderungen erfolgt waren. Dennoch ging man mit der Umsetzungsfähigkeit und der Implementierung

---

132 Hinterhuber, Hans H., Krauthammer, Eric: Wie werden ich und mein Unternehmen die Nr. 1?, München, Wien, 1999, Vorwort, S. IX, in der Darstellung des Handbuches. S. 270 ff.

133 Bogumil Jörg / Kißler Leo, a.a.O., S. 97 -98

des Erfolgsmodells NStM in überregionalen Gremiensitzungen und Veranstaltungen hausieren. Nachgefragt, wurde deutlich, dass außer zweier Modellprojekte, dazu noch im Bereich des Jugend -und Sozialamtes, die nicht unbedingt für Modellhaftigkeit einer Gesamtverwaltung stehen, keinerlei strategische und nachprüfbare Change - Management - Vorhaben eingeleitet wurden. Evaluierung ausgeschlossen.

Es fehlte einerseits die strategische Leadership - Ebene, andererseits waren Innovationen über Organisations - und Verhaltensänderungen im Grunde unerwünscht. Das würde die Property Rights durcheinander wirbeln. Pfründe müssten abgegeben und zugunsten einer wirkungsvollen Organisation und einer ergebnisorientierten Gesamtschau abgegeben werden. Also: `Rein in die Wagenburg.

Und wenn die Abschottungstaktiken nicht helfen, dann wird nach Kräften gemobbt. Das heißt, dass der oder die Veränderungsmanager mit allen legalen, aber überwiegend illegalen Mitteln außer Gefecht gesetzt werden. Der Bogen reicht dabei von der fachlichen bis zur sozialen Verunglimpfung. Beispiele dafür gibt es ohne Ende. Gefordert ist in einer solchen Situation der Rat, der Träger, sind die Aufsichtsgremien, etc., um die erfolgreich eingeleiteten Änderungsprozesse abzusichern und deutlich zu machen, dass der eingeschlagene Weg irreversibel ist.

Die Lösung der Probleme über ein aktives Change Management wird allerdings dann unmöglich, wenn die genannten Institutionen und Personen Teil des Widerstandes werden. Häufig dann, wenn die Veränderungen unbequem werden oder ein bestimmtes Maß an Civil Courage verlangen. Oder auch dann, wenn die notwendigen Änderungen falsch oder unzureichend bewertet werden oder die in der Nachfolge handelnden bzw. erforderlichen Personen, die einen solchen Prozess begleiten sollen, hinsichtlich der notwendigen Leadership - Eigenschaften völlig falsch eingeschätzt werden.

Eine solche Ausgangssituation ist symptomatisch für eine Vielzahl von gescheiterten Prozessen. Das Beherrschen von Reorganisationsvorhaben, von Reenventing Government, von Corporate Comeback, von Realtime - Change-Management erfordert eine besondere Form und Ausprägung von Kompetenzen über Wissen und Information, die neu definiert werden müssen:

- *„Die einen verlieren die Beherrschbarkeit von Informationen im Sinne der Wissensbildung und werden lediglich noch Verwalter und Verarbeiter von Informationen. Dies führt - vor allem DV- gestützt - dazu, dass mittels Tasten -oder Mausklick lediglich Ergebnisse in immer schnellerer Zeit, immer einfacher und „anwendungsgerechter" abgerufen werden und der Prozess einer Wissens - und Entscheidungsbildung nicht mehr erfolgt und auch nicht mehr nachvollzogen werden kann. Im Ergebnis denkt der wissende Computer.*

- *Die anderen werden aufgrund der Informationsflut, wollen sie wenigstens etwas richtig wissen und können im Sinne von beherrschen, zum immer stärkeren Spezialisten. Dies hat zur Folge, dass sie das Ganze aus den Augen verlieren und die oft komplexen, vernetzten, entscheidenden und relativierenden Zusammenhänge im Ganzen weder erkennen, noch mit ihnen umgehen können.*
  Damit wird auch der wissende Spezialist zum unvermögenden Generalisten, wodurch sein Spezialwissen nicht zu Beurteilungsvermögen vernetzter Systeme führt und somit Managemententscheidungen nicht erwartet werden können. "[134]

Das bedeutet, dass Lernen und ganzheitliches Denken Teil des künftigen Änderungsprozesses werden müssen, wenn ein Scheitern des Änderungsvorhabens ausgeschlossen werden soll.

Das NSM muss also um Strategiefähigkeit, entscheidungsvorbereitende Informationsanalyse, Kommunikation der Veränderungserfordernisse und letztlich insbesondere in der politischen Steuerung einem Upgrading unterzogen werden, statt einer detailversessenen kommunalen Allzuständigkeit zu unterliegen, welche die Problemlösungsfähigkeiten verloren hat oder zunehmend verliert.

3.3 Innovationsmodell (e)

„Die Erfolgsfaktoren der Vergangenheit werden in Zukunft nicht mehr gelten.“ [135] Die verwelkten Lorbeeren müssen durch zeitgemäße Angebote ersetzt werden. Ob die künftigen Inhalte Verbesserungen der ersten Produktgeneration sein werden, also lediglich etwas anders oder ob an ihre Stelle neue Produkte mit neuen Inhalten treten, entscheidet immer öfter über die Existenz von Unternehmen. Es geht demnach um echte Innovationen. Wie werden diese auf den Weg gebracht?

„In der Anfangphase orientiert sich jede Unternehmung am Kunden. Im Idealfall ist die Außenorientierung 100%, die Innenorientierung dementsprechend 0 %. Im Lauf der zeit nimmt die Außenorientierung tendenziell ab, die Innenorientierung dagegen zu. Überwiegt die Innenorientierung über die Außenorientierung, bricht die Unternehmung zusammen (über kurz oder lang, Anmerkung des Verfassers) und es wird eine - reaktive - Neuschöpfung notwendig.

---

134 Hinterhuber, Hans H.: Aufbruch in die Veränderung, a.a.O., S. 118
135 Lew Platt, Chairman und Chief Executive Officer (CEO), Hewlett-Packard

Neuschöpfungen sind immer mit hohen monetären und psychologsichen Kosten verbunden. Gerade in der Reifephase besteht die Gefahr, dass sich die Unternehmensleitung damit begnügt, die Früchte vergangener Pionierphasen zu ernten. Das Problem eines jeden Unternehmens in der Reifephase besteht deshalb darin, laufend neue Pionierphasen einzuleiten, bevor dieser kritische Punkt erreicht wird. Dieses gelingt durch

- Neue Produkte und Dienstleistungen
- Kontinuierliche Verbesserung und Innovation
- Gewinnung neuer Kunden
- Bindung bisheriger Kunden an das Unternehmen
- Neuakquisition abgewanderter Kunden (Gewerbe)
- Lernende Unternehmung und lernende Organisation,
- die besser und schneller ist als die Wettbewerber.

Leadership ist die Fähigkeit, Führungskräfte und Mitarbeiter zu bewegen, freiwillig und begeistert immer wieder neue Pionierphasen gemeinsam einzuleiten. Leadership und Innovation sind interdependent: je wirksamer es gelingt,eine Atmosphäre des Vertrauens zu schaffen, desto besser sind die Bedingungen für innovative Leistungen.“ [136]

Pionierphasen, Innovationen, Leadershipaufgaben - verlangt wird in jedem Fall kreatives Handeln. Innovationen sind, richtig initiiert, Wettbewerbsvorteile und sichern den Unternehmenserfolg. Das reicht von der Vorstellung eines Pkw im neuen Design oder mit neuer Technik (BMW-i-Drive, Daimer-Chrysler Brems-Assistent, etc.) bis hin zu neuen Produkten im öffentlichen Sektor wie Contracting, d.h., die Stadtwerke übernehmen z.B. die Investitionen für eine Versorgungsstrecke und legen sie auf die Gebühren um oder das Einhunderttausend - Dächer - Programm, welches Solardächer zu besonderen und preiswürdigeren Konditionen für den Bürger/ Kunden verfügbar macht.

Die mit solchen Angeboten verbundenen Managementprozesse erfordern ganzheitliches und fachübergreifendes Denken und Handeln. Innovation und Wettbewerb sind mit Wandel verbunden. Dadurch wird die Voraussehbarkeit von Entwicklungen und deren Folgen schwieriger. Begegnen kann man diesen Entwicklungen durch

- Kundenorientierung,
- schnelle Entwicklung und Verfügbarkeit von Innovationen,

---

136 Hinterhuber, Hans H / Krauthammer, Eric: Leadership - mehr als Management – Was Führungskräfte nicht delegieren dürfen, Genf, 1998, S. 157 - 159

- Flexibilität des Unternehmens,
- Mitarbeiter, die sich mit dem Wandel identifizieren und eine echte Servicementalität ausleben sowie einer
- Führungsebene, die mit unterschiedlichen und zeitversetzten Prozessen umgehen kann. [137]

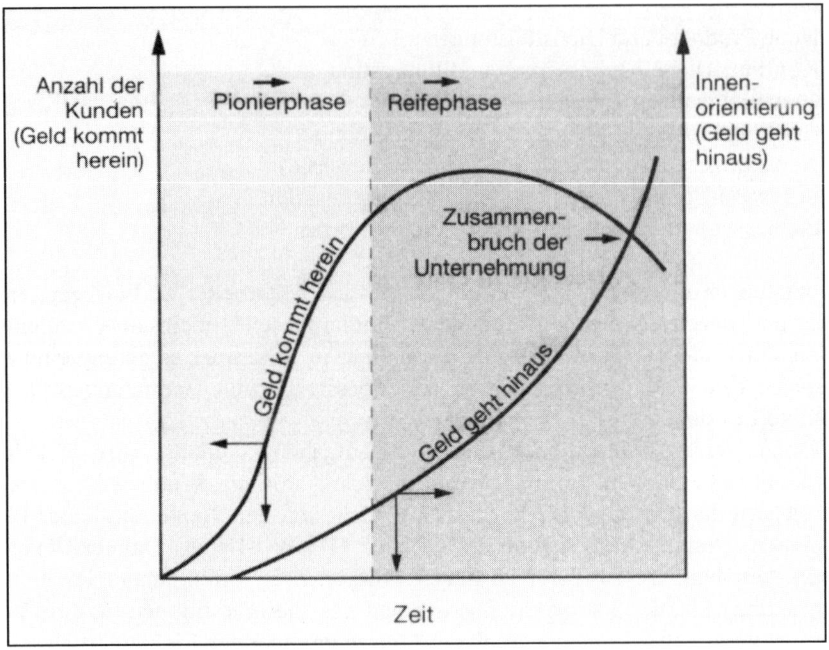

Abbildung 27: Leadership - Aufgaben: Laufend neue Pionierphasen initiieren
Quelle: Hinterhuber/Krauthammer a.a.O.: S. 158

Bisher - beispielhaft bei der Lösung des sogenannten Y2K - Problems, bei dem die Experten mit Hochdruck daran arbeiteten, die gesamte von Mikrochips gesteuerte Technik für die Jahrtausendumstellung so vorzubereiten, dass die Rechnerwelt störungsfrei funktionieren konnte, wurden solche Aufgaben, die im laufenden Tagesgeschäft mit bestehenden Führungs - und Organisationsstrukturen nicht oder zumindest nicht schnell und effektiv genug gelöst werden konnten, durch eine Projektorganisation in interdisziplinärer Form angegangen.

137 Ladensack, Klaus: Kreativität im Management, Heidelberg, 1992, S. 13

Im Beispielfall einer großen Kommune wurde ein Projektmanagement als Unternehmen auf Zeit innerhalb des Rathauses errichtet. Dazu gehörte

- als Steuerungseinheit ein Projektbüro,
- die Implementierung einer Projektgruppe,
- Benennung des Change - Managers,
- Statusfeststellung,
- Bestimmung unverzichtbarer Urgent Actions,
- Festlegung des Time - Tables und der Meilensteine bis zum Jahresende
- inklusive der Fehlerfolgenabschätzung nach dem Jahreswechsel und der dann erforderlichen Maßnahmen.

Die besonders empfindlichen und versagenswirksamen „**Embedded Systems**" bedurften einer besonders intensiven Überprüfung und Absicherung, da diese für die Rechnerleistungen außerhalb der originären Informationstechnologie für Aufzüge, Schließanlagen, Zugangssicherheitssysteme, etc. dienen, diese ansteuern oder bei Störungen im Extremfall außer Betrieb setzen.

Projektmanagement wird zwar nach Schließmann [138] als Teil des strategischen Führungskonzeptes begriffen, welches Organisationsverfahren beinhaltet zur Planung, Steuerung, Regelung und Kontrolle der Vorhaben, weist aber letztlich doch auf die Komplexität und unverzichtbaren Führungsfähigkeiten eines quasi Multiprojektmanagements hin, welches außergewöhnliche Fähigkeiten für innovative Entwicklungen fordert.

Unter Innovation ist demnach jede Änderung zu subsumieren, die für das Unternehmen / die Verwaltung von übergeordneter Bedeutung ist. Diese müssen sich beziehen auf

- Interaktionen oder Wechselwirkungen des Unternehmens mit seiner Umwelt und / oder den Stakeholdern über
  >Einführung neuer oder verbesserter Produkte oder Dienstleistungen
  > Anwendung neuer oder verbesserter Verfahren zur Produkterstellung
  >Beseitigung negativer Folgen aufgrund der vorgenannten Aktivitäten

- die innere Struktur des Unternehmens / der Verwaltung durch Änderungen in der Aufbau - und Ablauforganisation sowie dem Übergang zur Prozessorganisation

---

138 Schliessmann, Christoph Ph., in: Hinterhuber, Hammer, u.a.: Technologie - und Innovationsmanagement - Tools und Strategien für Führungskräfte, St. Gallen, 1996, S. 239 / 240

- die Subsysteme des Unternehmens, z.B. durch neue Produkt / Dienstleistungskombinationen. [139]

Unter der Überschrift: „Zukunft sichern durch Innovationsfähigkeit“ [140] weist Arthur D. Little auf das Problem hin, wie schwer es ist, verlorengegangene Innovationskraft wieder verfügbar zu machen, die dem jungen Pionierunternehmen zu eigen war. Von der Fähigkeit, sich wieder zu vitalisieren, hängt seiner Meinung nach die Zukunftsfähigkeit des Unternehmens ab.

Im weiteren Verlauf macht er die sinkende Innovationsfähigkeit fest an der funktionalen Spezialisierung u.a. in Finanzen, Marketing und Vertrieb. Er vermisst die bereichsübergreifende Koordination und die Bearbeitung komplexer Bearbeitungsabläufe sowie die daran geknüpfte Entscheidungsfindung.

Innovationskraft wieder verfügbar zu machen, die dem jungen Pionierunternehmen zu eigen war, die Fähigkeit, sich wieder zu vitalisieren, davon hängt seiner Meinung nach sicherlich die Zukunftsfähigkeit eines Unternehmens ab.

„Je mehr die Schnittstellen zunehmen, desto mehr verzögert sich die Umsetzung neuer Ideen in erfolgreiche Produkte oder scheitert gar an konkurrierenden Bereichsinteressen.“ [141] Exakt das letztgenannte Argument, das Klammern an Property Rights insbesondere durch Querschnittsämter, aber auch Fachämter und Beteiligungen, sogar bis hin zu peripheren Einrichtungen und Zulieferern, macht es so besonders schwer, notwendige Veränderungen im Sinne unverzichtbarer Innovationen umzusetzen.

Technisch gesehen, könnte der Innovationszug auf einer Induktionsschleife strategiegesteuert laufen, wenn vorher die Hauptbremszylinder im System des ewig Gestrigen ausgetauscht würden.

Die generelle Herausforderung an die Innovationsfähigkeit von Unternehmen besteht darin, die Schnittstellenprobleme zwischen den Funktions - und Unternehmensbereichen zu verringern, also kleinere, dezentrale und flexible Einheiten (Fachämter und Servicestellen), die integriert arbeiten, zu schaffen und zugleich die Synergievorteile des

- Konzerns Stadt,
- der Holding Gemeinde oder des
- Zentrums Kommunale Dienstleistung

nutzen.

---

139 Hinterhuber, Hans H.: Innovationsdynamik und Unternehmensführung, Wien, 1975, S.26

140 Little, Arthur D.: Innovation als Führungsaufgabe, New York, 1988, S. 9

141 Little, Arthur D.: a.a.O., S. 9

Auf der Basis von Kreativität und Innovationen lassen sich Zukunftsstrategien entwickeln, die im Idealfall zu einer sogenannten Hochleistungsorganisation führen können. Innovation ist somit als gesamtunternehmerische Aufgabe zu betrachten und anzunehmen, die für einen Erfolg

- organisatorische Freiheitsgrade braucht und gleichzeitig
- gezielte Steuerung - und Auswahlmechanismen einsetzt,

um die innovativen Impulse zu kanalisieren und zu fokussieren.

Dazu gehört insbesondere das interne und externe Innovations - Marketing.[142] Die Mitarbeiter müssen pro-aktiv erkennen, welches Leistungspotential in ihnen schlummert und zugunsten einer größeren Arbeitszufriedenheit abrufbar ist.

Die Stakeholder müssen erkennen können, welche Möglichkeiten eine noch stärkere Unterstützung, Hinwendung und innovative Beteiligung durch sie zugunsten des Kunden entstehen kann.

In den beiden nachfolgenden Grafiken sollen

- die gesamtunternehmerische Aufgabe auf dem Gebiet des Innovationsmanagements
- und die Schwerpunkte und Verzahnungen visualisiert werden:

Für Morris / Brandon reicht ein allgemeines Projektmanagement für Innovationsprojekte nicht aus. Im Rahmen einer sogenannten dynamischen Unternehmensreorganisation (DUR) soll unter der Überschrift „Positionierung" alles besser steuerbar und mit dem entsprechenden Erfolg versehbar sein, da sämtliche Aspekte einbezogen werden, die bei der Herbeiführung des Wandels eines Unternehmens zu berücksichtigen sind. Unterschieden werden soll dabei wie folgt in:

Positionierung	=	Rahmengestaltung für ein Unternehmen an sich
Projektmanagement	=	Einsatz traditioneller Methoden im Unternehmen
Reengineering	=	Innovationsmethodik.

142 Little, Arthur D.: a.a.O., S. 161

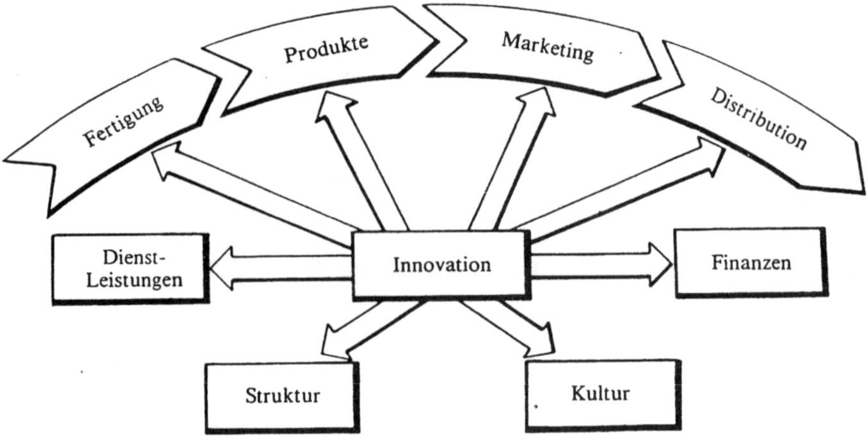

Abbildung 28: Innovation als gesamtunternehmerische Aufgabe
Quelle: Arthur D. Little: Innovation als Führungsaufgabe, New York, 1998, S.16

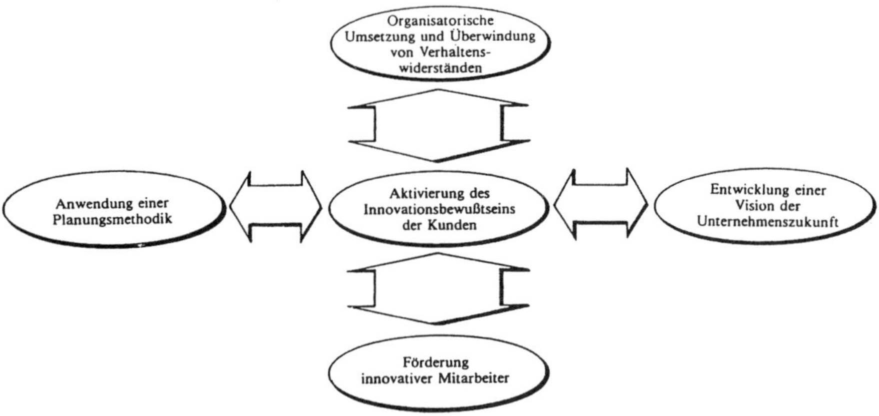

Abbildung 29: Schwerpunkte des Innovationsmanagements
Quelle: Arthur D. Little, a.a.O., S. 18

Die Positionierung beinhaltet dabei die Erarbeitung und Anwendung verschiedener Techniken, Modelle und Konzepte als Ausgangsbasis für die Realisierung eines Innovationsprojektes. Dazu gehören auch die Unternehmensziele, die Marktposition, sowie die Wettbewerbsbedingungen. Elf Ziele skizzieren die Entwickler dieser Methodik [143], mit der sie über die mit der herkömmlichen Innovationsmethodik verbundene Zielsetzung hinausgehen wollen.

Es fällt schwer, diese Anreicherungen als grundsätzliche Änderungen oder Verbesserungen zu akzeptieren, auch werden das Projektmanagement und die erforderlichen Bedingungen für Veränderungen zu sehr verkürzt und optisch verkleinert. Die Beurteilung, dass es sich um alten Wein in neuen Schläuchen handelt, wäre nicht angemessen. Eine erheblich weitergehende Qualitätszuordnung als in einem adäquaten Projektmanagement im Rahmen eines Innovationsmanagements unter strategischer Steuerung ist allerdings nicht erkennbar. Insofern kann der Anspruch, „Positionierung würde eine grundlegende Neuorientierung in der Einstellung des Unternehmens gegenüber Wandel und Innovationen bedeuten", nicht ohne weiteres akzeptiert werden. Es hat den Anschein, als ob der Begriff Positionierung den Begriff „Strategie" überlappen soll. Nicht unbedingt gewollt, aber sehr eng auslegbar.

Es ist daher sinnvoller, ein gutes Projektmanagement mit einer überragenden Strategie zu koppeln, als erfolgreiches Innovationsmanagement zusätzlich mit ihm bereits innewohnenden Begriffen in einer anderen Deutungsform zu überfrachten. Ein Innovationsmodell sollte in der Tat für ähnlich gelagerte Probleme und Sachverhalte Lösungsmöglichkeiten anbieten. Diese sind über Innovationscontrolling in Verbindung mit fachübergreifendem Projektmanagement gegeben. Die Strategien für die Leitungsebene und die für die operationale Ebene bilden den Rahmen, in dem eine optimale Reorganisation sowie Neuorientierung sehr gut möglich ist. Positionierung ja, aber innerhalb des vorgenannten Systems.

Innovation kann auch zum Zauberwort mutieren. In einer Zauberwelt. Zum Beispiel in Industrieerlebniswelten. *„Dort werden Innovationen zum Ausdruck einer neuen Form von Dienstleistungen. Die steigende Nachfrage nach dem „Erlebnis" oder der „Experience" als erweiterter Produktkomponente und der immer notwendigeren Differenzierung und Emotionalsierung ihrer Produkte angesichts des zunehmend intensiver werdenden Wettbewerbs können und wollen sich Unternehmen nicht mehr verschließen, eröffnen diese doch vielversprechende Potentiale und den Einstieg in neue und wirksame Geschäftsfelder.*

... Die Herausforderung für das Management besteht somit darin, die Inszenierung von Erlebnissen derart zu gestalten, dass der Konsum derselben gerechtfertigt wird und darüber hinaus die Kunden zu Botschaftern der Unternehmung werden [144]

---

143 Morris, Daniel / Brandon, Joel: Revolution im Unternehmen - Reengineering für die Zukunft – Landsberg, 1994, S. 122 - 124

144 vgl. auch 10.2. Wie werde ich mit meiner Kommune die Nr. 1? Hinterhuber, Pechlaner, Matzler: Industrieerlebniswelten: Vom Standort zur Destination, Innsbruck, 2001, Vorwort

Dieser Ansatz zeigt **Industrie - Erlebniswelten als Innovationen**. Gesättigte Märkte sollen dadurch neue Inputs und Alleinstellungsmerkmale bekommen. Die Dienstleistung wird zum Erlebnis und damit zu einem neuen Produkt.[145] Damit ist eine andere Basis für Produkte und Dienstleistungen, eine völlig innovative Ausgangslage, gegeben. Der öffentliche Sektor kann diese Erlebniswelten hervorragend selber implementieren: in Bädern, Sportanlagen, stillgelegten Industrieeinrichtungen (z.B. Oberhausen, Hamm, Duisburg), Seen, Wäldern, Parks und neuen Eventzentren. Die Navigationshilfe dafür lautet: **Von der Unternehmensperspektive zur Destinationsperspektive - integrierte strategische Planung für Erlebniswelten.** [146]

Innovationsmodelle scheinen in nicht geringer Zahl angeboten zu werden. Die Frage nach der Seriösität dürfte dabei zugleich die Antwort bedeuten. Die war bis jetzt eindeutig möglich. Wie sieht es dagegen bei einem der arriviertesten und sehr erfolgreichen Innovationsmanager bzw. Entrepreneure aus ?

Tom Peters, Business - Vordenker, Wegbereiter, u.a. Autor der Bestseller „Auf der Suche nach Spitzenleistungen", „Thriving on Chaos" und „Liberation Management -Jenseits der Hierarchien" hat den Abschnitt über Innovationen abschließend mit seinem neuesten Werk „Der Innovationskreis" angereichert. [147]

Peters gibt als Input 15 Ideen in einen sogenannten Innovationskreis ein. In seiner unkonventionellen und spektakulären Art lässt er darauf aufmerksam machen, dass *„sich die Unternehmen in den letzten 1 1/2 Jahrzehnten in sämtlichen Branchen wie besessen der Angebotsseite des Marktes gewidmet haben...aber die Quellen der Ideen, die für schrittweisen Zuwachs sorgen, versiegen langsam...mit dem Ende der neunziger Jahre wird auch diese Strategie ihre Gültigkeit verlieren. Und die Unternehmen werden zunehmend gezwungen, sich an der Spitze zu orientieren.*[148]

Das bedeutet, dass sich insbesondere Unternehmen - gleich, ob im öffentlichen Sektor oder in der Privatwirtschaft - stärker auf das Innovationspotential innerhalb des Unternehmens / der Verwaltung konzentrieren und es fördern und verfügbar machen müssen. Erforderlich sind dafür Änderungen in der Organisationstruktur und der Prozessqualität, d.h., Freiräume ermöglichen, Alternativen zulassen, Budgets einrichten und Qualifikationen pushen. Insbesondere im öffentlichen Sektor muss der Durchbruch soweit gelingen, dass Experimentierklau-

145 Hinterhuber, Pechlaner, Matzler, a.a.O., S. 16

146 Hinterhuber, Pechlaner, Matzler, a.a.O., S. 21

147 Peters, Tom: Der Innovationskreis - Ohne Wandel kein Wachstum - wer abbaut, verliert, München, 1998, s. XV

148 Peter Georgescu, Chairman und CEO, Young & Rubicam, in: Peters, Tom, a.a.O., S. 22

seln zur Regel werden und Stellenobergrenzen nicht die Möglichkeit der Gewinnung von Veränderungsmanagern entgegenstehen.

Zur Einstimmung auf ein echtes Innovationsmanagement der Innovationskreis:

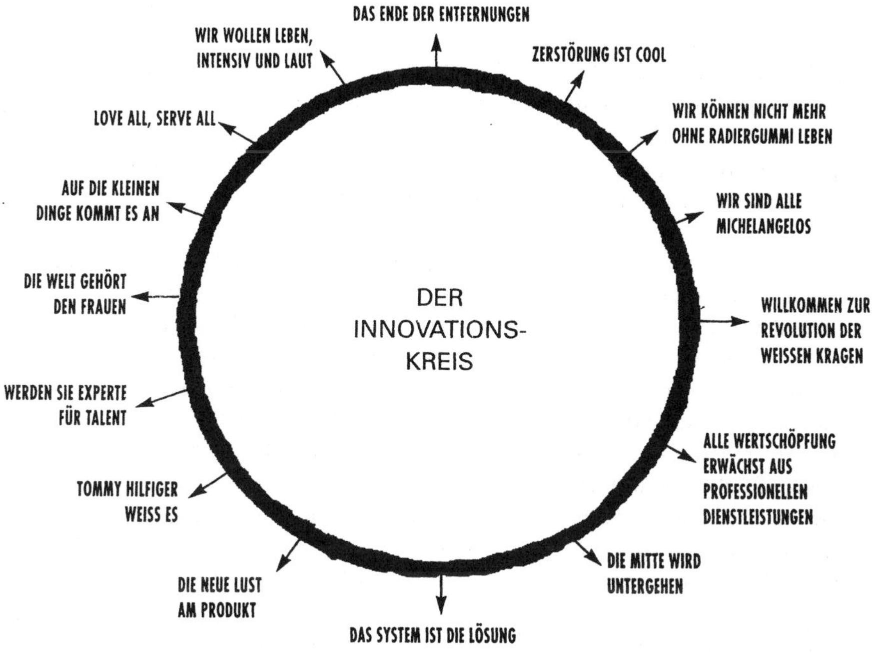

Abbildung 30: Die große Idee: Der Innovationskreis
Quelle: Peters, Tom: a.a.O., S. XV

Einige Erläuterungen zu ausgewählten 6 von 15 Statements, welche die eine große Idee ausmachen sollen, sind:

- DAS ENDE DER ENTFERNUNGEN
  schrittweise Veränderungen sind der schlimmste Feind der Innovation

- ZERSTÖRUNG IST COOL
  Es ist einfacher, eine Organisation zu zerschlagen, um sie dann erneut aufzubauen, als wesentlich zu verändern
- WIR SIND ALLE MICHELANGELOS
  Machen Sie alle zu Unternehmerinnen und Unternehmern
- ALLE WERTSCHÖPFUNG ERWÄCHST AUS PROFESSIONELLEN DIENSTLEISTUNGEN
  machen Sie jede Ihrer Abteilungen zum lebendigen Zentrum gesammelten Wissenskapitals
- AUF DIE KLEINEN DINGE KOMMT ES AN
  Nachhaltige Produkt - und Dienstleistungsdifferenzierung
- LOVE ALL, SERVE ALL
  Wettbewerbsvorsprung durch unglaublichen Service - neue Wahrnehmung für das Marktgeschehen in der Branche (dem Sektor).

Es ist sicherlich nicht einfach, mit einer so direkten, provokativen und fern aller öffentlich - rechtlichen Sprachgebräuche angesiedelten Botschaft umzugehen. Betrachten wir es einmal als positive Provokation, zumal die Adressaten unbestimmt waren und sind. Denkanstösse ist vielleicht ein zutreffenderer Begriff für diesen Innovationskreis. Es kommt letztlich immer darauf an, wie auch die Werbung an anderer Stelle trefflich bemerkt, was man daraus macht.

Die Art und Weise der Darstellung ist erfrischend anders. Ohne Anspruch auf wissenschaftliche Unterfütterung. Vielmehr stark praxisorientiert. Die Distanz zum neuen Steuerungsmodell, zum Lean Management oder zum Change - Management ist überhaupt nicht so groß, wie es auf den ersten Blick erscheinen mag. Die Begriffe sind es zunächst. Die Inhalte nähern sich rasch an, hinterfragt man sie.

In einer dynamischen Umwelt kann ein Unternehmen oder eine Verwaltung das Marktgleichgewicht nur halten, wenn es Prozesse und Produkte innovativ managt. Dabei beziehen sich die Innovationen sowohl auf die

- Austauschbedingungen der Unternehmensleistungen mit den Ressourceninputs der Umweltgruppen (Produktinnovationen, Standortanpassungen, ggf. Standortverlagerungen, Outsourcing, Zentralisierungen, Dezentralisierungen) wie auch auf die
- Änderung der Umwandlungstechnologie im Hinblick auf die Leistungserstellung (Prozessinnovationen). [149]

149 Hinterhuber, Hans H.: Strategische Unternehmensführung Band I: Strategisches Denken, New York, 1992, S. 3

3.3.1 Change Management - Wege des Wandels im öffentlichen Sektor

Wenn sich jemand auf ein hochbrisantes Niveau begibt, um vertrackte Managementprobleme zu erforschen, so kommt dieses durchaus einem Flug über den Wolken bei fast geschlossener Wolkendecke gleich, die ab und zu lediglich einen kurzen Blick auf die darunter liegende Landschaft gewährt.[150]

Der geplante und gezielte Wandel von Organisationen ist dafür beispielhaft. Die bisherige Organisation ist überfordert und erfüllt die bisherigen Aufgaben nur noch unzureichend. Zugleich ist das **Beharrungsvermögen** des Systems so ausgeprägt, dass die avisierten Ergebnisse nicht oder nur unzureichend realisiert werden können.

Es gibt zwar keinen **Königsweg** aus diesem Dilemma, aber Ansätze zur Überwindung der Starrheit und Trägheit. Dazu müssen die Teilbereiche, Dezernate, Ämter so weit entkoppelt werden, dass sie lediglich dort, wo die Leistungen miteinander verzahnt werden müssen, in einer losen Struktur, in einem gestuften Prozess der Produkterstellung, verbunden sind. Dadurch ist eine laufende, flexible Anpassung an veränderte Bedingungen und Situationen möglich.[151]

Ohne Change – Agents, welche die veränderten Prozesse steuern, begleiten und sie auf die neue Bezugsebene überführen, ist ein solcher Wandel allerdings nicht zu bewältigen.

Auch nicht ohne die **Stakeholder**, insbesondere die Bürger als Kunden bzw. Botschafter, die statt Einsparungen oder Haushaltsausgleich eine andere Zusammensetzung des Produkthaushalts wünschen, insbesondere eine *„präferenzangemessenere Struktur von Aufgaben und Ausgaben...*

...Sofern derartige Disharmonien feststellbar sind, können sie sich grundsätzlich aus zwei unterschiedlichen Quellen speisen:

- *aus der absichtsvollen Missachtung der Bürgerpräferenzen durch die Politiker und*
- *aus fehlenden Informationen über Präferenzstruktur – und profil der Bürger für öffentliche Ausgaben.“* [152]

An dieser Stelle schließt sich der Kreis der für die **Akzeptanz von Veränderungen** wichtigen und teils unverzichtbaren Voraussetzungen durch den Kunden:

---

150 Stahl, Heinz K.: Neu Ideen zu Planung, Organisation und Kontrolle, in: Hinterhuber, Hans H.: Unternehmensführung im Wandel, Innsbrucker Kolleg für Unternehmensführung, Bd. 1, S.14

151 Stahl, Heinz K.: a.a.O., S. 145

152 Smekal, Christian / Theurl, Engelbert: Stand und Entwicklung der Finanzpsychologie, Baden-Baden, 1994, S. 154

Die Erfüllung der Basisanforderungen, der Leistungsanforderungen und letztlich der Begeisterungsanforderungen. Intern und extern.

Betrachtet man unterschiedliche Institutionen, die dazu noch unterschiedlichen Zwecken (nicht Zielen) zugeordnet sind, wie z.B. eine Großstadt, ein Universitätsklinikum, einen Zweckverband, eine Sparkasse oder eine Weiterbildungseinrichtung, gemeinnützige Ziele oder soziale Aufgabenstellungen, um nur einige zu nennen, dann wird allein aus der zugrundeliegenden differenzierten OE deutlich, dass Change – Management nicht als Raster eingesetzt werden kann.

Ehe es zu **modellhaften Entwicklungen** für bestimmte Organisationsformen und wiederkehrende Basisprozesse kommt, sind zunächst für die unterschiedlichen Ausgangsbedingungen unterschiedliche Wege der Veränderung einzuschlagen. Verfügbare Ressourcen und die vorhandene Veränderungsbereitschaft müssen gewichtet und daraus die voraussichtlich optimale Strategie abgeleitet werden. Nur so ist der gewünschte Erfolg erreichbar.

„Erfolgreiche Veränderungsmaßnahmen ähneln sich in den drei grundlegenden Phasen., die sie durchlaufen:

- *sie beenden eine Erstarrung, indem sie die Aufmerksamkeit auf die Notwendigkeit zu Veränderungen richten und eine wertschöpfende Idee vorstellen*
- *sie bringen die Veränderungen auf den Weg, d.h., sie überzeugen Menschen und räumen Widerstände aus*
- *sie integrieren Veränderung als Status quo, d.h., sie verfolgen den Prozess weiter und bereiten auf den nächsten Wandel vor.“* [153]

Daraus ist abzuleiten, dass die Intensität des Wandels einerseits von den ihm zugrundeliegenden Ursachen, also den Gründen und Notwendigkeiten für ein Change Management abhängt, andererseits von den Change Agents, von den Prozesseignern und den Widerständen durch die vorhandenen Organisationsstrukturen, aber insbesondere von Menschen in der Organisation, die bestimmte Property Rights aufgeben oder deren Veränderung akzeptieren müssen.

Strebel [154] sieht dabei ähnlich wie Hinterhuber [155] die Möglichkeiten des proaktiven Wandels bei noch schwachen Kraftfeldern durch Kreativität und der Hinwendung zu Werten, die vom Team und den Change Agents entwickelt, vorgelebt werden und den Veränderungsprozess einleiten. Bei relativ starken Kräften der Veränderung setzt er auf die einsetzenden Reaktionen, bei starken Kräf-

---

153 Strebel, Paul: Den richtigen Weg des Wandels wählen, in: Das MBA-Buch Mastering Management, Stuttgart, 1998, S. 627

154 Strebel, Paul: a.a.O., S. 627 - 628

155 Hinterhuber, Hans H.: Wie werde ich mit meiner Kommune die Nr. 1? Vgl. dazu S. 314

ten, insbesondere in der Krise ist der schnelle Wandel im Rahmen eines strategischen Controlling Top – down unverzichtbar. An dieser Stelle tritt ein immer öfter anzutreffender Tatbestand ein: **Die Unternehmenskrise als Chance.**

Unabhängig davon, ob Veränderungen pro-aktiv, durch Reaktionen oder in Form eines beschleunigten Wandels erfolgen, darf die Kombination, also das Zusammenwirken bestimmter Parameter, nicht vernachlässigt werden. Auf dem Weg von Funktionen zu Prozessen im Rahmen der OE sollen sieben Basisprozesse in der nachfolgend skizzierten Form das Fundament dafür bilden:

1. *„Diagnoseprozesse: Analyse und Diagnose der Situation, denn durch sie entsteht Bewusstseinsbildung: Wie sind wir? Warum sind wir so?*
2. *Soll-Entwurfsprozesse: Überlegungen über die gewünschte Zukunft, denn Soll – Entwurf ist Willensbildung. Wohin wollen wir? Wozu?*
3. *Psycho-soziale Änderungsprozesse: u.a. alte Beziehungen und Rollen loslassen und neue Beziehungen eingehen, denn diese Prozesse fördern notwendige soziale Veränderungen.*
4. *Lernprozesse: Erlernen neuen Wissens und Könnens, denn Lernprozesse vermitteln neue Fähigkeiten.*
5. *Informationsprozesse: Laufende Informationen an die Betroffenen, denn sie setzen die Menschen richtig ins Bild.*
6. *Umsetzungsprozesse: Implementieren der geplanten Veränderungen, damit Worte in Taten umgesetzt werden.*
7. *Management der gesamten Veränderungsprozesse: Planen, Lenken, Beschließen, Koordinieren, Evaluieren aller Veränderungsschritte, kompetente Personen dafür bereitstellen und diese mit materiellen Ressourcen ausstatten.“* [156]

Im Grunde entsprechen diese Basisprozesse den **Eckpfeilern strategischen Denkens und Handelns** [157], indem eine Vision mit langfristiger Perspektive in ein Leitbild mündet (Diagnose 1), daraus Strategien für die Führungsebene und die Change Agents entstehen (Soll - Entwurfsprozesse), Direktiven für die SGE und die Funktionsbereiche abgeleitet werden (Psycho-soziale Änderungsprozesse, Lernprozesse), die Organisation stringent analog einer Balanced Scorecard die Ziele adaptiert (Informations – und Umsetzungsprozesse) und, last but not least, insbesondere über Aktionspläne, Fortschrittskontrolle und Strategieüber-

---

156 Biehal, Franz / Karner, Günther: Gratwanderung Change Management: richtige und falsche Schritte im large systems change, Neuwied, 2000, S. 19

157 Hinterhuber, Hans H.: Strategische Unternehmensführung, Band I+II, Strategisches Denken, Strategisches Handeln, New York, 1992

wachung (Management der Veränderungsprozesse) den Änderungsprozess in Form einer ganzheitlichen Unternehmensführung implementiert.

Interessant in diesem Zusammenhang ist der strategische Überbau [158], der durch die interdependenten Basisprozesse der OE [159] angereichert und mit diesen verzahnt wird. Immer wieder sind dabei die Fragestellungen im Rahmen pro – aktiver und fachübergreifender **Veränderungsprozesse zur Wertschöpfung** zu beachten und durch die Prozessgestaltung zu beantworten.

Strategien und Basisprozesse als quasi Handreichungen, um Veränderungen überhaupt stemmen zu können, pro-aktive Motivation und die grundsätzliche Einsicht der Beteiligten, dass die avisierten Veränderungen notwendig und für den Unternehmenserfolg von existenzieller Bedeutung sind, sollten die Basis für den Aufbruch zu neuen Ufern sein. Zu einfach. Die Anamnese der OE und der daran Beteiligten und in sie eingebundenen Mitarbeiter zeigt überwiegend, dass eine enorm starke Veränderungsresistenz vorhanden ist. Trotz besseren Wissens.

Die Unternehmensgeschichte, die Lorbeeren der Vergangenheit, die Eigenbeteiligung an der herausgehobenen Stellung der Institution werden verklärt in eine damit nicht mehr übereinstimmende Gegenwart überführt, überbewertet und ***„nehmen dogmatischen Charakter an.“*** [160]Solange es keinen echten Wettbewerb gibt, wirken sich diese Einstellungen zunächst nicht negativ auf den Erfolg, so es denn ein echter ist, aus. Die Gefahr besteht vielmehr darin, dass sich in der Folge aus diesen Einstellungen Glaubenssätze entwickeln, die in Traditionen, Tabus, Gewohnheiten und ungeschriebene Gesetze münden, die diese „Unternehmens (- un -) kultur prägen. Sie entspricht im weitestgehenden Sinne der Kultur von Völkern oder dem Charakter der Menschen innerhalb der Organisationsumgebung.

„Die Unternehmenskultur ist tief verwurzelt. Manches Unternehmen hat sich damit zum Gefangenen seines einstigen Erfolges gemacht. Die Unternehmenskultur wird ein so integraler Teil der Organisation, dass hinter jedem Veränderungsvorschlag ein Angriff auf das Unternehmen vermutet wird.“[161] Oder auf den Einzelnen und seine Property Rights. Unternehmen ändern sich nur durch ausreichenden Druck. Dieser entsteht aus dem Wettbewerbsumfeld oder aus einer starken Führung, die rechtzeitig unverzichtbare Änderungen initiiert.

Beispiele dafür sind u.a. der Wegfall der Quersubventionierung für den Öffentlichen Personennahverkehr (ÖPNV), der eine völlige Umstrukturierung erforderte oder der Misserfolg städtischer und regional begrenzter Mobilfunknetze.

---

158 Hinterhuber, Hans H., a.a.O., S. 39 - 71

159 Biehal, Franz/ Karner, Günther: a.a.O., S. 19-21

160 Henderson, Bruce D.: Warum sind Veränderungen so schwierig? In: Das Boston Consulting Group Strategie-Buch, New York, 1994, S. 201

161 Henderson, Bruce D.: a.a.O., S. 201

Die neueste Entwicklung bei der finanziellen Entwicklung für Städte und Gemeinden, wonach neben den herausragenden Defiziten in u.a Augsburg, München und Nürnberg ein absoluter Paradigmenwechsel erforderlich ist, erfordert mehr als nur bisherige Lippenbekenntnisse und unverändertes Ausgabeverhalten.

Kreativität im Management öffentlicher Unternehmen ist gefragt. Schlussendlich muss sie zu Ergebnisverbesserungen für die Leistungsfähigkeit der Institution führen und sie muss die Pflichtaufgaben uneingeschränkt weiter wahrnehmen können.

Eine besondere Art der Einnahmeverbesserung hat sich das Dorf Trittenheim einfallen lassen. Unter dem Motto **„Rent A Village"** hat der Rat mit Bürgermeister Helmut Ludwig an der Spitze die Möglichkeit eröffnet, Teile der Kommune für Events an Firmen für einen begrenzten Zeitraum zu vermieten. Inklusive Personal und kommunaler Dienstleistungen.[162] Vielleicht ist diese außergewöhnliche Aktivität mehr als nur ein Notruf. Zur Zeit sind mehr als ein Drittel aller kommunaler Haushalte notleidend.[163]

Es hat zwischenzeitlich viele Ansätze zur Lösung der Finanzprobleme gegeben. Vom vielbeachteten Cross-Border-Leasing, durch welches der ÖPNV kpl. Verkauft und zurückgeleast wurde, um in den Genuss der anteiligen amerikanischen Steuererstattungen zu gelangen (u.a. Stadt Leipzig) bis hin zur Übertragung von Dienstleistungen und Liegenschaftsnutzungen an Betriebsgesellschaften (u.a. Parkraum GmbH).

Intern sieht es dagegen sehr oft sehr viel anders aus. Damit die Änderungen in der Organisation und die Property Rights der StelleninhaberInnen im formal gewünschten Sinne durchgesetzt werden können, erfordert die aktive Veränderung ausdrücklich Förderung und Unterstützung durch die Geschäftsleitung und die Aufsichtsgremien bzw. Träger.

An diesem Punkt der Untersuchung und Betrachtung muss ein übergroßes Signal erscheinen: **ALLGEMEINE GEFAHRENSTELLE !**

Der Wandel in Strategie, Geschäftsfeldpolitik und Property Rights bedeutet für den Change Manager und die Change Agents eine enorme Gefahr, da Ziele, Wertvorstellungen, Positionen und die hierarchische Ordnung in Frage gestellt werden.

Arbeitsplätze, viele liebgewonnene Gewohnheiten und Vorstellungen sind akut bedroht. Insofern werden alle Beteiligten, welche aktiv den Änderungsprozess steuern und begleiten, quasi als Gegner eingestuft.

Leider zeigen die stark eingebremsten OE und die Schlaglöcher und Fallstrikke auf dem Weg zu neuen Zielen, dass weite Teile einer Institution in ihrer Auf-

162 ARD – Morgenmagazin vom 30.07.2002
163 Südwestfernsehen, Wirtschaftsmagazin, v. 01.08.2002

bau – und Ablauforganisation, in ihrer Sacharbeit und der Führungsstruktur die Notwendigkeit **strategischer und organisatorischer Veränderungen** erst erkennen (wollen), wenn der günstigste Zeitpunkt dafür schon verstrichen ist.

Die **Unternehmenskultur** blockiert die so sehr notwendigen Veränderungen so lange, bis genug Akzeptanz innerhalb der Gesamtorganisation gegeben scheint. Das ist in der Regel ein **zu später Zeitpunkt**, da zwischenzeitlich entscheidende Wettbewerbsvorteile durch mangelnde Flexibilität und zu geringe Reaktionsgeschwindigkeit verloren gegangen sind.[164]

Werden Veränderungen ausgelöst, bevor die Organisation diese einsehen kann, besteht die Gefahr, dass der Wandel nicht unterstützt wird. Normalerweise, bei genügend verfügbarer Zeit, wird eine Akzeptanzphase Bottom-up eingeleitet, damit sich zumindest die am Veränderungsprozess unmittelbar Beteiligten mit den Prozessabläufen identifizieren können. Die mittelbar Beteiligten werden durch eine adäquate Kommunikation in einem zweiten Schritt eingebunden. Das überwiegend anzutreffende Problem ist der **Zeitmangel** und der dadurch entstehende **Zeitdruck für Veränderungen**, die versäumt und aktuell schnellstens nachgeholt werden müssen.

Bereits unter optimalen Bedingungen, also entsprechender Verfügbarkeit von Ressourcen und vorhandener Änderungsbereitschaft, wird jede wesentliche Änderung der Organisation von den meisten Beteiligten als irrational angesehen. Selbst bei gegebener Einsicht in den Sinn und die Notwendigkeit des avisierten Wandels distanzieren sie sich, da er angeblich auf nicht nachprüfbaren, nur von der Führungsebene als für wichtig erachteten **kritischen Erfolgsfaktoren** beruht. Diese Faktoren und die neuen Werte werden nicht oder nicht in genügendem Masse akzeptiert, schon gar nicht verinnerlicht und der Wandel weitestgehend für nicht erforderlich oder nicht adäquat bewertet. Das gipfelt in der Beurteilung, dass die Unternehmensleitung keine „vernünftigen“ Entscheidungen fällen könne.[165]

Grundlegende Veränderungen der Unternehmenspolitik haben tiefe und weitreichende Folgen. Die Haltung gegenüber Veränderungen ist in der Regel konservativ, oft sogar reaktionär, bis Gründe und Folgen ähnlich einer Technologiefolgenabschätzung deutlich geworden sind.

Diese Feststellung lässt wieder das überwiegend aufgebaute Spannungsfeld aufleben zwischen

- verfügbarer Zeit
- verfügbaren Ressourcen und

164 Henderson, Bruce D.: a.a.O., S. 202
165 Henderson, Bruce D.: a.a.O., S. 202

- Änderungsbereitschaft in Verbindung mit der
- Wettbewerbssituation.

Eine zu lang andauernde Verbesserung dieser vier Parameter macht eine **adäquate Unternehmenspolitik** häufig unmöglich. Als Beispiel sei dazu die Bundesanstalt für Arbeit genannt. Ohne die bekannt gewordenen falschen statistischen Aufbereitungen hätte die Institution in ihrer relativen Regungslosigkeit weiter beharrt. Erst dieser **„Kulturschock"** und der Druck durch die Stakeholder hat notwendige Mindestveränderungen ausgelöst, die zusätzlich durch die Arbeit der sogenannten „Harz-Kommission" in eine dauerhaft leistungsfähige und flexible Organisation münden soll, die dann ergebnisorientiert arbeitet.

Umfassender Wandel zieht sehr oft Veränderungen nach sich, die voraussehbar, aber zum Zeitpunkt X noch nicht erwartet wurden. Der Veränderungsprozess wird dann besonders problematisch, wenn sich **politische** (auch Unternehmenspolitik) **Zusatzanforderungen oder nicht erklärte Paradigmenwechsel** unterschwellig in Strategie und Umsetzung einnisten. Insofern tragen nicht nur das Unternehmen, sondern insbesondere die Geschäftsführung oder der Vorstand bei der Neuorientierung der Politik oder des Trägers ein erhebliches Risiko.

Entscheidungen über Grundsatzfragen bedeuten für den Unternehmensleiter ein Zusatzrisiko. Die relativen Erfolge der Vergangenheit müssen zugunsten eines noch in der Zukunft liegenden und noch zu beweisenden Erfolges aufgegeben werden. Die Gefahr von Fehlentscheidungen wird zusätzlich angereichert durch die Widerstände der Organisation / Institution, die den Wandel nicht akzeptiert.

Grundsätzlich ist die gesamte Unternehmenskultur **veränderungsresistent bis veränderungsfeindlich.** Wenn erforderliche Innovationen im Aufbau oder im Ablauf der Organisation, die Umwandlung der Funktionen in Prozesse, der Weg von der Existenzgefährdung zur nachhaltigen Existenzsicherung bis hin zur Unternehmensexpansion im Schulterschluss durch Träger, Gremien und Geschäftsführung/ Vorstand durchgesetzt und gestützt durch ein strategisches Change – Management erfolgreich implementiert und kommuniziert werden, kommt dieses dem Unternehmen zugute, da rechtzeitig Wettbewerbsvorteile oder Alleinstellungsmerkmale entstehen.

Entscheidend für einen solchen Erfolg ist die rechtzeitige Einleitung des Veränderungsprozesses, bevor die eigene Organisation oder der Wettbewerber eine solche Notwendigkeit erkennt.[166]

Widerstände gegen den Wandel, gegen Änderungen sind ebenso bedeutend wie die Veränderungen selbst. Man kann diesen überwiegend emotional angelegten Barrieren wirksam begegnen. Mindestanforderungen dazu sind

166 Henderson, Bruce D.: a.a.O., S. 203

- Die Entwicklung einer überlegenen Strategie
- Die Überlegenheit kommunizieren
- Die Strategie muss geeignet sein, um Widerstände zu überwinden
- Führungsstärke muss sichtbar sein
- Die Führung muss in Stärke und Zielgerichtetheit spürbar sein,
- Insbesondere dann, wenn die gesamte Organisation gegen die Veränderung eingestellt ist. [167]

Das Ausmaß des Widerstandes gegen angestrebte Veränderungen steht aufgrund der Property Rights im Verhältnis zu dem, was die MitarbeiterInnen zu gewinnen oder zu verlieren glauben. Die Organisationsstruktur, der Umfang und die Intensität sowie vor allem die Veränderungsgeschwindigkeit sind ebenfalls für die Verweigerungshaltung mitverantwortlich.

Offene Organisationen, welche über Change Manager und Change Agents verfügen, werden nicht so viel Widerstand aufbauen.

Organisationen, die Veränderungen **teilweise offen** gegenüberstehen, dürften lediglich ein mittleres Widerstandsniveau aufbauen.

Organisationen, die **geschlossen** gegenüber Veränderungen auftreten, sind durch einen hohen Grad an Widerstand geprägt. [168]

Widerstand und Öffnungsgrad oder Geschlossenheit von Organisationen bedeuten, dass es mehr oder weniger feste und festgelegte Regeln und Abläufe, Wettbewerber und Stakeholder gibt, die alle mehr oder weniger vertraute Strategien verfolgen. Dadurch entsteht eine gewisse Ordnung, an die man sich anlehnt und der man vertraut. Gerade dadurch wird es so schwer, den notwendigen Wandel einzuleiten und zu vollziehen. Wie weit müssen Veränderungen gehen, Änderungen oder Anpassungen von Strategien bis zum Paradigmenwechsel? An welcher Stelle fehlt die bisherige Orientierung und beginnt das Chaos? Wo sind die „Anbremspunkte“ innerhalb eines Change – Managements?

Welches ist die angemessene Geschwindigkeit für Veränderungen? Bedeutet ständiger Wandel zugleich ständige Neuorientierung oder reicht das Einspeisen von Innovationen in Erfolgsfelder?

Viele Organisationen verhalten sich wie Schachcomputerprogramme, in denen die Regeln festgelegt sind. Mit wachsender Erfahrung werden lediglich die Wahrscheinlichkeiten an diese Regeln angepasst. Die zugrunde liegende Logik wird aber weiter eingesetzt.

Die meisten Organisationen / Institutionen entsprechen in den Verhaltensmustern diesen Schachprogrammen. Ihre Entscheidungen basieren auf starren Re-

---

167 Henderson, Bruce D.: a.a.O., S. 204
168 Strebel, Paul, a.a.O.: S. 629

geln. Die Umstellung auf flexible Parameter erfolgt nicht oder nur äußerst zäh. Eine lernfähige Organisation / Institution, im weiteren Sinne ein kompletter Sektor müssen parallel zur Unternehmensentwicklung ihre Mustererkennung, d.h., ihre Strategiefähigkeit, verbessern sowie ihre Faustregeln, d.h., die Regeln, die auch Erfolg versprechen, checken und anpassen. Das Versagen oder Teilversagen großer Unternehmen, die eingangs bereits genannt wurden, aber auch solche wie heutzutage Daimler – Chrysler, Fresenius, Comroad oder Immunome stehen nicht im Brennpunkt wegen einer von Anfang an verfehlten Unternehmenspolitik oder wegen eines Produktversagens.

Sie haben vielmehr unzureichend oder zu spät auf bestimmte **Organisations – und Marktentwicklungen** reagiert oder auch nicht unproblematische Unternehmen oder SGE zusätzlich in die bestehende Unternehmenskultur eingegliedert oder dieses gegen Widerstände versucht. Sie haben nicht rechtzeitig die nötige Lern – und Anpassungsfähigkeit gezeigt, die der Wandel in den Geschäftssegmenten verlangten. Erst nach schmerzhaften Finanz -, Personal – und Produktveränderungen und einer **Synchronisierung der Unternehmensprozesse** stellte sich der Erfolg wieder ein. So wie bei BMW nach dem Abstoßen der Rover-Sparte oder der Konzentration auf das Kerngeschäft, wie es jetzt immer stärker im Gesundheitssektor am Beispiel erfolgreicher privater Krankenhausbetreiber sichtbar wird.

Schachprogramme sind systemisch organisatorischer Aufbau, organisatorischer Ablauf und Prozessmanagement. Demnach werden gute Schachprogramme benötigt. Strategischer Erfolg braucht mehr. In Anlehnung an Istvan [169] werden dazu neben Mustererkennung und Faustregeln das Lernen in Form der anpassungsfähigen Strategie benötigt.

Change Management ist unendlich viel komplexer als Schach. Im Unternehmensbereich zahlen sich gute Strategien, flexible Reaktionen und Folgenabschätzungsfähigkeiten aus. *„Großmeister im Geschäftsleben werden ihr Spiel nie vollkommen beherrschen, aber sie werden aus dem Wettbewerb überdurchschnittlich oft als Sieger hervorgehen.“* [170]

Aber nur dann, wenn sie Grundsatzfragen (Strategie) und das Tagesgeschäft (operative Bereiche) auseinanderhalten und dadurch von der adäquaten Implementierung zu einem Veränderungsmanagement als Zukunftsaufgabe gelangen. Die wesentlichen Voraussetzungen für einen solchen Erfolg stellen sich vereinfacht aber wirkungsvoll in der nachfolgenden Abbildung dar:

---

169 Istvan, Rudyard L.: Schachspiel und Geschäftsleben, in: Das Boston – Consulting Strategie – Buch, a.a.O., S. 214 – 217

170 Istvan, Rudyard L.: a.a.O., S. 217

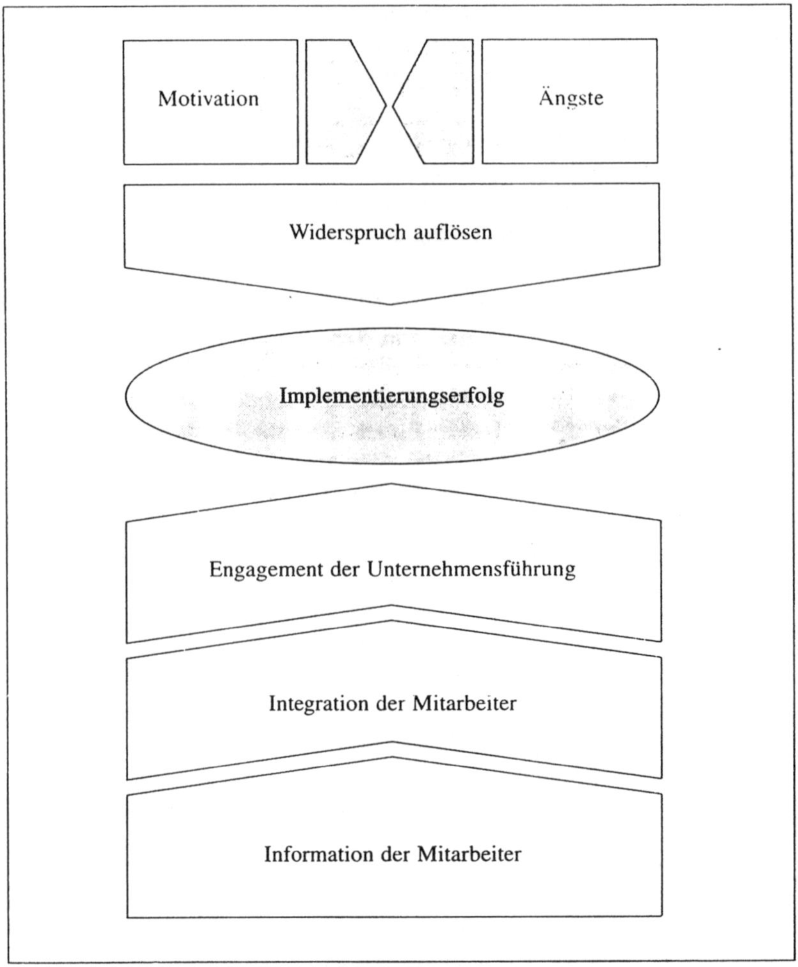

Abbildung 31: Wesentliche Voraussetzungen für den Unternehmenserfolg
Quelle: Spalink, Heiner: Werkzeuge für das Change Management - Prozesse erfolgreich optimieren und implementieren - Frankfurt, 1999, S. 19

In einer sogenannten „Charta des Managements von Veränderungen" zeigt Doppler [171]die Notwendigkeit auf, den Übergang von der Konzeption zur Reali-

171 Doppler, Klaus / Lauterburg, Christoph: Change – Management –Den Unternehmenswandel gestalten – New York, 1994, S. 129 – 131

sierungsphase, zur Umsetzung zu gelangen, indem dieser Transfer über eine Sieben –Punkte Charta (Prinzipien), deren Schwerpunkte additiv und interdependent gelten, erfolgt:

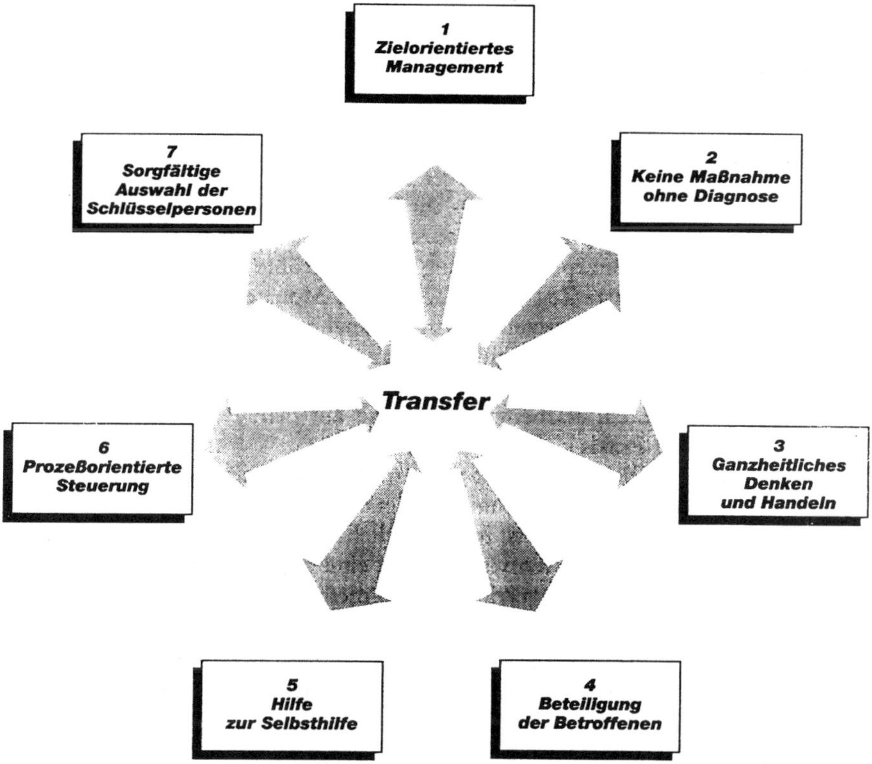

Abbildung 32: Charta des Managements von Veränderungen
Quelle: Doppler, Klaus / Lauterburg, Christoph: Change Management, New York, 1994, S. 130

Die Voraussetzungen, um Probleme, Anforderungen, Erwartungen, etc. mit Hilfe angepasster Organisationen und motivierter Mitarbeiter über die Rahmenbedingungen des NSM und anderer Modelle hinaus mit Change Management zu lösen, wurden beispielhaft aufgezeigt. Die daraus möglichen Lösungen, um langfristige Ziele ergebnisorientiert zu ermöglichen, ebenfalls. Eine Auswahl von Thesen, die Lösungen und Modelle verlangen, soll verdeutlichen, wie vielschichtig die Anforderungen an heutige und künftige Prozesse in Breite und Tiefe sein können.

Es handelt sich um Aussagen, gemacht von der Ratsebene und der Verwaltungsführung, von Geschäftsführern in Beteiligungsunternehmen über Amts – und Abteilungsleiter bis hin zum Sachbearbeiter. Sie können durchaus als Aufgabenkatalog gelten, dem sich der öffentliche Sektor zuwenden muss wie auch als Erwartung, als Aufforderung, Lösungen außerhalb bisheriger Strukturen zu finden. Change Management kann dabei sehr gut helfen. An den Ergebnissen werden der Einzelne und sein Unternehmen Kommune immer stärker gemessen:

- Bürger und Staat halten sich am liebsten voneinander fern
- Die Kommunen sehen sich in der Zwickmühle des gestiegenen Anspruchsdenkens der Bürger und der wirtschaftlichen und an den Ressourcen orientierten Aufgabenerfüllung
- Der Bürger erhält eine neue Rolle - mit Rechten und Pflichten
- Verwaltungen führen Modernisierung heute immer noch überwiegend als reine Binnenveranstaltung durch, bei der Bürger in der Regel weder gefragt noch beteiligt werden
- Die Bürger sollen zur Verbesserung der Leistungsfähigkeit der Verwaltung ihr Urteil abgeben
- Handlungsspielräume und unternehmerisches Denken setzen Innovationen in der Verwaltung frei. Dazu müssen rechtliche Hindernisse überwunden werden.
- Die Grenzen der Privatisierung: Der Staat als subventionierter Unternehmer
- Bloße Defensivstrategien stellen eine Gefahr für den Wandel dar und sparen die Stadt zu Tode
- Die Öffnung der Verwaltung gegenüber den Bürgern wird zur Qualitätssicherung genutzt. Effizienz und Demokratie stellen dann keinen Widerspruch dar
- Verwaltungen müssen lernen, in den Köpfen der Bürger zu denken
- In der modernen Stadt wird der Bürger als Innovationsfaktor für die Verwaltung betrachtet
- Die Beteiligung der Bürger führt zu einer besseren städtischen Leistungsfähigkeit und mehr Ergebnisorientierung
- In der Kommunalpolitik ist eine Tendenz zu immer mehr Detailsteuerung zu Lasten einer Diskussion grundlegender Fragestellungen der Steuerung zu erkennen
- Das Drei – Säulen – Modell stellt die städtischen Leistungen und die Leistungsfähigkeit interdependent auf den Prüfstand
- Das Fünf – Säulen - Modell der Neuen Steuerung beschreibt die Veränderungsnotwendigkeit in den Feldern: Betriebswirtschaft, Organisation, Personal, Bürgerorientierung und Politikentwicklung

1. Aufbau einer konzernähnliche, dezentralen Organisationsstruktur
2. Klare Abgrenzung der Verantwortung zwischen Politik und Verwaltung
3. Dezentrale Verantwortung in einzelnen Fachbereichen bei zentraler Steuerung (Controlling)
4. Orientierung am Nutzer / Kunden (Output-Orientierung)
5. Schaffung von wettbewerbsähnlichen Verhältnissen

- Eine Verwaltungsreform kann nur dann erfolgreich sein, wenn man der Politik den für sie erreichbaren Nutzen verdeutlicht
- Kostentransparenz ermöglicht für Politik und Verwaltung zielgerichtetes Handeln
- Mit Hilfe des NStM wird es möglich, die Politik mit den für sie relevanten Informationen zu versorgen
- Über ein Change Management können die Informationen ergebnisorientiert eingesetzt werden
- Ein funktionierendes Berichtswesen dient der unterjährigen Kontrolle der eingeleiteten Maßnahmen mit Soll – Ist – Vergleichen und Analysen möglicher Ursachen von Planabweichungen
- Das NStM erfordert eine Selbstbeschränkung der Gemeinderäte, darf aber nicht zur Einschränkung der Interessenvertretung führen
- Eine Reform der Zusammenarbeit zwischen Politik und Verwaltung ist ein langwieriger Prozess, der gegenseitiges Vertrauen und Lernbereitschaft erfordert
- Die Einbindung der Politik in den Reformprozess erfolgt am besten durch einen gemeinsamen Lenkungsausschuss sowie durch einen gemeinsamen Startworkshop, bei dem einzelne Ziele und Meilensteine definiert werden, die in einen Businessplan oder eine To-Do-Liste münden
- Eine Verwaltungsreform kann nur dann erfolgreich durchgeführt werden, wenn auch die Politik Bereitschaft zur Veränderung signalisiert
- Neben Vordenken und Planung werden Qualitätskontrolle und Effizienzkontrolle zukünftig wesentliche Aufgaben der Politik sein
- Dezentrale Ressourcenverantwortung erfordert auch eine kritische Auseinandersetzung mit der politischen Gremienarbeit
- Bei den Reformüberlegungen sollen vor allem die Interessen der Kunden im Vordergrund stehen
- Die Politik liefert nicht den notwendigen Steuerungs-Input, sondern verliert sich in Details
- Die administrative Führung steht im Zwiespalt zwischen politischer und unternehmerischer Erfolgsorientierung. Ein fehlendes Zielsystem führt dazu, dass die Verantwortung für die Entscheidungen bis auf den Mitarbeiter durchgereicht wird, ohne über die Ressourcen verfügen zu dürfen.

- ➢ Die Unklarheit über den eigenen Beitrag zum Erfolg und ein dysfunktionales Beförderungssystem sind Motivationskiller erster Güte.
- ➢ Eine fehlende Orientierung an der Leistung und die mangelnde finanzielle Attraktivität von Führungspositionen sind auch aus der Sicht der Beschäftigten die Kernprobleme, welche im Endergebnis Motivationsdefizite begründen
- ➢ Der Wille zum Wandel und die Beratung zur Änderung können für Politik und Leitungsebene die Entscheidungen nicht ersetzen. Vielmehr stehen im Änderungsprozess neue und gravierende Entscheidungen an
- ➢ Wirksame Veränderungsprozesse benötigen die Akzeptanz und Mitwirkung der Mitarbeiter. Existenzängste und ein nachträgliches Absegnen von Entscheidungen gefährden hingegen das Potential der Erneuerung.

Die Problemfelder

- Widerstand,
- Motivation,
- politisch – demokratische Ebene,
- Property – Rights der Querschnittsämter,
- Ansprüche der Fachämter,
- Dezentralisation und Lösung der Beteiligungsunternehmen von der zentralen Instanz bis hin zu
- unzureichenden Ressourcen und einem
- falschen Projektmanagement
- die Akzeptanz der Stakeholder und die
- Überwindung des systemimmanenten Beharrungsvermögens

sind sicherlich die wesentlichsten Eckwerte für eine Neuausrichtung im Rahmen des ergebnisorientierten Change Managements.

Müller-Stewens und Lechner haben dazu einen **General Management Navigator** (GMN)[172] entwickelt, der an die Ausprägung der Balanced Scorecard erinnert, die

- Kennzahlen zu einer Strategie verknüpft, welche die Ursachen – Wirkungsbeziehungen intern und extern erkennt, ihre
- Interdependenzen und Leistungstreiber deutlich macht und aufzeigt, wie sehr potentialgetrieben die
- strategische Positionierung und die Kernkompetenzen sind.

---

172 Müller-Stewens, Günter / Lechner, Christoph: Strategisches Management – Wie strategische Initiativen zum Wandel führen – Stuttgart, 2001, S. 373 - 375

Der GMN zeigt über

- Initiierung von Prozessen
- Positionierung
- Wertschöpfung
- Veränderungen

die Möglichkeiten der Unternehmenspositionierung, wie nachfolgend dargestellt, auf:

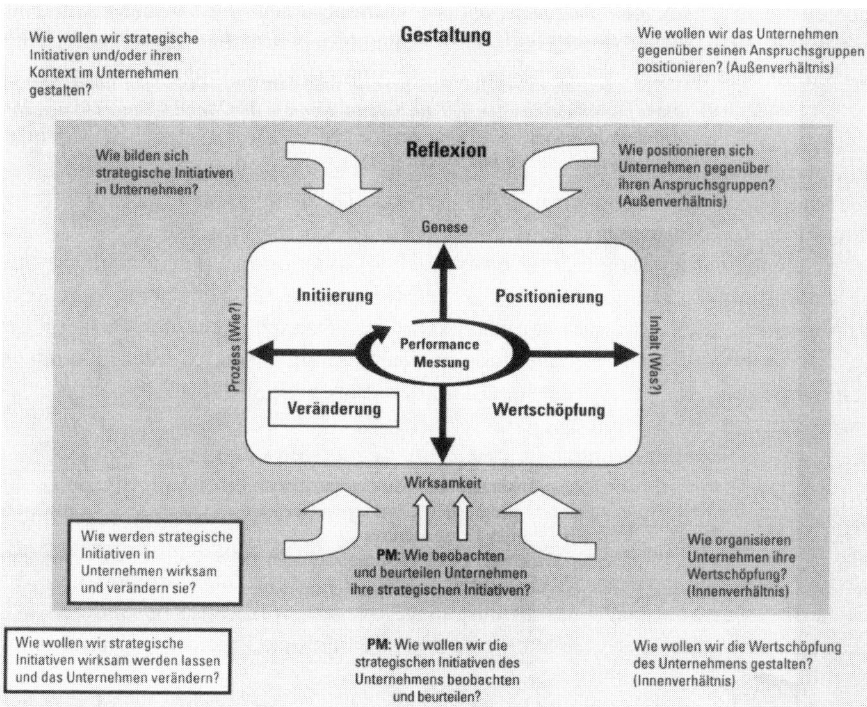

Abbildung 33: Veränderung im General Management Navigator (GMN)
Quelle: Müller-Stewens, Günter / Lechner, Christoph: a.a.O., S. 373

Die Autoren bringen hier den Begriff „Strategic Change“ als neuen und zusätzlichen Begriff in die Debatte um die richtigen Wege des Wandels ein. Neupositionierung des Unternehmens und der Prozessorganisation werden dabei als substanzielle Veränderungen „*jenseits der normalen Routinen in der Organisation und jenseits der so oder so permanent laufenden, eher kleineren Veränderun-*

gen betrachtet. „*Neue Denkweisen, Einstellungen, Interaktionsmuster, Regeln, Verhaltensweisen, etc., sollen in großem Umfang in wesentliche Teile der Unternehmung Einzug halten.*“[173]

Als Schienen dazu sollen einerseits die Reflexion, d.h., die Spiegelung verschiedener Sichtweisen von Änderungsansätzen, zum anderen die Gestaltung, d.h., die Entwicklung eines Bezugsrahmens zu den möglichen Optionen der Veränderungsdynamik als Businessplan dienen.

Gerade im öffentlichen Sektor stellt sich die Frage nach der Formbarkeit sozialer Systeme. Die lernende Organisation und die durch eine solche Wertbildung ausgelöste Erwartungshaltung für positive Veränderungen wird in der erwarteten Form und der gewünschten Konsequenz zumeist nicht sichtbar. Zunehmend wird auch die Frage nach einer stringenten Führung durch die Leitungsebene lauter.

Bei **zunehmender Komplexität** steigt die Unsicherheit bei gleichzeitig abnehmender Bereitschaft, Verantwortung, insbesondere **die Letztverantwortung**, zu übernehmen. Hier bekommt das Modell der Deckungsgleichheit von Ressourcen und Kompetenz einen empfindlichen Riss. Dieser setzt sich bis in das mühsam erarbeitete Kontraktmanagement fort.

Entgegenwirken kann man in einer solchen Situation nur durch sichtbare und verantwortungsvolle Führung, bis das Selbstvertrauen der Mitarbeiter durch das Vertrauen in die Institution zurückgekehrt ist. Danach kann der Prozess der stückweisen Verantwortungsübergabe wieder in Gang gesetzt werden. Es entstehen also immer wieder Zyklen innerhalb der Prozessorganisation, die ein Verzögern oder Besinnen erfordern, jedoch keinen Rückschritt. Dieses Heranführen an die jeweiligen Veränderungen ist eine echte Leadership - Aufgabe.

An den Schnittstellen dieser Veränderungsverzögerungen ist es von besonderer Bedeutung, die Trägheit der Organisation zu überwinden. Insbesondere muss in dieser Situation darauf geachtet werden, wer die Change Manager und die Change Agents behindert. Auf keinen Fall darf die Organisation in der Phase des Neuaufbaus um Personen herum aufgebaut werden, weil diese besonderen Widerstand aufbieten oder glauben, von ihrem Rechtesockel nicht herunterkommen zu müssen.

Ob es dabei zu einer evolutionären Veränderung oder zu einer revolutionären Veränderung kommt, hängt von den Einflussfaktoren

- verfügbare Ressourcen
- Veränderungsbereitschaft und
- Stellung im Wettbewerb

ab.

---

173 Müller-Stewens, Günter / Lechner, Christoph: a.a.O., S. 375

Das bedeutet, dass strategisch und zugleich situativ entschieden werden muss, ob die Veränderung in

- kleinen Schritten oder Projekten erfolgen kann, oder ob
- der Wandel konsequent insgesamt erfolgen muss.

Das verlangt Definitionen von Übergangsphasen, die mit Höchstzeiträumen als Meilenstein belegt werden.

Die Erfahrungen mit und in unterschiedlichen öffentlichen Institutionen, von der Kommune über Zweckverbände bis hin zu Krankenhäusern oder auch Beteiligungsgesellschaften zeigen eindeutig, dass nur ein begrenzter Zeitraum mit relativ akzeptierter Veränderungsbereitschaft für den Aufbruch in die neue Organisation zur Verfügung steht. Der Prozess der Veränderung, die Wege des Wandels sind gleichzusetzen mit einer Welle, auf der die Change Agents **zusammen** mit den Beteiligten surfen. Eine Welle, auch die größte, flacht irgendwann ab und versickert im Boden.

Zu diesem Zeitpunkt muss der Transformationsprozess von der alten zur neuen Organisationsform und Prozessorientierung den Zenit überschritten haben. Wurde dieser Zeitgipfel nicht rechtzeitig erobert, so werden die Beharrungs – und Widerstandskräfte die eingeleiteten Veränderungen kippen und qualitativ sogar noch vor den Beginnzeitpunkt des Change Managements zurückwerfen.

Die geschlachteten „heiligen Kühe“ werden reanimiert und der Rückzug auf die jeweilige Insel mit ihren Property Rights wird wieder angetreten, größere Organisationseinheiten stellen ihre „Wagenburgen“ wieder auf und der Rat befasst sich wieder damit, ob eine Höhergruppierung nach BAT VII stattfinden oder die Bleistifte mit der Minenhärte HB II statt HB III angeschafft werden sollen.

Das bedeutet auch die Rückkehr zum inadäquaten Ressourcenverbrauch. Die Ratsvorlagen nehmen wieder von gerade erreichten 25 auf 125 pro Sitzung mit den zwei Folgesitzungen zu und die strategische Kontrolle wird insofern verwässert, als die Verwaltung dem Rat die entsprechend der eigenen Vorstellungen manipulierten „entscheidungsrelevanten“ Unterlagen zukommen lässt. Dabei kommt es zur bekannten Inflation der für Ausgabenbegründungen verwandten Begriffe „unverzichtbar“, „unabweisbar“ und „bedingt durch Sonderentwicklungen“.

Durch solche überkommenen Verhaltensweisen, bei dem das NStM aus dem Ruder läuft und notwendige strategische Veränderungen, weil sie zunächst „etwas kosten“, nicht mehr eingebracht werden und Kommunen „sowieso nicht in Konkurs gehen können“, entstand die heutige Situation – abgesehen von besonderen Belastungen aus einer falschen Steuergesetzgebung -, die in diesem Jahr (2002) zu einem Gesamtdefizit von 17,6 Milliarden Euro im Zuständigkeitsbereich der Länder führen soll [174] und sicherlich durch die negativen Arbeitsmarkteinflüsse in Richtung 20 Milliarden Euro führen wird.

Im Haushaltserlass 2003 für die Städte und Gemeinden des Landes Baden – Württemberg (BW) wird die dramatische Situation der Gemeinden im Land bestätigt, allein der Finanzierungssaldo für das Jahr 2002 wird mit minus 1,57 Milliarden angegeben. [175]

Bedenkt man dabei, dass BW neben Bayern eines der finanzstärksten Länder ist, dann wird deutlich, wie tief die Probleme bereits in die Leistungs – und Investitionsfähigkeit aller Bundesländer einschneiden.

Trotz dieser Entwicklung will der Bundesminister der Finanzen an der bisherigen und weiter geplanten Steuerreform mit den avisierten Senkungspotentialen festhalten. Der haushaltspolitische Sprecher der Partei Bündnis 90/ Die Grünen dagegen ist der Auffassung, dass es zu weiteren Steuererhöhungen kommen wird: „Ich befürchte, dass jede Regierung in der kommenden Legislaturperiode auf eine Erhöhung der Mehrwertsteuer setzt, statt notwendige Strukturreformen anzugehen.“ [176]

Eine konzertierte Aktion aller Parteien, der Länder, der kommunalen Spitzenverbände und der Interessenvertreter in den jeweiligen Verbänden, gestuft und zukunftsorientiert, erscheint dringend geboten. Solange, bis eine solche Ebene sich etabliert, sind die Städte und Gemeinden auf sich gestellt.

Larmoyanz oder die permanenten Verstöße gegen das Konnexitätsprinzip dürfen **nicht als Alibi** für das Beibehalten bisheriger ineffizienter Strukturen dienen und zusätzlichen Hindernissen auf dem Weg zum leistungsfähigen und dienstleistungsorientierten öffentlich – rechtlichen Unternehmen Tür und Tor verstellen. Vielmehr ist die bereits mehrfach genannte und unverzichtbare **Kreativität in Leadership und Management** zu aktivieren, statt mit Beileidsbekundungen für andere Städte die eigene Inaktivität zu kaschieren.[177]

Vielmehr sind antizipierende Strategien zu entwickeln. Das bedeutet nichts anderes, als ein stringentes und **ergebnisorientiertes Change – Management**: unternehmensorientiert durchdacht und fachübergreifend umgesetzt.

Wenn der OB der Stadt Münster bedauert, dass Städte und Gemeinden „am finanzpolitischen Ende der Nahrungskette“ stehen, weil der Bund die Steuergesetzgebung bestimmt, die Länder über den Bundesrat eifrig mitmischen und die

174 ARD - Tagesschau vom 06.08.2002
175 Stuttgarter Zeitung vom 05.08.2002
176 Stuttgarter Zeitung vom 26.07.2002
177 Stuttgarter Zeitung vom 25.07.2002: OB der Stadt Stuttgart, Wolfgang Schuster: Mitgefühl mit München

Kommunen sich lediglich mit Appellen begnügen müssen, [178] ist die Auseinandersetzung über Lösungsansätze für die Problemfelder

- Fördersätze (Geringere Beteiligung an Überweisungen im Rahmen eines Haushaltssicherungskonzeptes)
- Gewerbesteuer (Gewinn – und Verlustverrechnung mit dem Ergebnis der Unternehmenstöchter ; Investitionen) [179]
- Unternehmenssteuerreform (Keine Besteuerung für Gewinne aus Verkäufen von Unternehmensbeteiligungen)
- Steuerreform (Steuersenkungsgesetz)
- Rentenreform (Steuerliche Geltendmachung der Leistungen für die Altersvorsorge)
- UMTS (Weniger Gewerbesteuer durch Schuldentilgung des Bundes)
- Kindergeld: (Höhere Leistungen werden mit der Lohn - und Einkommensteuer verrechnet; Geringere Zuflüsse vom Land zur Kommune),

vorprogrammiert.

Ein Lösungsansatz zur Behebung der Probleme lautet:
Nach der jüngsten Studie des Instituts für Urbanistik in Berlin beläuft sich allein der kommunale Investitionsbedarf bis zum Jahre 2009 auf 1.300 Milliarden Euro. Ein Teil der Gelder, die in ABM – Maßnahmen fließen,

- **müssen für kommunale Investitionen** baldmöglichst nutzbar gemacht werden. Sie sind das beste Beschäftigungsprogramm vor Ort und hat Vorrang für Steuererleichterungen. Die Politik darf den Bürgern nicht weiter suggerieren, bei geringerer Steuerlast bessere Leistungen zu erhalten.

Ein weiterer Lösungsansatz zeigt Eckpunkte für eine Gemeindefinanzreform auf:

- Die kommunalen Steuereinnahmen müssen steigen, um die bereits jetzt zu leistenden Aufgaben erfüllen zu können (Konnexität)
- Kommune und Wirtschaft müssen besser verzahnt werden
- Kommunen benötigen ein eigenes Hebesatzrecht
- Verbreiterung der steuerlichen Bemessungsgrundlage zur Refinanzierung kleinerer Gemeinden mit geringer Gewerbeansiedlung. [180]

---

178 Westfälische Nachrichten vom 11. Dezember 2001

179 Süddeutsche Zeitung vom 02.11.2001, S. 1: Kommunen bricht die finanzielle Basis weg

Die Umschichtung von ABM – Mitteln zur Finanzierung kommunaler Investitionen, Steigerung der Einnahmen durch Steuerhoheit der Gemeinden, Arbeitsmarktreformen zur Entlastung der Kommunen für den Bereich der Arbeitslosenhilfe/ Sozialhilfe in Abstimmung mit der Harz – Kommission, um die kommunalen Haushalte zu entlasten und leistungsfähiger zu werden [181] stellen lediglich Hilferufe dar, denen ein strategisches Konzept, auch in der Abstimmung aller Beteiligter, völlig fehlt.

Industrie, Handel, Handwerk, insbesondere der Mittelstand, der zunehmend bei desolater Arbeitsmarktentwicklung, vor allem im Osten, immer stärker mit Firmen und Institutionen zu kämpfen hat, die durch Arbeitsfördermaßnahmen wettbewerbsverzerrend gestützt werden, müssten konzeptionell Strukturen schaffen, die mit den Städten und Gemeinden in Form eines Netzwerkes abgestimmt Waren und Dienstleistungen so, wie sie der Bürger als Kunde benötigt, verfügbar machen, ohne dass es zu einer dauerhaften Subventionierung durch die öffentliche Hand kommt.

Die Kommunen haben hier eine Steuerungsfunktion, die sich nicht in der Errichtung eines Dezernates zur Wirtschaftsförderung erschöpfen darf. Es ist ein völlig anderer Handlungsansatz gefordert.

Gestaltung statt Reaktion!

Dazu müssen Gestaltungsräume eröffnet werden, die zulassen, dass die bisherigen organisatorischen Rahmenbedingungen über Verhaltensänderungen der Beteiligten verändert werden. Die Parameter der Gestaltung sind unverändert

- Aufbau – und Ablauforganisation, also die Struktur
- Machtbasen, Formen der Einflussnahme, also die Politik schlechthin
- Symbole, Werte, Traditionen, also die Unternehmenskultur.

Gestaltung ist nur möglich durch Aktivität. Die Leadership – Vorgaben für die Ziele und Strategien, für die Umsetzung und Realisation verlangen eine Art

---

180 Schäfer, Roland, Präsident des Deutschen Städtetages ; Finanzlage der Städte und Gemeinden verschlechtert sich weiter, in: Schwartzsche Vakanzen - Zeitung vom 11.10.2001, S. 340

181 Dr. Gerd Landsberg, Geschäftsführendes Präsidialmitglied des Deutschen Städte – und Gemeindebundes: Grundlegende Reformen des Arbeitsmarktes sind unverzichtbar – Hartz – Kommission darf nicht an den Kommunen vorbei arbeiten-, in: Schwartzsche Vakanzen – Zeitung vom 01.08.2002, S. 216. Beachte: Kommunalfinanzierte Sozialhilfe Ende 2000 wurde gewährt für 2,68 Millionen BürgerInnen, Finanzvolumen zur Unterstützung insgesamt ca. 9,52 Milliarden Euro

Drehbuch im Rahmen der unternehmerisch – betrieblichen Dramaturgie, die Veränderungsprozesse initiiert: den Businessplan als General Management Plan. Mit den Teilplänen für die SGE, unterteilt nach Zielen, Maßnahmen und den zu treffenden Entscheidungen für die Ergebnisse.

Dieser Plan muss die unternehmensspezifischen Faktoren, welche die angesprochene Unternehmenskultur ausmachen, berücksichtigen und den Grad der möglichen Veränderungen im Rahmen eines Forecasting – Controlling beschreiben.

Dazu gehören insbesondere die nachfolgenden Anforderungen an das Leistungsprofil von Leadership - Eignern und Change – Agents:

- Durchführung von Veränderungen in der Aufbau – und Ablauforganisation
- Schaffung eines intakten und kommunikativen Arbeitsumfeldes
- Abbau hierarchischer Schranken durch Transparenz
- Leistung durch Zielvereinbarungen und Synergienutzung
- Flexibilisierung der Arbeitsprozesse funktional und zeitmodelliert
- Entwicklung der lernenden Organisation inkl. F+E
- Adäquater Zugang für Frauen zu Schlüsselpositionen
- Konfliktmanagement, Krisenbewältigung
- Personalrestrukturierung und Outplacement
- Führungsentscheidungen bei Unsicherheit und in Konfliktsituationen
- Kommunikation und Information als entscheidungsvorbereitende Tools
- Entwicklung von Szenarien unterschiedlicher Güte und Intensität
- Integrationsmanagement über Corporate Identity, Corporate Culture, Corporate Community und Corporate Design. [182]

Eine Kommune, die Change Agents aufbaut, denen sie eine sehr gute Performance für den Änderungsprozess vermittelt oder bei denen sie diese teilweise schon voraussetzen kann, ist mit Sicherheit zukunftsfähig und aktiver Gestalter. Sie wird sich wohl kaum mit Teilprojekten oder Einzelprojekten, welche den Widerstand gegen Veränderungen relativ leicht bei den Nichtbetroffenen ermöglichen, zufrieden geben. Vielmehr wird sie ihre Chancen offensiv nutzen und, wie Müller-Stewens und Lechner es nennen, durch ein umfassendes Roll-out die benötigte Menge Energie in das System bringen. [183]

Es geht demnach um die Auflösung des Spannungsfeldes zwischen Widerstand und Unterstützung. Ziel ist die gemeinsame Orientierung und Ausrichtung

---

182 Doppler, Klaus / Lauterburg, Christoph: Change Management – Den Unternehmenswandel gestalten – New York, 2002, S. 37

183 Müller-Stewens, Günter/ Lechner, Christoph: a.a.O., S. 445

auf ein Ziel. Die Offenheit gegenüber als kritisch betrachteten Punkten, die notwendige Verbindung der Vergangenheit, Gegenwart und Zukunft aufgrund des tradierten Wertesystems sowie die Verstetigung des Change Managements in und auf allen Ebenen zur Durchdringung der bisherigen Strukturen, Ämter und Property Rights – Ebenen eröffnet strategische, administrative und politische Gestaltungsräume.

Müller-Stewens und Lechner gehen anhand vieler Beispiele aus Wettbewerbsunternehmen aber auch staatlich geprägter Einrichtungen von einer Drei-Wellen-Entwicklung aus, die sich in der Kernstruktur wie Teilmengen in der mathematischen Mengenlehre oder der strategischen Verzahnung überlappen:

Die erste Welle:

- Strukturelle Reformen und Neupositionierung über die Idee der grenzenlosen Organisation, d.h., Ideenfluss horizontal und vertikal, intern und extern und interdependent inkl. Verknüpfungen

Die zweite Welle:

- Mobilisierung der kollektiven Energien wie z.B. internes und externes Marketing, Entwicklung eines Work – out – Konzeptes

Die dritte Welle:

- Transformation zum Dienstleistungsunternehmen, d.h., höhere Qualität, Fehlerreduzierung und Entwicklung von Begeisterungsanforderungen (Premiumdienstleistungen).

Diese Gestaltungsfähigkeit der Kommune über die vorgenannten Bedingungen und Prozesse sowie der beispielhaften Wellenbewegungen inkl. eines äußerst aktiven Surfens im Veränderungsprozess wird aber nur dann wirksam, wenn die Widerstände gegen Veränderungen, die Tests, wie weit die Veränderungen über Machtspiele aufzuhalten oder zu sabotieren sind, gebrochen und ihre Akteure des Spielfeldes verwiesen oder auf ihre wahre Kleinwüchsigkeit zurückgestuft werden. Das verlangt Führungskraft, Beharrlichkeit und Zivilcourage. Es gibt Verwaltungsdirektoren, Chefs des Konzerns Stadt wie auch Ratsvorsitzende, die diese seltene Kombination solcher Eigenschaften mitbringen. Wie erkennt man sie?

Äußerst schwer. Nachdem der klassische Verwaltungspyramidenaufbau Kopf, Herz und Hände getrennt hat, Rangordnungen schuf und der so eingesetzte Kannibalismus auch noch die Unterbringung auf verschiedenen Ebenen bewirkte, ist sehr oft nur sehr schwer erkennbar, welche Initiative von wem ausging, warum und wann. Das Zuordnungsprinzip, Erkennbarkeit und Voraussehbarkeit sind deutlich gestört.

Als Folge eines auch in die Verwaltung eingedrungenen Taylorismus, der durch das NSM und CM zugunsten einer Organisation, mit der Mitarbeiter sich erstmals oder erneut identifizieren, abgelöst wird, sind die Entscheidungsebene, die unterstützenden Geschäftseinheiten und die ihnen zugeordnete operative Ebene grundsätzlich noch anonymisiert tätig.

„Es gibt Langsamkeit, Fraktionierung und Schwund der Kommunikation zwischen den funktional getrennten Inselwelten. Fachlich bemänteltes Bereichsdenken und Ressortegoismus stehen in voller Blüte. Jede Schnittstelle lädt zu Statuskämpfen und Machtgerangel ein.

Um Managementaufwand und die Vergeudung von Ressourcen durch (vorbereitete) organisatorische Kleinkriege, Not–invented–here-Manöver und zwischenmenschliche Krisen zu vermindern, wurden komplizierte Ablaufschemata, Regelungen, Durchführungsanweisungen und Handbücher entwickelt, wurden Substrukturen und Gremien festgelegt, die in ihrer Gesamtsumme und infolge der uneingeschränkten Halbwertszeiten ihres Bestehens eine schleichende Erstarrung und Sklerotisierung des Gesamtgeschehens bewirkten.“ [184]

Eine solche Erstarrung innerhalb der Organisation aufzulösen, ist mit Konzepten wie der Beteiligung von Mitarbeitern am neuen Prozessdenken oder über ein offenes Gespräch mit den Beteiligten Führungsverantwortlichen nicht geeignet, Veränderungen einzuleiten. Eine solche Ausgangssituation ist vielmehr dazu geeignet, bei dem Gespräch „Open meets closed“ weitere Schranken und Absicherungen der Property Rights aufzubauen.

Konzeptionen, Folien, Skripte, sie alle werden von der großen und gefräßigen Schreibtischschublade oder, viel direkter, vom nächsten Papiervernichter liebevoll aufgenommen. Wo Menschen arbeiten, konkurrieren und hierarchische Zuordnungen vornehmen, geht es um Macht und damit um Einfluss und somit letztlich um die Bedeutung, die derjenige sich, manchmal auch deckungsgleich mit Anderen, zubilligt.

Um überhaupt die Möglichkeit zu haben, die formalen und informellen Wege und Spielregeln kennenzulernen, ist ein Bündel von Fragen zu beantworten, u.a.:

- Wer verfolgt welche Interessen?
- Welche davon werden offengelegt und welche nicht?
- Wer ist oben, darf anweisen, wer nicht?
- Wer setzt sich trotz unterschiedlicher Machtverhältnisse durch?

---

184 Doppler, Klaus / Fuhrmann, Helmut, u.a.: Unternehmenswandel gegen Widerstände-Change Management mit den Menschen-, Frankfurt, 2002, S. 39 - 40

- Wer muss in diesem System nachgeben?
- Wer zieht wen vor, fördert wen?
- Wer wird von wem über den Tisch gezogen? Situativ oder ständig?
- Wer kommt mit wem gut aus, mit wem weniger?
- Wer steht im Mittelpunkt, wer am Rand einer Gruppe?
- Welche informellen Gruppierungen gibt es?
- Welche Macht üben sie in welche Richtung aus?
- Welche Seilschaften / Abhängigkeiten gibt es?
- Welche Koalition – vertikal – horizontal oder gemischt - wird Sieger?[185]

Je höher jemand positioniert ist, desto angreifbarer ist er. Insofern ist die Beantwortung des Fragenkatalogs äußerst wichtig, soll die Falle nicht zuschnappen.

Ähnliches gilt für die Aufsichtsgremien, deren Haftung in den letzten Monaten durch entsprechende Urteile durchgehend erweitert worden ist. Zwar beziehen sich diese stärkeren Inanspruchnahmen bei Verletzung des Pflichtenkataloges überwiegend auf die Rechtsform der Aktiengesellschaft, lassen die GmbH aber auch nicht außen vor. **Das gilt im weiteren auch für sonstige Gremien in öffentlichen Unternehmen.** Je stärker der Druck aus der Mitarbeiterschaft und von den Stakeholdern wird, desto mehr sitzt man im Glashaus. Plötzlich wird sehr genau hingesehen, **wer dem Gremium angehört und was er tut** – oder was nicht. Es entsteht plötzlich Legitimationsnotstand. Unversehens muss die Notwendigkeit der eigenen Existenz und die Qualität der eigenen Arbeit unter Beweis gestellt werden. [186]

Wie sich diese Situation auswirken kann, ist an einem aktuellen Beispiel ersichtlich: Das Aufsichtsgremium inkl. Träger hat **jahrelang Fehlentwicklungen** in der Leitung und späteren Geschäftsführung einer gemeinnützigen Kapitalgesellschaft **mitgetragen** und für die Institution nicht zuträgliche Entscheidungen **genehmigt** und sogar **mit initiiert. Im Rahmen eines Change Management wurden diese Verfehlungen deutlich.** Statt sich der Verantwortung zu stellen, wurde mit Hinweis auf Nichtwissen, Täuschung und Verschiebung von Verantwortung reagiert. Die nicht lösbaren und aufgestauten Probleme führen akut bis mittelfristig zu einem Organisationsversagen mit allen negativen Folgen für die Stakeholder und Mitarbeiter.

Wenn sich die Aufsichtsgremien, Träger oder Aufsichtsrat, für unterschiedliche Strategien entscheiden oder unterschiedliche Strategien verfolgen, ohne dieses sichtbar zu machen, entsteht eine besonders brisante Situation, ähnlich einem

---

185 Doppler, Klaus / Lauterburg, Christoph, a.a.O.: S. 210 – 211

186 Doppler, Klaus / Lauterburg, Christoph: a.a.O., S. 211

nicht erklärten Krieg. Lässt sich der Leiter des Unternehmens oder der SGE darauf ein, so ist er ebenso wie die anderen Figuren in diesem Spiel mehr gefährdet, als wenn er oder die Beteiligten eine klare Linie verfolgen.

In einem solch wirklich vertrackten Fall laufen alle Beteiligten Gefahr, in diesem Machtpoker zu verlieren. Auch die Mitglieder der Aufsichtsgremien, da sie bei einer bestimmten Konstellation handlungsunfähig und somit nicht mehr systemrelevant werden oder sind. Das permanente Fragen nach der Befindlichkeit oder Tagespolitik der Aufsichtsratsmitglieder oder des Vorstandes liefert höchstens mundgerechte Vorlagen, aber keine entscheidungsrelevanten Grundlagen. Soll das Unternehmen in eine erfolgreiche Zukunft geführt werden, dann geht es nur gemeinsam mit Offenheit, Ehrlichkeit und über vertrauensvolle Zusammenarbeit.

Internes Machtgerangel zerstört den Respekt und die Schlüsselressourcen, absorbiert die Zeit und die Energie, welche ansonsten für die Zukunftsgestaltung des Unternehmens verfügbar sein müssen.

Doppler / Lauterburg haben das Ergebnis als Kernsatz für das Stammbuch des Unternehmens formuliert:

Alle, die aus der Strategieentwicklung
eine Bühne für Machtspiele machen wollen,
tragen nicht zur Lösung der Probleme des Unternehmens bei.
Sie sind selbst ein Teil des Problems.[187]

In Phasen der Veränderung geht es immer um **Property Rights**, um persönliche Profilierung und Positionierung. Viele kochen ihr eigenes Süppchen, manchmal auch ein mehrgängiges Menü. Sie versuchen Einfluss zu nehmen, indem sie hinter den Kulissen Politik machen. Sie versuchen, Wagenburgen zu organisieren, informelle Gruppen für ein formal nicht gewünschtes Änderungsverhalten gegenüber dem vorgegebenen **Change Management-Prozess** zu gewinnen und letztlich den erforderlichen Prozess zu behindern. In fernöstlichen Kampfsportarten Trainierte versuchen, den **Schwung des Change Agents** so zu nutzen, dass er mit seiner Dynamik und seiner Geschwindigkeit an Ihnen und der Organisation vorbeiläuft.

Diese etwas bildhafte Darstellung in ihrem übertragenen Sinn ist durchaus zutreffend. Entwicklungen dieser Art sind häufig anzutreffen. Sie sind auch menschlich teilweise verständlich. Allerdings sind ab dem Punkt, ab dem die vorgenannten Verhaltensweisen negative oder sogar Schaden verursachende

187 Doppler, Klaus / Lautenburg, Christoph: a.a.O., S. 212

Auswirkungen auf den Änderungsprozess auslösen können, organisatorische und arbeitsrechtliche Maßnahmen unumgänglich.

Nach einem **erfolgreichen Change Management** setzt die Phase der **Vitalisierung** ein. Es gilt,

- Entwicklungsprozesse in Unternehmen durchzusetzen
- Einklang von persönlichen Zielen und Firmenzielen herzustellen
- Einstellungen und Werte zu erzeugen, die das Handeln beherrschen
- Eigenverantwortlichkeit und Gestaltungskraft als Triebfedern zu installieren
- Die Motivationsprinzipien Sinnhaftigkeit, Anforderung, Monitoring und Dynamik zu implementieren

Insofern bedeutet Vitalisierung mehr, als nur umzusetzen. Sie veredelt den Veränderungsprozess. Zusätzlich zu den Anforderungen an Leadership und Change Management – Qualitäten gibt es Bausteine der Vitalisierungskompetenz in Form von Schlüsselqualifikationen, die das gesamte persönliche Kompetenzzentrum der Change Management-Qualifikationen ergänzen:

- Zielfokus und Realitätsprinzip
- Commitment und eigenverantwortliches Tun erzeugen
- Teamorientierung und Synchronisation von Einstellungen
- Verlangsamung und Beschleunigung von Prozessen
- Konzentration auf die Vernetzung
- Win–win-Prinzip
- Komplementarität: Die Nutzung der Stärken
- Wirksame Beeinflussungsstrategien
- Beliefs (Glaubenssätze) der Akteure
- Moderationskompetenz
- Emotionale Kompetenz.

Ein nächster Schritt wäre das Innovationsmanagement, da derjenige, welcher der Konkurrenz lediglich nacheifert, kaum eine Chance hat, zu gewinnen. Der alles entscheidende Hochleistungs – und Wettbewerbsvorteil liegt in der Umsetzungsgeschwindigkeit neuer Ideen und Pionierphasen im Unternehmen / in der Verwaltung. Erfolgreiches Innovationsmanagement basiert auf effektiven und effizienten Entwicklungsprozessen und hilft, die Innovationsfähigkeit von Unternehmen und Mitarbeitern zu entwickeln.

Auf einem erfolgreichen Innovationsmanagement baut, wenn die Realisierungsphase im Rahmen des Business – Plans erreicht wird, das Multi – Projecting auf. Damit werden knappe Ressourcen für Projekte und Linie effizient gemanagt.

Dazu ist die Prozessgestaltung anzupassen und die Entfeinerung und Beschleunigung von Planungs – und Reportingprozessen vorzunehmen. Die Aufgabe des Prozess – Controllers wird jetzt auf die eines Business – Consultant umgestellt und EVA – das Economic Value Added entwickelt und eingeführt.

Mit Rezepten der vollendeten Vergangenheit sind die Zukunftsprobleme in der Gegenwart nicht zu lösen.[188]

3.3.2 Die Experimentierklausel – Wandel nur auf Zeit?

„Man kann sich natürlich fragen, weshalb wir uns mit dem Jenseits der Experimentierklausel befassen, wenn einige Bundesländer noch nicht einmal beim Diesseits angekommen sind oder sich jedenfalls immer noch im Diesseits befinden.“[189]

Diese positive Provokation wurde vom damaligen Rektor der Hochschule für Verwaltungswissenschaften in Speyer als „Opener“ für die Tagung zur besonderen Thematik und Problematik der Experimentierklausel eingesetzt.

Die Einführung neuer Instrumente der Haushaltsplanung und Haushaltsrechnung vor dem Hintergrund standardisierter Verfahren in den deutschen Kommunen bzw. die Möglichkeit der Implementierung produktorientierter Haushalte, Einführung der Kostenrechnung, der Dopik, etc. verlangten nach einer Anpassung und Ergänzung bestehender Rechtsnormen, weil der bisherige Rahmen dafür zu eng gefasst ist. Eine Vielzahl von Kommunen hat inzwischen ihre Kommunalverfassungen um eine sogenannte **Experimentierklausel** erweitert, die innovative Maßnahmen und Prozessabläufe ermöglicht. Dadurch können notwendige Umstellungen vorgenommen werden.

Die sogenannte Experimentierklausel soll die Erprobung von NStM ermöglichen, welche Ausnahmen von haushaltsrechtlichen Vorschriften mit einer zeitlichen Befristung vorsehen. **Eine genauere Definition** mit dem rechtlich unverzichtbaren Hintergrund nimmt Otting [190] vor:

---

188 Brunner-Salten, Rolf, Finanzdirektor der Stadt Mainz: Eingangsstatement zum Haushalt 2000/ 2001, Status und Problemlösungen

189 Lüders, Klaus: Tagung der Hochschule für Verwaltungswissenschaften 6. – 8. 12/ 1995: Jenseits der Experimentierklausel; Eröffnung und Begrüßung

190 Otting, Olaf: Die Experimentierklausel nach § 126 GO NRW, in: NSM und rechtliche Betätigungsspielräume der Kommunen, Köln, 1997, S. 78 - 79

„Mit der Reform der Gemeindeordnung (GO) im Jahre 1994 hat der Landesgesetzgeber in Nordrhein-Westfalen (NRW) eine Experimentierklausel eingeführt (§126GO), die das Innenministerium ermächtigt, zur Erprobung von NStM zeitlich befristete Ausnahmegenehmigungen zu erteilen. Für die Kreise findet diese Vorschrift gemäß § 63 KrO entsprechende Anwendung. In § 126 II GO wird ausdrücklich festgelegt, dass Ausnahmen u.a. auch von Regelungen zum Gesamtdeckungsprinzip, zur Deckungsfähigkeit und zur Buchführung erteilt werden können. Die Erteilung der Ausnahmegenehmigung ist allerdings in das Ermessen des Innenministeriums gestellt.

Seitens der kommunalen Praxis wird der Aufsichtsbehörde indessen schon vorgeworfen, sie tue sich schwer damit, den Kommunen Freiräume zu eröffnen, die über das bisher bereits bei extensiver Interpretation des geltenden Haushaltsrechts Mögliche hinausgehen."

Alfons Gern ergänzt diese Aussagen dahingehend, als er anführt, dass Ausnahmen von organisations-, haushalts- und kassenrechtlichen Vorschriften des Rechnungswesens im Bereich des Kommunalrechts und der dazu ergangenen Rechtsverordnungen zugelassen werden können.[191].

Heller weist auf die wesentlich stärkere betriebswirtschaftliche Orientierung der kommunalen Haushaltswirtschaft durch die Experimentierklausel hin sowie auf die stärkere Dezentralisierungsmöglichkeit der Ressourcen – und Ergebnisverantwortung von der Kämmerei auf die einzelnen Fachbereiche.[192]

Inzwischen haben nahezu alle Bundesländer eine adäquate Experimentierklausel in ihre Haushaltsordnungen aufgenommen, ähnlich die Kommunen. Interessant in diesem Zusammenhang ist die Regelung in §133 der Hessischen Gemeindeordnung, die eine weitergehende Öffnungsklausel im 2. Absatz ermöglicht, in der es heißt: „Ausnahmen können zugelassen werden von den Regelungen über die Haushaltssatzung......sowie anderen Regelungen, die hier in Zusammenhang stehen." [193] Insofern handelt es sich nahezu um einen unbestimmten Rechtsbegriff wertenden Inhalts, der ausfüllungsbedürftig ist. Also ein zusätzliches Dispositiv.

Lässt man den Tenor der Beiträge der Hochschultagung zur Experimentierklausel Revue passieren (Erfahrungen der Städte Soest, Arnsberg, Heidelberg, München), so werden unterschiedliche Ergebnisse sichtbar. Das liegt einerseits an den direkt Betroffenen (Kommune), andererseits an den Aufsichtsbehörden

---

191 Gern, Alfons: Deutsches Kommunalrecht, Baden-Baden, 1997, S. 427

192 Heller, Robert F.: Haushaltsgrundsätze für Bund, Länder und Gemeinden- systematische Gesamtdarstellung – Heidelberg, 1998, S. 95

193 Gieltowski, Stefan: Hessische Gemeindeordnung und Hessische Landkreisordnung

(Innenministerien). Die eine Seite ist Antragsteller, die andere Seite genehmigt oder versagt oder erteilt unter Auflagen Genehmigungen für die Anwendung der Experimentierklausel.

Um nicht in eine ähnlich unendliche Diskussion einzutreten wie in Speyer, ist folgendes festzuhalten:

1. Die Experimentierklausel eröffnet Möglichkeiten, die jenseits der Möglichkeiten des Finanz – und Personalmanagements und der OE liegen
2. Die Experimentierklausel hat den Charakter, versuchsweise in eine neue Regelungsebene mit innovativen Strukturen einzuführen und nach feststellbarem Erfolg diese zeitlich und sachlich begrenzten Regeln dauerhaft zu installieren
3. Es gibt kein zurück hinter die innovativen erfolgreichen Ergebnisfeststellungen und die neue Organisation, es sei denn, die Anwendung hat gezeigt, dass entweder keine Verbesserung oder eine Verschlechterung gegenüber den Regelmechanismen des Haushaltsvollzugs zu konstatieren ist.

Das Gefühl einiger Teilnehmer des Symposiums, über **die Experimentierklausel** eine Fortsetzung oder einen Zusatz an Regelungsdichte zu erfahren, ist nicht nachvollziehbar. Ließe man den Kommunen gerade auf diesem Feld absolut freie Hand, so würden sicherlich mehr als das heutige Drittel Probleme mit Finanzlasten haben.

Die Stellungnahme des Bayerischen Innenministeriums in Verbindung mit den Statements des Großstadtkämmerers, welche die **Experimentierklausel** durchaus als wertvoll ansehen, ist schlüssig und beschreibt die Situation korrekt:[194]

„Dem Staatsministerium des Innern ist durchaus bewusst, dass man bei der Beurteilung der Frage, ob eine Ausnahme geltendes Recht verletzt oder nicht, unterschiedliche Auffassungen vertreten kann. Das Staatsministerium des Innern kann an dieser Stelle nicht alle Auslegungsprobleme des geltenden Rechts lösen. Die Erfahrungen mit den Reformmaßnahmen werden Grenzfälle aufzeigen und entsprechende Konsequenzen ermöglichen, zum Beispiel Rechtsänderungen, Klarstellungen für den Vollzug.

Das Staatsministerium des Innern bittet alle Beteiligten, Kommunen wie Aufsichtsbehörden, solche Grenzfälle aufzuzeigen und zum Nutzen für die spätere Auswertung der Reformmaßnahmen lieber eine bei anderer Auslegung nicht

---

194 Angerer, Hans, Leiter der Kommunalabteilung im Bayerischen Innenministerium und Mahnkopf, Rudolf, Stadtkämmerei der Stadt München, in: Jenseits der Experimentierklausel, a.a.O., S. 107 ff, S. 141 ff.

notwendige Ausnahmegenehmigung einzuholen als in Kauf zu nehmen, dass ein Problem nicht erkannt wird. ***Die Experimentierklausel*** *soll Reformen rechtlich absichern, nicht aber verhindern oder inhaltlich unnötig lenken.*

Beispiele für Auflagen sind u.a., die Aufsichtsbehörde in zeitlichen Intervallen über den Stand und die Entwicklung des Reformvorhabens zu unterrichten und Erfahrungen und Konsequenzen deutlich zu machen. Eine weitere Auflage ist in der Form überwiegend anzutreffen, als sie bereits teilweise in der Form in die Genehmigungsurkunde standardisiert aufgenommen wurde, dass die Ergebnisse der Erprobung zum Nutzen anderer Kommunen auch diesen zugänglich gemacht werden können.

Diese Auflagen, die keine zusätzliche „Regelungswut" erkennen lassen, sind im Gegenteil sogar sehr sinnvoll und dienen, ähnlich wie die Entwicklungen im NStM, einer schnelleren Verbreiterung und Umsetzung erfolgreicher Experimente.

Die Experimentierklausel kann insbesondere bei der Lösung spezifischer Probleme, die im Grunde alle Kommunen betreffen, hilfreich sein: bei der langfristigen Konsolidierung des Verwaltungshaushaltes.

Städtisches Vermögen wurde bisher nur zur Finanzierung des Vermögenshaushaltes eingesetzt. Ein Ausgleich des Verwaltungshaushaltes durch eine Fremdfinanzierung schied bisher aus. Der Vermögenshaushalt darf über Zuweisungen aus dem Verwaltungshaushalt bedient werden, aus Erlösen aus Verkäufen städtischen Vermögens, durch Umschichtungen, etc.

Die Verwaltungshaushalte stöhnen unter der Last der fehlenden Konnexität, der Sozialhilfeleistungen und der Kindergartenplatzvorhaltungen ebenso wie unter zu geringen Gebühren - und Steuereinnahmen sowie einer Organisation der Beteiligungsverwaltungen, die außer in der Quersubventionierung des ÖPNV in der Regel einen höheren Aufwand erfordern als die im Gegenzug zu erwartenden Erträge ausmachen. Hinzu kommt die fehlende Ausgabendisziplin.

In der Regel werden bei den Gemeinden die Vorjahresdefizite (kumuliert) buchmäßig vorgetragen und über Kassen (verstärkungs) kredite, die täglich neu aufgenommen werden, finanziert. Bei einer deutschen Großstadt zwischen einhunderttausend und zweihunderttausend Einwohnern bei einem mittleren Tageskreditvolumen von ca. Euro 250 Millionen werden allein jährliche Zinszahlungen von ca. Euro 10 Millionen fällig, ohne dass der Basiskreditbetrag sich verringert.

Insofern erlangt ein Modell zur Finanzierung von Haushaltsdefiziten der Vorjahre durch Kreditaufnahme besondere Aufmerksamkeit und Sympathie, zumal es trotz einer Vielzahl von Einsparungen und dem Einsatz von haushaltstechnischen Instrumenten nicht möglich ist, die Fehlentwicklungen der Vergangenheit in Bezug auf eine Konsolidierung des Haushaltes auf herkömmliche Art und Weise zu lösen.

Im Klartext geht es darum, aus der tageswirksamen Kassenkreditaufnahme herauszukommen, da dieses Verfahren zu viele Variablen enthält, u.a. eine schlagartig mögliche Veränderung des Zinsniveaus, welche die Kommune zahlungsunfähig und dadurch leistungsunfähig machen kann. Ziel ist es daher, zu einer langfristigen Finanzierung zu gelangen, die durch die Experimentierklausel ermöglicht wird. Das Ergebnis ist dann der ausgeglichene und wieder leistungsfähige Haushalt.

Im Praxisbeispiel wurde eine solche Möglichkeit mit dem Regierungspräsidenten als Leiter der Bezirksregierung und kommunaler Aufsichtsbehörde für eine Landeshauptstadt erörtert. Dieser hat zugesagt, sich für eine solche Regelung im Rahmen der Experimentierklausel gegenüber dem zuständigen Landesministerium und letztlich für die parlamentarische Vorlage einzusetzen.

Der fachliche Hintergrund stellt sich dabei gesetzlich wie haushaltstechnisch abgestützt wie folgt dar:

1. In § 20 GemHVO RP heißt es in Absatz 1, dass die Rücklagen der Gemeinde die allgemeine Rücklage und die Sonderrücklagen sind. Die VV ergänzt diese Aussage in der Form, als die allgemeine Rücklage aufgeschlüsselt wird in
   - Betriebsmittelrücklage
   - Tilgungsrücklage
   - Bürgschaftssicherungsrücklage
   - Allgemeine Ausgleichsrücklage
   - Sämtliche sonstigen Rücklagen für Investitionen im Rahmen des Vermögenshaushaltes
   - Bestände des allgemeinen Kapitalvermögens.

2. In § 22 GemHVO heißt es unter anderem in Absatz 3 dieser Bestimmung, dass Mittel der allgemeinen Rücklage zum Ausgleich des Verwaltungshaushaltes verwendet werden dürfen, wenn
   - ansonsten der Ausgleich trotz Ausschöpfung aller Einsparmöglichkeiten und Ausnutzung jeder Sparmöglichkeit nicht erreicht werden kann
   - die Mittel nicht für die unabweisbare Fortführung bereits begonnener Maßnahmen benötigt werden und
   - die Kassenliquidität unter Berücksichtigung möglicher Kassenkredite nicht beeinträchtigt wird.

Weiter heißt es, dass unter den in Satz 1 bezeichneten Voraussetzungen auch die in § 1 Absatz 2 Nr. 2 bezeichneten Einnahmen zum Ausgleich des Verwaltungshaushaltes verwendet werden dürfen. Dabei dürfen die in § 20 Absatz 3 bezeichneten Zwecke nicht gefährdet werden.

Dieser kurze Hinweis soll den Einstieg in die Gesamtproblematik ermöglichen. Die Darstellung einer solchen Gesamtsituation wird dadurch abgerundet, dass das Zinsrisiko für eine Kommune auf der einen Seite zu groß ist, wenn ständig nur über tägliche Kassenverstärkungskredite verfügt wird, andererseits führt kein Weg aus der Schuldenfalle, die immer größere Dimensionen annimmt.

Denkbar wäre die Ablösung der Altlasten (Kassenverstärkungskredite) über einen langfristigen Kredit im Rahmen eines stringenten Tilgungsplanes bei gleichzeitiger Kassenverstärkung im normalen Rahmen (erwartete und verzögerte Einnahmen), um die Bürgerzufriedenheit über eine adäquate Leistungsfähigkeit wieder herzustellen.

Anzumerken ist in diesem Zusammenhang, dass die GemHVO in Verbindung mit den sonstigen rechtlichen Bestimmungen an keiner Stelle Regelungen trifft oder verbindliche Aussagen dazu macht, dass die Allgemeine Rücklage nicht durch Kredite finanziert werden darf.

Gesetzt den Fall, die Kommune würde zur **Haushaltskonsolidierung** einen Betrag um die Euro 250 Millionen in die allgemeine Rücklage einstellen, wobei auch selbst diese Einstellung zu den dort enumerativ genannten Zwecken denkbar ist, um eine daran anschließende Auflösung dieser Rücklage vermögenshaushaltswirksam vorzunehmen, damit sie in der Folge an den Verwaltungshaushalt überführt werden kann.

Würden damit der als Bugwelle von der Kommune vorweggeschobene Fehlbetrag für die Altlasten abgedeckt und die Handlungsspielräume wieder hergestellt werden können? Verstößt ein derart gestalteter **kommunaler Finanz–By-Pass** gegen eventuelle Bestimmungen, oder kann er durch die Experimentierklausel abgedeckt werden?

Ist eine Anwendungsausnahme über die besonders zugewiesenen und den Rahmen sprengenden Landeshauptstadtaufgaben denkbar? Gibt es **ähnlich gelagerte Fälle,** in denen die Experimentierklausel bemüht werden könnte? Auch für Nicht-Landeshauptstädte oder andere Kommunen mit anderem Leistungs – und Größenzuschnitt?

Ist der Weg über die Rücklagen verwehrt, kann immer noch das Gebot der **sparsamen Haushalts – und Wirtschaftsführung** als Argument für eine langfristige Konsolidierung und Finanzierung dienen.

Im Falle einer Versagung von Kassenkrediten der Banken für die Kommune wäre deren **stetige Aufgabenerfüllung nicht mehr gesichert**. In einem solchen Fall könnte der bisherige Grundsatz des nicht kreditzufinanzierenden Verwaltungshaushaltes aufgelöst werden, sofern keine anderen Möglichkeiten zur Verfügung stehen.

Im Ergebnis ist festzustellen:

1. Wenn die Aufwendungen für die Bedienung der Kassenkredite und der langfristigen Kredite deckungsgleich sind, bzw. die Zinsbelastungen aus der Aufnahme von Kassenkrediten höher sind als die Zins – und Tilgungsaufwendungen für langfristige Kredite, wäre im Rahmen des Gebotes der Sparsamkeit und Wirtschaftlichkeit durchaus eine solche **Abdeckung der Altlasten** denkbar.
2. Für den Fall der Verweigerung der Kassenkredite durch die Banken an die Kommune muss ggf. zur **Sicherung der Aufgabenerfüllung** auf langfristige Kredite zurückgegriffen werden.

Beide Finanzierungsvarianten im Rahmen der Experimentierklausel sind weder in der GO NW noch in der GemHVO NRW vorgesehen, sie sind auch nicht Bestandteil anderer bundesrechtlicher Vorschriften. [195] Vielmehr ergeben sich die Alternativen durch Überlegungen aus der Praxis in Verbindung mit **Change Management-Ansätzen**.

Bei den meisten Städten und Gemeinden dürfte es noch erhebliche **Konsolidierungspotentiale** geben, die einer fallweisen und auch längerfristigen Reglung über die Experimentierklausel zugänglich sind. Das Hauptargument gegen diese Einsparmöglichkeiten ist die mit der Umsetzung solcher Möglichkeiten verbundene angebliche Leistungsreduzierung zu Lasten des Kunden. Die Verbesserung der internen und externen Prozessabläufe, Leistungsbündelung und Outsourcing sind nur einige Möglichkeiten von vielen, um ohne wesentliche Einschränkungen des Leistungsangebotes auszukommen.

Das Resultat der vergleichenden Prüfung „Konsolidierung II“ der hessischen Sonderstatusstädte Fulda, Gießen, Hanau, Marburg und Wetzlar ergab, dass der überwiegenden Anteil der Einsparpotentiale durch Effizienzsteigerungen innerhalb der Verwaltung realisierbar ist und nicht durch Leistungsabbau. Dazu einige Beispiele:

- Einsparpotential ca. Euro 1,7 Millionen p.a. durch Fremdvergabe von Reinigungsaufträgen
- Einsparpotential ca. Euro 0,35Millionen p.a durch Korrektur der Personalsteuerung im Grünflächenbereich, z.B. saisonal unterschiedlicher Einsatz des Personals, Führung von Arbeitszeitkonten, Wegfall der Überstundenvergütung

195 Vgl. auch: Der Gemeindehaushalt 6/1997, S. 131 - 133

- Einsparpotentiale bei weiteren Einrichtungen durch Personalsteuerungsmaßnahmen, die insbesondere saisonale Einflüsse auffangen, u.a. im Bereich der Bauverwaltung, beim Winterdienst, den Schwimmbädern, Bibliotheken, Theatern, etc., auch durch multifunktionalen Einsatz.

Die Prüfung durch den Hessischen Rechnungshof innerhalb der vorgenannten Städtegruppe hat gezeigt, dass diese Potentiale in den meisten Fällen nicht genutzt werden. [196]

Weitere Beispiele für effektives Verwaltungshandeln liegen u.a. im Finanz – und Liquiditätsmanagement durch

- Zusammenfassung von Einnahmen, zentrale Bewirtschaftung und kurzfristige Geldanlage; Reduzierung der Tageskreditaufnahmen
- Verkürzung der Zeiträume zwischen Mittelzufluss aus Landeszuweisungen oder durch periodische Einnahmen und Geldanlage; kein Parken von Liquidität
- Einrichtung eines Cash – Management für die Beteiligungsverwaltungen; Kooperation mit der Finanzverwaltung
- Bündelung von Nachfragemacht gegenüber den Kreditinstituten, Leasinggebern und Vermietern
- Zentrale Beschaffungen, dezidierte Angebotsvergleiche und an echter Wirtschaftlichkeit und benötigten Ergebnissen orientierte Vergabe ; Ausschluss des sogenannten bevorzugten Bieters innerhalb der Verwaltung

Weitere Einsparmöglichkeiten bestehen nach dem Drei – Säulen – Modell durch

- Erfüllung der Muss – Aufgaben unter absoluten Effizienzgesichtspunkten
- Verzicht auf Soll – und Kann – Leistungen
- Verzicht auf lediglich populistische, nicht gegenfinanzierbare und die Zukunftsfähigkeit der Kommune belastende Ausgaben
- Abbau von Phantom – und Luxusstandards, z.B. Anwendung von Richtlinien, die nicht mehr gelten, Verringerung von Betreuungsintensität durch Aufgabenneuordnung
- Überprüfung von gewährten Leistungsumfängen, u.a. im Bereich der Sachleistungen im Sozialhilfebereich

---

196 Müller, Udo, Präsident des Hessischen Landesrechnungshofes: Viele Kommunen können ihre Haushalte aus eigener Kraft sanieren, in: Frankfurter Rundschau v. 13.01.1999

- Keine Veräußerung städtischen Vermögens unter Wert, z.B. Grundstücke zu Vorzugskonditionen, Sonderregelungen für anzusiedelndes Gewerbe ausgenommen, aber auch nur in eng vertretbarem Rahmen.

Reichen die effizienzsteigernden Maßnahmen, die genannten Einsparmöglichkeiten und eventuellen personellen und materiellen Umschichtungen nicht aus, dann, aber erst dann, ist ein Leistungsabbau unverzichtbar, sofern Maßnahmen zur Einnahmeverbesserung nicht ausreichen bzw. nicht den Haushaltsausgleich ermöglichen.

Bis zu dieser Stelle auf dem Wege zu einer Konsolidierung haben die Kommunen aus einer vorsichtigen, individuellen und eigenverantwortlichen Finanzplanung soviel Gestaltungskraft wie für eine situative Verbesserung, eventuell sogar einen Turn-around erforderlich ist.

Erst, wenn ein Haushaltsausgleich nach Ausschöpfen aller Möglichkeiten nicht möglich ist, sollte der Weg über die Zusatzoptionen aus der Tiefe der Experimentierklausel eröffnet werden. Doch auch ihre Anwendung bedarf der Kreativität im Management ebenso wie der vielbeschworenen Haushaltsdisziplin.

Abschließend sind für eine Kommune sicherlich nicht nur ein paar Leitsätze auf dem Weg zu einer Verbesserung der Gesamtsituation von Interesse. Die eine oder andere Idee ist bestimmt auch hilfreich, wenn über Möglichkeiten des Einsatzes der Experimentierklausel nachgedacht wird:

- Neue Menschen bringen neue Ideen. Die Organisation benötigt den Austausch einer bestimmten Anzahl von Mitarbeitern innerhalb eines Fünfjahreszeitraumes; Ein rollierendes Modell innerhalb des Unternehmens / der Verwaltung wäre dazu hilfreich
- Ein Projekt, ein Team und viele Ideen. Ohne Teams geht nichts. Innovationen sind kein Zufall. Sie passieren nicht einfach, sondern werden dadurch erzeugt, dass Menschen sich nicht zufrieden geben
- Als erster dabei sein. Der immer schneller werdende Wandel erfordert ein hohes Tempo des Mitgehens. Nur, wer sich an den Bedürfnissen des Kunden orientiert, wird mit seiner Kommune die Nr.1 sein können
- Nur wer sich ausprobiert, kommt voran. Konstruktive Querdenker bestimmen die Qualität von Dienstleistungen und Produkten.
- Interkommunal denken, lokal handeln. Benchmarking ist wichtig. Die eigene Leistungsfähigkeit muss aber am regionalen Anspruch ausgerichtet werden.
- Gegen den Strom schwimmen. Unternehmerischer Erfolg erfordert Eigenwilligkeit und Unangepasstheit. Nicht aufgeben, auch wenn echte Innovationen weh tun, Bestehendes infrage stellen und an Machtstrukturen kratzen

- Den Tatsachen ins Auge sehen. Erkennen der eigenen Fähigkeiten, Möglichkeiten und Grenzen. Dabei gilt: zuerst der Kunde, dann das Unternehmen, dann Ich (Client first, firm second, self third)
- Keine Angst vor Grenzüberschreitungen: Rückstand vermeiden, virtuelle Integration fremder Ideen, wandlungsfähig bleiben.
- Fortschritt durch Wandel. Integration eines E-Government. Kommune online. Virtuelle Community.
- Selbstironie bewahren. Sie bewahrt in aussichtslosen Situationen vor Panik und Verzweiflung. Sie verhindert Borniertheit und Verbissenheit.[197]

Die Leitung öffentlicher Unternehmen vom Konzern Stadt über die Holding Gemeinde bis zum Zentrum Kommunale Dienstleistung, die Führung von Fachämtern und Beteiligungsgesellschaften verlangt viel **Leadership.**

Sie verlangt aber auch die **Orientierung an den Erfolgen** der bestgeführten Unternehmen.

197 Adaption der 10 Erfolgsgeheimnisse der gefragtesten Unternehmensberatung der Welt für den öffentlichen Sektor. Quelle: Balzer, Klaus: Die McKinsey-Methode, Wien, 2000

4. Organisatorische Evolution

Die dargestellten positiven Erfahrungen mit den Modellvorhaben und die Ergebnisse aus den Überlegungen zur Umsetzung der Experimentierklauseln haben Eingang gefunden in das **Gesetz zur Fortentwicklung des Haushaltsrechts.** Mit den grundlegenden Änderungen wird die überfällige Entwicklung zur Vermeidung der bisherigen Strukturschwächen des Haushalts und hin zu einem output-orientierten Budget vollzogen. Dadurch werden eine flexiblere Haushaltswirtschaft und Prozessorganisation möglich.

Der weitere Weg wird sich, je nach Intensität der Finanzprobleme der Kommunen und der zurückgehenden Akzeptanz des Bürgers gegenüber kommunaler Leistungserstellung an der Weggabelung zu **evolutionärem oder revolutionärem Wandel** öffnen.

Mitte 2001 lautete das Ergebnis einer Umfrage des Ifo-Institutes bei rund 600 Unternehmen, dass nur knapp 17 Prozent der Betriebe ihre Kommune für uneingeschränkt unternehmerfreundlich einschätzen. In den Grosstädten sind es sogar nur noch 8 Prozent.[198] Welchen Weg des Wandels kann man sich vor diesem Hintergrund noch leisten?

Wenn Genehmigungsverfahren schikanös ablaufen oder Unternehmen behindert werden, das Verwaltungshandeln nicht mehr an den Belangen von Kunden, Wirtschaft und kommunalem Erfolg ausgerichtet wird, das NSM nur als Binnenorientierung, wenn überhaupt, existiert und die Kommune als subventionierter Wettbewerber auftritt, wie sieht dann das menschliche, das wirtschaftliche und das Finanzklima in einem solchen Gegeneinander aus?

Lösungen bietet ein Projekt des Rationalisierungskuratoriums der deutschen Wirtschaft (RKW) an, das den Austausch guter Ideen und Konzepte unter den Kommunen fördern soll. Im Auftrag des Bundesministeriums für Wirtschaft wurde ein Pool von Good-Practice-Beispielen bereitgestellt. Über ein Karteikartensystem ist dort abrufbar, wie sich vorbildliche Kommunen kundenfreundlich reorganisiert haben und welcher Nutzwert sich daraus für Wirtschaft und Verwaltung errechnet. Dadurch sind Unternehmer und Bürger in der Lage, der eigenen Kommune den Spiegel der Leistungsbereitschaft der anderen Kommune vorzuhalten.

198 Wirtschaftswoche vom 07.06.2001, S. 23

Existenzgründer können insbesondere auf die Stadt Leipzig verweisen. Diese hat bundesweit den ersten Beteiligungsfonds zur Wirtschaftsförderung aufgelegt, der kommunal gesteuert wird.

Die Mittel stammen aus einem Anteilsverkauf der Stadtwerke. Der mit 12 Millionen Euro ausgestattete Fonds überlässt innovativen Existenzgründern und Unternehmen Mittel zur Aufstockung des Eigenkapitals und somit der Liquidität.

Zur Absicherung erhält der Fonds Firmenbeteiligungen, ohne ins operative Geschäft einzugreifen. Er vermittelt zusätzlich Schlüsselinvestoren, die mit einer größeren Summe einsteigen und den Gründer unternehmerisch begleiten.

Dass es auch unbürokratisch, orientiert an den Vorgaben des NStM strategisch ausgerichtet am CM zu einer echten Leistungsverwaltung kommen kann, zeigen u.a. die Gemeinde Cham, die eine Baugenehmigung innerhalb von vierzehn Tagen generiert oder die Gemeinde Sternenfels, die in kurzer Zeit 20 Hightech-Unternehmen angesiedelt und 800 Arbeitsplätze geschaffen hat, darunter die begehrte Firma Alutec von den kommunalen Leistungen überzeugen konnte. [199]

Setzen Kommunen auf das Pferd der digitalen Verwaltung, auf E-Government, Internet – gestützte Antragsbearbeitung oder auf damit verbundene Lösungen für den Kunden, dann ist das sicherlich wie am Beispiel Erftkreis von Erfolg gekrönt. Computer lösen Stempelkissen ab, heißt es lax. Die digitale Wirklichkeit in Gesamtdeutschland sieht aber leider noch sehr viel anders aus.[200] Eine Studie der eEurope der Europäischen Union untersuchte in 15 Ländern den digitalen Bürgerservice. Deutschland landete weit abgeschlagen hinter Estland oder Island auf Platz 13 und erhielt nur 29 von 100 möglichen Punkten.

Die Kommunen versuchen, durch elektronische Aufrüstung den bürgerorientierten Prozess zu beschleunigen. Die Strategie ist aber falsch. Reorganisation muss vor Digitalisierung kommen, nicht umgekehrt. Ansonsten stimmt die Zuordnung von Kernkompetenzen ebenfalls nicht mehr. Bei allem darf nicht vergessen werden: wie bei erfolgreichen Unternehmen muss die der Dienstleistung folgende oder in der Beschaffung vorausgehende Logistik funktionieren!

Also stellt sich auch hier die Frage nach der evolutionären oder revolutionären Vorgehensweise im Change Management. Die Entscheidung für die eine oder die andere Richtung oder für situatives Umschalten hängt sicherlich von vielen Faktoren ab. Grundlage für alle Veränderungsvorhaben sind nach wie vor die verfügbaren Ressourcen und die vorhandene Änderungsbereitschaft.

Zu beachten sind aber auch die möglichen Fragen zu Breite, Tiefe und Geschwindigkeit der Veränderung, zu Einzelzielen oder einem sogenannten Zielpluralismus, zu einem einheitlichen Vorgehen oder zu einer beliebigen Rangfolge,

---

199 Wirtschaftswoche vom 07.06.2001, S. 24
200 FOCUS – Magazin Nr. 14/ 2002, S. 136 - 137

zu einer einfachen oder komplizierten Prozessarchitektur oder auch zu einer Consultant – orientierten und extern angelehnten Vorgehensweise. Und natürlich die Antworten darauf!

Die Betrachtung des evolutionären Wandels versus revolutionärer Prozessgestaltung ist nur vor dem Hintergrund der Zeiträume, innerhalb der sich Änderungsprozesse ausdehnen, möglich. Unternehmensentwicklung bzw. der organisatorische oder inhaltliche Wandel bestimmter Produktlinien oder Dienstleistungen ist immer mit entsprechenden strategischen Vorgaben und geschäftspolitischen Anschauungen verbunden.

Inkrementaler Wandel findet nur innerhalb eines eingegrenzten Zeitraumes statt, d.h., Strukturen verändern sich durch die Addition von Änderungspotentialen aus herstellungsabhängigen Bedingungen (Ressourcen, Personal, Wettbewerb), sind teilweise durch die Lernfähigkeit und die OE in der Lage, Änderungen zu verarbeiten und Innovationen aus der Erkenntnis geänderter Bedingungen zu entwickeln und zu implementieren. Es handelt sich jeweils um singuläre Ereignisse.

Fundamentaler Wandel stellt einen über längere Zeiträume als Prozess oder Prozesskette ausgeprägten Übergang zu einer neuen Epoche dar (Neue Vision, Ziele, Unternehmensleitbild, Positionierung, Einfluss, Fusion, Produkt – und Dienstleistungspalette, Neue Märkte, Rechtsformänderungen, Beteiligungen, Desinvestitionsstrategien, etc.).

Inkrementaler Wandel kann nur evolutionär erfolgen, fundamentaler Wandel sowohl **evolutionär als auch revolutionär**. Von einem evolutionären Wandel sprechen wir immer dann, wenn das System durch organisatorische Lernprozesse seine Grundannahmen verändert und sich einer anderen Prozessfolge zuwendet. Evtl. handelt es sich lediglich um eine Marktanpassung. Eine lernende Organisation kann durchaus durch die Addition von Veränderungsschritten Innovationen schaffen. Sie mildert durch den langsamen und überwiegend schonenden Übergang die anpassungsbedingten Unsicherheiten, Ängste und Friktionen. Das Unternehmen / die Verwaltung bleibt während der Änderungsphase relativ stabil. Bis zu dem Punkt, an dem die Änderungsgeschwindigkeit aufgrund unterschiedlicher Einflüsse drastisch zunimmt. Oder ab dem Zeitpunkt, zu dem geplante Irritationen das System erreichen, um es für Änderungen trotz Beharrungstendenzen zu öffnen.

Der revolutionäre Wandel setzt dann ein, wenn einerseits der evolutionäre Wandel verschlafen wurde oder das Überleben des Unternehmens / der Verwaltung akut infrage gestellt ist.

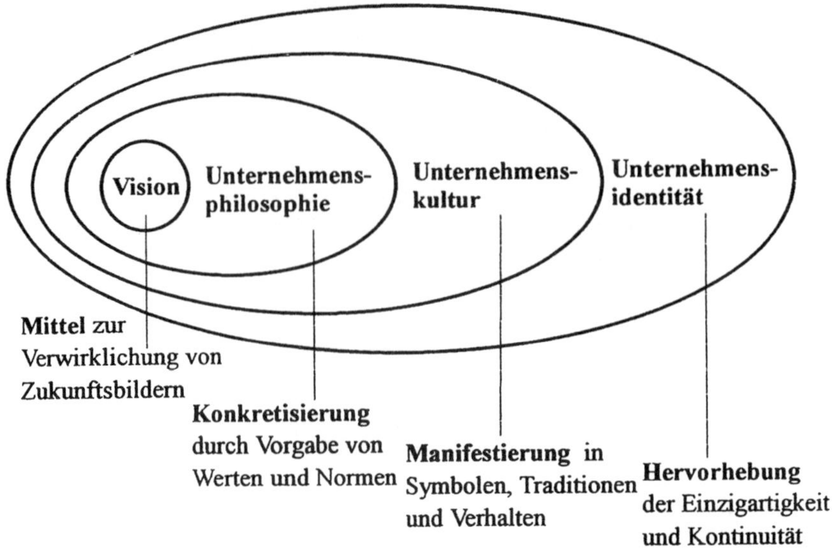

Abbildung 34: Verschiedene Orientierungsmöglichkeiten in der Unternehmensführung
Quelle: Stahl, Heinz K.: Modernes Kundenmanagement, a.a.O., S. 6

4.1 Von der Kundenorientierung zur Kundenzufriedenheit

Wer sich als Führungskraft nur als Macher versteht, mit der Absicht, direkte Strategien zu verfolgen und zu implementieren, sowie kurzfristig Ziele und Ergebnisse zu erreichen, verfehlt seinen Sinn und den seiner Mitarbeiter. Unternehmen müssen deshalb Sinn bieten, den Menschen Nutzen und Zufriedenheit bringen sowie im Dienst der Gemeinschaft stehen, wenn sie ihren eigenen Wert in einer längerfristigen Zeitperspektive erhöhen wollen.[201]

Inzwischen ist unstrittig, das Unternehmen soziale Systeme sind, die Fähigkeiten, Fertigkeiten, Meinungen und Wahrnehmungen ihrer MitarbeiterInnen spiegeln. Sie bilden im Laufe der Zeit eine eigene Identität aus, indem die Unternehmensmitglieder eine hohe Corporate Identity entwickeln und stolz auf die Unternehmenszugehörigkeit sind (Ich bin ein Stihler / ich schaff'beim Daimler / Bin Boschianer, HEW`ler, etc.).

---

201 Vom Lietz, J.H.: Vom Sinn und Segen der Arbeit, in: IO Management Zeitschrift 60, Nr. 3,
1991, S. 78 - 80

Orientierungen:	Im Mittelpunkt stehen:	Konkretisiert durch:
1. Marktorientierung	• aktuelle & latente Bedürfnisse • und ebensolcher Bedarf • Wettbewerb	• Wettbewerbsposition • Umsatz • Marktanteil
1a. Kundenorientierung	• Aktuelle und latente Bedürfnisse • Kundentreue • Kundenbindung	• Kundenzufriedenheit • Kundennähe • Kundenpenetration
1b. Wettbewerbs-orientierung	• Wettbewerbsaufklärung • Wettbewerbsfähigkeit • Wettbewerbsvorteile	• Wettbewerbsnähe • Reaktionsschnelligkeit • Relativer Marktanteil
2. Effizienz-orientierung	• Ausbringung • Kosten • Optimierung	• Produktivitätssteigerung • Kapazitätsauslastung • Kostensenkung
3. Finanzwirt-schaftliche Orientierung	• Ergebnis • Sicherheit • Unabhängigkeit	• Gewinn • Rentabilität • Liquidität
4. Technologische Orientierung	• Innovationen • Perfektionismus • Systemorientierung	• Wettbewerbsfähigkeit • Angebotsqualität • Ansehen
5. Mitarbeiter-orientierung	• Partizipation • Selbstverwirklichung • Wohlfahrt	• Mitarbeiterzufriedenheit • Arbeitsplätze • Soziale Verantwortung
6. Gesellschaftliche Orientierung	• Umwelt • Öffentlichkeit • Ethik	• Umweltschutz • Ansehen • Soziale Verantwortung

Abbildung 35: Die wichtigsten Arten von Orientierung in der Unternehmensführung
Quelle: Stahl, Heinz K.: Modernes Kundenmanagement, a.a.O., S. 8

Unternehmen, seien sie privat oder in öffentlicher Hand, sind nur eingeschränkt steuerbar. Sie entwickeln sich im Rahmen der OE der Mitarbeiter. Sie werden immer komplexer und folgen bestimmten Orientierungen, die im wesentlichen den Erwartungen der Stakeholder entsprechen.[202] Insofern ist es wichtig, Vorgaben zu entwickeln, die präzise genug sind, um die Handlungen im Unternehmen wie formal gewünscht, zu kanalisieren. Dieses kann erfolgen durch **Ausdrückliche Zielbestimmung, Mitdenken strategischer Wegbeschreibungen oder der Ausschließung**.

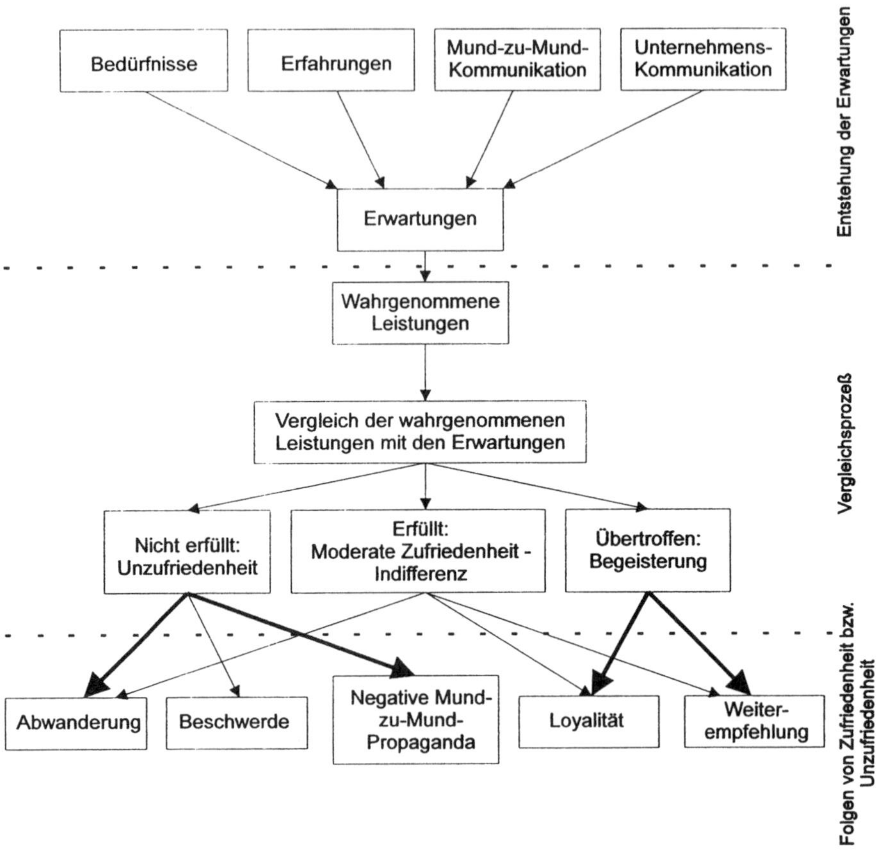

Abbildung 36: Entstehung und Folgen von Kundenzufriedenheit
Quelle: Hans H. Hinterhuber u.a.: Kundenzufriedenheit durch Kernkompetenzen, Wien, 1997, S. 15

---

202 Stahl, Heinz K.: Modernes Kundenmanagement – Wenn der Kunde im Mittelpunkt steht – Renningen, 2000, S. 5

In Unternehmensgrundsätzen, die überwiegend aus Leitsätzen, die das Verhältnis des Unternehmens zu seinen Kunden unterlegen sollen, Signale an die Stakeholder und aus Aussagen zur Geschäftspolitik bestehen, wird oft versucht, allen und allem gerecht zu werden. Das Ergebnis ist ein Verlust der Identität und Orientierungslosigkeit. Viel sinnvoller erscheint es, dass die wichtigsten Grundorientierungen der Unternehmensführung im Unternehmen in ihrer Auswirkung tatsächlich verstanden und als sinnvoll verinnerlicht werden. Auf dieser Basis ist dann in Übereinstimmung mit der Vision des Konzerns Stadt eine Leitorientierung auszuwählen. Diese wirkt in Konfliktfällen – die bekanntermaßen häufig auftreten – als zusätzliches Gewicht für eine Entscheidung zugunsten der bevorzugten Ausrichtung. In der Fokussierung kann das zu einer Grundhaltung führen wie beispielsweise der Kundenorientierung.[203]

Kundenorientierung ist eine besondere Form der Marktorientierung. Während sich letztere an aggregierte Größen wie Produktmärkte oder Kundengruppen wendet, steht bei der Kundenorientierung der einzelne Kunde im Mittelpunkt.

Kundenzufriedenheit entsteht durch einen Vergleichsprozess. Kunden entwickeln vor dem Erwerb eines Produktes oder einer Dienstleistung eine bestimmte Erwartungshaltung. Die wahrgenommenen Leistungen werden mit den erwarteten verglichen. Werden diese nicht erfüllt, entsteht Unzufriedenheit. Eine Erfüllung der Erwartungen führt zu einem neutralen Gefühl, zu einer Art Indifferenz. Erst wenn die Leistung die Erwartungen übertrifft, entsteht Zufriedenheit. An dieser Stelle wird noch einmal auf die Inhalte der Begriffe Basisanforderungen, Leistungsanforderungen und Begeisterungsanforderungen verwiesen.

Im Eifer des Gefechts, von erfolgreichen Unternehmen möglichst viel und schnell zu lernen und zu übernehmen, darf die Erfüllung von Kundenwünschen nicht zu einem falsch angelegten Ressourceneinsatz führen. Hinterhuber nennt fünf falsche Thesen zur Kundenzufriedenheit, die insbesondere im öffentlichen Sektor sehr genau beachtet werden sollten, da es ansonsten zu einem falschen Leistungsaustausch führen kann:

- **Der Kunde hat immer recht. Falsch!**
  Viele Kommunen verlassen sich bei der Erstellung von Produkten und Dienstleistungen auf Wünsche und Meinungsumfragen zur Kundenzufriedenheit. Diese sind häufig nur die Spitze eines Eisbergs, da der Kunde sich in der Regel an verfügbaren Produkten und Leistungen orientiert. Insofern würde nur eine marginale Produkt –oder Leistungsverbesserung abgefragt. Viel wichtiger wäre die Frage, welche Problemlösungen der Kunde von der öffentlichen Hand erwartet. Irrt der Kunde in seiner Einschätzung, dann entsteht

203 Stahl, Heinz K.: a.a.O., S. 9

außerdem eine Vorhaltung von Ressourcen, die nicht hier sondern an anderer Stelle dringender benötigt werden.

- **Unzufriedene Kunden, die sich beschweren, sind Nörgler und verursachen nur Aufwand. Falsch!**
  Kunden, die sich beschweren, haben in der Regel ein besonderes Interesse an den Produkten. Beschwerdemanagement wir zunehmend in Kommunen eingeführt und hilft neben einer höheren Kundenzufriedenheit insbesondere, ineffiziente Verfahren auszumerzen. Durch die Mund – zu – Mund – Propaganda entsteht zugleich ein höherer Grad an Zufriedenheit.

- **Wir haben kaum Beschwerden. Unsere Kunden sind zufrieden. Falsch!**
  Kundenbeschwerden sind nur die Spitze eines Eisberges. Mehr als die Hälfte beschwert sich nie. Die Chance, Fehler in Produkten und Dienstleistung aufzudecken, abzustellen und Kundenzufriedenheit wieder herzustellen, wird sehr gering.

- **Die Zufriedenheit unserer Kunden gibt uns Aufschluss über die Qualität unserer Leistungen. Falsch!**
  Es besteht die Möglichkeit, dass die Leistungen so schlecht sind, dass sie es aufgegeben haben, sich mit der Reklamation auseinander zu setzen oder dass Produkte/ Dienstleistungen in der Tat „nicht der Rede wert sind." Vielleicht werden auch nur die Basisanforderungen erfüllt.

- **Unser Ziel muss es sein, dass keiner unserer Kunden unzufrieden ist. Falsch!**
  Zufriedenheit und Nicht-Zufriedenheit sind völlig unterschiedlich zu bewerten. Produkteigenschaften, welche die Zufriedenheit stark erhöhen, aber keine Unzufriedenheit erzeugen, wenn sie nicht angeboten werden, sind disponibel. Sie sind im Extremfall verzichtbar. Hier handelt es sich ggf. um die bereits erwähnten Luxusangebote.[204]

Entscheidend im Wettbewerb der Kommunen, im Benchmarking, bei der Rekrutierung von Unternehmen, Arbeitsplätzen, Ansiedlungspolitik, Kultur, Sport, etc. sind Kundenzufriedenheit, Kundenloyalität und die Realisierung von Alleinstel-

---

204 Die fünf Thesen wurden entnommen und modifiziert im Rahmen der Besonderheiten öffentlicher Verwaltungen aus: Kundenzufriedenheit durch Kernkompetenzen, a.a.O., S. 22-33

lungsmerkmalen, um mit der Kommune auf den vordersten Plätzen im Wettbewerb zu landen. Möglichst auf der Pole – Position.

Dazu ist der Übergang vom Paradigma des Machens zum Paradigma des Dienens erforderlich. Paradigmen sind eine *„Gesamtkonstellation von Überzeugungen, Werten, Verhaltens – und Verfahrensweisen, die von den Mitgliedern einer bestimmten Gemeinschaft geteilt werden. Ein Paradigmenwechsel ist somit ein epochaler Umbruch innerhalb der Gesellschaft, des Geistes oder auch des Unternehmens.“* [205]

Wenn wir uns die kurz skizzierten Herausforderungen, Zusammenhänge, Probleme und Entwicklungstrends vor Augen halten, die mit den Lösungsansätzen der Vergangenheit nicht zu bewältigen sind, wird die Notwendigkeit eines neuen Paradigmas deutlich. Das Paradigma des Dienens betont die Werte des Helfens. Nicht der Mensch ist das Maß der Dinge, sondern eine transzendente Wirklichkeit.[206]

Mit zunehmender Lebensqualität stehen die Menschen in der Mehrzahl der Länder vor einem Dilemma:

- Werden die immateriellen Bedürfnisse gefördert, nimmt die Lebensqualität auf einer logistischen Kurve zu
- Werden dagegen die materiellen Bedürfnisse gefördert, was sich in der Zunahme des Bruttoinlandsproduktes ausdrückt, verringert sich die Lebensqualität wieder.

„Die erste Entwicklung ist unbegrenzt, die zweite wird durch die materiellen Ressourcen begrenzt. Die Welt wird also weniger durch Machen als durch Dienen und Helfen gewandelt. Die Strategie der Zukunft ist also weniger auf die Beherrschung der Anderen, auf die Einnahme führender Wettbewerbspositionen ohne Rücksicht auf Dritte und die Umwelt, sondern mehr auf die Herrschaft über sich selbst gerichtet.“[207]

Diese Einsichten und Ansichten klingen vielleicht etwas esoterisch, wenngleich die Sprache die des Managements ist. Aber es dürfte wohl kaum leichter nachzuvollziehen sein, auf welchem Weg der Paradigmenwechsel vom Machen zum Dienen auch inhaltlich ausgefüllt werden kann, um schlussendlich die richti-

---

205 Hammer, Richard M. / Hinterhuber, Hans H. / Schließmann, Christoph Philipp: Aufbruch in die Veränderung – Strategien für eine erfolgreiche Unternehmensführung -, Wiesbaden, 1995, S. 5

206 Hammer, Hinterhuber, Schließmann, a.a.O., S. 57

207 Hammer, Hinterhuber, Schließmann: a.a.O., S. 60

ge Zuwendung und Einstellung zum Kunden und dieses besondere Niveau zu erreichen.

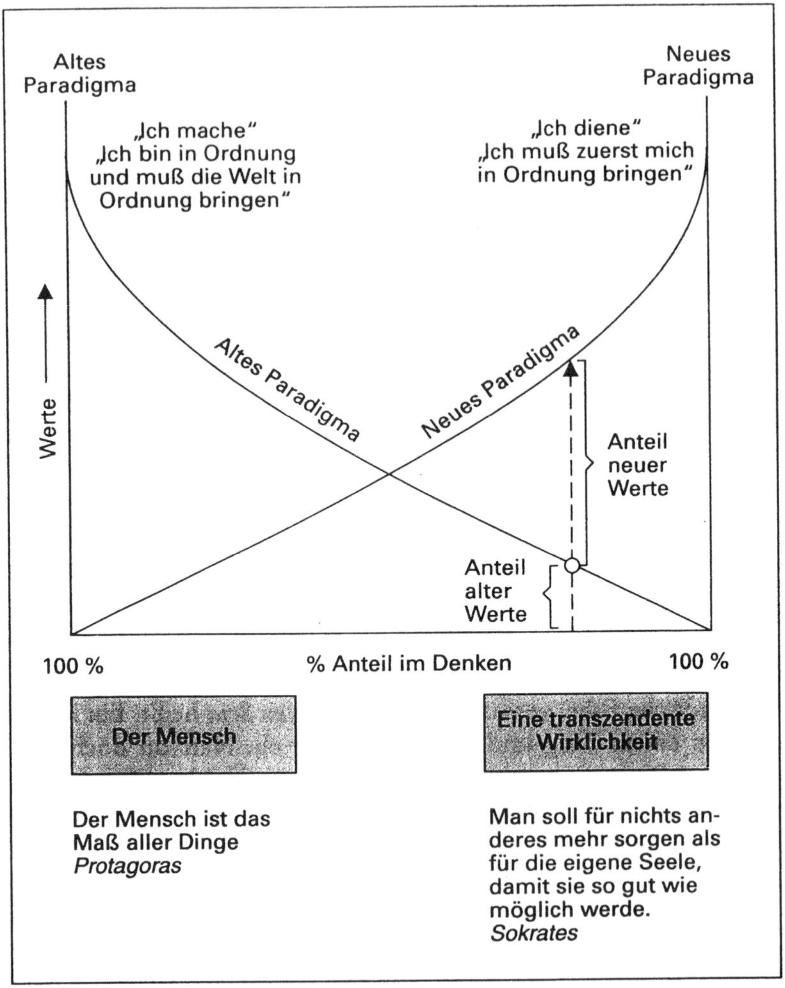

Abbildung 37: Das Paradigma des Machens und das Paradigma des Dienens
Quelle: Hammer, Hinterhuber, Schließmann, a.a.O., S. 58

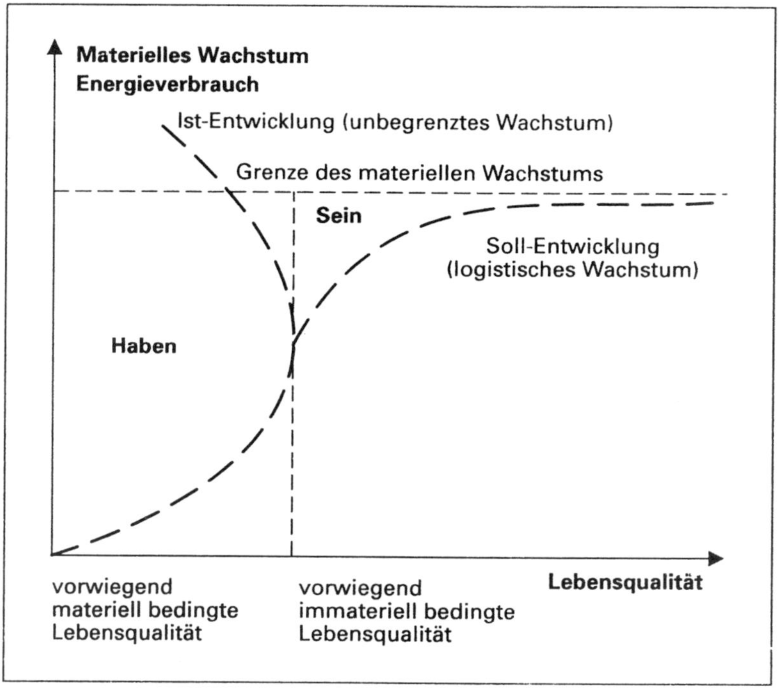

Abbildung 38: Materielles Wachstum und Lebensqualität
Quelle: Hammer, Hinterhuber, Schließmann, a.a.O., S. 59

Die drei Grundprinzipien des Dienens sind demnach:

- Nach außen die Kundennähe und Kundenzufriedenheit. Es reicht nicht aus, besser als die Konkurrenten zu sein; Kundennähe heißt, verstehen und vorwegnehmen, was die internen und externen Kunden erhoffen, aber nicht erwarten.
- Nach innen wird die Priorität dem persönlichen Gespräch mit dem Mitarbeiter gegeben, zugleich Offenheit und Vertrauen im Umgang miteinander.
- Nach unten muss ein Wir-Gefühl vermittelt werden, das Mannschaftsspiel, die Interaktionen im Team sind die Unternehmenskultur und die direkte Führungsarbeit wird zugunsten der Erhöhung der Eigenverantwortung zurückgestellt.[208]

208 Hammer, Hinterhuber, Schließmann: a.a.O., S. 60

Das klingt sicherlich ein Stück weit nach Eckwerten des NStM, ist aber dennoch von einer zusätzlichen zwischenmenschlichen Komponente geprägt. Abschließend sollen die Eckwerte des neuen Paradigmas herausgestellt werden:

- Vertrauen, Offene Kommunikation, aktives Zuhören
- Bestreben, anderen zum Erfolg zu verhelfen, Beziehungsaufbau, Werte schaffen, Stakeholder zufrieden stellen
- Glaubwürdigkeit, Authenzität, Verlässlichkeit, Redlichkeit und Arbeit an sich selbst, um sich weiterzuentwickeln
- Fähigkeit, immer vorbereitet zu sein
- Disziplin zur Unterordnung unter die Oberziele
- Versuch, über den Dingen zu stehen und jedes Problem aus der Sicht der übergeordneten Entscheidungsträger zu sehen.

4.2 Vom Beschwerde – zum Qualitätsmanagement

Kundenorientierung, Kundenzufriedenheit und der Weg vom Machen zum Dienen zeigen den inkrementalen Wandel im Rahmen einer organisatorischen Evolution auf. Kontinuierliche Verbesserung auf allen Wegen der Veränderung, lernende Organisationen, relativ friktionsfreie Entwicklungsräume und viel Zeit für Veränderungen kennzeichnen diese Strategie.

Der Bürger als Kunde, als Botschafter seiner Wünsche wird aufgrund der starken Binnenausprägung noch nicht genügend beachtet. Neben den unzähligen Hinweisen, wie Prozesse besser vorbereitet, gesteuert, nachbereitet und zur nächsten Ebene der Zufriedenheit geleitet und mit beitragen können, fehlen noch vier Erkenntnisse aus dem TQM:

- Viele Dienstleister wissen überhaupt nicht, was Kunden erwarten
- Sie entwickeln die falschen Normen für Servicequalität
- Die Servicequalität bleibt unter den Normen
- Zusagen werden nicht eingehalten.

Zeithaml, Parasuraman und Berry [209] haben zur Schließung dieser Lücken ein Modell entwickelt, welches ermöglicht, `

---

209 Zeithaml, Valerie A. / Parasuraman, A. / Berry, L.L.: Qualitätsservice, New York, 1992, S. 149

- mehr Verständnis für die Kunden zu entwickeln
- schnellere Rückmeldungen von den Kunden zu bekommen und
- die Lücken innerhalb und zwischen den Blöcken zu schließen.

Das Modell enthält eine eindeutige Botschaft für Manager, die in ihrem Unternehmen / ihrer Verwaltung die Servicequalität verbessern wollen. Zusätzlich wird die Wahrnehmung der Kunden verbessert, indem sie in den optimalen Gebrauch der Servicemöglichkeiten eingewiesen werden.

Zugleich wird deutlich, wo und wann fehlende Normen die Erfüllung der Kundenwünsche verhindern. Weiter ist es von besonderer Bedeutung, die Kunden darauf aufmerksam zu machen, dass sie bestimmte Leistungen, von denen sie meinen, das sie für das Verwaltungspersonal hinsichtlich der Erbringung mühsam oder ärgerlich sind, durchaus in Anspruch nehmen können und sollen, sie sich aber vorher dazu rechtzeitig absprechen und verständlich machen. Es dürfen keine Leistungslücken, Kommunikations – oder Verständnislücken entstehen.

Verfolgt man die Entwicklung und die Hinwendung zur Kundenorientierung, vom Beschwerdemanagement als „Lückenbüßer" bis zu den Ausführungen zu notwendigen Veränderungen in den Kundenbeziehungen, die Clienting, also die Kundenbeziehung in den Vordergrund stellen, [210] dann wird es dem Sachbearbeiter ohne entsprechende Zusatzausbildung, dem Leiter ohne Management - und Marketingausbildung sicherlich manchmal direkt schwindelig ob der enormen Veränderungsgeschwindigkeit. Trends muss man nicht mitmachen, vorn sein muss man in jedem Fall.

Eines der wichtigsten persönlich strukturierten Instrumente zur Verdichtung der Kundenzufriedenheitsanalyse ist ein aktives Beschwerdemanagement, [211] ergänzt durch konsequente und persönliche Kundenbetreuung, um durch intensives Feed-back gemeinsam mit dem Leistungsempfänger notwendige Veränderungsprozesse zu ermöglichen.

Beschwerde - und Qualitätsmanagement sind Instrumente im Rahmen eines Wandels im Verständnis für den Kunden, zugleich aber auch Prozessfolgen für einen Ressourceneinsatz, der den Kunden in Richtung Leistungs – und Begeisterungsanforderungen überzeugt.

---

210 Geoffroy, Edgar K.: Das einzige, was stört, ist der Kunde – Clienting ersetzt Marketing -, Landsberg, 1994, S. 22-26

211 Barlow, Janelle / Möller, Claus: Eine Beschwerde ist ein Geschenk - der Kunde als Consultant- Wien, 1996, S. 265: Sieben Schritte für die Durchführung eines Beschwerdemanagements

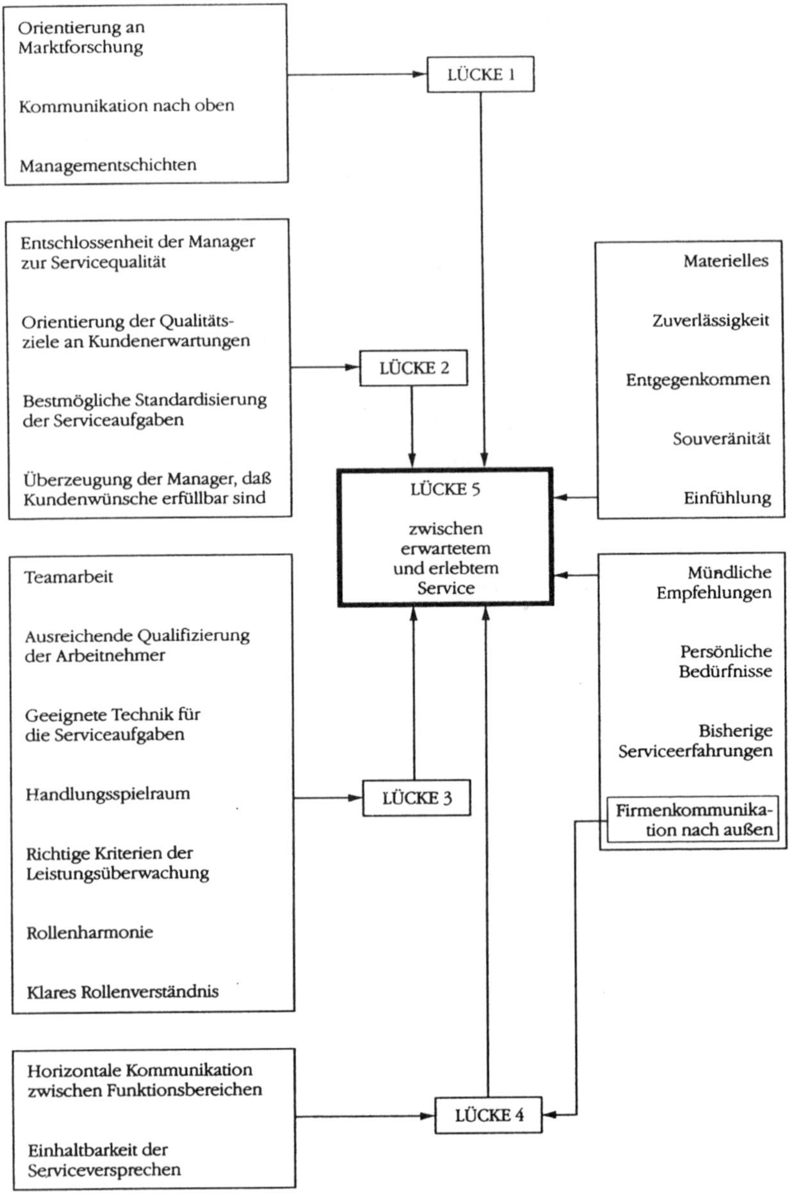

Abbildung 39: Das erweiterte Lückenmodell der Servicequalität
Quelle: Zeithaml, Parasuraman, Berry: Qualitätsservice, a.a.O., S. 149

4.3 Gemeindliches Handeln als „Faktor Vier" ?

Querdenken ist angesagt. Neue Ideen, Kreativität im Management, Entrepreneurship, Leadership, Change Agents, Lean Management, Reengineering, Property Rights, TQM, NSM, CM etc. etc. Eine schier endlos erscheinende Ansammlung an Innovationen, Werkzeugen, Konzepten und Vorschlägen schwappt wie eine Riesenwelle über unserem Kopf zusammen. Welche Handlungsempfehlungen geben uns die unbedingt erforderliche Luft zum Atmen? Gibt es Alternativen zu Managementkonzepten, die uns auch beim unverzichtbaren Wandel unterstützen, leiten, das absolute Erfolgserlebnis vermitteln?

Faktor Vier. Was verbirgt sich dahinter?

Der Club of Rome möchte diesen Begriff gern in den Adelsstand eines neuen Schlagwortes erheben. Doppelter Wohlstand bei halbiertem Natur – bzw. Ressourcenverbrauch. Ist das ein Ansatz, eine Lösungsstrategie für einen anderen Umgang mit den Ressourcen, die auch im öffentlichen Bereich einsetzbar sind? Ist die Stoffproduktivität so interessant, dass sie effizient einsetzbar und umsetzbar ist? Ermöglicht das Konzept Zivilisationsfortschritte, die in ein Change Management einfließen können?

Ernst Ulrich von Weizsäcker nennt dieses Modell eine „Effizienzrevolution". Sehen wir sie uns genauer an, ihre Beweggründe wie auch ihre Umsetzung.

„Neu ist die Aussage von Faktor Vier, weil sie nichts weniger will als eine Neuausrichtung des technischen Fortschritts. Einfach ist die Aussage, weil sie eine ganz primitive Formel benutzt: eben den Faktor Vier. Aufregend ist die Aussage, weil sie nicht utopisch ist, sondern ganz real. Der größte Teil der damit verbundenen Forderungen und Effizienzrevolution ist nicht nur machbar, sondern auch rentabel."[212] Da es anscheinend möglich ist, auch die Dritte – Welt – Länder sowie China, Mexiko und andere über diesen Faktor entsprechend positiv zu stimulieren, wirkt diese Effizienzrevolution ggf. bis zu uns zurück.

Gibt es momentan einen praktischen Zusatznutzen, der die Probleme der Kommunen abmildert, gibt es Anregungen für Innovationen, welche eine Umsteuerung in der Beschaffung der öffentlichen Hand, im Ressourceneinsatz und dort insbesondere in der Reduzierung dieses Einsatzes ermöglicht? Was konkret kann Faktor VIER?

---

212 Von Weizsäcker, Ulrich Ernst / Lovins, B. Armory / Lovins, L. Hunter: Faktor VIER – doppelter Wohlstand – halbierter Naturverbrauch – Der neue Bericht an den CLUB OF ROME.,München, 1995, S. 15

Zunächst ist diese Faktorbildung sehr allgemein platziert. Doppelter Wohlstand bei halbiertem Ressourcenverbrauch ist anscheinend die Obergrenze für Faktoreinsätze, angestrebt sind Werte, die mehr Wohlstand bei weiter verringertem Ressourceneinsatz ermöglichen. Es erfolgt keine Steuerung im Sinne eines Controlling oder durch eine staatliche, halbstaatliche Einrichtung oder eine Non Government Organisation (NGO). Vielmehr wird auf die quer über den Globus verteilten Tüftler abgehoben, die solche Effizienzmuster und ihre Realisierung schaffen.

Säule 1: Die Energieproduktivität:

Der Bogen reicht dabei vom Hyperauto, welches vom Nordkap bis Sizilien mit einer Tankfüllung fahren kann über das erste vollbiologische Bürohaus der Welt bis zu Superfenstern, die zum Nulltarif Heizen und Kühlen. Hinzu kommen Haushaltsgeräte, deren Stromverbrauch um drei Viertel reduziert werden können ebenso wie rentables Energie – und Abfallsparen.

Säule 2: Die Stoffproduktivität

Vom ehemals eingängigen Begriff des Energiesparens zur Energieproduktivität ist es inhaltlich keine besondere Entfernung, die Stoffproduktivität ist dagegen schwerer zuzuordnen. Verständlicher wird es dann, wenn wir von Gütern sprechen, die langlebig sind oder deren Materialintensität pro Service (MIPS) das Äquivalent für den Ressourcenverbrauch darstellt.

Einfache Lösungen stellen dabei Strategien wie vermieten statt verkaufen, gemeinsame Nutzung, Remanufacturing oder Recycling dar. Also: Möglichkeiten zur Reduzierung des Müllausstoßes der Wegwerfgesellschaft.

Oberflächlich betrachtet sind die Beispiele in ihrer Summe anscheinend geeignet, Verbesserungen beim Ressourcenverbrauch zugunsten der Kommunen zu ermöglichen bei gleichzeitiger Schonung der Mittel und Erhöhung der Stoffproduktivität.

Die Frage nach den Umstellungkosten und der Effizienz für die unterschiedlichen öffentlichen Einrichtungen ist dabei im Kostenvergleich zu beantworten.

Säule 3: Die Transportproduktivität

Befasst sich mit der Einsparung von Energie, Zeit und Geld durch das Vermeiden von Reisen z.B. durch Videokonferenzen und elektronischer Post. Weiter gehört dazu die Transportvermeidung am Beispiel des Joghurtproduktes, für das insgesamt fast 8000 km Transportwege erforderlich sind, ähnlich für Orangensaft. Stadtautos mit der Überschrift: Teilen statt besitzen gehören ebenfalls mit ihren geringen anteiligen Kosten dazu.

Unter Ausschluss von Borniertheit ist es sicherlich sehr sinnvoll, die drei Effizienzsäulen inhaltlich abzuklopfen und auf Übernahmemöglichkeiten der wünschenswerten und machbaren Modelle zu reflektieren. Ein Großteil der Vorschläge ist aus Gründen öffentlich – rechtlicher Vorschriften nicht umzusetzen. Dennoch gibt es interessante Ansätze, die auch an dieser Stelle für ein neues Denken und entsprechende Change Management-Strategien wertvoll sein können.

„Die Faktor-Vier-Revolution wird dringend gebraucht. Zudem ist sie technisch realistisch. Was fehlt also? Nun, in der Marktwirtschaft kann es sich eigentlich nur um Rentabilität handeln, die nicht eindeutig gegeben ist. Aber nicht mangels Kaufkraft, sondern weil es allenthalben noch Informationsdefizite, Hemmnisse und falsche Anreizstrukturen gibt.

Gewiss sind viele der genannten Beispiele rentabel – insofern, als sich die Investitionen nach einer gewissen Zeitspanne bezahlt machen. Aber sie stehen im Wettbewerb um knappes Kapital mit anderen Investitionsmöglichkeiten, die einfach noch profitabler sind......

Mit anderen Worten, die Anreizstrukturen in unserer Gesellschaft sind der Effizienzrevolution nicht förderlich. Das darf uns nicht verwundern. Historisch wurden die meisten Anreize entwickelt, um Wohlstandsentwicklung, technischen Fortschritt oder militärische Stärke zu fördern. In allen drei Fällen erschien es nützlich, die Entdeckung und effektive Ausbeutung natürlicher Ressourcen zu forcieren.

Den Fortschritt förderten großenteils neue Maschinen, die Muskelkraft durch Energie ersetzten, aber auch das Transportwesen, der Bau von immer schnelleren Fahrzeugen, von Straßen, Bahnstrecken und Flughäfen. In den hundertundfünfzig Jahren der Industrialisierung gab es außer in Kriegs – und Embargozeiten einfach keinen Grund, Ressourceneffizienz bewusst zu fördern.

Kein Wunder also, dass in dieser noch weltweit vorherrschenden Anreizsituation das Kapital üblicherweise Bedingungen vorfindet, die es rentabler machen, immer wieder in eine Ausweitung des Ressourcenverbrauchs sowie in die Erhöhung der Arbeitsproduktivität unter Inkaufnahme höherer Ressourcenverbräuche zu investieren.“ [213]

---

213 Von Weizsäcker, Ulrich Ernst u.a.: a.a.O., S. 174 - 175

Das **Ergebnis der Konzeption Faktor 4** ist einerseits **überlegenswert** hinsichtlich der Aktivitäten, die im öffentlichen Sektor dazu beitragen können, dass in der Tat durch unterschiedliche, gestufte und den besonderen Belangen der Aufgabenstellung entsprechende Anregungen zur **Reduzierung des Ressourcenverbrauchs** aufgenommen werden, um dann die entsprechenden Maßnahmen umzusetzen.

Das kann aufgrund der damit verbundenen Innovationen nur über ein Change Management geschehen, indem die üblichen Vorgaben und Voraussetzungen zur Einführung neuer Konzepte oder Produkte über einen Businessplan realisiert werden können. Der Appell zur stärkeren Implementierung der Vorgaben aus den drei Effizienzsäulen verklingt insofern nicht ungehört.

Die Akzeptanzgewinnung für solche Innovationen ist ansonsten erfahrungsgemäss nicht einfach. Sie erfordert einen Grundaufbau von Vertrauen, um die bisherigen Änderungsprozesse nicht zu beeinträchtigen und nicht eine falsche Richtungsgebung zu initiieren. Die dafür erforderlichen Prozesse müssen die persönlichen und sozialen Normen der Beteiligten sehr feinfühlig berücksichtigen, um die Beteiligten nicht zu überfordern und Akzeptanz zu wecken.

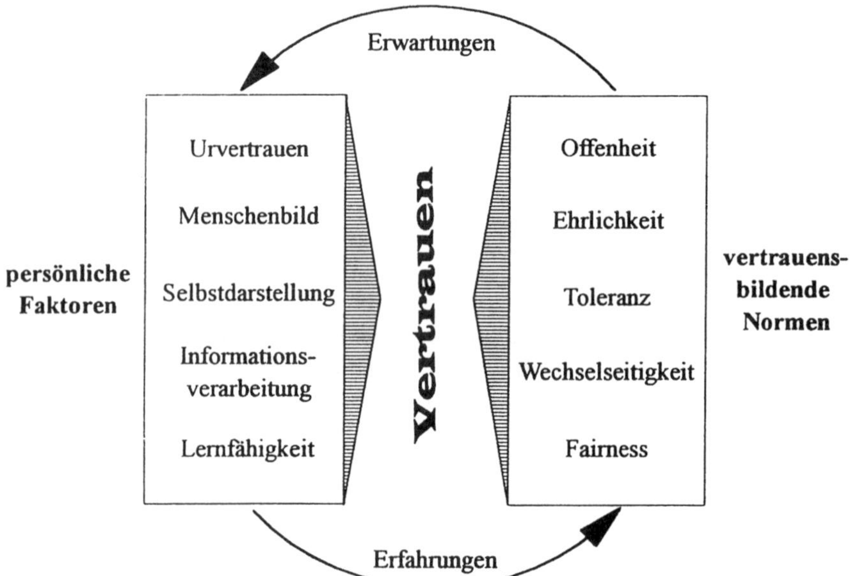

Abbildung 40: Wie bestimmte persönliche Faktoren und Normen den Prozess der Vertrauensbildung beeinflussen.
Quelle: Stahl, Heinz K.: a.a.O., S. 143

4.4 Perspektiven

„Das ist so", würde der amtierende Bundeskanzler voraussichtlich sagen, wenn er damit konfrontiert werden würde, dass der Bürger als Kunde und Botschafter im Fokus der öffentlichen Dienstleistungsanstrengungen steht. Als Wähler natürlich auch, was denn sonst? Was für den Bundeskanzler oder seinen Herausforderer der Wahlkampftruck oder für andere das politisch verbrämte Spaßmobil bedeutet, ist für die Kommunen die wahrgenommene Leistungsfähigkeit und Wertsteigerung Ihrer Dienstleistungen möglichst auf dem Level der Begeisterungsanforderungen und derer Erfüllungen.

Kommunen sind hinsichtlich der Anpassung ihrer Leistungen in einer ähnlichen Situation wie Unternehmensgründer, Pioniere, ggf. sogar wie High – Tech-Unternehmer. Aber Vorsicht: Lernen nur von den bestgeführten Unternehmen. Keine Strohfeuer, auch wenn die Gemeinde dafür genug Ressourcen und Flächen anbieten könnte.

Es gibt den Begriff des Unternehmers aus Leidenschaft. Den Gestalter, Erneuerer, Leader, Motivator, Multiplikator, der Strategien über den Tag hinaus entwickelt, sich absolut mit seinem Unternehmen identifiziert und Positives für die Region und darüber hinaus bewirkt. Der öffentliche Sektor folgt zwar anderen Gesetzmäßigkeiten als Unternehmen im freien Markt, dennoch ist es möglich, mehr und mehr die Parameter des Erfolges auch im Konzern Stadt akzeptanzfähig zu machen.

Die Change Agents sind ebenfalls Unternehmer aus Leidenschaft. Aufgebaut auf den gleichen Basismodulen wie Finanzmanagement, Personalmanagement, Prozessmanagement, Facility Management und Kontraktmanagement ist die öffentlich-rechtliche Institution lediglich durch die besondere Aufgabenzuweisung entsprechend ihrer Zielausrichtung anzupassen. Diese Anpassung muss kunden-, markt – und wettbewerbsorientiert erfolgen, ohne die gemeinwirtschaftliche Ausrichtung und die Aufgaben der aktuellen Daseinsvorsorge zu vernachlässigen. Dann stellen sich die erwarteten Erfolge auch ein.

Wenn lediglich kurzfristige Erfolge mit der Maßgabe eines eventuellen Aufspringens auf den Zug des Erfolges angestrebt werden, so wird allein schon aufgrund der fehlenden Strategie der Misserfolg wahrscheinlich sein. Beispiele dafür gibt es auch in der Wettbewerbswirtschaft genügend: Von Mobil Com, Qiagen, Brokat, Pixelpark bis zu Living Systems oder Lion Bioscience, die in den Jahren 1999 – 2001 als beispielhaft hinsichtlich Aufbruchstimmung, Performance, Business-Design, Teamspirit, etc.galten, ist entweder nichts oder fast nichts mehr vorhanden, was dem Markt noch Aufmerksamkeit, geschweige denn unternehmerischen Respekt abringen würde.[214] Außer Schulterzucken.

Innovationen bedürfen also auf dem Weg zum Kunden einer ebenfalls ständigen Anpassung an den Wandel der Organisation, des Marktes, des Wettbewerbs, aber insbesondere an die Werthaltigkeit von Produkten und Dienstleistungen. Vielleicht haben diese Newcomer sich mehr an den eigenen Vorstellungen als an denen der Kunden orientiert, zumindest wurde nicht die Möglichkeit bedacht, dass der boomende Markt sich auch ins Gegenteil verkehren könnte.

Einwenden ließe sich, dass der Neue Markt, der diesen Firmen ihre Raketenstarts ermöglichte, nicht symptomatisch für den Markt an sich ist. Das wäre zu einseitig. Auch im etablierten Markt, seinen Ausprägungen beziehungsweise in tradierten Dienstleistungseinrichtungen werden Innovationen, wird der notwendige Wandel immer mit Risiken behaftet sein. Es kommt nur darauf an, welche Auffanglinien errichtet werden, um bei Fehlschlägen nicht abzustürzen, sondern einen Paradigmenwechsel bereits eingeplant zu haben, gleich, wie er aussehen mag.

Dazu bedarf es eines anderen und neuen Verständnisses davon, wie Kundenorientierung heute und morgen angegangen werden muss und welche Informationen wie generiert werden müssen, um sie für die Erfüllung der Kundenwünsche und Anforderungen optimal entscheidungsvorbereitend verfügbar zu machen.

Der dazu erforderliche Paradigmenwechsel heißt: Vom Steuern zum Orientieren ! Das Ergebnis ist: Kundenorientiertes Wissensmanagement. [215]

Nicht-messbare Kriterien gehören ebenso dazu wie der Umgang mit Gegensätzen und Vielfalt, denn Widersprüche im Unternehmen resultieren interdependent aus den widersprüchlichen und gegensätzlichen Kundenforderungen. Wird dieses Spannungsfeld deutlich, dann entsteht aus konstruktiven Konfliktlösungen neues Wissen.

„Bei der Entwicklung von neuem Wissen stehen implizite und explizite Anteile miteinander in einer ständigen Wechselbeziehung. Dabei stellt praktisch jeder Lernprozess das Resultat eines Kontaktes zwischen Individuum und Umwelt dar, wobei sich Wissen, lernen und Handeln eben wechselseitig aufeinander be-

214 Wurzer, Jörg: Pinoniere, Gründer, High-Tech-Unternehmer: Deutschland auf Innovationskurs-, Stuttgart, 1999, S. 7 - 21

215 Hinterhuber, Hans H./ Matzler, Kurt: Kundenorientiertes Wissensmanagement, in: Kundenorientierte Unternehmensführung, Wiesbaden, 1999, S. 139

ziehen: Wissen ist die Grundlage der Entscheidung für eine bestimmte Handlungsalternative, deren Durchführung Erfahrungen mit sich bringt, die durch Lernprozesse die Wissensbasis weiterentwickeln. In der Folge werden dadurch neue Entscheidungen angestoßen.

Kundenorientierung ist ein Lernprozess, bei dem soziale Interaktionen sowohl innerhalb als auch außerhalb des Unternehmens von besonderer Bedeutung sind.“[216]

Diese wissensbasierten Veränderungen werden von japanischen Fachleuten wie Nonaka u.a. als Knowledge Conversion bezeichnet. Sie vollzieht sich in vier Formen:

	wird implizites Wissen	**wird explizites Wissen**
Aus inplizitem Wissen	Sozialisation	Externalisierung
Aus explizitem Wissen	Internalisierung	Kombination.

Dieser Lernzyklus, der einen Kreislauf bildet aus den Prozessen Erfahrung, Entwicklung, Entscheidung und Handlung, vollzieht sich innerhalb und außerhalb eines Unternehmens.[217]

Dabei werden wichtige Informationen gewonnen und ausgetauscht über den direkten Kontakt mit den Kunden (Sozialisation), durch die Weitergabe von Wissen, welches dann allgemein zugänglich wird (Externalisierung), durch die Kombination, also die Verknüpfung bereits vorhandenen expliziten Wissens sowie durch die Internalisierung, der Übernahme von Wissen, welches Verhaltensweisen auslöst, die in Fleisch und Blut übergehen, also absolut verinnerlicht werden.

Über kundenorientierte Leadership wird dieser Lernzyklus abgesichert und verstärkt, indem die Führungskräfte ihre zwangsläufige Distanz zum Kunden verringern, d.h., Key- Account – Management in Projekten von strategischer Priorität übernehmen, weil es sich dabei um nicht delegierbare Aufgaben aus dem Leadership - Haus handelt. Eine weitere Aufgabe der Wissensvermittlung entsteht bei der Moderation und der Begleitung der Kunden – Mitarbeiterbeziehung und zugleich der Kunden – und Mitarbeiterzufriedenheit.

Wesentliche, ebenfalls nicht delegierbare Aufgabe der Führungskraft ist es hier, den Mitarbeiter vor unberechtigten Beschwerden zu schützen, ihm auch Werkzeuge zum Umgang mit schwierigen Kunden an die Hand zu geben und

216 Hinterhuber, Hans H. / Matzler, Kurt: a.a.O., S. 139 - 140
217 Hinterhuber, Hans H, / Matzler, Kurt: a.a.O., S. 140

Pressure-Situationen zu simulieren, damit der Kunde dennoch adäquat behandelt wird und der Mitarbeiter aus der Problemlösung Zufriedenheit schöpft.[218]

Einigkeit besteht sicherlich darüber, dass Kundenorientierung und Kundenzufriedenheit – es muss ja nicht immer Faktor 4 sein – kein Selbstzweck sind. Sie dienen einer langfristigen Sicherung der eingeleiteten Beziehungen. Leadership und die adäquate Unterstützung und Förderung von Kunden – und Mitarbeiterzufriedenheit sind exzellente flankierende Maßnahmen, die auch dem Stakeholder – Ansatz entsprechen. Das erfordert und bedeutet in der Endausprägung die proaktive ganzheitliche Unternehmensführung.

218 Hinterhuber, Hans H.,/ Matzler, Kurt, a.a.O., S. 142 - 146

5. Strategische Revolution

5.1 Strategisches Denken und Handeln

Dort, wo Prozesse aus qualitativen, quantitativen, zeitlichen Gründen oder aus existenziellen Gründen, die im Wettbewerb liegen, nicht inkremental, also relativ behutsam und friktionsfrei, somit auch nicht Bottom–up etabliert werden können, ist dic Einleitung eines fundamentalen Change Management unabdingbar.

In einer Untersuchung von Miller/ Friesen (1984), die herausgefunden haben, dass erfolgreiche Unternehmen sich häufiger einem revolutionären Wandel unterziehen, gehen die Verfasser davon aus, dass eine solche Form der Veränderung im Extremfall sogar Widerstände verringern wird, da der vorhandene Leidensdruck mehr Akzeptanz bewirkt.[219]

Die Praxiserfahrungen mit unterschiedlichen Change Management – Objekten, seien es große Institutionen oder kleinere SGE, zeigen recht klar und deutlich, dass bei einer objektiven Zuordnung von Ressourcenverfügbarkeit und Änderungsbereitschaft durchaus differenziert entschieden werden kann, ob es sich um evolutionäre Entwicklungsmöglichkeiten oder den Prozess eines gesamten Erneuerungsprozesses handelt.

Das Ergebnis, wie auch immer, verlangt eine klare und durchgehende Standortbestimmung und die Visionen und Zielsetzungen, welche strategieauslösenden Charakter haben.

Die damit verbundene Herausforderung besteht in der Bewältigung des Unerwarteten. Führungsgrundsätze werden nicht plötzlich über Bord geworfen. Sie haben nach wie vor im Grundsatz Gültigkeit. Die Methoden und Werkzeuge (Tools) müssen allerdings angepasst werden. Auch die Prioritäten haben eine andere Rangfolge. In Zeiten zunehmenden Wandels und höherer Risikotragung kommt der unternehmerischen Freiheit, Dinge zu initiieren und zu entscheiden, eine immer größere Bedeutung zu. Und damit der strategischen Führung. Die Reihenfolge des Vorgehens wird damit immer noch angelehnt an Moltke, der **Strategie als „Fortbildung des ursprünglichen leitenden Gedankens entsprechend den stets sich ändernden Verhältnissen“** definiert hat, in die bewährte Reihenfolge gebracht, welche die Entwicklung der Strategie von der Vision bis zu den Aktivitäten aufzeigt (Abbildung S. 208).

---

219 Müller –Stewens,Günter / Lechner, Christoph, a.a.O., S. 391

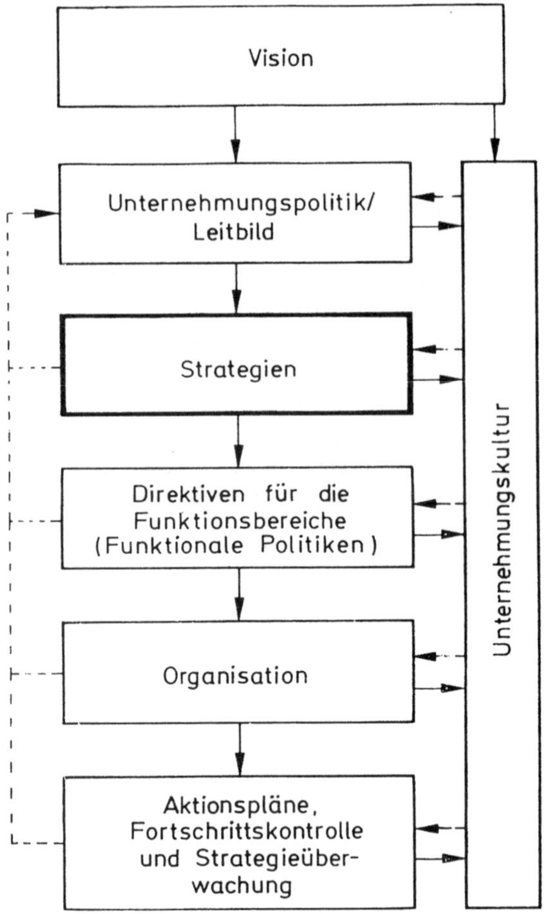

Die Analyse der strategischen Ausgangsposition.
Strategie und strategische Planung.
Die Strategieentwicklung auf der Ebene der strategischen Geschäftseinheiten.
Die Strategieentwicklung auf Unternehmungsebene.
Die Strategieentwicklung in der multidivisionalen Unternehmung.
Die Fragmentierung der unternehmerischen Tätigkeit.

Abbildung 41: Analyse der strategischen Ausgangsposition
Quelle: Hinterhuber, Hans H.: Strategische Unternehmensführung I, New York, 1992, S. 71

Dabei geht es im wesentlichen um die Transformation der Vision in unternehmenspolitische Grundsätze, der Strategieableitung, die Übersetzung in Handlungsrichtlinien, die Ausführung durch die Fachämter bzw. SGE und die weitere Umsetzung der sogenannten roten Linie als Ministrategie innerhalb der zweiten und dritten Ebene inklusive der Beteiligungen und Fremdfirmen.

Eine adäquate und ergebnisorientierte Unternehmensleitung fordert, ausgehend von einer stärkeren Einbeziehung von Umwelt – und Wettbewerbsüberlegungen sowie der ständigen Veränderungen in Organisation und Peripherie eine die Gesamtunternehmung umspannende

- unternehmerische Vision
- eine Gesamtheit unternehmungspolitischer Grundsätze
- ein darauf aufbauendes Leitbild
- die Formulierung differenzierter Strategien für die SGE
- die direkte Umsetzung der Strategien in Aktionsprogramme
- ein effizientes Planungs-, Motivations – und Controllingsystem
- eine motivierende Unternehmenskultur. [220]

Die strategische Planung kann nur wirksam umgesetzt werden, wenn sie in der Linie verankert ist. Sie benötigt den Schulterschluss einer gemeinsamen Leitungsverantwortung, um in die Ebene strategischen Führens übergeleitet zu werden. Zwar sind zahlreiche Aspekte des Managements von Unternehmen und nonprofit-Organisationen wie öffentlich-rechtliche Einrichtungen mit Gemeinwohlverpflichtung abhängig von den jeweils kulturellen und rechtlichen Rahmenbedingungen, im Hinblick auf strategisches Management lässt sich jedoch argumentieren, dass dieses weitgehend unabhängig ist von der Branche oder dem Land, in dem das Unternehmen angesiedelt oder tätig ist., von der Größe der Organisation oder den verwendeten Technologien.

Was sich in der Tat je nach Situation und Aufgabenzuordnung ändert, sind die Strategien selbst und die Modalitäten der strategischen Führung. Der Erfolg einer jeden Unternehmung, sei sie groß oder klein, privat oder staatlich, gewinnorientiert oder nicht, beruht auf Methoden und Einstellungen, die generalisierbar sind.

Die strategische Führung ist eine integrierte Gesamtheit von Entscheidungs – und Handlungshilfen sowie Einstellungen, mit denen in einer immer komplexer werdenden Welt mit immer höheren Prozessgeschwindigkeiten innerhalb und außerhalb des Unternehmens der Wert gesteigert werden kann. Vielleicht ist sie

220 Hinterhuber, Hans H.: Strategische Unternehmensführung I, a.a.O., S. VI

eher eine Kunst als eine Wissenschaft, die sich weniger auf theoretisch – rationalem als vielmehr auf empirisch – praktischem Wege erlernen lässt. [221]

Die Strategie ist zusammenfassend die praktische Anwendung der einem Unternehmer und den obersten Führungskräften zur Erreichung oder Verteidigung einer herausragenden Wettbewerbsposition zur Verfügung stehenden Mittel. Sie ist die Lehre von de Verwendung der Ressourcen des Unternehmens für Offensiv- Defensiv- oder Desinvestitionszwecke. Dabei ist der Ressourcenbegriff absolut umfassend zu betrachten und bezieht auch das Rechtemanagement mit ein. Strategie als laufende Anpassung an längerfristig erwartete Markttrends und Wettbewerbssituationen verlangt ein permanentes Change Management als Ausgangspunkt für neue Pläne, Entscheidungen und Wertschöpfungen.

Strategisches Denken, die damit verbundenen Planungsphasen und die Vorgaben für die SGE orientieren sich im wesentlichen an:

- *der Konstellation und Relevanz der Unternehmenseinflüsse*
- *den Analyseeinflüssen eigener Stärken und Schwächen*
- *den zukünftigen Erfolgspotentialen im Wettbewerb*
- *der Relevanz des gegnerischen Verhaltens für die Zielrealisierung, der Wahrscheinlichkeit des Verhaltens eines bestimmten Gegners*
- *den Umweltentwicklungen, die Chancen und Gefahren darstellen können*
- *den Konsequenzen des eigenen und gegnerischen Verhaltens.*

Insofern unterscheidet sich strategisches Denken grundlegend von nicht strategischem Denken, insbesondere in den Segmenten

- Zielorientierung
- Erfolgsorientierung
- Planungsumfang und
- methodischer Schwerpunkte

entsprechend der nachfolgenden Matrix auf Seite 211.[222]

---

221 Hinterhuber, Hans H. / Pieper, Rüdiger: Fallstudien zum strategischen Management, Wiesbaden, 1993

222 Handlbauer, Gernot / Matzler, Kurt / Sauerwein, Elmar / Stumpf, Monika: Perspektiven im strategischen Management, New York, 1998, S. 95-97

Unterscheidungskriterien	strategisches Denken	nicht strategisches Denken
Zielorientierung	• am langfristigen Überleben der Unternehmung als Ganzes • an übergeordneten Zielen (Unternehmungspolitik)	• Erfüllung relativ kurzfristiger Unternehmungsziele
Erfolgsorientierung	• längerfristig • Gesamterfolg steht im Vordergrund • momentane Nachteile werden zugunsten höherer Zukunftsvorteile in Kauf genommen	• kurzfristig • basiert auf den Vor- und Nachteilen des Augenblicks • Momentanerfolg wird beurteilt
Anforderungen an Entscheidungsträger	• hohes Abstraktions- und Kombinationsvermögen • Anwendung komplexer, heuristischer Problemlösungsmethoden • Betonung des Analyseinstrumentariums	• aufgrund höherer Evidenz und besserer Begründbarkeit geringere geistige Anforderungen • Anwendung relativ einfacher Problemlösungsmethoden
Gründe für Ungewißheit und Unsicherheit	• fehlende Informationen über bereits analysiertes Verhalten der Unternehmung und ihrer Umwelt in der Zukunft • strategische Orientierungsgrundlage ist eine zeitlich weitreichende Daten- und Informationsbasis	• nur in die unmittelbare Zukunft hineinreichendes Daten- und Informationsmaterial • vorwiegend aus der Vergangenheit gewonnene Datenbasis
Planungsumfang	• vom anzustrebenden "Enderfolg" abgeleiteter Gesamtplan • Betonung der Umwelt	• mehr oder weniger isolierte, die bisherige Entwicklung weiterschreibende Teilpläne
methodische Schwerpunkte	• Ableitung der "Anfangsschritte" von der erfolgreichen Lösung des Gesamtproblems • Analyse der Chancen/Risiken bzw. der relativen Stärken und Schwächen der Unternehmung	• "vor sich hin Entscheiden" • langfristige Erfordernisse werden vernachlässigt • zusätzlich werden u. U. dadurch negative Bedingungen für den späteren Erfolg geschaffen

Abbildung 42: Strategisches Denken und Nicht – strategisches Denken
Quelle: Handlbauer / Matzler / Sauerwein / Stumpf, a.a.O., S. 96

Strategisches Denken ist die Grundlage für Veränderungen in komplexen Strukturen, ein Brainstorming mit anschließender Schwerpunktbildung, das für die einzelnen Führungsebenen unterschiedliche, aber immer anspruchsvolle Aufgaben vorsieht und stellt. Der Übergang zum strategischen Handeln verlangt Fach – und Sachkompetenz aus Veränderungsprozessen und Restrukturierungen, die Fähigkeit, auf ungeplante Situationen und Entwicklungen adäquat reagieren zu können und innerhalb des kybernetischen Regelkreislaufes von Planung, Realisation, Controlling, Kontrolle und Abweichung die Entscheidungen zu treffen, die den Prozess wieder in den Regelkreis zurückführen.

5.2 Strategie und Change Management

„Strategische Führung wird zu oft gleichgesetzt mit der Entwicklung und Implementierung von Unternehmensstrategien. Dies ist natürlich ein wichtiges Aktionsfeld. Daneben sind aber mindestens drei andere, ebenso wichtige Komponenten zu berücksichtigen: die Struktur der Unternehmung, die Unternehmenskultur und das personelle Potential für die Schlüsselpositionen des Managements." [223]

Malik vermutet, dass strategische Führung in Zukunft weniger darin bestehen wird, Pläne zu generieren, sondern vielmehr darin, das innere Modell der Menschen über das Funktionieren von Wirtschaft und Gesellschaft zu verändern. Vor dem Hintergrund des vorhandenen Wissens ist es nur sehr schwer nachvollziehbar, dass Unternehmen mit einer sehr einfachen Sicht der Dinge versuchen, Zukunftsaufgaben anzugehen.

Die richtigen Dinge anzugehen, das Unternehmen dauerhaft mit seinen Dienstleistungen für den Kunden interessant zu gestalten, den Bereich der Leistungsanforderungen und der Begeisterungsanforderungen qualitativ zu erweitern, bedeutet für die Region und die Peripherie Lebensqualität durch kundenbezogene Serviceorientierung und Aufgabenerfüllung. Das verlangt permanente Anpassung an veränderte Bedingungen – Change Management. Und keinen Etikettenschwindel. Auf den reagieren die Kunden sehr empfindlich. Die Konsequenz heißt:

Change Management kommunaler Leistungsprozesse

---

223 Malik, Fredmund: Strategische Führung, in: Strategisches Management in den 90er Jahren – Entwicklungstendenzen in Controlling und Human Resources- Wien, 1990, S. 41

und meint: Verbesserung kommunaler Leistungsprozesse und Produktangebote durch strategische und kundenorientierte Unternehmensführung. Das verlangt zunächst die

- Analyse der verfügbaren personellen, materiellen und infrastrukturellen Ressourcen der Kommune inkl. Beteiligungsunternehmen und Spin-Offs
- Grobplanung der alternativen Möglichkeiten zur Erfüllung der Pflichtaufgaben
- Feinplanung des Drei-Säulen-Modells inkl. einer HSK – analogen Prioritätenbildung.

Das verlangt aber auch, den ständig damit einhergehenden Wandel zu beherrschen, daraus Wettbewerbsvorteile zu ziehen und mit Techniken und Methoden die Veränderungsfähigkeit der Führungskräfte in der eigenen Institution zu verbessern, um schlussendlich keine Leitungsebenen analog dem Peter-Plateau zu besetzen.

Der Staat und seine Institutionen, Länder, Kommunen und andere Non-Profit-Organisationen stehen vor gewaltigen Herausforderungen. Auf allen Ebenen öffentlicher Verwaltungen und Einrichtungen schränkt die angespannte Haushaltssituation die Handlungsspielräume ein. Gleichzeitig ist ein beschleunigter Wandel zu beobachten, der von den Forderungen nach einem sogenannten schlanken Staat mit effizienter Verwaltung und bürgernahen Dienstleistungen bestimmt ist.

Diese Herausforderungen sind mit den Mitteln und Methoden von gestern nicht zu bewältigen. **Zukunftsweisende Strategien**, adäquat eingebettet in die aktuellen Erfolgsmodelle moderner Unternehmensführung, müssen verlorengegangene Gestaltungsräume reanimieren und reaktivieren.

Visionen und Ziele ohne die **Folgeentwicklung mittels einer Strategie** sind lediglich Seifenblasen. Die Strategie ist der Schutzmantel, der sie bewahrt und sie mit Leben erfüllt. Damit Visionen nicht zerplatzen und Ziele sich nicht auflösen oder verlieren. Die Leistungspakete, welche die Kommune für den Bürger schnürt, werden immer umfangreicher und komplexer. **Lebensqualität** und **Zukunftsfähigkeit** sind nicht nur Schlagworte zur Bürgerberuhigung. Sie sind Ausrufzeichen für **Kundenbindung und Anziehungskraft einer Kommune**. Sie beinhalten neben den betriebswirtschaftlichen Komponenten Leitideen und Konzepte, die umgesetzt werden müssen.

Das NStM ist dafür die Grundlage, Strategien umsetzen erfordert mehr. Lediglich aus der strategischen Ebene heraus Aufgabenkataloge zu entwickeln, die dann operativ ausgeführt werden müssen, wäre unzureichend. Strategien umzusetzen, bedeutet, Prozesse zu initiieren und diese unabhängig von Funktionen fachübergreifend zum geplanten Ergebnis zu steuern.

Eine Vielzahl von **Diskontinuitäten** prägen heute und morgen Wirtschaft und Verwaltung. Der Dienstleistungsbereich gewinnt immer mehr an Bedeutung. Die Erfüllung der Kundenansprüche ebenso. Unternehmen, Unternehmer und Manager können den permanenten Wandel nur beherrschen, wenn sie **professionelles Change Management** einsetzen. Was ist dezidiert darunter zu verstehen?

„Es beinhaltet zum einen ein Angebot an Techniken und Methoden, die Veränderungsfähigkeit von Führungskräften und Mitarbeitern zu erhöhen, andererseits stimuliert es eine Nachfrage nach neuen Formen des Führungsverhaltens und der Motivation, die es einem Unternehmen ermöglichen, im Wettbewerb zu bestehen. Dazu liefert es Messverfahren, die notwendige Änderungen der Kultur und des Verhaltens vorhersagbar und damit beherrschbar machen."[224]

Change Management konzentriert sich auf den nach wie vor wichtigsten Teil des Unternehmens: den Mitarbeiter und sein Wissen. Es holt die Mitarbeiter dort ab, wo sie sich gerade befinden und transportiert sie nicht in eine **Laboratoriumssituation unter Fremdbedingungen**. Die sichtbaren Zwänge zur Veränderung müssen aufgezeigt und kommuniziert werden, damit **der gemeinsam zu bewältigende Prozess vorhersehbar und beherrschbar wird.**

Szenarien müssen in ihrer Konsequenz deutlich werden, die Sanktionen für veränderungsunwillige Mitarbeiter ebenfalls. Dieses gilt insbesondere für Mitarbeiter, die das Potential für Veränderungen haben, sich aber dennoch verweigern. **Konsequenzen müssen der Dringlichkeit und der Radikalität des Prozesses** entsprechen. Appeasement ist kein Mittel, um Unruhe zu verhindern. Streicheleinheiten gehören nicht vor Beginn des Veränderungsprozesses ins Handgepäck. Gelungene Etappen und erfolgreich absolvierte Meilensteine sind dagegen **Motivatoren** für eine aktive Beteiligung der Change Agents und Mitarbeiter.

Techniken und Methoden im Change Management. Was ist daran **anders?** Auf der Schiene des fundamentalen Wandels über revolutionäre, also umfassende Strategien und deren Umsetzung werden verstärkt überkommene, geliebte Denkmuster und Strukturen aufgebrochen. **Konflikte werden gezielt ausgelöst**. Als Beispiel dafür kann die **Änderung der Kompetenzlinien** und die Vorgesetztenzuordnung innerhalb eines projektierten **Organisationsdiagramms** (Organigramm) dienen.

Innerhalb der Vorstellung zukünftiger **Strukturen, Verantwortungen und Ziele** wurde durch den Vorstand eines in eine Kapitalgesellschaft umgewandelten

---

224 Hinterhuber, Hans H./ Friedrich, Stephan A. / Al-Ani, Ayad / Handlbauer, Gernot: Das Neue Strategisches Management – Perspektiven und Elemente einer zeitgemäßen Unternehmensführung, Wiesbaden, 2000, S. 241-242

Regiebetriebes, der von einem relativ hohen Beharrungsvermögen (Behäbigkeit) geprägt war, eine Organigrammfolie über den Tageslichtschreiber projiziert, die an verschiedenen Schnittstellen gelbe Kästchen enthielt. Bei einem Vergleich dieser Farbsegmente mit den früheren Abteilungsleiterstellen wurde schlagartig sichtbar, dass diese Ebene auf ein Zehntel (nicht um ein Zehntel) reduziert worden war. Damit verbunden war selbstverständlich auch eine völlig **andere Aufgabenzuordnung mit anderen Property Rights.**

Die **Reaktionen entsprachen dem verabreichten Kulturschock**, obwohl sie nicht existenzielle Bedeutung besaßen. Ohne diesen Schock wären, wie im Vorfeld durch entsprechende Analysen festzustellen war, keine grundlegenden Änderungen möglich gewesen und der **Niedergang des Unternehmens** oder seine Übernahme mit den regelmäßig festzustellenden arbeitsplatzvernichtenden Folgen für die Beschäftigten nur eine Zeitfrage gewesen.

Neues Denken, das Denken in Szenarien, Alternativen und anfänglichen Widersprüchen (Querdenken) wird angestoßen.

"Change Management besteht u.a. aus einer geplanten, aber nicht notwendigerweise sequentiellen Folge intervenierender, d.h. in die tägliche Arbeit eines Mitarbeiters eingreifender Aktionen wie Coaching, Training, Motivation, Information und Kommunikation. Führungskräfte machen durch ein Change Management ***Veränderungen greifbar****, indem sie Konsequenzen auf die individuelle Ebene herunterbrechen, solange, bis sie die gesamte Organisation durchdrungen haben und die neue Strategie fest in der Unternehmenskultur verwurzelt ist."*[225]

Dass der vielbeschworene **Schulterschluss** in der Führungsebene dazu Voraussetzung ist, gerade vor dem Hintergrund von Mitarbeitermeinungen, die in einer Güterabwägung den Status quo lieber akzeptieren, als in eine subjektiv so bewertete -teils bewusst, teils unbewusst- ungewiss erscheinende Zukunft zu gehen, wissen alle Beteiligten vom Konzernchef der Stadt über die Change Agents bis zu den Teamchefs. Falls nicht genügend wahrgenommen, muss gegebenenfalls der **Leidensdruck** erhöht werden, um diese Mitarbeiter ebenfalls für Veränderungen zu gewinnen. **Oder die Bremsen müssen durch Schwungräder ersetzt werden.**

Nicht geeignet ist Change Management dafür, Veränderungsszenarien zu konzipieren und dann zu delegieren. **Veränderungen und Veränderungsprozesse verlangen persönliches Eintreten, Rückgrat und die Fähigkeit, auch**

225 Hinterhuber / Friedrich / Al-Ani / Handlbauer, a.a.O., S. 244-245

unangenehme Dinge aufzuzeigen und die Konsequenzen eindeutig und transparent für alle Beteiligten zu verdeutlichen..

Gattermayer / Neubauer sprechen in diesem Zusammenhang von einer **„burning platform“,** deren Existenz von niemandem übersehen werden darf. Dadurch wird der Leidensdruck verstärkt und die Bereitschaft, in den Veränderungsprozess einzutreten, ebenfalls.[226]

„Change Management muss den Anspruch erfüllen, auch die persönliche Veränderung vorhersehbar und planbar zu machen. Es leistet dann den wertvollsten Beitrag, wenn es den Veränderungsprozess modelliert und eine ***Methode zur Verfügung stellt****, mit der die* ***Streckenabschnitte*** *der Reise transparent und die* ***Zielpositionen*** *prognostizierbar gemacht werden. Frühere Change Management-Ansätze konnten diesen Anspruch nicht einlösen. Das von Andersen Consulting entwickelte Konzept des*

Journey Management

eröffnet einen ***ganzheitlichen Ansatz für Veränderungen****. Es schafft außerdem die Grundlage für eine auf die verschiedenen Phasen des Prozesses abgestimmte Vorgehensweise, und es ermöglicht eine* ***Messung*** *des Erfolgs.*

Das Modell JOURNEY MANAGEMENT, die davon abgeleitete STRATEGIE DER VERÄNDERUNG und die IMPLIKATIONEN für den Umsetzungsprozess

Beobachtungsschwerpunkt dieses strategischen Ansatzes ist der Mensch auf dem **Karussel komplexer vertikaler und horizontaler Kräfte**, die von allen Seiten auf den Veränderungsprozess einwirken. Werden die Einflüsse auf die Organisation, die Interdependenzen zwischen den Beteiligten und den Antriebskräften menschlichen Handelns **nachvollziehbar**, dann sind erfolgreiche Veränderungsprojekte möglich.

Wichtig für dieses Verständnis ist die Unterscheidung in eine **Makro – und eine Mikroebene**. Veränderungen bedürfen der Anführung (Vordenken, Beispiel geben) wie auch der anschließenden Ausführung durch die Change Agents und Mitarbeiter. Change Agents stimmen das übergeordnete Ziel der Veränderung mit den operativen Projektzielen ab. Neben der Durchführung von Change Management-Projekten wird Change Management aber auch zur Unterstützung anderer Projekte eingesetzt. Dabei handelt es sich ausschließlich um Makro-Ziele wie z.B.:

---

226 Gattermayer, Wolfgang / Neubauer, Rainer M.: Change Management zur Umsetzung von Strategien, in: Hinterhuber / Friedrich / Al-Ani/ Handlbauer, a.a.O., S.245

- Implementieren von Verhaltensänderungen, Werten und Einstellungen
- Reduzierung von Redundanzen, Hinweis auf Synergien
- Installation von Messverfahren für den Erfolg.

Nach der vorherigen sauberen Trennung der beiden Ebenen beginnt ein fließender Übergang, der von der übergeordneten Steuerung in die Detailarbeit des Tagesgeschäftes übergeht. Da die Projektleitung in der Regel nicht über durchschlagende Machtmittel verfügt, ist zu berücksichtigen, dass es

- Ein Angebot an Veränderungsinitiativen (Können) gibt und die
- Nachfrage nach Veränderungen (Wollen).

Das heißt, das Management entwickelt und legt der Organisation ein Angebot vor, wie die künftigen Strukturen und Prozesse aussehen könnten und sollten. Die Nachfrage nach Veränderung wiederum hängt davon ab, wie attraktiv das Angebot präsentiert wird und wie hoch die Partizipation des Einzelnen an den gestaltbaren Veränderungen ist.

Die bisherigen Change Management-Angebote haben sich zu sehr der Angebotsseite zugewandt. Die Erweiterung durch die stärkere Berücksichtigung der Nachfrageseite wirkt sich ähnlich wie die BSC durch die verstärkte Außensicht und den Faktor Humankapital positiv aus.

Die beiden Schwerpunktbildungen, Mikroebene – Makroebene auf der einen Seite und **Angebotsebene und Nachfrageebene** auf der anderen Seite lassen erkennen, dass es nur dann zu einem erfolgreichen Change Management-Prozess kommen kann, wenn alle Faktoren positiv, mathematisch – betriebswirtschaftlich betrachtet, größer Null sind.[227]

Die Quadranten stehen sinnbildlich für

- **Navigation**, d.h., Partnerschaftliche Zusammenarbeit bei Entwurf und Steuerung des Veränderungsprozesses
- **Führung und Sponsorship**, d.h., zusammen mit dem Top Management Leadership herstellen und die Schirmherrschaft für den Veränderungsprozess aktiv ausüben
- **Befähigung**, d.h., Projekte unterstützen, die Veränderungen ermöglichen
- **Ownership,** d.h., am Änderungsprozess beteiligte Mitarbeiter begleiten, Handlungen und Denkweisen öffnen.

227 Gattermeyer / Neubauer, a.a.O., S. 248-251

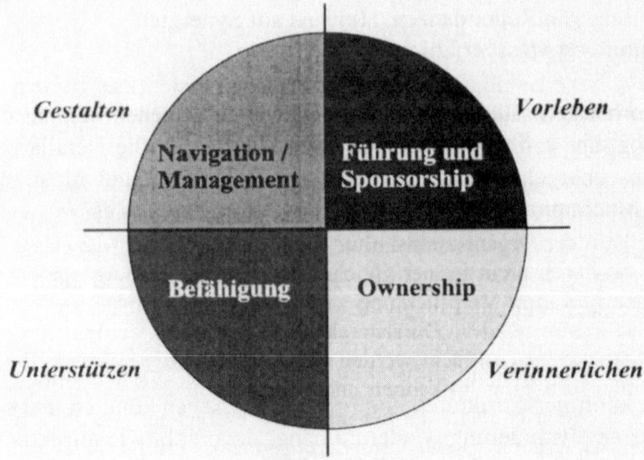

Abbildung 43: Journey Management Framework
Quelle: Gattermeyer / Neubauer: Change Management zur Umsetzung von Strategien, a.a.O., S. 251

Insofern stellt die strategische Führung über das Journey Management als Spitzenmodell des Change Management eine wichtige Säule im Rahmen ganzheitlicher Unternehmensführung und beim Networking dar.

Interessant ist noch einmal die Betrachtung der Verläufe eines professionell gesteuerten Change Management-Prozesses für künftige Projekte und Unterstützungsmaßnahmen.

In der **ersten Phase**, der Phase der Planung und Abstimmung dominiert der Makrobereich, die **Leadership-Ebene** entwickelt Visionen, plant und kommuniziert mit der Management-Ebene, stimmt ab und macht den Prozess transparent. Diese Phase ist geprägt von **Aufbruchstimmung und Euphorie.**

In der **zweiten Phase**, der Vorbereitung der Organisation auf die Änderungen, kommt die Erkenntnis, dass die Dinge doch ein wenig schwieriger sind, teilweise **lässt die Antriebskraft erheblich nach** und die Angst vor der eigenen Courage wird stärker. Jetzt wird Unterstützung erforderlich, Trainingsmaßnahmen und Coaching sowie ständige Information und Kommunikation. Ängste müssen genommen und Erfolge verstärkt werden.

Die **dritte Phase**, der Umsetzungsprozess, erfordert, alle **Betroffenen im positiven Sinne zu Beteiligten** zu machen und setzt ein gemeinsames Verständnis von Veränderungen, insbesondere von notwendigen Veränderungen voraus. Die

Beachtung sogenannter kritischer Erfolgsfaktoren ermöglichen überhaupt den Erfolg.

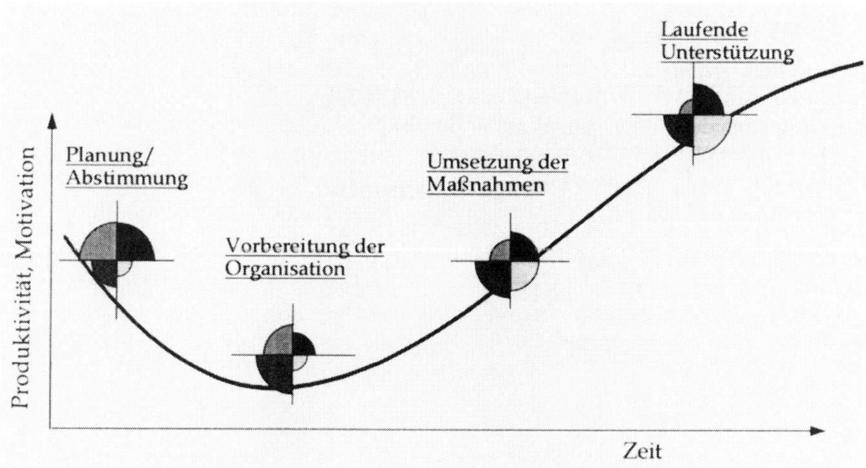

Abbildung 44: Der Verlauf der Veränderung
Quelle: Gattermeyer, Neubauer: Change Management zur Umsetzung von Strategien, a.a.O., S. 253

Dazu gehören, nicht enumerativ, aber von herausragender Bedeutung,

- das Change Management richtig einzuordnen
- Entwicklungen vorzuleben, Ganzheitlich vorzugehen und nicht halbherzig als sogenanntes Modellvorhaben
- die besten Mitarbeiter einsetzen, aber nicht nebenher, sondern freigestellt
- auf messbare Ziele konzentrieren, da die Motivation dann zunimmt
- Abstimmung der in den Teilbereichen unterschiedlichen Kulturen zur Barrierenverhinderung oder Barrierenbeseitigung
- klare Rollen – und Kompetenzzuweisung
- aktive Dialoggestaltung statt einseitiger Information.
-

Die Stabilisierung der einzelnen Phasen erfolgt durch laufenden Service und Support. Der Prozesseigner muss permanent über ein

- strategisches Controlling die laufenden und künftigen Entwicklungen gegenchecken und

- erforderliche Änderungen im Rahmen des strategischen Journey Management
- unverzüglich in den kybernetischen Regelkreislauf einspielen.

Permanente Informationsaustausche mit allen Beteiligten bei gleichbleibend hoher Transparenz sorgen für die

- Dauerhaftigkeit der Akzeptanz und die weiteren
- Erfolge auf dem Weg zum Wandel durch

Change Management.

6. Integrierendes Management

Systeme erlangen **Ganzheitlichkeit** durch die Integration ihrer Elemente. Dies geschieht durch die Gestaltung der wechselseitigen Beziehungen zwischen ihnen. Dabei betont die Integration eine besondere Form der Verknüpfung von Elementen zum Ganzen eines Systems.

Im Unternehmen werden dadurch die Fundamente für eine ganzheitliche Vorgehensweise gelegt. **Integratives Handeln** allerdings ist nicht selbstverständlich. Integratives Denken und Handeln als Ergebnis der durch Koordination zu bewältigenden komplexen Aufgabenstellungen bewirkt situative Lösungen bzw. ermöglicht ein **Forecasting – orientiertes Handeln**, welches gestaltendes Handeln ermöglicht, bevor Probleme manifest werden.

Integration ist immer **mehrdimensional**. Genauso wie die zu lösenden Aufgaben. Sie bezieht sich auf ein sehr komplexes **Netzwerk interdependenter Beziehungen** einzelner Module des Modells. Zwischen ihnen besteht eine enorme Vielzahl miteinander agierender Einflussbeziehungen.

Die Entwicklung und Einführung eines unternehmensspezifischen Managementkonzeptes stellt für alle Mitarbeiter, von der Leadership-Ebene über die Change Agents bis zum Sachbearbeiter einen tiefgreifenden Innovationsprozess dar, in dessen Verlauf neben der zusätzlichen Arbeit auch neue Denk– und Verhaltensweisen, die über den eigenen Arbeitsplatz hinausgehen, gefordert werden. Malik hat für die Entwicklung und Einführung eines solch **hochkomplexen und dynamischen Managementkonzeptes** Grundsätze aufgestellt, die einen solch umfassenden Änderungsprozess friktionsfreier ermöglichen sollen: [228]

- **Das notwendige Minimum, nicht das mögliche Maximum**
  Die fallgerechte Auswahl von Konzepten, Instrumenten und Methoden. Keine darüber hinausgehenden Ressourceneinsätze, die der Änderungsprozess nicht verträgt

- **Maximale Übereinstimmung mit dem Bestehenden**
  Tradierte und erfolgreiche Verfahren und Führungsgrundsätze übernehmen, nicht mit Gewalt neue und andere Vorstellungen durchsetzen. Optimal ist die

228 Malik, Fredmund: Integriertes Management, in: Bleicher, Knut: Das Konzept Integriertes Management, New York, 1996, S. 220 - 233

Verknüpfung von alt und neu, sofern die handelnden Personen, die Organisationsumgebung und die Ressourcen es zulassen.

- **Intensiver Einbezug der Mitarbeiter**
  Bei fundamentalen Änderungen müssen die Mitarbeiter einerseits mit den Fakten konfrontiert werden und soviel Information erhalten, dass sie über die Einsicht in die notwendigen Änderungsprozesse zur Mitwirkung bewegt werden. Zugleich ist die Konsequenz für eine Verweigerung trotz der Fähigkeit, den Prozess mitzugestalten, sehr deutlich zu machen, um letztlich die Einbindung zu erreichen.

- **Anpassung an die Erfassungs – und Lernfähigkeit der Mitarbeiter**
  Die angedachten Konzepte und Systeme müssen der Leistungs – und Aufnahmefähigkeit der Mitarbeiter entsprechen., sie sollen alle zur Mitarbeit an einem Managementinformationssystem ermutigen und sie möglichst in eine solche Arbeit einbinden.

- **Mehrdimensionale Lösungsansätze**
  Führungsprobleme sind immer das Ergebnis eines Ursachenbündels oder Ursachennetzwerks. Das bedeutet, dass Lösungen nicht eindimensional machbar sind.

- **Volle Berücksichtigung des Zeitbedarfs**
  Für das Veränderungsmanagement, insbesondere in integrierten Systemen ist ein mehrfaches der Zeit wie in ein – oder zweidimensionalen Strukturen erforderlich, soll das Projekt oder das Change Management nicht scheitern.

- **Revidierbarkeit**
  Gerade komplexe und mehrdimensionale Systeme müssen ständig überprüft und ihre Regelkreisläufe angepasst werden, da die Auswirkungen von Fehlern oder falschen Prozessabläufen zu einer mehrdimensionalen, eventuell nicht mehr revidierbaren Fehlermenge führen und das Unternehmen sich dadurch vom Markt nimmt.

Eine besonders hochkarätigen Aufgabe stellt die Synthese und Temporalisierung von Erfolgspotentialen im Prozess der Konzeptentwicklung und Konzeptimplementierung dar. Auf die erstrebenswerte und hochwirksame Entwicklung von Managementkonzepten als Ganzheitlichkeit soll abschließend verwiesen werden.

Nur so kann das Unternehmen im Gleichklang wachsen und Form annehmen. Integrale Steuerung = Übergreifendere Erfolg im Änderungsprozess.

6.1 Ganzheitliche Unternehmensführung

Ganzheitliche Gestaltung bedeutet, alle für eine Aufgabenstellung relevanten Einflussfaktoren und deren Wirkungen in entsprechendem Ausmaß zu berücksichtigen. Eine ganzheitliche Unternehmensführung erfordert für deren Entwicklung eine

- entsprechende geistige Grundhaltung der Beteiligten und einen
- Gestaltungsansatz, der in seinen Elementen und Methoden der Ganzheitlichkeit Rechnung trägt..

Die ganzheitliche Gestaltung ist einerseits **systemorientiert,** d.h., die outputorientierte Zusammenführung von Mensch, Organisation und Technologie über einen Transformationsprozess,

andererseits die **situative** Gestaltung, die trotz organisatorischer Regelungen Freiräume lässt für die Lösung von Problemen in unterschiedlichen Situationen, die flexibel agiert je nach verfügbaren Ressourcen.

Dabei ist ganzheitliche Gestaltung **zielorientiert und prospektiv**. Da alle Entwicklungen und Einflüsse, also betriebswirtschaftliche, volkswirtschaftliche, soziale, rechtliche und ökologische für die unternehmerischen Entscheidungen nicht unberücksichtigt bleiben sollen, sprechen wir hier auch von einem **Konzept der multiplen Zielsetzung.**

Die prospektive Gestaltung verlangt die Vorwegnahme zukünftiger Entwicklungen und Ziele anhand von Innovationsszenarien und der sie begleitenden Randbedingungen. Schlussendlich ist ganzheitliche Gestaltung im wesentlichen **inhalts – und vorgehensorientiert**. Die inhaltliche Gestaltung bemüht fünf Gestaltungsfelder, die interdependent aufeinander einwirken:

Das Feld Produkt/Markt befasst sich mit den Input – Outputmärkten, der Produktgestaltung und den Kunden- sowie Geschäftsfeldstrategien.

Das Feld Prozesse ist eine Art Lean Management für die Leistungsempfänger zur Verbesserung der originären Geschäftsfeldprozesse.

Das Feld Management und Organisation befasst sich mit der Aufbauorganisation und den Aspekten von Führung und Leitung.

Das Feld Mitarbeiter befasst sich mit möglichen Verbesserungen in der kundenbezogenen Verhaltensstruktur.

Das Feld Unternehmensinfrastruktur befasst sich mit dem gesamten Spektrum des Facility Managements.

Gestaltungsfelder / Themenbereiche	Produkt / Markt	Management & Organisation	Prozesse	Mitarbeiter	Unternehmens-infrastruktur
Beurteilung der Geschäftsfelder hinsichtlich Kundenbedürfnissen und Konkurrenzsituation	●				
Erweiterung des Leistungsspektrums (Produkte & Dienstleistungen)	●	◑			◑
Liefer-, Produktions-, und Bevorratungsstrategie	◑	●	●		◑
Implementierung Qualitätsmanagement	◑	●	●	●	◑
Innovative Organisationsstruktur und Führung	◑	●	●	●	◑
Konzeption einer Umweltstrategie	◑	●	◑	◑	●

Abbildung 45: Themenbereiche und deren Wirkungen auf die Gestaltungsfelder
Quelle: Seghezzi, Hans Dieter: Ganzheitliche Unternehmensführung, a.a.O., S. 33

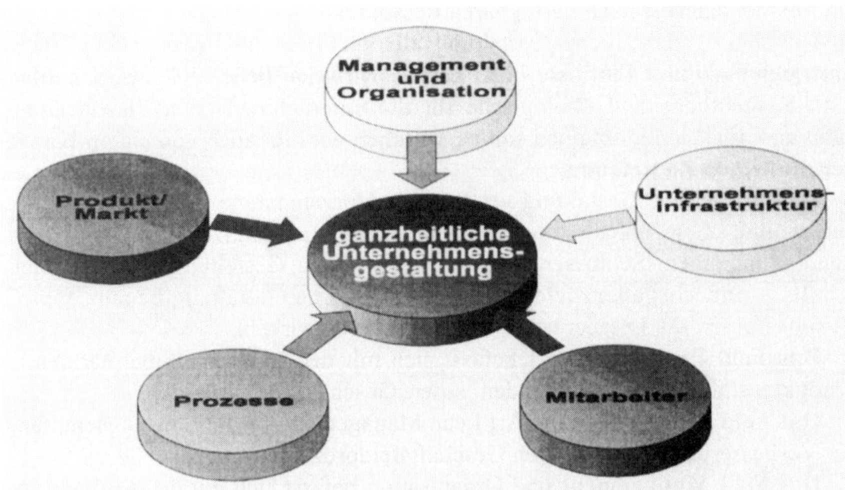

Abbildung 46: Modell der fünf Gestaltungsfelder
als inhaltliche Komponente des Gestaltungsansatzes
Quelle: Seghezzi, Hans Dieter: Ganzheitliche Unternehmensführung,
Stuttgart, 1997, S. 31

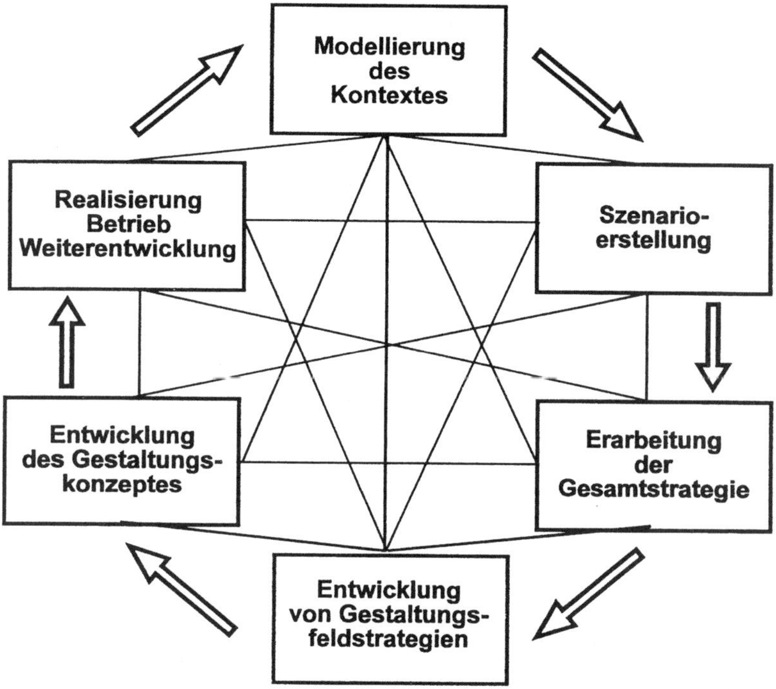

Abbildung 47: Vorgehensweise bei der Strategieentwicklung
Quelle: Seghezzi, Hans Dieter: Ganzheitliche Unternehmensführung, a.a.O., S. 35

Die inhaltlichen Komponenten bestimmen dabei weitgehend die Wahl des strategischen Vorgehens, welches sich wiederum an den Methoden komplexer Problemlösungen orientiert. Daraus wird eine Analyse gezogen, die Basis für die Gesamtstrategie darstellt. Diese Basis generiert Projekte, die sich an KVP oder KAIZEN orientieren.

Bei genauer Betrachtung und Bewertung dieses Ansatzes ist das Einzige, was positiv wirkt, der Begriff „ganzheitlich". Ansonsten erscheinen Aufbau, Parameter und Vorgehensweise überaltert und zu wenig dynamisch. Ein Change Management auf dieser Basis würde seinem Anspruch nicht gerecht, ein Journey Management wirkt in der Leistungsentfaltung und Effizienz dagegen wie ein Formel 1- Bolide gegen einen beliebigen Personenwagen.

Positiv wirkt die Erweiterung um Humankapital (Mitarbeiter) und Produkt/Markt in der Außenbeziehung, also ein wenig Makro/ Mikro und ein wenig Angebot und Nachfrage. Dennoch: Umfassender, aber ergänzungs – und erweiterungsfähiger Ansatz als umfassende Gestaltungs – und Handlungsanleitung mit geringer Tiefe zur Ergänzung durch sich angesprochen fühlende Entrepreneure. Interessant ist sicherlich auch ein Abgleich mit den strategischen Grundlagen des Change Managements und dem hinreichend beleuchteten Journey Management!

6.2 Strategische Netzwerke und interkommunale Zusammenarbeit

„Ein Unternehmensnetzwerk liegt vor, wenn zwischen mehreren rechtlich selbständigen und formal weitgehend unabhängigen Unternehmen eine koordinierte, kooperative Zusammenarbeit stattfindet. Entscheidend ist, dass die beteiligten, bisher autonom agierenden Unternehmen ein übergeordnetes, gemeinsames Ziel verfolgen. Folglich findet eine Unterordnung der Individualziele der Einzelunternehmen unter das Kollektivziel des ***Unternehmensnetzwerkes*** *statt. Im strategischen Kontext führt diese kooperative Ausrichtung zu kollektiven, übergeordneten Strategien, dem Ausgangspunkt strategischer Netzwerke.“* [229]

Strategische Unternehmensnetzwerke sind aus zweierlei Perspektive zu betachten: aus der externen Sicht, der Makroperspektive, die eine übergreifende und strukturelle Analyse erlaubt sowie aus der internen Sicht, die den Betrachter analog eines bekannten Kinofilms quasi in die digitale Spielkonsole hineinzieht und ihn durch die Brille des Netzwerkteilnehmers hindurchsehen lässt. Dadurch werden Handlungen der Netzwerkteilnehmer verständlicher und leichter nachvollziehbar.

Um die Entscheidungen und die Handlungslogik in strategischen Netzwerken zu erfassen, ist es wichtig, zu erkennen, dass das Unternehmen, welches im Mittelpunkt steht und die anderen dominiert bzw. führt, übergreifende Koordinations-und Kooperationsaufgaben zu erfüllen hat. Es muss von der Leadership und den Ressourcen her den anderen ein gutes Stück voraus sein. Daraus ergeben sich unterschiedliche Autonomiegrade, die unterschiedliche Strategien innerhalb des führenden Netzwerkteilnehmers, innerhalb der Beteiligten und zwischen den beteiligten Unternehmen und dem Führenden erfordern.

Die Netzwerkposition eines Unternehmens resultiert nach Mattson[230] somit aus folgenden Dimensionen:

- Der bisher ausgeführten Funktion des Unternehmens im strategischen Netzwerk
- Der relativen Bedeutung des Unternehmens im Netzwerk

---

229 Hippe, Alan: Interdependenzen von Strategie und Controlling in Unternehmensnetzwerken, Wiesbaden, 2000, S. 39

230 Mattson, L.G., in: Hippe, Alan, a.a.O., S. 67

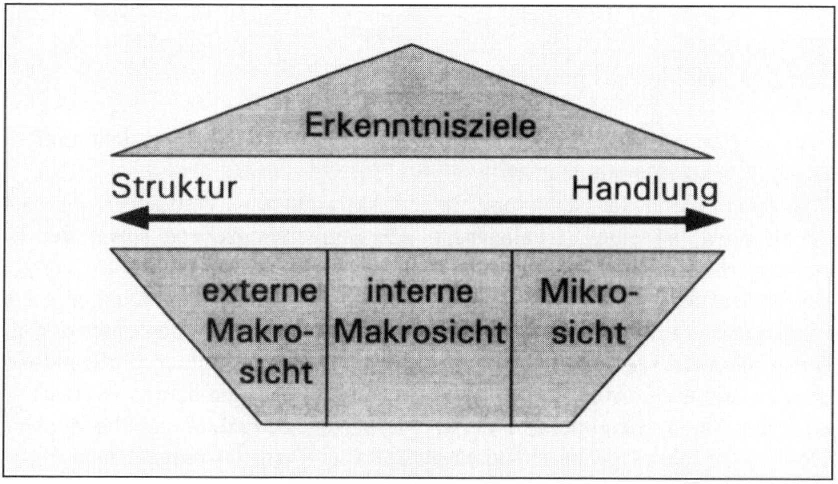

Betrachtungsebenen in strategischen Unternehmensnetzwerken
Quelle: Hippe, Alan, a.a.O., S. 79

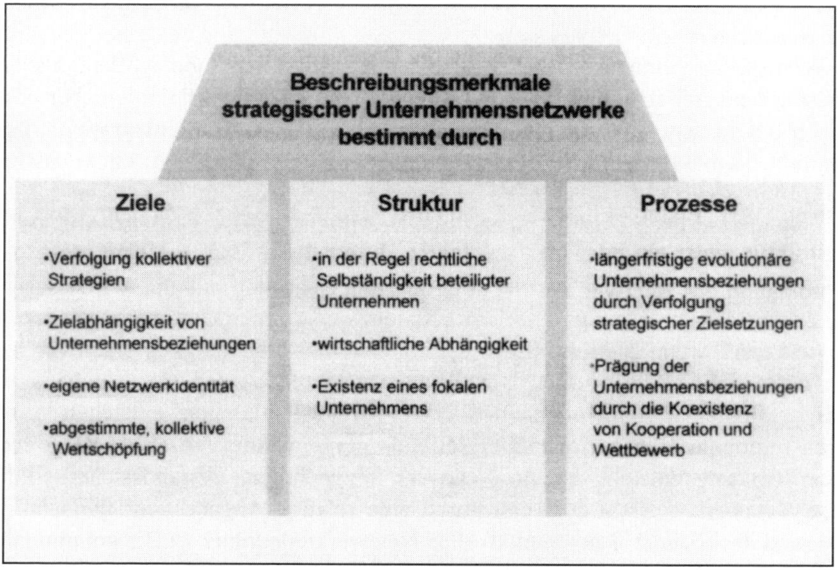

Abbildung 48: Dazu: Abbildung von Beschreibungsmerkmalen strategischer Unternehmensnetzwerke als reales Phänomen und Bestimmungsfaktoren von Beschreibungsmerkmalen. Quelle: Hippe, Alan, a.a.O., S. 84

- Der Intensität der Beziehungen zu andeeren Mitgliedern des strategischen Netzwerks
- Der Identität dieses Unternehmens.

Aufbau und Inhalt von Unternehmensnetzwerken aus der Eigensicht und der Fremdsicht werden somit deutlich.

Um nachfolgend die Bedeutung für die Aktivitäten im Wettbewerb beleuchten zu können, ist eine Visualisierung der Betrachtungsebene sowie der Beschreibungsmerkmale hilfreich (Abb.48).

Der öffentliche Sektor mit seinen unternehmerischen Ausprägungen ist sicherlich aufgrund des Charakters der ihm zugeordneten Aufgaben unter den Begriff der **„Sozialen Systeme“** zu subsumieren. Heutzutage bilden die Kundenerwartungen und die Leistungserstellung der öffentlichen Hand bereits so etwas wie einen öffentlichen, sozial determinierten Markt, der, betrachtet man die Zunahme im Dienstleistungssektor, bereits mehr als 1/4 aller Dienstleistungen ausmacht.

Die Kommunen und sonstigen öffentlich – rechtlichen Leistungsträger, vom Sozialamt über die Stadtwerke bis zur Landesentwicklungsgesellschaft können aufgrund der Ressourcenverknappung und der zunehmenden Aufgabendichte gleichartige Leistungen nicht mehr gleichzeitig erbringen. Vielmehr werden auch hier, wie im freien Wettbewerb, verstärkt **Synergieeffekte** genutzt und **Kooperationen mutieren zu Netzwerken.**

Wenn Unternehmensnetzwerke also mehr sein sollen (und wollen) als das Nullsummenspiel eines bloßen Kompromisses zwischen dem flexiblen aber unsicheren Markt einerseits und der berechenbaren aber starren Integration, dann kommen sie nicht umhin, Eigenschaften zu entwickeln, die sie auf einen solchen Kompromiss verzichten lassen.

Zukunftsfähigkeit entsteht nicht durch Nestflucht. **Netzwerkidentität** entsteht nicht durch deklaratorischen Beitritt zu einem fokalen Netzwerkbetreiber. Außerdem stellt ein solcher Beitritt noch keine Einwirkung auf die Verbesserung des Ergebnisses beziehungsweise der Effizienz des eigenen Unternehmens dar.

Erst dann, wenn das Einbringen der eigenen Leistungsfähigkeit einen vertraglich definierten und von allen Beteiligten erwarteten Vorteil, der durchaus aus Einspareffekten durch unterschiedliche Prozessgestaltungen entstehen kann, durch regionale oder regionenübergreifende **gemeinsame Projekte oder deren Unterstützung** entsteht, ist ein Netzwerk anzunehmen. Bestandssicherheit für diese Netzwerk entsteht aber erst durch eine relative Abgabe von (wirtschaftlicher und fachlicher) Souveränität aller Netzwerkteilnehmer (z.B.: kommunales Rechenzentrum, zentrale Wäscherei, Catering, Freibad, Kfz-Zulassungsstelle, Elekrizitäts- und Wasserversorgung, ÖPNV, etc., etc.) und einer **gemeinsamen Identität.**

Erforderlich sind dazu:

- *„Die Netzwerkmitglieder müssen zwei Sprachen sprechen, die des Marktes, weil das Netzwerk zwar einen gewissen Integrationsgrad aufweist, aber dennoch genug markttypische Unsicherheiten bereithält, und die der Integration, weil es im Netzwerk geregelter zugeht als am Markt. Insofern könnte man dieses auch die* ***Doppelkonstitution*** *von Netzwerken nennen.*

- *Entscheidungen werden sowohl dem einzelnen Netzwerkmitglied als auch dem Netzwerk als kollektiver Einheit (vertreten durch das strategische Zentrum) zugerechnet. Es liegt also eine Art* ***Doppelattribution*** *vor.*

- *Dieses bedingt, dass die Handlungen im Netzwerk zweifach motiviert sind. Zum einen auf den individuellen Nutzen, der aus den eigenen Fähigkeiten erwächst und zum anderen aus dem Anreiz, durch die Netzwerkmitgliederschaft am gemeinsamen Kooperationsgewinn teilzuhaben. Das Handeln beruht somit auf einer* ***Doppelmotivation****."*[231]

Netzwerke sind also sicherlich mehr als unter anderem nur ein Kompromiss zwischen Markt und Integration. Sie sind ein Stück unternehmerischer Weiterentwicklung, vielleicht auch so etwas wie eine nächste **Entwicklungsstufe.** Virtuelle Unternehmungen müssen bei einer solchen Betrachtung nicht unbedingt die nächste Stufe darstellen, fehlt ihnen doch so etwas wie vertrauensstiftende Identität.

Es wird in Zukunft bestimmt andere Formen der Kooperation und andere Gründe als die bekannten für eine Netzwerkbildung und auch für eine Netzwerkentwicklung geben. Der Weg zur **virtuellen Weiterentwicklung** ist ja bereits beschritten worden, Durch E- Government, One-Stop-Agencies und One-Shop-Systeme, welche im Internet die Verknüpfung öffentlicher und gewerblicher Dienstleistungen ermöglichen.

Strategische Unternehmensnetzwerke sind demnach komplexe institutionelle Arrangements, die gleichzeitig Markt, hierarchische Struktur, Informationsnetz, soziales System, Politikzentrum aber auch ein System von Wertsteigerungen mit interaktiven und komplementären Kernkompetenzen für die einzelnen Mitglieder.

---

231 Hinterhuber, Hans H. / Stahl,Heinz K.: Unternehmensnetzwerke, der dritte Weg ? in: Fallen die Unternehmensgrenzen ? Renningen, 2001, S. 57 – 72 und Unternehmensnetzwerke und Kernkompetenzen in: Unternehmensführung im Wandel, Bd. 1, S. 239 - 254

Die im Laufe des Integrationsprozesses immer wichtiger werdende eigene Identität, die zu einer besseren Wahrnehmung des Eigenbeitrages führt, ist Teil des Selbstverständnisses der Stakeholder, die aus der eigenen Souveränität heraus davon Teile zur Synergiegestaltung abtreten. Die daraus entstehende neue und gemeinsame Kompetenz ist die **Kernkompetenz,** die der Kunde bereits nachgefragt hat. Diese **integrative Gesamtheit** bildet den Kern des Netzwerkes, der Unternehmenssicherungs- und Unternehmensexpansionsstrategien für den gesamten permanenten Change Management-Prozess einer fachübergreifenden Leistungseinheit verfügbar macht und deren Umsetzung garantiert.[232]

Positive Provokationen haben etwas für sich: sie rütteln auf und regen proaktives Querdenken an. Der Versuch: Es gibt ca. 500 Firmen in Deutschland, die in ihren Märkten expansiv und innovativ sind. Zum Teil sind sie Marktführer. Durch Selbstbewusstsein, Kreativität und Motivation. Sie beweisen, dass die Dynamik und das Know-how da sind, um gute, überlegene Geschäftsmodelle zu entwickeln.

Sie haben hohe Ziele, kennen die Kundenbedürfnisse genau und konzentrieren sich auf ihre Kernkompetenz. Sie haben motivierte Mitarbeiter, denken und handeln pro-aktiv. Sie reduzieren die Bürokratie und haben Vorbildcharakter. Professor Dr. Simon, Fachmann für Unternehmensführung, hat Unternehmen, die diese Eigenschaften aufweisen, als „Hidden Champions“ [233] bezeichnet.

Sind Netzwerke im öffentlichen Sektor in der Lage**, kommunaler Champion** zu sein? Wie wird eine Kommune, ein Netzwerk die Nr. 1? Dazu gibt es viele Möglichkeiten und Anregungen.

Eine der wichtigsten oder ein Bündel davon stellt die **„Konzentration der Kräfte“** dar, **„A Resource-Based View (RBV).“** Der ökonomische Umgang mit Ressourcen erfordert, Kräfte auf das Wesentliche zu bündeln, zu konzentrieren und an unwichtigen Stellen Ressourcen zu schonen. Fokussierungsdynamik ist ein Begriff, der immer aktueller wird.

Der extreme Wandel lässt den Einsatz aller Ressourcen nur noch unter ergebnisorientierten Gesichtspunkten zu, da ein ungesteuerter Einsatz oder eine ungesteuerte Verteilung ohne Strategie und Change Management selbst die Muss-Aufgabenerfüllung der Kommune nicht mehr gewährleisten könnte.

Geht man einen Schritt weiter und führt Wettbewerbsvorteile, Leistungsvorteile und Alleinstellungsmerkmale auf den überlegt fokussierten Ressourceneinsatz zurück, dann schließt sich der Regelkreis, indem der konzentrierte Einsatz

232 Hinterhuber, Hans H.: Unternehmensführung im Wandel, a.a.O., S. 255-256

233 Simon, Herrmann: Hidden Champions – Die heimlichen Gewinner. Erfolgsstrategien unbekannter Weltmarktführer, 1996

von Personal und Material, beschränkt auf die Kernaufgaben der Kommune, das optimale Angebot an Kernkompetenzen überhaupt erst ermöglicht.

Die eigentlichen Erfolgsfaktoren sind nach wie vor **Leadership** und das **„Management der Ressourcen."** Dabei ist Leadership das Schöpferische, die Fähigkeit, Ereignisse herbeizuführen, Marktsituationen zu verändern und neue Entwicklungen zu initiieren. **Die Kräftekonzentration ist demnach eine echte Leadership - Aufgabe**, eine Aufgabe des Top-Managements. Das Management ist geprägt von Technik und unmittelbarem Fachwissen und nimmt Einfluss auf die operative Ebene, auf die Art und Weise des Ressourcenverbrauchs.[234] Die Kombination aus Kräftekonzentration und Integration in Netzwerken könnte demnach ein **strategisches Optimum** für die Bereitstellung von Produkten und Dienstleistungen sein.

Erfolgreiche Kräftekonzentration wurzelt in strategischer Führungskompetenz, in der Fähigkeit, Ressourcenverbrauchsstrategien mit der Aufgabenerfüllung und den Kundenerwartungen zu verzahnen. Der **RBV** ist Ratgeber, ähnlich wie der GMN oder das Journey Management und ermöglicht die **Kompetenzführerschaft.**

6.3 Perspektiven

Ganzheitliche Unternehmensführung wird zunehmend unverzichtbarer, um nicht in die Gefahr früherer Tendenzen, wie der Dominanz des Minimumsektors, abzugleiten. Auf Sektoren, die permanent Ressourcen verbrauchen, die an anderer Stelle erfolgreiche Produkte oder Dienstleistungen weiter optimieren könnten, muss verzichtet werden. Entweder wird die Leistung nicht mehr bereitgestellt oder es wird eine kurzfristige Desinvestitionsstrategie gefahren.

Unternehmerische Teilbereiche müssen immer im Zusammenhang mit der **gesamten Wirkungskette** gesehen werden. Die Strategien und Entscheidungen orientieren sich am Gesamtunternehmen, an der Addition kommunaler Teilaufgaben. Strategien für alle Teilbereiche und ein Change Management, welches Änderungsprozesse steuert und realisiert, sollte als Navigator dienen.

Strategische Netzwerke sind vor allem unter fachübergreifenden Kompetenz – und Ressourcenverbrauchsgesichtspunkten sinnvoll. Sie können die nächste Stufe einer **erfolgreichen Unternehmensentwicklung** darstellen. Die Bündelung von Strategien und Know-how unter einem gemeinsamen Dach ermöglicht

---

234 Friedrich, Stephan A.: A Resource-Based View, in: Hinterhuber, Hans H. / Stahl, Heinz K.: Die Schwerpunkte moderner Unternehmensführung, Wien, 2000, S. 123 - 142

zudem eine Erweiterung der Angebotspalette bei gleichzeitiger Kostenreduzierung und dient somit der **Entlastung kommunaler Haushalte**. Netzwerke, insbesondere im E-Government wie auch im E-Business werden zunehmen.

Die Problematik der Identifizierung mit relativ anonymen Strukturen und der Neuaufbau einer Vertrauensbasis kann durch eine entsprechende Informations – und Kommunikationsstrategie aufgefangen werden. Leadership ist in besonderem Masse gefragt.

Interkommunale Zusammenarbeit bedeutet die Ausweitung der Netzwerke auf andere Kommunen in der Region wie auch überregional. Strom – und Wasserversorgung, Entsorgungsdeponien, Verkehrsmittel und Verkehrswege, Telekommunikation, Gesundheitseinrichtungen, Sportstätten und Stadthallen, etc., werden vielerorts zu **gemeinschaftlichen Betriebsstätten** mit teilweiser Nutzungsübertragung an Dritte, **Gemeinsames Outsourcing** und sogar **gemeinsame Nutzungsrechte** über Leasingmodelle gehören inzwischen zum selbstverständlichen Spektrum der Instrumentarien **alternativer Finanzierungen und Nutzungen** durch Kommunen.

Mit zunehmender Bürgerzufriedenheit bei gleichzeitiger Abnahme der finanziellen und personellen Belastungen im Verwaltungs – und Vermögenshaushalt. **Die Experimentierklausel** lässt grüßen!

Teil III

7. Balanced Scorecard (BSC) und öffentlicher Sektor - Sinnvolle Ergänzung oder Unverträglichkeit?

7.1 HKR versus Neues Speyerer Verfahren

Das kommunale Rechnungswesen, integriert in die Systematik des Haushalts-, Kassen – und Rechnungswesens des Bundes, der Länder und der Kommunen, ist lediglich zahlenorientiert. Es wird abgebildet in der einfachen und im Grunde von jedem Nichtkaufmann nachzuvollziehenden Einnahme – Überschussrechnung

Außer für Beteiligungsunternehmen, die wie ein Wirtschaftsunternehmen geführt werden, oder sogenannte kostenrechnende Einrichtungen wird der Aufwand nicht gesondert ermittelt. Die Anforderungen an eine wirtschaftlich orientierte, transparente und vom Bürger nachvollziehbare Rechnungslegung werden nicht erfüllt. Der Übergang zum **outputorientierten Ressourcenverbrauchskonzept**, welches in Form des Haushaltsbuches die Ergebnisse hinterfragt sowie eine Kosten – und Leistungsrechnung, die klar und eindeutig abbildet, wo und mit welcher Folge Mittel verfügt werden, geschieht noch nicht konsequent genug.

Budgetierung und Produktorientierung sind danach Meilensteine auf dem Weg zu einer leistungs – und ergebnisorientierten Mittelverwendung. Die erweiterte Kameralistik dagegen ist eine Sackgasse, weil sie die bisherigen Unzulänglichkeiten der finanziellen Steuerung unter unschädlichen Auflagen in die Zukunft transportiert. Die Lösung der Probleme, insbesondere vor dem Hintergrund nicht berücksichtigter Rücklagen und Rückstellungen, Abschreibungen und Zuordnungen liegt eindeutig in der Übernahme der Grundsätze ordnungsgemäßer Buchführung, wie sie für Industrie, Handwerk, Handel und Dienstleister vorgeschrieben ist.

Wie ist der Status und was muss in einem Änderungsprozess berücksichtigt werden?

- Der Haushalt hat eine zu stark detaillierte Titelstruktur, die Deckungsvermerke zu sehr einengt und zu geringe Dispositionen ermöglicht. Die Input-Steuerung ist zu ausgeprägt.
- Haushaltsrechnung und erweiterte Haushaltsrechnung appendizieren die Nebenrechnungen unverbunden mit dem Regelhaushalt, sodass ein ständiger Abgleich vorgenommen werden muss.

- Kameralistische und dopische Rechnungen sind – Nebenrechnungen sowieso nicht – konsolidierbar. Insofern entsteht kein Gesamtbild der Lage des Haushaltes, sehr oft gewollt und problemerhöhend.
- Ausgegliederte Kostenstellen, oder, besser so in einigen Fällen unter Berücksichtigung des Haushaltsgrundssatzes der Wahrheit und Klarheit formuliert, Schattenhaushalte, verschleiern die tatsächliche Verschuldungshöhe und die Verringerung der Leistungsfähigkeit der Kommune für die Zukunft der Generationen.

Das Messobjekt des traditionellen kommunalen Rechnungswesens ist die Geldvermögensänderung. Das Neue Kommunale Rechnungswesen a la Speyer (NKRS) stellt dagegen die Messung des **Nettoressourcenverbrauchs (NRVB)** bzw. die davon ausgehende Ersparnis in den Mittelpunkt. Ressourcenverbrauch bedeutet dabei Vermögensverzehr (Aufwand). Das Ressourcenaufkommen (Ertrag) durch u.a. Steuern und Gebühren ist andererseits dazu bestimmt, durch den Ersatz des Verbrauchs den erforderlichen Haushaltsausgleich und somit **die finanzielle Überlebensfähigkeit der Gemeinde sicherzustellen.**

Dadurch soll zugleich auch eine Art Gerechtigkeitslücke geschlossen werden, indem jede Generation die von ihr verbrauchten Ressourcen mittels Abgaben wieder ersetzt. Wegen der generationsbedingten Zeitverschiebung spricht man auch von einer interperiodischen Gerechtigkeit, um Art. 115 I, 2 zu verdeutlichen.

In der Ergebnisrechnung werden alle finanziellen Transaktionen, die den Nettoressourcenbestand berühren, periodengerecht verbucht, unabhängig vom Zahlungszugang.

Zur Ermittlung des NRVB werden Aufwand und Ertrag einander gegenübergestellt. Ergänzt wird das Ergebnis um eine vollständige **Vermögensrechnung**, die den Bestand des Bruttovermögens, der Schulden und des Reinvermögens beinhaltet sowie durch eine **Finanzrechnung**, in der die Veränderungen durch Ein – und Auszahlungen erfasst werden.

Das NRVB umfasst somit in Form eines Drei – Komponenten – Systems die

- Ergebnisrechnung
- Vermögensrechnung und die
- Finanzrechnung.

Die bisherigen Techniken und Ansätze werden dadurch ausgebaut, vervollständigt und aussagefähiger gestaltet, ohne dass bisher benötigte Informationen verloren gehen.

Der Kontenrahmen des NKRS ist analog dem Industriekontenrahmen (IKR) aufgebaut. In der Vermögensrechnung aktiviert werden alle selbständig verwertbaren und bewertbaren Güter einer Kommune. Passiviert werden alle rechtlichen oder wirtschaftlichen Verpflichtungen, die zu einer Belastung führen, sofern sie quantifizierbar sind. Die Rechnungslegung erstreckt sich dabei auf alle Aktivitäten einer Gemeinde mit Ergebniszentren und Kostenstellenrechnungen.

7.2 Kommunaler Leistungsprozess und Balanced Scorecard (BSC)

Zeit ist relativ. Die subjektive situative Einschätzung korrespondiert damit. Hatte der Finanzreferent des Städte – und Gemeindebundes des Landes Nordrhein – Westfalen zur Reform des kommunalen Haushalts – und Rechnungswesens ausschließlich ein **Optionsmodell**, sprich, der wahlweisen Möglichkeit für die kommunalen Kernverwaltungen, das kaufmännische Rechnungswesen einzuführen, den Weg geredet, [235] weil eine zwangsweise und flächendeckende Einführung für ihn nicht infrage kam, so sieht die Welt vier Jahre später völlig anders aus.

Das **Innenministerium des Landes NRW** hat verfügt, dass das kameralistische System für sämtliche Kommunen auf das kaufmännische Rechnungswesen, sprich angelehnt an die Doppelte Industriekontenbuchführung, DV- gestützt durch SAP R3, umzustellen ist. Vor dem Hintergrund der zunehmenden Umstellung anderer Kommunen in anderen Bundesländern und derer Beteiligungsunternehmen auf das gleiche System und die gleiche Software werden dadurch hervorragende Grundlagen für ein längst überfälliges Benchmarking in Form auch eines **interkommunalen Leistungsvergleichs** gelegt.

Der kommunale Leistungsprozess ist heute und noch mehr künftig ausgerichtet auf eine adäquate Kundenzufriedenheit unter gleichzeitiger Reduzierung der Ausgaben und damit verbunden der Erzielung von Zusatzerträgen mit dem Ziel, des Haushaltsausgleich zu garantieren.

Das klingt nach dem berühmten volkswirtschaftlichen magischen Viereck, welches sich nicht oder fast nie erreichen lässt Die finanzielle Perspektive stand bisher im Vordergrund kommunalen (verfassungsrechtlichen) Handelns, der Prozess der Leistungserstellung ebenfalls. Ob dadurch Kundenzufriedenheit erreicht wurde, stand auf einem anderen Blatt. Aber es gab diese (Prozess) Perspektive.

Damit könnten zwei Voraussetzungen für Unternehmenserfolg gegeben sein. Die Einschränkung wird deshalb ausgesprochen, weil die inhaltliche Qualität

---

235 Stein, Frank,: Argumente für ein Optionsmodell kommunalen Haushalts – und Rechnungswesens, in: Zeitschrift für Kommunalfinanzen, 3/ 1999, S. 50 - 53

zweifelhaft ist und die weiteren Voraussetzungen für einen Erfolg über den Wirkungseinsatz einer Balanced Scorecard (BSC) innerhalb des öffentlichen Sektors zunächst generalisiert aufgezeigt und dann fallweise mit dem Grundmodell der jeweiligen Einrichtungen verglichen werden müssen.

Wie ist die Ausgangslage? Benötigen wir eine Balanced Scorecard, die innovative Gestaltungsmöglichkeiten aus Erfolgsunternehmen in die Verwaltungen von Rathäusern und Beteiligungsunternehmen transportiert, obwohl wir doch schon mit NSM und CM sowie Journey Management bereits genug zu tun haben?

„Armes Deutschland“, formuliert Roland Berger in seiner systemübergreifenden Schlusspunkt – Betrachtung der staatlichen Ausgangssituation im ersten Quartal 2002., indem er auf das Haushaltsloch von Bund, Ländern und Gemeinden von fast 40 Milliarden Euro für 2002 anspielt.

Defizit, Zinslast, Schulden und Zinsen sind enorm, Reformen und Sparprogramme gehen nicht weit genug. [236] Die Roland Berger Strategy Consultants hat im vierten Quartal des vergangenen Jahres eine Vielzahl von Reformprojekten im öffentlichen Sektor untersucht und festgestellt, dass die meisten davon nicht weit genug gehen. Durch intelligente und umfassende Neuausrichtung der Unternehmen und Verwaltungen sollen ca. 50 Milliarden Euro in weniger als zehn Jahren eingespart werden können. Die wesentlichen Parameter wären danach:

- Konzentration auf Kernaufgaben wie Justiz, innere Sicherheit und Äußere Sicherheit
- Ausgliederung nicht öffentlich – rechtlicher Aufgaben im Outsourcing, durch Facility Management und in Form von Public Private Partnership
- Umwandlung des HKR in ein modernes, flexibles und aussagefähiges, umfassendes, ergebnisorientiertes Konzept (z.B.NSPR)
- Einsatz digitaler Technologien wie E-Government.

Die dadurch ausgelöste Stimulation der Wirtschaft und die Einsparung zugunsten der öffentlichen Haushalte durch eine bessere Aufgaben – und Rollenverteilung käme demnach allen Beteiligten zugute.

Diese **neuen Strategien** erfordern eine Anpassung der Leistung. Und diese muss, um aussagefähig zu werden, messbar sein können. Dabei müssen die Belange der Stakeholder ebenso Berücksichtigung finden wie die des Leistungserstellers.

Im Rahmen der Visionen, Ziele und strategischen Vorgaben, vor allem im Änderungsprozess, kann die **Balanced Scorecard** den erforderlichen Interessen-

236 Berger, Roland: Wie der Staat jetzt 50 Milliarden sparen kann, in: Impulse, Februar 2002, S.138

ausgleich durch die Ausgewogenheit, welche ihre **vier Perspektiven** ermöglichen, herstellen.

Diese vier Perspektiven sind in aller Kürze

- Die finanzielle Perspektive (finanzieller Erfolg für Stakeholder)
- Die Prozessperspektive (Kundenzufriedenheit)
- Lernen und Entwicklung (Fähigkeit zu Innovation und Wandel)
- Kundenperspektive (Nutzen für den Kunden).

Um eine hohe Produktivität der eingesetzten Ressourcen **(finanzielle Perspektive)** zu erreichen, müssen Prozessqualität und Prozessdurchlaufzeiten durch optimierte Koordination und Kooperation **(Prozessperspektive)** sowie durch adäquat ausgebildete Mitarbeiter (**Lernen und Entwicklung**) an die Kundenwünsche (**Kundenperspektive**) angepasst werden.

Insofern wird die Arbeitslogik der BSC deutlich: sie übersetzt Visionen und strategische Ziele in konkrete Aktivitäten. Dadurch wird auch das Ranking der verfügbaren Steuerungsmöglichkeiten deutlich:

1. Vision und Strategie
2. Ziele und Management
3. Change Management und Journey Management
4. Balanced Scorecard und Performance Messung
5. GMN – Scorecard.[237]

Die Balanced Scorecard geht als **Simultanübersetzer** von Strategie und Mission in die operative Ebene unter Berücksichtigung der unterschiedlichen Erfolgsfaktoren über die Bedeutung eines reinen Meßsystems hinaus, da sie auch qualitative Aspekte erfasst. Die Fähigkeit und Möglichkeit**, Leadership-**Vorgaben in materielle Ziele und Kennzahlen zu verwandeln, stellt eine qualitative Erweiterung des bisher vorhandenen betriebswirtschaftlichen Werkzeugkastens dar. Insofern haben Kaplan und Norton durch die Generierung der BSC einen hervorragenden Beitrag zur Modernisierung entscheidungsunterstützender Informationssysteme geleistet, die zusätzlich als Steuerungsinstrumente genutzt werden können.[238] Wie sieht die Vorgehensweise in der Praxis aus? Die BSC ist in der Lage, aus der Strategie abgeleitete dezentrale Ziele **allen** Mitarbeitern zugänglich zu machen und zu erklären:

---

237 Müller-Stewens, Günter / Lechner, Christoph: a.a.O., S. 528

238 Kaplan, R. S. / Norton, D. P.: The Balanced Scorecard: Translating Strategy into Action, Harvard, 1996

1. Aufschlüsselung der Ziel in finanzielle und qualitative Größen
2. Aufzeigen von Ursache –Wirkungsbeziehungen
3. Angabe der Vorsteuergrößen und Kennzahlen

mit einem **Gleichgewicht**, das aus

- **externen und internen** Kennzahlen für die Unternehmensteilbereiche
- Kennzahlen der **Vergangenheit und Zukunft** für das Gesamtunternehmen
- sowie harten (Datum) und weichen (variablen) Kennzahlen

besteht.

7.3 Management & More – Change Management durch Balanced Scorecard?

Als Grundlage für die Beantwortung der eingangs gestellten Frage ist zunächst die Visualisierung der BSC erforderlich, da sie die quantitative, insbesondere aber die qualitative Aussagekraft verdeutlicht:

Im Rahmen eines umfassenden Erfahrungsaustausches [239] wurde deutlich, dass sich bereits eine größere Zahl von Kommunen von der **strategischen Steuerung** über ein definiertes **Change Management** auf die BSC eingestimmt haben.

„Die Stadt Essen ist ein Konzern, der sich zwar in seinen wesentlichen Aspekten von einem privatwirtschaftlichen Industrie – und Dienstleistungskonzern unterscheidet (z.B. gesetzlicher Auftrag, Komplexität des Zielsystems, Einschränkung bei der Wahl der Geschäftsfelder, Aktionsmöglichkeiten am Markt), der aber in gleichem Masse wie privatwirtschaftliche Konzerne dem Anspruch einer **zusammenhängenden und integrativen Steuerung** genügen muss.

Die Aufgabenfelder im Konzern Stadt Essen reichen von Abfallbeseitigung über Wohnungswesen, Energieversorgung bis Stadtwerbung und Touristik, von Kinderbetreuung über Friedhöfe, Grünflächenpflege, Volkshochschule bis Beschäftigungspolitik und Wirtschaftsförderung. Es gibt keinen privatwirtschaftlichen Konzern mit einer derartigen **Spannweite des Leistungsangebots.“** [240]

Die geplante wie auch realisierte Verknüpfung von Zielen und Produkten führt zu einem besser strukturierten Leistungsangebot. Vor dem Hintergrund der

---

239 Controller Verein e.V.: Balanced Scorecard, Erfahrungen und Erkenntnisse, Regionaltagung Internationaler Controller Verein e.V., Essen, 2001

240 Zierold, Horst: Balanced Scorecard in Kommunalunternehmen, Vortrag im Rahmen der Regionaltagung 2001, S. 1-14

nahezu mehr als 50% betragenden Ausgliederung und Übertragung von städtischen Aufgaben auf und in die Beteiligungsverwaltungen gewinnt eine strategische Steuerung über das Change Management zunehmend an Bedeutung.

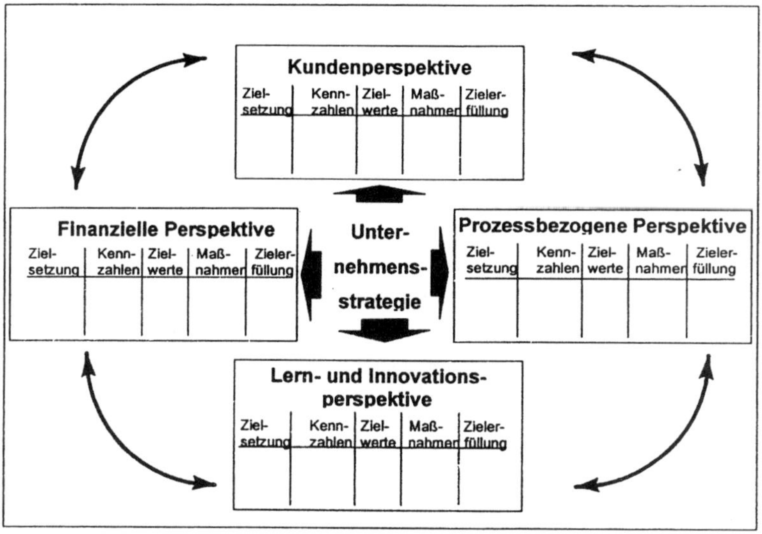

Finanzielle Perspektive:	Wie sehen uns die Kapitalgeber?
Kundenperspektive:	Wie sehen uns die Kunden? Welche Faktoren steigern den Kundennutzen?
Prozessbezogene Perspektive:	Wie müssen wir unsere Geschäftsprozesse gestalten, um Kunden und Kapitalgeber zufrieden zu stellen?
Lern- und Innovationsperspektive:	Wo können wir uns verbessern und Werte schaffen?

Abbildung 49: Die vier Perspektiven der Balanced Scorecard
Quelle: Schröder, Ernst F.: Modernes Unternehmenscontrolling, Ludwigshafen, 2000, S. 679

Die Umsetzung unter Austarierung der vier BSC-Sektoren erfolgt über Kontraktmanagement für den Rat und das Top – Management, den Konzernvorstand (früher Verwaltungsvorstand) und den Zielvereinbarungen mit den SGE und den Mitarbeitern.

Die Mehrdimensionalität der Ziele sowohl der Stadt (und deren Mitarbeiter) als auch der Beteiligungsunternehmen wird durch die BSC erfasst und zum Regelkreislauf.

Die Vorteile der BSC auf einen Blick:

• Integrierend	-	bündelt Strategieansichten und – interpretationen
• Umfassend	-	gesamtheitliche Betrachtung
• Abgestimmt	-	Visions – und Strategiekonformität ; Einbindung der Relevanten Unternehmensebenen und SGE
• Akzeptiert	-	Transparenz – und Verbindlichkeit
• Fokussiert	-	Modul – und Schwerpunktbildung
• Zeitnah	-	Umsetzung von Zielen in Maßnahmen
• Kalkulierbar	-	Schutz vor unnötigen Investitionen
• Erwiesen	-	Messung des Zielerreichungsgrades
• Zukunftsorientiert	-	lebende Struktur
• Klare Verantwortung	-	weg von den Konjunktiven wie „Jemand Müsste, jemand sollte, einer könnte, durch **Zielverantwortliche**

Die Beantwortung der Frage nach dem Change Management durch die Balanced Scorecard bearf nur einer leichten Korrektur. **Change Management ja.** Und zwar **mit** der Balanced Scorecard.

Sicherlich ist es nicht unproblematisch, die BSC auf den öffentlichen Sektor zuzuschneiden, sie anzupassen, ohne dass sie ihre Aussagekraft und **Ausgleichsfunktion** verliert. Ihre Anwendungsmöglichkeiten, welche die Binnensicht zugunsten von Kunden – und Mitarbeiterentwicklungsperspektiven erweitert sowie die Ausgleichsfunktionen sind bei der rasanten Entwicklung der Veränderungen im öffentlichen Sektor, der ja nachziehen und voreilen muss, absolut überzeugend.

Die Frage, wie konkret eine BSC sein muss, ist bei einer Beurteilung der Anwendungsmöglichkeiten für den öffentlichen Sektor sicherlich von Bedeutung. Nimmt man die BSC als Möglichkeit zur Entwicklung, zur Leistungsverbesserung und als TQM- orientiertes Instrument, dann soll sie schon eine hohe **Zielgenauigkeit** abbilden. Da für die Führungsebene und die SGE Bereichs – BSC erstellt werden, die natürlich die tages – und fachübergreifende Strategie ständig wiederspiegeln, ist gewährleistet, dass einerseits der motivierende Freiraum für alle am **Veränderungsprozess** Beteiligten gegeben ist, andererseits aber auch die Vorgaben so klar sind, dass sie nicht variiert werden können im Sinne einer Ziel – oder Ergebnisveränderung.

Orientierung mit Steuerungs-Cockpit

Maßstab setzen

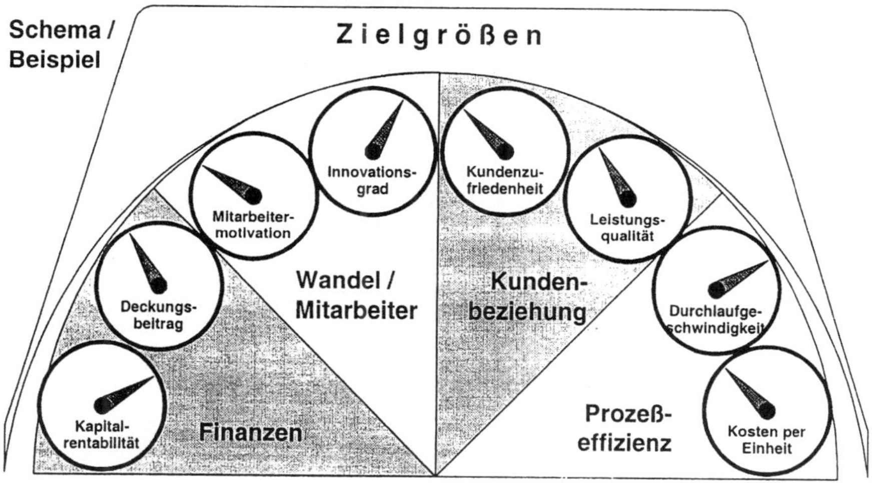

- Das Cockpit (für Unternehmen und Einheiten/Leistungscenter wie z. B. Org./IV, Personal, Einkauf Produktion, Marketing, Logistik, etc.) nimmt die Kategorien der Balanced Scorecard auf
- Kritische Erfolgsfaktoren orten, meßbar machen, planen und überwachen (Controllingprozeß)
- Ausgewählte Kennzahlen geben Auskunft über den Stand der Organisationseinheit
- Zielgrößen machen die Herausforderung und den Handlungsbedarf deutlich

Abbildung 50: Strategische und operative Neuausrichtung durch die Balanced Scorecard. Mit ausgewählten „Navigationsinstrumenten“ zur erfolgreichen Steuerung Quelle: Handreichung der Deutschen Bank zur Regionaltagung Controller

Schlussendlich gilt es, ein paar **Missverständnisse** im Zusammenhang mit dem Einsatz der BSC aufzuklären:

- Es gibt bis heute keine **allgemeingültige** BSC
- Jede BSC muss auf das jeweilige Unternehmen, seine Vision, Strategie, Technologie, Kultur und Mitarbeiter individuell ausgerichtet werden
- Die BSC ist kein reines Kennzahlensystem und nicht Ersatzcontrolling
- Die BSC taugt nicht zur operativen Feinsteuerung von Prozessen
- Die BSC ist nicht Ersatz für die Strategie
- Die BSC ist nicht Ersatz für Change Management, sie ergänzt den Prozess
- Die BSC ist für einmalige Prozesse zu schade, der Aufwand zu hoch
- Die BSC ist für einmalige Prozesse nicht geeignet, weil sie weitere Prozesse mit der ihr innewohnenden Struktur und Dynamik initiieren will.

7.4 Perspektiven

Die **Veränderungsgeschwindigkeit** nimmt zu. „Leitende Beamte und Angestellte verstärkt als Qualitätsmanager gefordert–Neuorientierung in der öffentlichen Verwaltung: Qualitätsmanagement als wirksames Instrument zur Umsetzung eingeführt," lautet die Überschrift über einem Artikel, der die Notwendigkeit, Veränderungen im Sinne des **Modernisierungsprozesses zu forcieren,** betont und ganzheitliche Instrumente fordert.[241]

„Surfen statt Schlangestehen- die **virtuelle Verwaltung** kommt- ummelden per Mausklick, Formulare zum Herunterladen, Steuererklärung online. Das elektronische Rathaus ersetzt Behördengänge, etc.[242] In Hamburg besteht die Möglichkeit, über 100 Behördenformulare aus dem Netz zu laden, in Bremen bewirkt die Online- Ummeldung des Wohnsitzes zugleich, dass der Computer Post und Bank unterrichtet, im Erftkreis kann man Autos online anmelden (inkl. Schilderboten-Service), Mannheim hat ein virtuelles Fundbüro eingerichtet, in Stuttgart lassen sich elektronisch Geburtsurkunden ausstellen und München investiert (noch?) 2,8 Millionen Euro ins virtuelle Rathaus. Weitere Beispiele nicht ausgeschlossen.

„Bis uns der Computer das richtige **emotionale Kapital** mixt, müssen wir selber noch viel dazu tun, um die Menschen einerseits in ihrer Individualität zu akzeptieren, sie aber andererseits auch in eine gegebene Ordnung einzupflanzen wie in einen Garten.....den langfristigen Erfolg im Unternehmen muss man durch

241 Schwartzsche Vakanzen – Zeitung v. 11.08. 2002
242 Welt am Sonntag v. 16. Juni, S. 18

den **richtigen Mix von Werthaltungen, Gefühlen und Kenntnissen** des Menschen sichern. Das emotionale Kapital sollte so hoch wie möglich und nötig sein.... Selbst in den bestgeführten Unternehmen und Großkonzernen gibt es ein ziemliches Ausmaß an Fragmentierung und Aufspaltung in Mikrokulturen, die auch in einer gewissen Spannung zueinander stehen." [243]

Die **Emotionalisierung** und die Gewinnung der Mitarbeiter zur Verinnerlichung der Unternehmensziele bedarf eines enormen pausenlosen Einsatzes. Der Weg eines Unternehmens von der evolutionären zur revolutionären Ebene ist äußerst problembehaftet. Bis **die richtige Mischung von Menschen** entsteht, die eine neue Entwicklung tragen, kann sehr viel Zeit vergehen. Oft hat das Unternehmen diese Zeit nicht. Allein im Gesundheitssektor sind in den letzten fünf Jahren mehrere hundert Kliniken vom Markt verschwunden, Kreishandwerkerschaften haben fusioniert und Kommunen haben ihre Betriebsstätten zusammengelegt. Nicht ohne Personalabbau und bei geringerer Zukunftsstabilität.

Das NStM sieht neben den organisatorischen und haushaltstechnischen Änderungen auch vor, die Fach – und Ressourcenkompetenz zusammenzubringen. **Change Management** will diese Änderungen strategisch initiiert zu einer **Dauerlösung** in Verzahnung mit den anderen Änderungen in einem Roll-out auf ganzer Breite und Tiefe durchsetzen.

Neueste Personalsteuerungsmodelle sehen darin noch nicht den Durchbruch. Erst, wenn die Verantwortung auf die **richtigen** Mitarbeiter übertragen wird, wenn der Vorgesetzte auch rechtzeitig „loslässt", ohne die Kontrolle aus der Hand zu geben, wird eine entsprechende Änderung in der OE des Unternehmens / der Verwaltung greifen und zur Effektivitätssteigerung führen.[244]

Ähnliches hat die Beratungsgesellschaft „Deutsche Training" vor über 10 Jahren vorgestellt, nannte den Prozess des Einsatzes der richtigen Mitarbeiter aber den **reifen** Mitarbeiter unter Anleitung **des reifen** Führenden als Interdependenz.

Human Ressources, auch leider oft als Humankapital bezeichnet, gewinnen eine immer größere Bedeutung. Nahezu alle Ansätze und Konzepte im NSM, im CM, in der BSC, im GMN, als emotionales Kapital oder **Performance Management**, welches Leistungsprozesse und Mitarbeiterbeiträge aus Zielvereinbarungen dazu ergebnisorientiert bemisst und bewertet, [245] stellen den Menschen mit seinen unterschiedlichen Fähigkeiten und Fertigkeiten in den Mittelpunkt. Irgendwie erstaunlich, wird doch alles und jedes mit Computertechnologie ange-

243 Haumer, Hans: Emotionales Kapital - Entscheiden zwischen Vernunft und Gefühl, Wien, 1998, S. 192 - 194

244 Stewart, Eileen Mitchell: Mitarbeitermotivation durch Empowerment, Niedernhausen, 1997

245 Jetter, Wolfgang: Performancec Management, Stuttgart, 2000

gangen und gelöst. **Vergessen wir den Menschen nicht**, der dieses erst ermöglicht! In seiner Arbeit zu „**Value Management**“ als Personalarbeit der Zukunft legt Fröhlich gekonnt den Finger in die Wunden der einseitigen Sharholder-Value Betrachtungen. Die **Mitarbeiter** sind der entscheidende Erfolgsfaktor und damit die **Brücke** zwischen **Shareholder Value und Stakeholder Value**. Sie bewirken die **Integration beider Phänomene.**

Durch Change Management und Journey Management sind Veränderungsverläufe und Veränderungserfolge prognostizierbar und kalkulierbar geworden. Dabei muss sich jeder Mitarbeiter als Förderer des Wandels verstehen, will er nicht, das er und seine **Kommune zum Schlusslicht** werden. Professionelles Change Management bietet sowohl **institutionalisierte Angebote** zur Veränderung als auch nachfrageauslösende und nachfrageverstärkende Maßnahmen und Instrumente an. Das Ziel ist also nicht, eine Situation zu ändern, sondern vielmehr, strategische Ziele schneller zu erreichen. Dass dieses ausgewogen und kompetent geschieht, ohne die Binnensicht zu stark werden zu lassen, ist mit Hilfe der **Balanced Scorecard** hervorragend möglich. Der hohe Aufwand für die Implementierung des **BSC-Ansatzes** ist angemessen, da er einerseits strategiebeschleunigend wirkt, andererseits aber durch dieses Instrument sichergestellt wird, dass Plausibilitäten aber auch Unmöglichkeiten in der Unternehmensstrategie durch die Konzipierung der die einzelnen Strategien umsetzenden Perspektiven und Beurteilungskriterien sehr früh sichtbar werden.[246]

246 Schröder, Ernst: a.a.O., S. 684

8. Die wirtschaftliche Betätigung der Gemeinde

Da Recht der Kommunen auf wirtschaftliche Betätigung zur Erfüllung öffentlicher Aufgaben zählt zum herkömmlichen Bestand der kommunalen Selbstverwaltung im Sinne der Selbstverwaltungsgarantie des Grundgesetzes (Art.28 II).

Die Kommunen sind eingebettet in das gesetzlich austarierte Wirtschaftssystem der BRD, dessen Bestandteile Privateigentum, freie Preisbildung, Freizügigkeit von Arbeit, Kapital, Gütern und Dienstleistung sowie Wettbewerb sind. Der öffentlich-rechtliche Bereich ist dabei der originären Aufgabenerfüllung durch die Kommune zugewiesen, der nichtöffentliche den privatrechtlichen Wirtschaftsbetrieben im Wettbewerb.

Problematisch könnte eine Ausweitung der wirtschaftlichen Betätigung einer Gemeinde werden, wenn das NStM als Alibi für eine überbordende Aktivität benutzt würde. Damit das nicht geschieht, sind die verfassungskonform herausgearbeiteten Merkmale aller bestehenden Gemeindeordnungen, die ungeachtet von der Rechtsform eines wirtschaftlichen Unternehmens die Errichtung, Übernahme oder wesentliche Erweiterung nur zulassen, wenn

- die Teilnahme am Markt als Anbieter von Produkten oder Dienstleistungen durch den öffentlichen Zweck gerechtfertigt wird
- das Unternehmen nach Art und Umfang in einem angemessenen Verhältnis zur Leistungsfähigkeit der Gemeinde und zum voraussichtlichen Bedarf steht
- der Zweck nicht ebenso gut und wirtschaftlich durch einen anderen erfüllt wird oder erfüllt werden kann
- sich die Aktivitäten erheblich von der öffentlich – rechtlichen Verwaltungstätigkeit unterscheiden, z.B. durch den Betrieb von Unternehmen.
- sie als Nebenzweck einen Ertrag für den Haushalt der Gemeinde erwirtschaften.

Niedersachsen erweitert diesen Bezugsrahmen durch die Sonderregelung, dass sich die Gemeinde nur dann wirtschaftlich betätigen darf, wenn sie die Aufgaben besser und wirtschaftlicher als Dritte erfüllen kann.

Nichtwirtschaftliche Aktivitäten sind dagegen immer dann anzunehmen, wenn die Merkmale wirtschaftlicher Betätigung zwar bejaht werden können, die gesetzgeberische Fiktion der Nichtwirtschaftlichkeit dieser aber entgegensteht (§107 I GO NRW).

Eine solche Ausnahme stellen auch **Hilfsbetriebe** dar, die ausschließlich der Deckung des Eigenbedarfs der Gemeinde dienen, z.B. Servicebetriebe ohne Bestandsrisiko oder ähnlich strukturierte Kultur- oder Sozialeinrichtungen.

Bei der Grenzziehung zum Wirtschaftsbetrieb ist zu beachten, dass die Produktion oder die reine Dienstleistung nicht zusätzlich sogenannten **Fremdbedarf** abdeckt, da ansonsten der Übergang zum reinen Wirtschaftsbetrieb anzunehmen wäre.

Die teilweise sehr unterschiedlichen rechtlichen Bestimmungen innerhalb der einzelnen Bundesländer besteht darin,

- die Kraft der Gemeinden auf die Erfüllung der originären Aufgaben zu konzentrieren,
- eine Aushöhlung der demokratischen und rechtsstaatlichen Verantwortung und Kontrolle der gewählten Gemeindevertretung durch Flucht in die Privatrechtsform zu verhindern und
- die Gemeinden mit ihrer wirtschaftlichen Betätigung primär auf eine ergänzende Rolle zu beschränken und der Privatwirtschaft keine Verdrängungskonkurrenz zu machen sowie letztlich
- die Gemeinden vor übergroßen wirtschaftlichen Risiken und möglichen finanziellen Verlusten zu bewahren.

8.1 Möglichkeiten und Grenzen wirtschaftlichen Handelns

Die Gemeindeordnungen definieren den Begriff des wirtschaftlichen Unternehmens nicht. Überwiegend wird immer noch auf die bereits in der vorläufigen Ausführungsanweisung zu § 67 Deutsche Gemeindeordnung (DGO) enthaltene Umschreibung wirtschaftlicher Unternehmen zurückgegriffen sowie auf den betriebs – und volkswirtschaftlichen Begriffsinhalt.

Wirtschaftliche Unternehmen sind hiernach rechtlich selbständige oder unselbständige Zusammenfassungen persönlicher und sächlicher Mittel in der Hand von Rechtsträgern zum Zweck der Teilnahme am Wirtschaftsverkehr, d.h., zum Zweck des Handelns mit dem Ziel der Produktion und des Umsatzes von Gütern und Dienstleistungen mit der regelmäßigen **Absicht der Gewinnerzielung.**

Die Gemeinde kann ausschließlich Trägerin wirtschaftlicher Unternehmen sein. Zur Klarstellung: sie selbst, auch im Falle stringenter Auslagerung der überwiegenden Aufgaben in Beteiligungsunternehmen, ist in keinem Fall als wirtschaftliches Unternehmen zu betrachten.

Wirtschaftliche Unternehmen können auch öffentliche Einrichtungen im Sinne des Gemeinderechts sein. Beide Begriffe schließen sich nicht aus. Entscheidend ist, dass eine entsprechende Kostenrechnung installiert ist.. Die Rechtsform, in der das wirtschaftliche Unternehmen betrieben wird, ist für die Zuordnung ohne Bedeutung.

Wirtschaftliche Unternehmen sind unter anderem auch Wohnungsbetriebe, Siedlungsgesellschaften und Sanierungsgesellschaften sowie Sparkassen als Anstalten des öffentlichen Rechts. Eine Gegenüberstellung der wesentlichen wirtschaftlichen Unternehmen soll die Unterschiede der einzelnen Organisationsformen und Aufgaben verdeutlichen:

	Aufgaben	Organisationsform		
		Regiebetrieb	Eigenbetrieb	Eigengesellschaft
Wirtschaftliche Unternehmen Voraussetzung : - (dringender) öffentlicher Zweck - (Subsidiarität gegenüber Privatwirtschaft) - Vereinbarkeit mit Leistungsfähigkeit und voraussichtlichem Bedarf der Gemeinde	Versorgungsbetriebe Wasserwerke, Gaswerke, Elektrizitäts- und Fernheizwerke Verkehrsbetriebe Straßenbahne n, Autobusse, Kleinbahnen, Bergbahnen, Hafenanlagen, Flughäfen, Parkhäuser Betriebe der Urproduktion und darauf aufgebaute Verarbeitungsbetriebe Molkereien, Kies- und Sandgruben, Ziegeleien Sonstige Betriebe Stadthallen, Messehallen, Kurbetriebe	nur vereinzelt, vornehmlich in kleineren Städten und Gemeinden	überwiegende Organisationsfo rm	weitverbreitete Organisation sform
Hoheitsbetriebe	Schulen, Einrichtungen der Wissenschaft, Forschung- und Kulturpflege z. B. Museen, Theater, Volkshochschulen, Büchereien Einrichtungen der sozialen Sicherung z. B. Altenpflegeheime, Behindertenheime, Obdachlosenheime Einrichtungen für Gesundheit, Sport und Erholung z. B. Krankenhäuser, Unfallstationen, Sportanlagen, Badeanstalten Einrichtungen des Umweltschutzes z. B. Abwasserbeseitigung, Abfallwirtschaft, Friedhöfe	regelmäßige und überwiegend in der Praxis vorhandene Organisationsform	nur in einigen Bundesländern rechtlich zulässig; in der Praxis der jüngeren Vergangenheit vornehmlich im Abwasserbereich	nur vereinzelt in der Abfallwirtschaft praktiziert

Abbildung 51: Wirtschaftliche Unternehmen und Hoheitsbetriebe, Aufgaben und Organisation
Quelle: Cronauge, Ulrich: Kommunale Unternehmen; Eigenbetriebe-Kapitalgesellschaften-Zweckverbände Berlin, 1995, S. 138

Das vorstehende Schema verdeutlicht zugleich, dass ein unmittelbarer Zusammenhang zwischen der materiellen Bestimmung einer kommunalen Einrichtung als wirtschaftliches Unternehmen oder nichtwirtschaftliches Unternehmen einerseits sowie der zur Erledigung der konkreten Aufgabe in Frage kommenden Organisationsform andererseits besteht.

Das sogenannte „Alte Recht" nach § 107 GO NRW stellte auf die Errichtung, Übernahme oder wesentliche Erweiterung eines Unternehmens bei der Subsumierung unter die wirtschaftliche Betätigung der Gemeinde ab. Die neugefassten Bestimmungen knüpfen dagegen an den Begriff der **„Tätigkeit"** an. Dadurch könnte das Problem der Bestandskraft der bisherigen Genehmigungen mit der Folge der Neuregelung für bestimmte Produkte für die Gemeinde entstehen.

Neben dem **Schrankentrias**, also den Voraussetzungen für die Errichtung, Übernahme oder Erweiterung eines wirtschaftlichen Unternehmens enthalten die Kommunalverfassungen weitere **Sicherungen für die kommunale Führung** solcher Unternehmen. Im Fokus geht es dabei um spezielle Steuerungs-, Einfluss- und Kontrollmöglichkeiten der Gemeinde, insbesondere im Falle der Entscheidung für den Betrieb in einer privaten Rechtsform. Die jeweiligen und sehr unterschiedlichen Anforderungen in den Kommunalverfassungen sollen eine **Stärkung** des kommunalen Einflusses, eine **erhöhte Transparenz** der kommunalen Beteiligungen sowie die **Begrenzung finanzieller Risiken** ermöglichen.

Zur Aufnahme rein erwerbswirtschaftlicher Betätigung bedürfen die Kommunen weder einer gesonderten gesetzlichen Ermächtigung noch verstößt diese gegen die Bindung allen staatlichen Handelns an das **Gemeinwohl**. Ein **verfassungsrechtliches Subsidiaritätsgebot** kann auch nach Einfügung des neuen Artikels 23 GG keine Anerkennung finden. Es widerspräche der **wirtschaftspolitischen Neutralität** des GG und der Kompetenz des demokratischen Gesetzgebers zur Bestimmung der Staatsaufgaben. An die Adresse der Wettbewerbsunternehmen der Privatwirtschaft ist die Botschaft zu richten, dass Grundrechte privater Wettbewerber (Artikel 12 und 14 GG) nicht vor Konkurrenz durch die öffentliche Hand schützen, solange die private Wirtschaftsbetätigung nicht erschwert oder faktisch unmöglich gemacht wird.

Ebenso wenig können sich die Kommunen bei **wirtschaftlicher Betätigung** auf einen Grundrechtsschutz berufen Der Erwerbswirtschaft der Kommunen kommt im Grunde genommen, falls das wirtschaftliche Ergebnis stimmt, eine völlig normale **Finanzierungsfunktion** zu. Da diese regional begrenzt ist, kann sie allenfalls durch das **kommunale Selbstverwaltungsrecht** mit den gesonderten Möglichkeiten der Ertragserzielung z. B. in den Fällen geschützt sein, in denen eine **kommunale Unterfinanzierung** entsteht.

In einem solchen Fall dürfen auch Gewinne zum **Haushaltsausgleich** eingesetzt werden. Der übergeordnete Gesetzgeber, der die mangelhafte Ausstattung der Gemeinden mit Finanzmitteln zu verantworten hat, darf ihnen diese Möglichkeit der **Schaffung von Einnahmepotentialen** nicht verwehren.[247]

8.2 Das Beteiligungsmanagement: Auf dem Weg zum Konzern Stadt

Die Finanzkrise der Kommunen und damit die relative Unmöglichkeit der kommunalen Aufgabenerfüllung hat viele Gründe, das Wegbrechen der Gewerbesteuer ist nur einer davon. Jede finanzielle Situation einer Kommune beruht auf Entscheidungen. Drei Hauptgruppen davon sind von besonderer Bedeutung:

- dic Entscheidung Dritter, z.B. wie die der Unternehmer zur Standortentscheidung oder zur Anwendung der Verlustverrechnung nach dem Steuersenkungsgesetz
- die Entscheidung der Hauptverwaltungsbeamten
- die Entscheidungen des Rates.

Die Entscheidungen Dritter werden durch die Attraktivität und die Erfüllung der Leistungs–und Begeisterungsanforderungen durch die Kommune und deren Serviceeinrichtungen, der Kundenfreundlichkeit und Effizienz sowie den steuerlichen Gestaltungsmöglichkeiten bestimmt (u.a. Hebesatz).

Die Entscheidungen der Verwaltung und des Rates betreffen überwiegend den Bereich der freiwilligen Einnahmen und Ausgaben, da das Korsett für die Pflichtaufgaben sehr eng gezurrt ist aufgrund der gesetzlichen und tariflichen Verpflichtungen.

Oftmals werden Entscheidungen zugunsten von Investitionen getroffen, weil hälftige und höhere Zuschussfinanzierungen ausgereicht werden. Die **Folgekosten,** die in der Regel nicht mehr bezuschusst werden, treten in den Hintergrund, um später wieder auf der Bühne als Hauptdarsteller zu erscheinen. Manchmal ist der Verzicht auf einen Zuschuss vielleicht die bessere Entscheidung. Bei der Überprüfung nach dem **Drei-Säulen-Modell** muss auch hinterfragt werden, welche Entscheidungen welche Folgen nach sich ziehen. Daraus entsteht ein Prioritätenkatalog, der die gegenwärtige und künftige Drucksituation umfasst und auszugleichen versucht. Zugleich ordnet er Verantwortungen zu. Im Falle eines **HSK** kann dieses enorm wichtig werden.

Der Weg aus der **akuten und schmerzhaften Verschuldensfalle** oder der nicht gegenfinanzierten Entscheidungen darf aber nicht dazu führen, dass eine sogenannte

---

247 Otting, Olaf: a.a.O., S. 289-299

- **Sanierung über die Gründung einer Gesellschaft** mit der Folge der Ausgliederung der Verbindlichkeiten in deren Eröffnungsbilanz erfolgt. So entstehen
- **Schattenhaushalte,** die nicht bedient werden können und die Gesamtverschuldung langfristig progressiv erhöhen.

Die Hauptproblematik und die Entstehungsgründe der Krise stellen sich verkürzt wie folgt dar:

- Nichtbeachtung haushaltsrechtlicher Grundsätze
- Finanzierung laufender Ausgaben mit Krediten
- Fehlende Kongruenz zwischen wirtschaftlicher Nutzungsdauer
- von Anlagegütern und ihrer Refinanzierung
- Unmöglichkeit, über den Verwaltungshaushalt Kredittilgungen als
- Pflichtzuführung an den Vermögenshaushalt abzudecken.[248]

Vor dem Hintergrund der Finanzdefizite öffentlicher Haushalte [249] allein in diesem Jahr ist es unverzichtbar, über Maßnahmen zur Einnahmeerzielung nachzudenken, die verfassungsmäßig vertretbar, aber auch organisatorisch so umsetzbar sind, dass sie zur Konsolidierung beitragen.

Der Weg muss demnach, außer über einen absoluten **Paradigmenwechsel** der Entscheidungen für das bisherige Ausgabeverhalten, der Reduzierung des Aufwandes und entsprechende Einsparungen ohne wesentliche Minderungen der Leistungsqualität und ohne Einbussen bei der **Kundenzufriedenheit,** konsequent gegangen werden. Zunächst müssen Aufgabenvielfalt, Personal, Material und Infrastruktur mit den Kundenanforderungen abgeglichen werden. Danach ist zu entscheiden, welche Aufgaben als Kernverwaltungsaufgaben innerhalb des sogenannten Rathauses erledigt werden, welche an Dritte übertragen und welche Aufgaben selbstverantwortet und selbstgesteuert von **kommunalen Unternehmen** erledigt werden können.

Anhand der Zunahme der Zahl der Neugründungen kommunaler Unternehmen und der kommunalen Beteiligungen an Gesellschaften in privater Rechtsform ist ersichtlich, dass die **bestgeführten Kommunen** handeln, um nötige Spielräume zurückzugewinnen und / oder zu erweitern. Zielsetzung dabei ist die **effektivere** und **effizientere** Erledigung der übertragenen Aufgaben als sie über-

248 Fiebig, Helmut: Kommunale Kostenrechnung und Wirtschaftlichkeitssteuerung – Ziele-Methoden-Ergebnisse- Berlin, 1998, S.27-32

249 ARD – Tagesschau vom 06.08.2002: Das Finanzdefizit der Länder beträgt in diesem Jahr voraussichtlich DM 17,6 Milliarden Euro mit steigender Tendenz

wiegend im „Mutterkonzern" möglich wäre. Es geht konkret um Leistungsvorteile der Ressourcen Personal, Finanzen, Organisation und Zeit.

Die wirtschaftliche Selbständigkeit dieser Unternehmen hilft, flexibel auf Veränderungen im rechtlichen, sozialen, betriebswirtschaftlichen und volkswirtschaftlichen Bereich zu reagieren.

Kurze Wege von der Leitungsebene zu den Mitarbeitern ermöglichen schnelle und **marktangepasste Entscheidungen**, die **Mitarbeitermotivation** ist durch den Einsatz von ganzheitlichem **Empowerment** wesentlich höher und steuerliche Gestaltungsmöglichkeiten zur **Ergebnisverbesserung** sind ebenfalls möglich.

Ein Problem, welches nicht einfach so abgetan werden kann, ist die zunehmende Unabhängigkeit dieser Unternehmen vom „Mutterkonzern" mit einer zu beobachtenden **Tendenz zur Abkoppelung**, die dazu führt, dass die Vorgaben der Rates nicht unbedingt in seinem Sinne umgesetzt werden, sondern eine schwer zu fassende Form von Selbständigkeit annimmt.

Auch hier ist aus der Erfahrung mit derart strukturierten Unternehmen und Tendenzen eine klare Vorgabe hilfreich: Kommunale Beteiligungsunternehmen, aber auch bereits Eigenbetriebe müssen strategisch über ein **aktives Change Management** und dem daraus abzuleitenden **Beteiligungscontrolling** geführt werden. Seit dem Jahr 1996 gehört für den Rat als strategischer Steuerungsebene der Beteiligungsbericht dazu.

Die bundesdeutschen Gemeindeordnungen schreiben für die Aufgabenerledigung durch ihre wirtschaftlichen Unternehmen keine bestimmte Rechtsform vor. Dabei muss unterschieden werden zwischen

A. Rechtlich selbständig wirtschaftenden Betrieben des öffentlichen Rechts

- Zweckverbände
  Mit Hilfe der Zweckverbandskonstruktion soll die gemeinsame und wirtschaftliche Aufgabenerfüllung von Einzelaufgaben ermöglicht werden, zu deren Erfüllung die Kommunen verpflichtet oder berechtigt sind. Zweckverbände werden insbesondere gegründet zur Sicherstellung der Wasserversorgung und Wasserentsorgung, zur Datenverarbeitung, für den Personentransport regional und überregional, auf dem Gebiet des Sparkassenwesens, etc. Sie sind eigenständige Körperschaften öffentlichen Rechts. Die strategische Ausrichtung erfolgt über die Organe des Zweckverbandes, in denen das Beteiligungsmanagement der Träger weitestgehend bestimmt.

- Sparkassen
  Ebenso wie die Zweckverbände haben die Sparkassen eine eigene Rechtspersönlichkeit. Sie sind Anstalten öffentlichen Rechts. Die strategische Linie wird hier ebenfalls über die in den Verwaltungsrat abgeordneten Gemeindevertreter bestimmt.

B. Rechtlich selbständige Unternehmen des Privatrechts

Unter der Voraussetzung, dass die Gemeinde ihren Anteil bei Gründung, Übernahme oder Beteiligung eines wirtschaftlichen Unternehmens durch die Wahl der Rechtsform begrenzt (GmbH,AG, eGenossenschaftmbH, u.ä.),darf sie entsprechende Engagements eingehen.
Die Beteiligung der Gemeinde an einem wirtschaftlichen Unternehmen in privater Rechtsform ist gemäß §§ 107 /108 I GO NRW nur zulässig, wenn

1. *„ein dringender öffentlicher Zweck die Betätigung erfordert*
2. *die Betätigung nach Art und Umfang in einem angemessenen Verhältnis zur Leistungsfähigkeit der Gemeinde steht*
3. *eine Rechtsform gewählt wird, welche die Haftung der Gemeinde auf einen bestimmten Betrag begrenzt*
4. *die Einzahlungsverpflichtung der Gemeinde in einem angemessenen Verhältnis zu ihrer Leistungsfähigkeit steht*
5. *die Gemeinde sich nicht zur Übernahme von Verlusten in unbestimmter oder unangemessener Höhe verpflichtet*
6. *die Gemeinde einen angemessenen Einfluss, insbesondere in einem Überwachungsorgan, erhält und dieser durch Gesetz, den Gesellschaftsvertrag, Satzung oder in anderer Weise gesichert wird*
7. *das Unternehmen oder die Einrichtung durch Gesellschaftsvertrag, Satzung oder Organisationsstatut für den öffentlichen Zweck ausgerichtet wird*
8. *bei Unternehmen in Gesellschaftsform gewährleistet ist, dass der Jahresabschluss und der Lagebericht...in entsprechender Anwendung der für Eigenbetriebe geltenden Vorschriften geprüft werden.“* [250]

250 Fiebig, Helmut: Selbstverwaltungsaufgaben und Rechtsform kommunaler Betriebe, a.a.O., S.37

C. Rechtlich unselbständige Betriebe

- Eigenbetriebe
  Eigenbetriebe sind quasi verselbständigte Regiebetriebe, die auf der Grundlage einer Eigenbetriebsverordnung tätig werden. Sie sind rechtlich unselbständig, jedoch mit eigener Buchführung und Rechnungslegung.
  Sie werden von einem sogenannten Werkleiter geführt und vertreten. Die Aufsichtsfunktion obliegt einem Werkausschuss, in dem die Trägervertreter und die politischen Fraktionen entsprechend der Mandatsverteilung die Strategie verantworten. Es besteht keine Haftungsbegrenzung. Beispiele für Eigenbetriebe finden wir im Krankenhausbereich, in ausgegliederten Fachämtern wie z.B. Garten- und Landschaftsbau, in der Müllverarbeitung,u.ä.

- Regiebetriebe
  sind rechtlich und organisatorisch unselbständig und voll in die Gemeinde integriert. Sie werden als Amt oder Abteilung geführt.

D. Kostenrechnende Einrichtungen

- sind Einrichtungen, die in der Regel aus Entgelten finanziert werden (§12 GO NRW). Dieser Sonderfall innerhalb des Finanzmanagements einer Gemeinde bildet eine Brücke zwischen Haushalts – und Abgabenrecht. Für diese Einrichtungen werden nach betriebswirtschaftlichen Grundsätzen ermittelt
  - eine angemessene Abschreibung
  - eine angemessene Verzinsung des Anlagekapitals.

  Damit will man den nur noch zentral eingestellten Krediten ein Äquivalent für die nicht mehr dezentral nachgewiesenen Kapitalkosten entgegenstellen. Im übrigen ist eine Kostenrechnung aufzustellen.

An den unterschiedlichen Rechtsformen der kommunalen Unternehmen ist erkennbar, dass sie wesentlicher Bestandteil der kommunalen Selbstverwaltung sind. Als Instrument für die gesetzlich übertragene Aufgabenerfüllung. Durch den Strukturwandel der Wirtschaft, insbesondere auf europäischer Ebene durch den Binnenmarkt verändern sich die Rahmenbedingungen auch für alle Kommunen. Wichtige Aufgaben regionaler Daseinsvorsorge werden in den Wettbewerb gedrängt und zur Disposition gestellt. Verwaltungsmodernisierung und die ordnungspolitische Privatisierung stellen darüber hinaus besondere Anforderungen an die Kommunen.

„Der Wettbewerbsfähigkeit städtischer Unternehmen sind durch die Gemeindeordnungen und dem auf das Gebiet der Kommune beschränkte Feld wirtschaftlicher Betätigung im wahrsten Sinne des Wortes Grenzen gesetzt. Damit eine gewisse Chancengleichheit hergestellt wird, ist eine städtefreundlichere Auslegung der Gemeindeordnungen ebenso erforderlich wie die Möglichkeiten „grenzüberschreitender Aktivitäten." Damit die Bedingungen künftig nicht von Land zu Land unterschiedlich sind, ist eine Harmonisierung der Gemeindeordnungen dringend erforderlich.

Verwaltungsmodernisierung und Wettbewerb verstärken die Ausgliederungen von Verwaltungseinheiten in ***selbständige kommunale Betriebe****. Da die Städte im Rahmen der Daseinsvorsorge zur Einflussnahme auf die kommunalen Unternehmen verpflichtet und berechtigt sind, nehmen immer mehr Städte Einfluss auf ihre Unternehmen. Der Hauptausschuss des DSt hat sich daher intensiv mit der Beteiligungspolitik der Städte befasst und sich dafür ausgesprochen, der* ***Beteiligungspolitik größeres Gewicht*** *beizumessen. Hierfür spricht insbesondere, dass die Städte verpflichtet sind, die sozialverträgliche Erfüllung öffentlicher Aufgaben im Sinne des Artikels 28 II GG zu gewährleisten.*[251]

Im Geschäftsbericht des Deutschen Städtetages des Jahres 2001 wird darauf hingewiesen, dass zur Problematik der **städtefreundlicheren Auslegung der Gemeindeordnungen,** die bereits in der Sitzung des Jahres 1998 diskutiert wurde, bereits weitere Gespräche der kommunalen Spitzenverbände mit der Innenministerkonferenz, ebenfalls 1998, geführt wurden. „Die Innenministerkonferenz hat daraufhin den Unterausschuss > Kommunale Wirtschaft und Finanzen < gebeten, einen Entwurf einer **Mustergemeindewirtschaftsklausel** vorzulegen, die dieses Problem regelt. Zu diesem Zweck wurde eine AG, bestehend aus Vertretern der Innenministerien, der kommunalen Spitzenverbände sowie des VKU eingesetzt. Obwohl die kommunalen Spitzenverbände gemeinsam mit dem VKU bereits Vorschläge unterbreitet haben, ist nach nunmehr einjähriger Diskussion **immer noch kein Ergebnis** absehbar."[252]

Wahrscheinlich stimmt die These, dass es keine wirkliche, ganzheitliche Steuerung im öffentlichen Bereich gibt, durchgängig. Weder in den Ministerien, noch in den Verbänden, den Verwaltungen oder öffentlichen Unternehmen ist eine durchgehende Effizienzlinie zu erkennen. Dabei nimmt die Zahl der **Beschlüsse, Vorschriften, Verordnungen und Regelungen**, die für Kommunen

---

251 Deutscher Städtetag, Geschäftsbericht 1999, Hauptausschuss des DSt zur „Bedeutung der Beteiligungspolitik" in den Städten, Sitzung v. 04.02.1998

252 Deutscher Stsädtetag, Geschäftsbericht 2001,Hauptausschuss des DSt zu" Städte im Wettbewerb; Mustergemeindewirtschaftsklausel," S. 108

und ihre Unternehmen bindend sind, die **finanzielle Verpflichtungen** und zusätzliche **personelle Anstrengungen** auslösen, ständig zu. Ohne die Möglichkeit einer Abstimmung. Ständig wird in die Abläufe und die Führung des öffentlichen Unternehmens (außer in der AG, dort aber indirekt / imperativ) interveniert.

Strategische Zielformulierungen durch den Rat und **Leadership** durch den Konzernchef, **Management und Ergebnisverantwortung** durch die Geschäftsführung der kommunalen Unternehmen: das ist der Weg zur **adäquaten Aufgabenerfüllung**. Dazu bedarf es eines starken und fähigen Beteiligungsmanagements.

Die wissenschaftlichen Erkenntnisse der Betriebswirtschaftslehre in Verbindung mit der OE und den Erfahrungen aus der privaten Wirtschaft zeigen, dass eine lediglich **verwaltende Beteiligungsverwaltung** nicht ausreicht, beziehungsweise der falsche Weg ist, weil die Verpflichtung des Anteilseigners zur Steuerung und Kontrolle so nur unzureichend erfüllt wird. Ein **aktives Beteiligungsmanagement** muss die **gesamtstädtischen Interessen** berücksichtigen.

Dafür steht im Gesellschaftsrecht ein adäquates Instrumentarium zur Verfügung. Die aus dem Gesellschaftsrecht abzuleitenden Rechte und Pflichten der Gesellschafter haben grundsätzlich auch für Kommunen Gültigkeit. Entscheidend ist letztlich die Ausgestaltung des **Gesellschaftsvertrages.** Er ist Ausdruck des Handlungsrahmens des gesamtstädtischen Interesses, d.h., er regelt Unternehmenszweck, Geschäftsziele, Kapitalausstattung, Zuschusspflichten sowie die Verzahnung mit dem Beteiligungsmanagement. Dadurch wird letztlich auch die Steuerungsmöglichkeit des Rates sichergestellt.

Die Möglichkeit, die Besetzung der Leitungsebene (n) zu bestimmen, ist dabei der Türöffner zum Management. Dadurch besteht weiter die Möglichkeit, das vorhandene Controlling – Modell zu installieren und das Berichtswesen am Beteiligungsmanagement auszurichten.

Welches Beteiligungsmanagement hat sich bewährt?

Die unterschiedlichen Ausgangsvoraussetzungen, die völlig andere Größe der Kommune, die unterschiedliche emanzipierte Verwaltung, divergierende Interessen der Querschnittsämter und der Fachämter, einmal der Rat als reaktive Gruppe, ein anderes Mal als Leader, als Boss, als Stratege. Modelle sind da sehr schwer zu entwickeln, Erfolge meist situativ herbeigeführt.

Interessant sind bei der Fülle der Auswahlmöglichkeiten zwei Vorgehensweisen:

1. Das Konzernmodell

Konzernstruktur:
Reichard beschreibt die Rahmenbedingungen in der Form, als dieses sogenannte Modell dem Holding-Gedanken folgt. Die Kommune wird als Konzern begriffen, der sich in eine schlanke Holding (Rat, Verwaltungsführung, zentraler Steuerungsdienst, Beteiligungs-Controlling) mit Auftraggeberfunktionen auf der einen Seite und partiell selbständigen Einheiten auf Verwaltungs – und Betriebsebene gliedert.

Ergebnis-Zentren:
Unter dem Dach der Holding sind verschiedene Einheiten tätig, die als Auftragnehmer entweder Dienstleistungen für die Kunden produzieren oder interne Servicedienste für die Kommune erbringen. Wenn diese Einheiten die erforderlichen Kompetenzen haben, um im Rahmen der Vorgaben über Dienste und Ressourcen entscheiden zu können, so kann man sie als Ergebnis-Zentren bezeichnen, weil sie Leistungsauftrag und Budget verantworten und abwickeln.

Verselbständigte Einrichtungen:
Gelingt es, die Leistungseinheiten der Kommune, welche sich z.B. als Kapitalgesellschaft aus dem „Mutterkonzern" lösen wollen, durch Erweiterung der Handlungsspielräume und Empowerment im Rahmen eines Change Management in die Veränderung zu führen bei gleichzeitiger Integration in die bestehende Organisation und kommunale Bindung, dann heißt der Weg nicht mehr automatisch Beteiligungsverwaltung oder Eigenbetrieb oder Flora-Fauna GmbH. Diese Leistungseinheiten müssen, genauso wie die bereits außerhalb des „Mutterkonzerns" agierenden SGE in die Holdingstruktur eingegliedert werden. Die dauerhafte Betreuung kann in diesem Fall zusätzlich das Beteiligungsmanagement übernehmen.

Dezentrale One Shop Offices
Diese dezentralen Bürgerläden, die in Stadtteilen oder in kleinerren Kommunen eingerichtet wurden, bieten unterschiedliche kommunale Leistungen + private Leistungen aus einer Hand an. Der Bogen reicht dabei vom Meldewesen über Wohngeld bis zur Baugenehmigung. [253] Auch diese Satelliten müssen in das Gesamtkonzept integriert werden.

253 Reichard, Cristoph, a.a.O.: S. 57 - 59

Die Führung eines Konzerns Stadt könnte demnach so gestaltet werden:

- Der Vorstand des Konzerns setzt sich aus vier Divisionsvorständen sowie dem Steuerungsvorstand und dem Vorstandsvorsitzenden (OB) zusammen. Ähnlich wie in der Privatwirtschaft eignet sich die divisionale Gliederung insbesondere für Städte mit einem umfangreichen Produkt-Portfolio. Das ist in der Ruhrgebietsmetropole Essen der Fall. Dort sind die Divisionsvorstände für folgende Geschäftsbereiche zuständig:

  - Sicherheit, Ordnung, Recht und Service
  - Bildung, Kultur, Wirtschaftsförderung
  - Soziales, Jugend und Gesundheit
  - Bauen, Planen, Wohnen, Umwelt, Verkehr, Ver- und Entsorgung.

- Diesen Geschäftsbereichen sind alle entsprechenden Ämter sowie inhaltlich verwandte Beteiligten zugeordnet. Sie werden vom jeweiligen Divisionsvorstand gemeinsam verantwortet sowie strategisch geführt. Die Vorteile dieser Ressortteilung und gemeinsamen Führung von Beteiligungen und Ämtern sind im wesentlichen:

  - *„Integrierte Wahrnehmung fachpolitischer und finanzieller Steuerung von inhaltlich verwandten Ämtern und Beteiligungen*
  - *Verteilung von Führungsverantwortung für Beteiligungen auf mehrere Vorstandsmitglieder*
  - *Dezentrale Beteiligungsführung im Geschäftsbereich*
  - *Einheitliche Steuerungsphilosophie und Controllingverfahren*
  - *Keine Rückwirkung auf die Konzernorganisation durch weitere* [254] *Ausgliederungen.*

In der nachfolgenden Abbildung 52 sind die Funktionen einer klassischen Führungsholding in ihren Kernfunktionen abgebildet:

Das Consulting – Modell

Das Beteiligungsmanagement der Stadt Leipzig ging einen **völlig anderen Weg**. Die Intensität, Komplexität der Aufgaben und die Steuerung durch die klassische Verwaltung in einem permanenten und lange Zeiträume umfassenden und stringenten Change Management-Prozess erforderte ein Beteiligungsmanagement,

254 Fiedler, Jobst / Kreft, Mathias / Lührs, John: Neue Wege im kommunalen Beteiligungsmanagement in: Der Gemeindehaushalt, 2/1999, S. 29 - 30

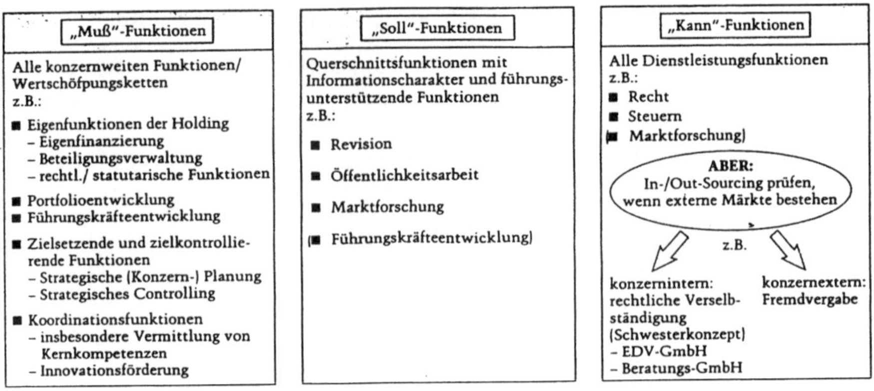

Grundsätze:

- Alle geschäftsrelevanten Funktionen gehören in die Holdingtöchter.
- Alle Funktionen mit Konzernbezug müssen von der Holding wahrgenommen werden.
- Nur Funktionen mit **rechenbaren** Synergien dürfen zentralisiert werden.
- Nicht additives Zusammenfassen von Funktionen, sondern Professionalisierung (Spezial-Know-how).

Abbildung 52: Neue Wege im Kommunalen Netätigungsmanagement

welches relativ unabhängig ist und quasi als strategischer Partner der Stadt auftritt.

Das Ergebnis der Überlegungen und strategischen Planungen ließ ein **kommunales Consulting –Unternehmen** entstehen. Hauptaufgabe ist die Beratung und Unterstützung der Stadt Leipzig, insbesondere ihrer Verwaltungsinstanzen, Betriebe und Unternehmensbeteiligungen in allen kaufmännischen, personellen, rechtlichen und organisatorischen Angelegenheiten, der Verwaltung des städtischen Beteiligungsvermögens und seiner wirtschaftlichen Führung sowie in den hiermit zusammenhängenden Fragen.

Hauptaufgabe der BBVL ist damit die **Sicherstellung eines effektiven Beteiligungsmanagements.** Als ausgelagerte **Konzernverwaltungsstelle** ist sie für die Steuerung von über 80 mittelbaren und unmittelbaren Beteiligungen der Stadt Leipzig zuständig. Das **Aufgabenspektrum der BBVL ist vielfältig**. Es stellt eine wirksame Einbindung der Unternehmung in die

- **Willensbildung der Stadt Leipzig** sicher und
- beugt einer **Verselbständigung** vom kommunalen Auftrag vor. Die Gesellschaft sorgt dafür, dass sich die Unternehmen an dem von der Stadt gesetzten
- **Finanzrahmen** orientieren und sie die

- **vorgegebenen öffentlichen Ziele** im erforderlichen Umfang erfüllen.
- Die BBVL **berät und unterstützt** die städtischen VertreterInnen in den Aufsichträten und anderen Gremien.
- Und sie **analysiert für die Stadt die Probleme** der einzelnen Unternehmen
- sowie des gesamten Gefüges der Leipziger **Kommunalwirtschaft** und leitet daraus
- **Vorschläge** für Rationalisierungen, Organisationsveränderungen oder Verbesserungen sonstiger Art ab.

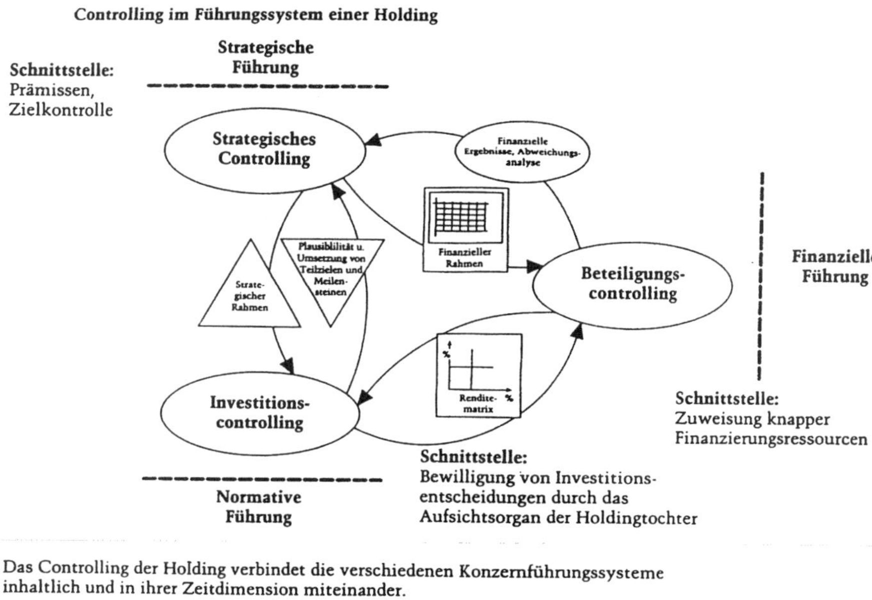

Abbildung 53: Controlling im Führungssystem einer Holding

Die Organisation und die Beschäftigtenzahl stellen eine **flache Hierarchie** mit lediglich ca. zwei Dutzend Mitarbeitern inklusive der beiden Geschäftsführer dar. Fachleute aus **Consulting und Controlling** werden durch ein **Service-Center** unterstützt..[255]

Beide Varianten haben ihre Vor – und Nachteile. Bei Durchsicht der Beteiligungsberichte werden trotz der teils sehr unterschiedlichen Ansätze die Auswir-

255 Beteiligungsbericht der Stadt Leipzig 1999, S. 268

kungen des Einsatzes des **NSM und von Change Management**, letzterer Ansatz in besonderem Masse bei Beteiligungsverwaltungen, sichtbar. Wenn es tatsächlich möglich sein wird, die Gemeindeordnungen von den regionalen Beschränkungen zu befreien und das **Leistungsspektrum** in der Kommune insgesamt und nicht nur in den kommunalen Unternehmen noch stärker **kunden- und ergebnisorientiert** weiter entwickelt wird, dann wird höchstens die Komplexität des gesamten Produkt – und Dienstleistungsangebotes der Kommune eine Machbarkeitsgrenze setzen.

Ein adäquates und leistungsfähiges Beteiligungsmanagement kann zu einem teilweisen **Haushaltsausgleich** beitragen. Aber nur dann, wenn die Kommune ihre **Kernaufgaben ressourcenorientiert** versieht und wieder Freiräume aufmacht für künftige Generationen.

Neben der Strategie und den Werkzeugen, die für eine zielgerichtete Umsetzung sorgen, gehört dazu ein **überdurchschnittlich gutes Controlling**. Im Konzern Stadt.

TEIL IV

Kommunen im Wettbewerb – Handlungsfelder für ein neues Selbst – und Bürgerverständnis

9. Das neue kommunale Management

Die bisherigen **Erfahrungen** mit anderen Strategien, neuen Werkzeugen und Trends, die Innensicht von privatwirtschaftlichen **Wettbewerbsunternehmen** und Kommunen, die sich zum Konzern entwickeln. Beteiligungsgesellschaften, die heute schon von der Mitabeiterzahl und vom Finanzvolumen größer sind als der „Mutterkonzern“, **Experimentierklauseln,** die verlangen, dass Ideen möglichst auch noch nach der Erprobungszeit Relevanz und Bestand haben sollen, all das ist ein **Riesenpaket an Informationen, Eindrücken und Anstößen.**

Die Querschnittsämter schmelzen ab, Fachbereiche gewinnen neue Dimensionen des Handelns, das **Neue Steuerungsmodell** transportiert Kontrakte und macht Ratsmitglieder zu Bossen, Rathauschefs zu Leadern und die Leiter der Fachbereiche zu Change Agents. **Der Kunde ist König**: im Rathaus, beim Straßenverkehrsamt und, auch wenn es noch gewöhnungsbedürftig ist, in der Sozialverwaltung.

Jede **Beschwerde ist ein Geschenk**. Kontinuierliche Verbesserung und **Qualitätsmanagement,** schnellere und effektivere Prozessabläufe von der Wohnsitzänderung bis zur Baugenehmigung. Weniger Schritte, **mehr** Verantwortung, **noch mehr** Kompetenz, **enorm viel** Kundenzufriedenheit. Und **absolute** Mitarbeiterzufriedenheit.

Unternehmensleitsätze statt dummer Sprüche, Journey Management und Navigatoren, die an den **Klippen des kommunalen Haushaltsrechts** vorbeiführen, Teilhabe an **Innovationen,** die über Lernprozesse verinnerlicht werden und nicht zum Peter – Plateau führen. Sondern in einen **Innovationskreis,** in dem bereits Mitarbeiter sitzen, die ein völlig **neues Teamgefühl** spüren.

Teilhabe an **Evolutionen,** wenn die Führungsreife erreicht wurde, auch an **Revolutionen,** an einer Zukunftsaufgabe die eine Kommune hervorbringt, deren **Leitbild** verinnerlicht wurde, eine Arbeits – und Erlebniswelt über die Grenzen der Regionen hinaus. **Interkommunale Zusammenarbeit**. Austausche, Leistung, Know- how, andere Ideen, vielleicht **Dinge künftig völlig anders angehen** und erleben. **Perspektiven**. Selbst gestalten, Ideen entwickeln, umsetzen und **Servicelücken schließen.**

Die **persönliche Balanced Scorecard** einsetzen und damit und mit der Kommune, in die inzwischen soviel Zeit, Aufmerksamkeit, Wissen und Sympathie geflossen ist, **die Nr. 1** werden.

Wie werde ich mit meiner Kommune die Nr. 1?

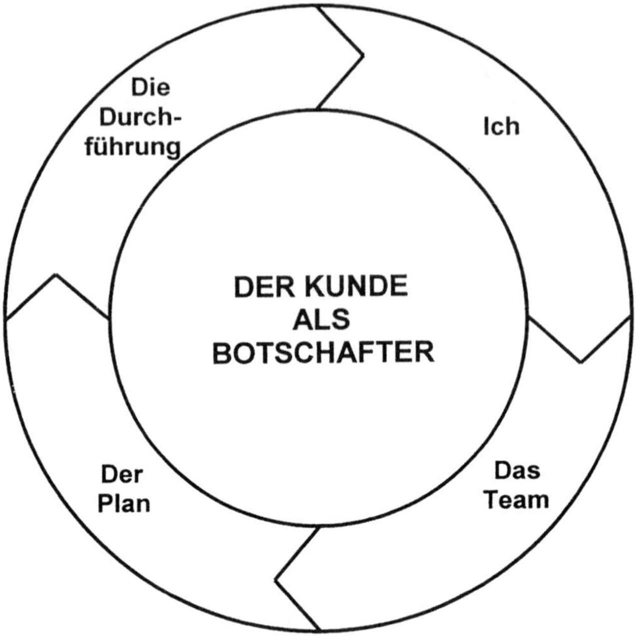

ICH:

Durch Ihr Verhalten und Ihre Persönlichkeit spornen Sie andere zu Höchstleistungen an.

DAS TEAM:

Nur mit dem optimalen Team können Sie gewinnen:

DER PLAN:

Wo wollen Sie hin – und wie kontrollieren Sie den Fortschritt?

DIE DURCHFÜHRUNG:

Der beste Plan nützt nichts ohne eine konsequente Umsetzung.

Abbildung 54: Der Kunde als Botschafter

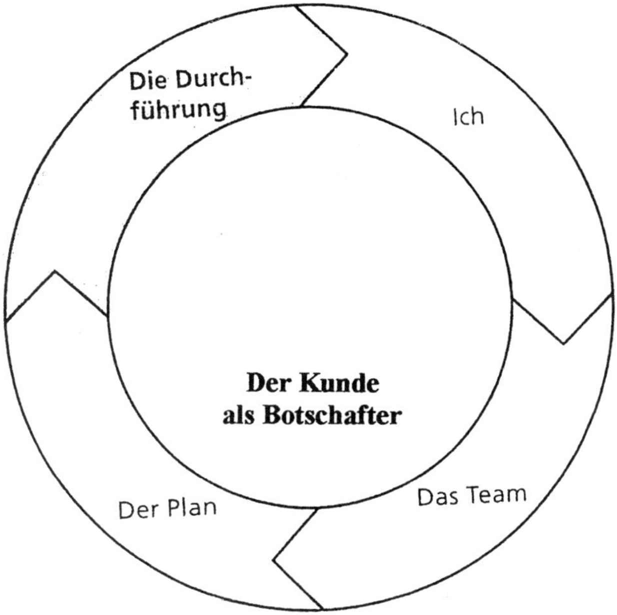

Abbildung 55: Der Kunde als Botschafter
Quelle: Das Krauthammer - Hinterhuber - Erfolgssystem: Die vier Leadership - Prioritäten, Wien, 1999, S. X

9.1 Wie werde ich mit meiner Kommune die Nr. 1?

Konzern Stadt, Holding Gemeinde oder Zentrum Kommunale Dienstleistung, integrierte Beteiligungsunternehmen oder Netzwerke unterschiedlichster Struktur: sie alle können im Wettbewerb der Systeme nur bestehen und – was zunehmend an Bedeutung gewinnt – einen der vorderen Plätze, und dort möglichst die für Leadership unverzichtbare Pole- Position einnehmen, wenn die Führungsspitze und damit auch im Schulterschluss des Erfolges die Führungskräfte als Veränderungsmanager agieren. Das verlangt, die Unternehmensbereiche in eine von allen Stakeholdern getragene und nachhaltige Zukunftsentwicklung zu führen und diese Entwicklung abzusichern.

„Persönliche, innere Stärke des Unternehmers (Geschäftsführer, Vorstand, Verwaltungschef, etc.) und der obersten Führungskräfte, Teamarbeit, klare und verständliche Pläne sowie deren effiziente Durchführung, immer mit Blickrichtung auf den Kunden (Bürger), machen herausragende Unternehmungen (Stadt, Kommune, Verband) aus.“ [256]

Um eine solche Spitzenposition über Kunden – und Bürgerzufriedenheit zu erreichen, ist das Verinnerlichen und Vertiefen der nachfolgenden vier Prioritäten des Erfolgssystems auf Leadership – Basis unverzichtbar:

Aber auch nur dann, wenn die Leader, oberste Führungskräfte und Veränderungsmanager die Ausfüllung der Prioritäten durch aktives Vorleben zum Allgemeingut machen, ist das gemeinsame Ziel erreichbar. In gewisser Weise blitzt der **Kategorische Imperativ Kants** auf, der eigenes Verhalten zum Maßstab für andere Menschen möglich sein lässt. Der Führende muss Glaubwürdigkeit leben, Teamplayer und Coach sein, Visionen und Ziele in Konzepte gießen, die entsprechenden Businesspläne entwerfen, auf den Kundennutzen abstimmen und letztlich die operative Umsetzung garantieren.

- **Zur ersten Leadership – Priorität:**
  - Sie bezieht sich auf den Führenden selbst, auf seine Persönlichkeit, seinen Wesenskern. Sie verlangt eine Überprüfung des Ich, der Position und der Situation. Das soll in vier Schritten geschehen:
    1. Wer bin ich?
    2. Wer sollte ich sein?
    3. Was muss ich tun?
    4. Wie soll ich es tun?

- **„Zur zweiten Leadership – Priorität:**
  - Sie betrifft das Team. Es ist ein orchestriertes Ganzes. Um als Entscheidungsträger die richtigen Teamplayer einzusetzen, sollte vorab geklärt werden:
    1. Welches Team habe ich?
    2. Welches Team sollte ich haben?
    3. Wie entwickle ich das ideale Team?
    4. Wie gelingt das erfolgreiche Zusammenspiel?

- **Zur dritten Leadership – Priorität:**
  - Für den Plan als dritte Priorität und seine Formulierung sind folgende Schritte denkbar:

256 Hinterhuber, Hans H., Krauthammer, Eric: Wie werden ich und mein Unternehmen die Nr. 1? München. Wien, 1999, Vorwort S. IX, in der Darstellung S. 305 ff.

1. Was ist die Ausgangssituation?
2. Was wollen wir gemeinsam erreichen?
3. Wie gehen wir vor?
4. Wie kontrollieren wir den Fortschritt?

➢ **Zur vierten Leadership – Priorität:**
   – Die vierte Leadership – Priorität befasst sich mit der Durchführung, die wie folgt gestuft sein sollte:
     1. Wie kommunizieren wir Pro – aktiv?
     2. Wie schaffen wir die Rahmenbedingungen für die erfolgreichen Umsetzungen?
     3. Wie erreichen wir Engagement?
     4. Wie schließen wir erfolgreich ab? “ [257]

Sämtlichen Prioritäten werden Verantwortungsbereiche zugeordnet inkl. der damit verbundenen Leadership – Fragen. Der Führende beschreibt Bereiche und verdeutlicht die Fragestellungen, um die Veränderungen mit seinem Führungsteam optimal umsetzen zu können. Wie immer ist auch in diesem Modell die Letztverantwortung nicht delegierbar. Auch das bedeutet Leadership.

Die aus dem Gesamtsystem resultierenden und aus der jeweiligen Situation möglichen Prioritäten und Schritte sollen nachfolgend in der Form verdeutlicht werden, dass möglichst Ist –und Sollzustand zu einem strategischen Delta führen, welches durch koordinierte Realisierung und Kontrolle im Rahmen dieses Erfolgs – Regelkreises zu einem neuen **Unternehmer – Ich** beitragen.

Selbst in der jüngsten Vergangenheit hat der Begriff „Unternehmen“ für öffentlich - rechtliche Einrichtungen bei einer Vielzahl von Führungskräften Ablehnung erfahren. Die KGSt selbst hat dieses Tabu gebrochen. Inzwischen ist die Übernahme einer Vielzahl von Begriffen aus der Unternehmensführung durch überwiegend auf dem Gebiet staatlicher Aufgabenerfüllung erfolgreich agierender Wettbewerbs - und Beteiligungsunternehmen selbstverständlich geworden.

Nach dem Motto „Form follows function“ ist es gelungen, den Begriffen Instrumente zuzuordnen, die von der Kosten - und Leistungsrechnung über Personalkennzahlensteuerung bis zur Leadership - orientierten und ergebnisbezogenen Steuerung von Institutionen reichen. Strategisches Controlling, Prozessorientierung und Well-being sind dabei ebenso Teil einer ressourcenbewussten wie der größeren Verantwortungsübernahme des Einzelnen entsprechenden innovativen Gestaltung der Aufbau - und Ablauforganisation.

---

257 Hinterhuber, Krauthammer, 1999, a.a.O., S. XI - XII

Vom Verwalter zum Gestalter, zum Unternehmer -Ich?
Also: Aufbruch zu neuen Pfaden, zu unternehmensorientiertem Denken und Handeln!

Dieser Weg zum (Staats -) Unternehmen verlangt neue Denkkategorien hinsichtlich Führung und Motivation. Traditionen müssen teilweise über Bord geworfen werden, Handlungsweisen überdacht und fachübergreifend neu zugeordnet werden, wie beispielhaft die Auflösung von Querschnittsämtern zugunsten der Stärkung der Kompetenz und Effizienz der Fachämter,Serviceeinheiten bzw. Beteiligungsunternehmen.

Diese Vorgehensweise unterstellt, dass die Unternehmen und Unternehmensbereiche (Strategische Geschäftseinheiten - SGE) bis in die operativen Verästelungen hinein „Lern - und Deutungsgemeinschaften“ sind. Die Mitarbeiter sollten fähig sein, selbst bei unterschiedlicher Aufgabenstellung und Perspektive sich dergestalt in den Prozess zu integrieren, dass Übereinstimmung hinsichtlich der Unternehmensziele herbeigeführt werden kann. Die besondere Problematik, für Unternehmen im öffentlichen Sektor aufgrund der speziellen Property Rights Visionen, Unternehmensziele, eventuell sogar Unternehmensleitsätze zu entwikkeln, die auch verinnerlicht und gelebt werden, ist dabei nicht zu unterschätzen.

Unternehmensführung vor diesem Hintergrund muss sich daher auch mit schwierigen und unangenehmen Verhaltensmustern und Sachverhalten wie auch mit Widersprüchlichkeiten auseinandersetzen. „Sie ist [258]ein Balanceakt zwischen einer intensiven Auseinandersetzung mit eher unscharfen Phänomenen wie Vertrauen, Macht, Kompetenz, Verantwortungsfreude usw., mit ihrer Kristallisation in Form von Prozessen, Strukturen und Systemen und mit methodischen Aspekten wie Strategien und Direktiven.“

Die damit verbundenen durchgehenden Änderungen verlangen auch die Orientierung am „Klassenbesten“, an den „bestgeführten Unternehmen“, wie die Philosophie auf dem Weg zur Nr. 1 lauten sollte.

Das bedeutet für Unternehmensführung und Verwaltungen im Umbruch, sich einem Benchmarking zu stellen und die eigenen Leistungen, bzw,, wie es bei der kundenorientierten Umstellung von Haushaltsstellen auf Ergebnisorientierung heißt, die Produkte hinsichtlich der Input - Output - Relationen unter ähnlichen Ausgangsbedingungen zu vergleichen.

Kernkompetenzen, Kundenzufriedenheit, Basisanforderungen,Leistungsanforderungen, Begeisterungsanforderungen

---

258 Hinterhuber, Hans H. / Stahl, Heinz: Unternehmensführung im Wandel, Band 1, Wien 2000, Vorwort, S. 1

Dazu gehört auch, die **Kernkompetenz** nicht selbst zu bestimmen und einseitige Angebote verfügbar zu machen, sondern den Bürger, den Kunden, definieren zu lassen, welche Kompetenz er dem Anbieter zuschreibt und benötigt.

Dazu sind **Basisanforderungen,** also das Bündel von Leistungsmerkmalen, die der Kunde als selbstverständlich erachtet, in Form eines ständigen und vollständigen Qualitätsmanagements (Total Quality Management - TQM) sicher - und bereitzustellen.

Die Erfüllung der **Leistungsanforderungen,** d.h., Produkte, deren Inhalte der Kunde überprüft, da sie über das erwartete Maß hinausgehen, ist der nächste Schritt zur Gewinnung von Kundenzufriedenheit.

Die Differenzierung mit Hilfe von **Begeisterungsanforderungen** erst führt zu sogenannten Alleinstellungsmerkmalen. Dem Kunden wird ein Produkt mit einer Leistungsbreite und Leistungstiefe angeboten, dass er in dieser Form weder erwartet noch einer inhaltlichen Prüfung unterzogen hat. Dadurch erlangt es eine deutlich andere und nicht vergleichbare, also Begeisterung auslösende Akzeptanz, die durch bloßes verbessern nicht erreicht werden kann. Eine eindeutige Innovation tritt an die Stelle bisheriger Strukturen und Abläufe.[259]

Als Beispiele dazu können dienen:

- die Erledigung aller Steuerangelegenheiten aus einer Hand in einer einzigen Agentur,
- das kostenlose Kfz - Wunschkennzeichen,
- Spielplatz und Kinderbetreuung in der Bürgerstelle,
- der Fotoautomat für die Ausweiserneuerung,
- die kostenlose Grabpflege beim Garten - und Friedhofsamt für das erste Jahr nach der Bestattung,
- der Event - und Freizeitspaßausweis der Stadtwerke in X- Stadt nach Registrierung als Kunde, etc.

Die Beispiele lassen sich endlos erweitern und zeigen, dass Kundenorientierung stattfindet.

Kernkompetenz durch Qualität, Leistung, Begeisterung durch Leadership, der richtige Plan und eine adäquate Durchführung stellen, richtig geschnürt, das Paket für einen geplanten und möglichen Erfolg dar.

---

259 Hinterhuber, Hans H. / Friedrich, Stephan A.: Die Schwerpunkte moderner Unternehmensführung, Innsbrucker Kolleg für Unternehmensführung B.2, Wien 2000, S.164 / 165

ICH

Das erfordert insbesondere, sich in den Anderen hineinversetzen zu können. Es bedeutet aber auch, private und berufliche Vorstellungen und Fähigkeiten so aneinander anzupassen, zu verzahnen, dass das Fundament für den Erfolg mit meinem Team, für meine Kommune dadurch gelegt wird, dass Visionen gelebt werden, Vorbildfunktionen eingenommen werden, die dazu führen, dass Menschen im positiven Sinne bewegt werden können.

Diese Fähigkeiten und Fertigkeiten, die nicht dazu führen dürfen, dass der Leader sich mit Aufgaben und Zielen so sehr identifiziert, dass er die notwendige Differenziertheit verliert, sollen im Rahmen einer Vorausschau ermöglichen, die Sichtweisen des Anderen zu durchdenken, um Verantwortung zu delegieren und die damit verbundenen optimierten Zielvereinbarungen zu treffen.[260]

DAS TEAM

Dazu wird ein Team benötigt, welches fähig ist, einerseits die aktuellen Aufgaben, andererseits aber auch Zukunftsaufgaben zu lösen. Da die genannten Bedingungen gegenseitig voneinander abhängig sind, kommt es für die Führungskraft darauf an, ein an den Unternehmenszielen ausgerichtetes Team zusammenzustellen, welches die besten verfügbaren Teamplayer aufweist. Dazu müssen ggf. qualifizierte Kräfte außerhalb des Unternehmens / der Verwaltung gesucht und eingegliedert werden.

Weisen die Fähigkeiten des Teamplayers Abweichungen vom Anforderungsprofil auf, so ist eine Aussprache mit anschließender Unterstützung, um das Leistungsprofil zu erreichen, als Hilfestellung möglich. Ziel ist die Herstellung bzw. Wiederherstellung einer entsprechenden Vertrauensbasis. Im Falle des Misserfolgs innerhalb eines bestimmten Zeitfensters muss die Führungskraft sich zu einer Trennung vom Teamplayer entschließen, um das Ziel und das weitere Team nicht zu gefährden.

Ein **N**eues **K**ommunales **M**anagement (NKM) wird von der Anwendung des Krauthammer / Hinterhuber Erfolgssystems ebenso profitieren können, wie es bei rein privatwirtschaftlichen Unternehmen bereits möglich ist. Entscheidend ist die Konsequenz, mit der vorgegangen wird. Argumente wie der Status eines Mitarbeiters (z.B. beamtet, relativ unkündbar als Angestellter, etc.) oder arbeits-, tarif - oder sozialrechtliche Besonderheiten bis hin zu stellenrechtlichen Obergrenzen, Beurteilungs - und Beförderungskriterien, etc. dürfen nicht dazu führen, dass Personen die Organisation und damit die Prozessabläufe majorisieren und das Ziel

260 Hinterhuber, Hans H.: Wie werden ich und mein Unternehmen die Nr. 1? München, Wien, 1999, S. 5- 39

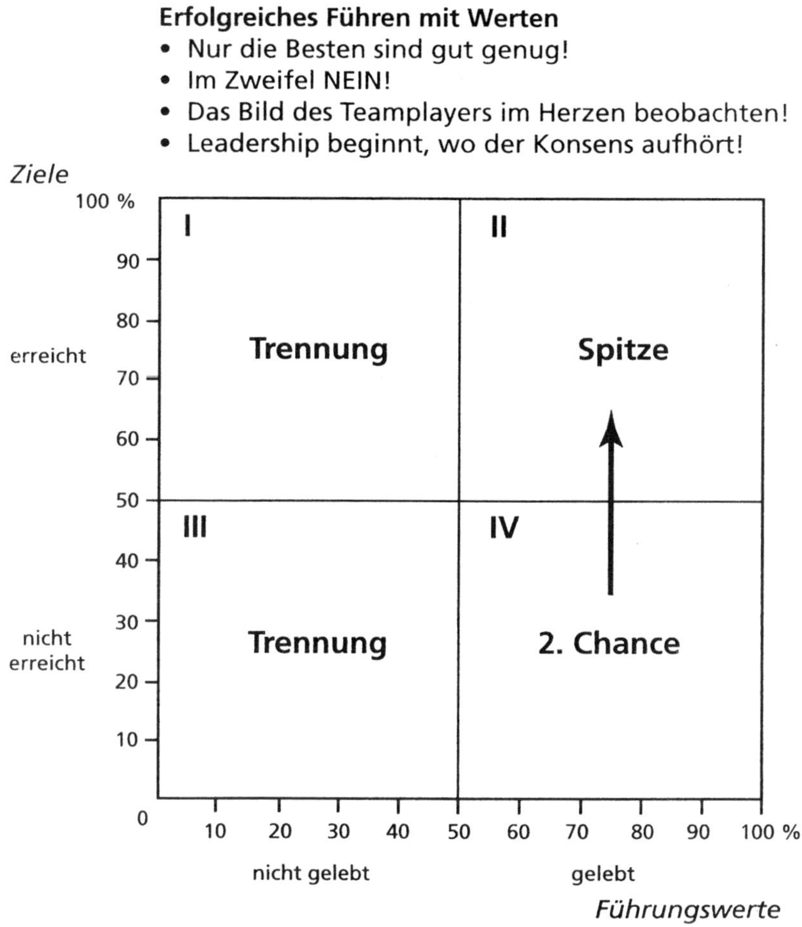

Abbildung 56: Erfolgreiches Führen und Werten

und die Fähigkeiten wie auch die Effizienz teilweise oder insgesamt auf der Strecke bleiben. Insbesondere für Veränderungsmanager und Teamplayer, die durchaus einen solchen Doppelstatus haben können, gilt folgendes Modell:

- „Führungswerte und Normen sowie Zielerreichung werden von 0 bis 100 bewertet und durch die Anzahl der Werte bzw. Ziele dividiert.
- Die Ergebnisse werden in die Matrix eingetragen.
- Es lassen sich vier Arten von Führungskräften unterscheiden (sh.Abb.) [261]

---

261 Hinterhuber, Hans H.: a.a.O., 1999, S. 47

Selbst, wenn die vereinbarten Ziele erreicht oder sogar übertroffen worden sind, der Teamplayer jedoch in Bezug auf die Führungswerte unter 50 liegt, ist eine Trennung notwendig.“ [262]

Da sehr oft die Konsequenzen der Entscheidungen vor dem Hintergrund der öffentlich - rechtlichen Besonderheiten (personalrechtliche Mitbestimmung, Beteiligung von Ausschüssen, Stadtrat, evtl. Aufsichtsbehörde wie Regierungspräsidium oder Ministerium) vermieden werden, die Angst vor evtl. persönlichen Nachteilen vorhanden ist, etc. kann die relevante Leadership - Frage entscheidungsunterstützend sein, in der es heißt:

„Trage ich die soziale Verantwortung für einen Mitarbeiter oder für ein ganzes Unternehmen?“

Wenn die Frage gestellt wird, welche Aufgaben ein Führungsteam erfüllen muss, bietet sich ein Bündel von Antworten an. Vor allem vor dem Hintergrund der vielzähligen und vielgestaltigen Aufgaben im öffentlichen Sektor ist es unverzichtbar, Verantwortungsbereiche zu bilden und festzulegen, welche Aufgaben in der Führungsebene nicht delegierbar sind. Dazu bauen wir das Leadership - Power - Haus[263] für erfolgreiches Führen mit den drei tragenden Säulen von Leadership und die zuzuordnenden zehn Verantwortungsbereiche der Führenden, die nicht delegierbar sind:

Daraus ergeben sich im weiteren Werte Normen und Zielvorstellungen der idealen Teamplayer und die Struktur des optimalen Teams, das erfolgreiche Zusammenspiel und die gemeinsame Sicht der Zukunft.

DER PLAN

Visionen und daraus entwickelte Ziele münden im Rahmen strategischen Denkens in einen Businessplan, der als strategische Handlungsanweisung dient. Dieser Plan ist „der Leitfaden, der im ersten Teil die Ist- Situation des Unternehmens/ der Verwaltung festhält. Teil II bestimmt die angestrebte Soll - Situation.“ [264] Diese sollte realistisch, aber nicht restriktiv beurteilt werden. Verpflichtungen wie auch mögliche Freiräume für Aufgabenerfüllung und Gestaltung im -Rahmen eines Drei - Säulen- Konzeptes sind einzustellen,, welche die Bereiche

- MUSS = gesetzlich oder satzungsgemäß vorgeschrieben, **Pflichtaufgabe,** die nicht delegiert oder auf Dritte übertragen werden kann

262 Hinterhuber, Hans H.: a.a.O., 1999, S. 49
263 Hinterhuber, Hans H.: a.a.O., 1999, S. 54
264 Hinterhuber,Hans -H.: a.a.O., S. 77

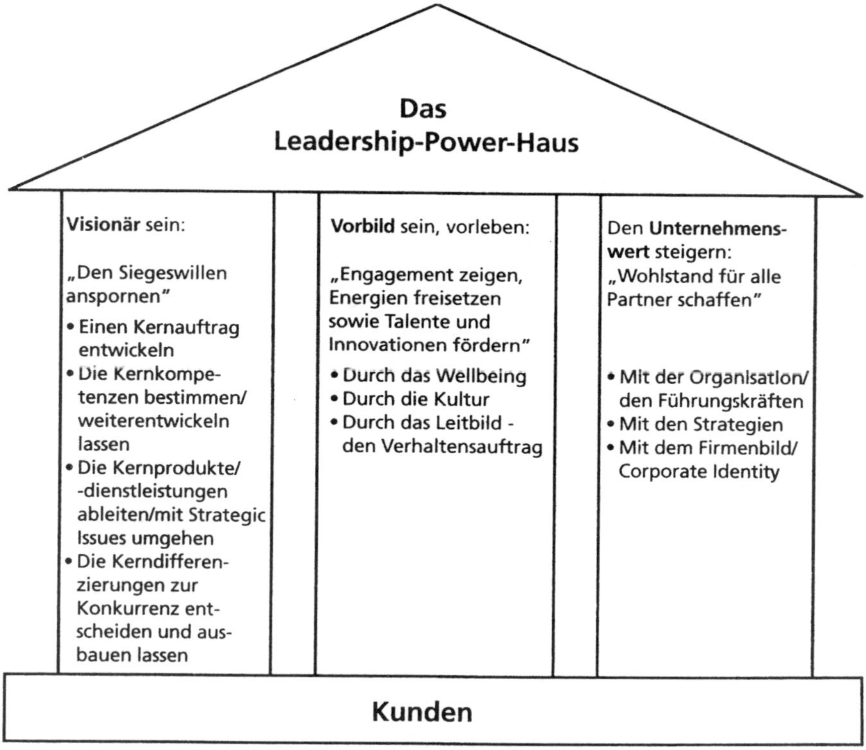

Abbildung 57: Das Leadership-Power-House

- SOLL = nachrangig, großer **Dispositivraum**, nur als Pflichtaufgabe zu betrachten, wenn **übergeordnete Belange** entgegenstehen
- KANN = freiwillige Leistungen, die nur gewährt werden dürfen, wenn eine sogenannte freie Spitze, Sponsorengelder oder Drittmittel verfügbar sind und die MUSS + SOLL - Aufgaben dadurch nicht beeinträchtigt werden

umfassen und von der bisherigen Struktur des Wirtschaftsplanes (inkl. Erfolgsplan, Personalplan, Investitionsplan) in Form eines Produkthaushaltes abweichen.

Der dritte Teil soll die Strategie aufzeigen, mit der nachhaltig vom Soll zum Ist geführt wird. Sie ist auch für Teilpläne[265] festzulegen, damit der rote Faden für Teamplayer und Veränderungsmanager erkennbar und organisatorisch umsetzungsfähig bleibt. Es muss deutlich werden, dass die Entwicklung „von Funktionen zu Prozessen" innerhalb eines strategischen Controllings erfolgt.

265 vgl. auch Ziff. 6.4, S.224, Balanced Scorecard

Weiter zu beachten sind im Rahmen der Strategie die Stakeholder. Sie sind Teil des Konzeptes und werden über das Jahresleitbild angesprochen und einbezogen. Dadurch wird, wenn die persönlichen Beiträge des Einzelnen adäquat sind, das Well- being, also das innere und äußere Gleichgewicht des Mitarbeiters, der Stakeholder, der Führung bestimmt. Dazu gehören Aspekte von Arbeitsplatzsicherheit, Rahmenbedingungen, Herausforderungen und kulturelle sowie körperliche Aktivitäten innerhalb des Businessplans.

Ein Businessplan muß auch Innovationen Raum geben. Das sind kreative Maßnahmen der Mitarbeiter, zeitlich bestimmte Aktionspläne, bezogen auf ein Jahr, Risikopläne für nicht vorherbestimmte, aber mögliche Ereignisse, insbesondere in Verbindung mit Projektplänen. Weiter gehören dazu Kundenzufriedenheitsanalysen (möglichst durch neutrale Institute), Effektivitäts - und Effizienzziele nach Bestimmung der Parameter (auch, wenn dieses bei Verwaltungsakten oder Krankenhauspatienten sehr schwierig ist), die messbar und validierbar sind.

DIE DURCHFÜHRUNG

„Wir unterscheiden zwischen **reaktivem, aktivem und pro - aktivem** Verhalten:

- REAKTIVES VERHALTEN bedeutet, dass wir uns in unserem Denken und Handeln in der Vergangenheit befinden. Mitarbeiter in der reaktiven Phase werden von der Umwelt getrieben, quälen und demütigen sich, sind negativen Emotionen unterworfen, werden von Gefühlen geleitet und sind schlussendlich ein Teil des Problems.
- AKTIVES VERHALTEN bedeutet, dass sich der Mitarbeiter in der Gegenwart befindet und die Bereitschaft besteht, Probleme anzugehen und sie auch zu lösen.
- Ziel der Unternehmensleitung ist es jedoch, Mitarbeiter zu haben und zu fördern, die ein pro-aktives Verhalten aufweisen.“
- PRO - AKTIVES Verhalten geht von Mitarbeitern aus, die von Werten geleitet werden. Diese Werte verändern von innen nach außen, machen spontan, lassen neue Möglichkeiten entdecken, sind Vorbild und Macher und im Unterschied zum reaktiven Menschen überwiegend Teil der Lösung.[266]

Vor diesem Hintergrund können Rahmenbedingungen PRO -AKTIV entstehen, die von der Motivation zur Begeisterung führen. „Verhaltensänderungen in Richtung zu einer Kommunikation, die nicht sofort auf jeden Input von außen reagiert, sondern Entscheidungsfreiräume offen lässt. Damit ich zuerst verstehe, bevor ich verstanden werde:

---

266 Hinterhuber, Hans H.: a.a.O., S. 119

Wir sind für unser Leben selbst verantwortlich. Es ist nicht das, was uns geschieht, was uns verletzt, sondern die Art, wie wir darauf reagieren.“ [267]

Es kommt also darauf an, Barrieren abzubauen und Sinngebung zuzulassen. Statt eine überkommene Verwaltungsorganisation mit falschen Hierarchien, Stellenplänen und Beurteilungen zu akzeptieren, sollten Anreizsysteme im Sinne des Neuen Steuerungsmodells geschaffen werden, aber durch ein echtes Change - Management strategisch Realisierungschancen haben.

Pro - aktive Kurskorrektur ist demnach eine Daueraufgabe. Akzeptanzsicherung durch gleichzeitige ständige Verbesserung der Prozessabläufe, Distanz zu verkarsteten Strukturen und Prozessen bei gleichzeitiger und paralleler Einführung von innovativen Abläufen und Instrumentarien.

Die letzte **Leadership - Frage** in diesem Zusammenhang lautet:

WAS BLEIBT ZU TUN ?

Ich habe mit diesem Beitrag versucht, zusammen mit Herrn Krauthammer Anregungen zu geben, die sich in irgendeiner Art und Weise in einem verbesserten Führungsverhalten niederschlagen sollen.

Die Entscheidung, dies zu tun, liegt bei Ihnen. Niemand kann Sie zwingen, eine Verhaltensänderung vorzunehmen. Erfolg oder Misserfolg unterliegen Ihrer persönlichen Entscheidung und Verantwortung.

Bereits wenige angewandte Ideen - und davon sind wir als reflektierende Praktiker überzeugt- werden zu neuen Erfolgserlebnissen führen. Aus diesem Grund laden wir sie ein, die Frage, was bleibt zu tun, mit konkreten Antworten - weniger ist mehr -, mit Leben zu füllen. Ggf. mit dem hier erarbeiteten

„evolutionistisch - revolutionären Führungszyklus“ [268]

Aller Anfang ist schwer, doch wenn Sie es bis jetzt geschafft haben, warum nicht auch in der Zukunft?!

Hans H. Hinterhuber

267 Hinterhuber, Hans H.: a.a.O., S. 1^21 - 140
268 Hinterhuber, Hans H.: a.a.O.: S. 146

DER EVOLUTIONISTISCH - REVOLUTIONÄRE FÜHRUNGSZYKLUS

Abbildung 58: Der evolutionistisch-revolutionäre Führungszyklus
Quelle: Hinterhuber, Hans H. / Krauthammer, Eric:
Wie werde ich mit meiner Firma die Nr. 1 ? Wien, 1999, S. 146

Anhang - Checklisten

Der
Anhang

Checklisten

besteht aus Fragen und Statements,
welche das Nachdenken über
weitere Veränderungen
im Unternehmen,
der Verwaltung
oder Institution
beflügeln soll.

1. Checkliste Controlling

- **Die Bedeutung der Anwendung von Strategien und Werkzeugen nimmt zu, z.B.: Interkommunale Zusammenarbeit für einen optimierten Ressourceneinsatz**

- **Einsatz des NSM, von Change Management und Journey Management, Balanced Scorecard und GMN-Navigator**

- **Stärkere Verknüpfung des HKR mit der Kosten – und Leistungsrechnung mit der Zielsetzung der Einführung der Rahmenbedingungen für die Dopik**

- **Verstärkter Einsatz, auch online, von DV, z.B.: Managementinformationssysteme, SAP – basiert, Elektronisches Rathaus durch E-Government**

- **Zunehmende Anwendungen von marktorientiertem Controlling und Kostenmanagement, z.B.: ergebnisorientierte fachübergreifende Input-Output- Vergleiche, Prozesskostenrechnung, Target-Costing Kundenzufriedenheitsmessung**

- **Ausbau des Controlling in Richtung wertorientierte Unternehmenssteuerung, auch unter besonderer Berücksichtigung der Stakeholder**

- **Ausbau eines ausgewogenen Kosten-, Qualitäts – und Zeiten-Controlling**

- **Dezentralisierung des Controlling bei gleichzeitiger Verstärkung der Ansätze zur Deckungsgleichheit von Fach – und Ressourcenverantwortung**

- **Begleitung von Restrukturierungsprogrammen und KVP – Implementierungen**

- **Überregionale Aktivitäten über Erfa-Gruppen und vernetzte Projekte**

- **Optimierung der Servicefunktionen für die Beratung des Vorstandes und der SGE inkl. Beteiligungsmanagement (sh. auch BBVL Leipzig)**

- **Ganzheitliche Koordinierung von Zielen und Teilplänen, fachübergreifend, ämterübergreifend und überregional**

- **Moderation des Controllingprozesses und Verdichtung der Informationen zur zielgenaueren Entscheidungsvorbereitung**

- **Verbesserung der Kernprozesse des „Mutterkonzerns“, der Querschnitts- und Fachämter, der Serviceeinheiten, der Beteiligungen, der Outsourcing-Unternehmen und der über Verträge verzahnten Produzenten oder Dienstleister in der Peripherie (VHS, DV-Zentren, Labor, Druckerei, Kfz-Zulassungsstellen, etc.)**

- **Steuerung der leistungsrelevanten Teilbereiche mit anschließender Konsolidierung im Rahmen von Change-Managementprozessen, mit Sensibilität und Transparenz insbesondere innerhalb der jeweiligen Entwicklungsphasen wie Pionierphase (Aufbau), umfassende Konsolidierungsphase (Ausbau) und Innovationsphase**

- **Ständige Leistungsvergleiche über Benchmarking, Einbeziehung und Information aller Mitarbeiter**

- **Abbau von Minimumsektoren (Ressourcen werden nur verschwendet), Anpassung und Umschichtung in Erfolgsprojekte**

- **Steuerung der Kernprozesse über Teilbereichs-Scorcards mit den Eckwerten Leistungsentwicklung, Leistungserstellung und Optimierung der Kommunikationsprozesse**

- **Welche Kundennachfragen sind relevant ?**

- **Welche Bedeutung haben welche Leistungen ?**

- **Welche Chancen und Risiken gibt es?**

- **In welchen Bereichen wollen wir besser sein als die anderen?**

- **Mit welchen Instrumenten und Methoden wollen wir die Kunden überzeugen und sie dauerhaft an die Gemeinde binden?**

- **Welche Ämter und Leistungen können wir schnellstmöglich für die Kunden attraktiver machen?**

- **Wo liegen für die Teilbereiche, Ämter und SGE die kritischen Erfolgsfaktoren?**

- **Wie können wir die unterschiedlichen Vorstellungen von Kunden und Verwaltung deckungsgleich werden lassen?**

- **Welche Leistungsmerkmale sollten unsere Produkte erfüllen?**

- **Wie kann ich Begeisterungsanforderungen auslösen?**

= Wie sieht das Ergebnis aus ?

Kriterien eines Anforderungsprofils für Controller

Fach-Kompetenz

spezifische Ausprägung	unbedingt notwendig	bedingt notwendig
Unternehmensplanung	10	1
• Strategische Werkzeuge		
• Operative Mehrjahresplanung Jahresplanung		
• Budgetierung		
Berichtswesen		
• Reporting		
• Abweichungsanalyse		
• Erwartungsrechnung		
Kostenrechnung/Kostenmanagement		
• Managementerfolgsrechnungen		
• Marktorientierte Kalkulation		
• Kennziffern		
• Kostentreiberanalysen		
Externe Unternehmensrechnung		
• Bilanzen/Jahresabschluß		
• Intern. Bilanzierung (IAS/US/GAAP)		
• Konsolidierung		
Betriebswirtschaftliche Beratung		
• Rationalisierung		
• Prozeßmanagement, KVP		
• Projektcontrolling		
Informationsmanagement		
• DV u. Informationsversorgung		
• Management Informationssysteme		
• Datenbanken etc.		
Finanzen		
• Finanzen und Liquidität		
• Wertorientierte Unternehmenssteuerung		
Branchenkenntnisse		
Unternehmenskenntnisse		
Länderspezifische Kenntnisse		

Methoden-Kompetenz

spezifische Ausprägung	unbedingt notwendig	bedingt notwendig
Techniken	10	1
Präsentations-		
Moderations-		
Kommunikations-		
Kreativitäts-		
Problemlösungs-		
Projektmanagement		
Selbst- & Zeitmanagement		
Management by objectives		
Team-, Gruppenarbeit		
Personalmanagement		
Delegation		
Integration		
Teambildung		
Didaktik/Trainerbegabung		
Psychologie		
Personalführung		
Informationsmanagement		
• Dokumentation der betrieblichen Abläufe		
• Klassifikation der Daten		
• Sorge für Konsistenz und Vollständigkeit		
• Festlegen und Koordination von Kennzahlen		
• Einheitliche Sprache		

Persönliche und soziale Kompetenz

spezifische Ausprägung	unbedingt notwendig	bedingt notwendig
In Bezug auf die eigene Person	10	1
selbständig		
selbstkritisch		
tolerant		
leistungsbereit/belastbar		
aufgeschlossen/lernbereit		
kontaktfreudig		
mit Mut zu Unangenehmem		
In der Wirkung auf andere		
sozial kompetent		
• motivieren		
• kooperativ		
• tolerant		
• kommunikativ		
• teamfähig		
• konfliktfähig		
• sensibel		
• integer		
guter Zuhörer		
serviceorientiert/kundenorientiert		
verhandlungsgeschickt		
überzeugend/durchsetzend		
In der Sache		
vernetzt denkend		
objektiv		
kreativ		
konstruktiv kritisch		

Quelle: Controller Verein e.V. :Controller Statements München, 1998, S. 10 - 11

Beispiel für das Anforderungsprofil eines Sparten-Controllers eines regional begrenzt tätigen, kleineren Unternehmens

Fach-Kompetenz

spezifische Ausprägung	unbedingt notwendig					bedingt notwendig				
Betriebswirtschaftliche Kenntnisse										
Rechnungswesen										
Bilanzierung					X					
Kostenrechnung	X									
Planung										
- operativ		X								
- strategisch							X			
Budgetierung	X									
Abweichungsanalyse	X									
Hrl. u Bwl. Konsolidierung										X
Finanzen										
Investitionsrechnung		X								
Liquiditätsrechnung								X		
Organisation										
Berichtswesen		X								
Richtlinien										X
Organisation										
- Ablauf	X									
- Aufbau	X									
Funktionale u. Branchenkenntnisse										
Steuern									X	
Recht									X	
Versicherung allgemein									X	
Revision									X	
Management-Informationssysteme									X	
Technische Grundlagen			X							
Mathematik										
- OR										X
- Statistik										X
Branche			X							
Unternehmen			X							
Länderspezifische Kenntnisse										
Fremdsprachen										X
Bilanzierungsrichtlinien										X
Kostenrechnungsanalyse										X

Methoden-Kompetenz

spezifische Ausprägung	unbedingt notwendig					bedingt notwendig				
Techniken										
Präsentations-				X						
Moderations-			X							
Kommunikations-					X					
Kreativitäts-				X						
Problemlösungs-			X							
Projektmanagement								X		
Selbst- & Zeitmanagement				X						
Management by objectives								X		
Team-, Gruppenarbeit					X					
Personalmanagement										
Delegation										X
Integration				X						
Teambildung								X		
Didaktik/Trainerbegabung										X
Psychologie										X
Personalführung										X
DV										
PC – als Anwender	X									
Großrechner										X
– als Auftraggeber für Systemlösungen										

Persönliche und soziale Kompetenz

spezifische Ausprägung	unbedingt notwendig					bedingt notwendig				
In Bezug auf die eigene Person										
selbständig		X								
selbstkritisch				X						
frustrationstolerant				X						
leistungsbereit / belastbar		X								
aufgeschlossen / lernbereit		X								
kontaktfreudig				X						
selbst-marketingfähig		X								
mit Mut zu Unangenehmem		X								
In der Wirkung auf andere										
sozial kompetent										
· motivieren				X						
· kooperativ							X			
· tolerant							X			
· hilfsbereit	X									
· teamfähig							X			
· konfliktfähig							X			
· sensibel							X			
· integer		X								
guter Zuhörer		X								
serviceorientiert		X								
In der Sache										
vernetzt denkend						X				
objektiv			X							
kreativ			X							
konstruktiv kritisch			X							
verhandlungsgeschickt								X		
überzeugend / durchsetzend			X							

Quelle: Controller Verein e.V.: Controller Statements
München, 1998, S. 16-17

2. Checkliste Finanzen

- Werden im Rahmen einer zukunftsorientierten Finanzpolitik die notwendigen Schritte zur Haushaltskonsolidierung eingeleitet, Defizite (Fehlbeträge) aus den vergangenen Jahren abgebaut und trotzdem die notwendigen Investitionen und beschäftigungsfördernden Maßnahmen nicht vernachlässigt?

- Nehmen Rat und Verwaltung die notwendige Aufgabenkritik nach dem Brunner-Drei-Säulen-Konzept ernst und wahr?

- Werden die Prozesse innerhalb der Verwaltung, bei den Beteiligungsunternehmen und der ergänzenden Peripherie durch Controlling und Beteiligungsmanagement adäquat gesteuert?

- Werden bei fehlender Konnexität unter Aspekten und Darstellung einer entsprechenden Kosten-und Leistungsrechnung und Nachweis der interkommunalen Belastungszusammenhänge die Aufsichtsbehörde Kommunalaufsicht, ggf. das Landesparlament und dessen zuständige Ausschüsse informiert und um Unterstützung gebeten?

- Sind im Rahmen der Aufgabenkritik die Lebens – und Politikbereiche in eine Machbarkeitsstudie in Form einer Prioritätenliste aufgenommen worden?

- Sind die dispositiven Entscheidungen als Auswirkungen auf die sozial-, arbeitsmarkt – und wirtschaftspolitischen Fragen im Kontext bewertet worden?

- Gibt es ein aktives Finanzmanagement, gesteuert durch das Finanzcontrolling der Kämmerei, welches sämtliche Cash-flow-Ströme aggregiert und dadurch Zinsnachteile durch Kosten – oder Aufwandsvorteile ausgleicht?

- Existiert eine gemeinsame Bewirtschaftung der Kassenmittel, des städtischen Haushaltes und der Beteiligungen?

- Werden Verhandlungen auf strategischer Ebene über Kassenverstärkungskredite und kurzfristige Inanspruchnahmen durch die zentrale

HKR-Steuerung und Liquiditätsabführung durch die beherrschten kommunalen Tochterunternehmen und Beteiligungen zur Konditionen – und Ergebnisverbesserung genutzt?

- **Werden Zukunftsvereinbarungen für finanzielle Engagements nur über gegenfinanzierte Einnahmen getroffen?**

- **Ist die Kosten – und Leistungsrechnung bereits produktorientiert und liefert sie die Informationen für Verpflichtungen des Rates?**

- **Entspricht das Berichtswesen den Erfordernissen von Gesamtheit, Wahrheit, Klarheit und Transparenz, um Entscheidungen auch von der Folgenabschätzung her beurteilen zu können?**

- **Ist der Haushaltsplan mit Wirtschaftsplan, Erfolgsplan, Personalplan, Investitionsplan und seinen Verpflichtungsermächtigungen ein sehr schlecht verständliches Premiumkreuzworträtsel mit kommunalrechtlichem Bezug oder Teil der verfügbaren strategischen Steuerung?**

- **Ist die zeitgerechte fachübergreifende Installation eines Managementinformationssystems bereits erfolgt oder vorgesehen?**

- **Werden die Leadership-Steuerungsinformationen durch ein Profit-Center-orientiertes Controlling unterstützt und wie sieht dazu der Anteil der bisherigen Querschnittsämter, der Fachämter und der Beteiligungen aus? Wie lauten die Einzelergebnisse, die rein städtischen inklusive der Strategischen Geschäftseinheiten und getrennt davon die Beteiligungsergebnisse, hochgerechnet in einer Anlage, bezogen auf die Anteile der Kommune?**

- **Die Dokumentation aller Verträge, Lieferungen und Leistungen inkl. Lizenzen und Beratungsverträge der Kommune muss einen Überblick geben, der die Leistungsart, Vertragsbeginn und Vertragsdauer, Kündigungs– und Anpassungsklauseln auf einen Blick enthält. Gleichartige Leistungen in Dezernaten und Ämtern sind dabei auf Effektivität und Kostenwirksamkeit mit der Maßgabe der Leistungsbündelung in Form von Synergieeffekten zu überprüfen und zu bereinigen.**

- Zusätzlich sind die jährlichen Leistungs-, Versicherungs - und alle Bereiche betreffenden sonstigen Anpassungsgespräche mit den Vertragspartnern anhand von Aktennotizen nachzuweisen.

- Dazu gehört eine Übersicht über Leasing und sonstige Formen der alternativen Finanzierung und eine für jedes Projekt ausgefertigte Vergleichskostenberechnung. Dazu gehören auch die aktuellen und geplanten In – und Outsourcing– Modelle.

- Welcher Bedarf an Instandhaltung, Instandsetzung, kleinen und großen Um-, Neu – und Erweiterungsbauten, ggf. völlig neuer umfassender Liegenschaftsorientierung sowie deren Infrastruktur folgt daraus?

- Welche Finanzierungsmöglichkeiten gibt es im klassischen Haushalt, auch alternativ zur extensiven Anwendung der Experimentierklausel über besondere und fallweise Instrumente der kommunalen Finanzierungspartner?

- Sind Outsourcing oder im Rahmen vergleichender Möglichkeiten auch Insourcing unter der Abwägung aller verfügbaren Kosten- und Leistungsaspekte ergebnisrelevant?

- Welche Projekte oder welches Roll-out dient der konkreten Umsetzung von NSM? Welche Mitarbeiter mit welcher Qualifikation arbeiten daran?

- Wie hoch ist der Grad der Freistellung für diese Aufgabe? Sind die Controller qualifiziert und ausgebildet oder nur abgeordnet? Ist der Konzernchef Leader und sind seine Führungskräfte Change Agents? Der Businessplan, der diese Antworten gibt, ist unverzichtbar.

- Transaktionskostenprobleme bedeuten, dass Kosten bzw. Aufwand für die Überwachung der Änderungsprozesse entstehen, Rechte und Lizenzen abgesichert werden müssen und die Entscheidungen für Eigenerstellung oder Fremdbezug dabei berücksichtigt werden müssen, also sogenannte „Make-or-buy-Entscheidungen“ zu treffen und in das System der Transaktion einzubeziehen sind.

- Schlussendlich sind Property-Rights Verteilungen neu zu ordnen

- Aufgabenfinanzierungsalternativen und ihre Folgen über Betreibermodelle, PPP, Consulting oder sonstige wirtschaftliche Aktivitäten zu beurteilen

- Verfahren und Leistungen bei der Ausschreibung und Vergabe, insbesondere vor dem Hintergrund der europäisch initiierten neuen finanziellen Grenzen auf Machbarkeit und Verträglichkeit mit den eigenen Vorhaben abzugleichen

- Verbundlösungen, Kommunale Kooperationen und interkommunale Lösungen, Cross-Border-Leasing, Projekt-Leasing, etc. sind als Finanzierungsalternative durchzurechnen und zu entscheiden

- Danach sind festzulegen: die unterschiedlichen finanziellen und organisationsrelevanten Steuerungsgrößen wie Unternehmensbudgets, Geschäftsfeldbudgets (Profit-Center), funktionale Budgets (Beschaffung, Werbung), Projektbudgets und Kostenstellenbudgets

- Die Finanzwirtschaft öffentlicher Unternehmen verlangt Budgetphasen. Ist die Unterteilung gelungen nach: Teilplänen wie z.B. Logistik, Personal, nach Folgeplänen wie Aus – und Weiterbildung, Kostenartenbudgets wie Fremdzinsen, Aufwand für Drittleistungen oder Einzelbudgets wie diverse Profitcenter?

- Existiert für die 2. Budgetphase ein G+V-Plan für
  > Investitionen
  > Finanzen und
  > Liquidität,
  der in einen
- Bilanzplan mündet und die

- Budgetgenehmigung als Schlusspunkt vorsieht?

3. Checkliste Personal

- **Ist die Organisationsumgebung im „Mutterkonzern“ geeignet, Veränderungen zuzulassen, zu transportieren und zu kommunizieren? Ist sie bereit, Change Management auch in den SGE und den Beteiligungen zuzulassen, zu unterstützen und für den Gesamtkonzern verfügbar zu machen?**

- **Gibt es eine Führungspersönlichkeit, die den Wandel zu ihrer eigenen Sache macht und sich an die Spitze dieser Bewegung stellt und dieses nötigenfalls auch öffentlichkeitswirksam vertritt?**

- **Sind genügend Ressourcen vorhanden, insbesondere Finanzen, um die Veränderungen wirksam genug einzuleiten und begleiten zu können?**

- **Ist die Gruppenbildung innerhalb der Change Agents stark und auch nachhaltig genug, um sich in der Prozessgestaltung nicht irritieren zu lassen?**

- **Sind Planung, Differenzierungsstrategie und strategischer Puffer analog der Netzplantechnik ausreichend modellhaft durchgespielt und auf die richtigen Schultern verteilt, um Unabwägbarkeiten zu begegnen und das Projekt auf die Zielgerade zu lenken?**

- **Ist das gemeinsame Bedürfnis nach Veränderung groß genug? Sind die Mitarbeiter genügend motiviert? Verstehen Sie, warum der Wandel unverzichtbar ist?**

- **Sehen sie den persönlichen Nutzen und nicht nur die Probleme bei einer Veränderung der betrieblichen Arbeitsumgebung?**

- **Können sich die Mitarbeiter bereits perspektivisch auf die Andersartigkeit des durch den Wandel ausgelösten Prozesses freuen?**

- **Sehen die Mitarbeiter den künftigen Nutzen für sich und den Kunden, für das Unternehmen und ihre relative Arbeitsplatzsicherheit?**

- **Sind die Mitarbeiter in der Lage, die Veränderungen in der Aufbau – und Ablauforganisation und die Umwandlung der bisherigen Funktionen**

in Prozesse mit einer größeren Arbeits – und Kundenzufriedenheit zu verbinden und sich dafür zu begeistern?

- **Ist es den Förderern des Wandels, den Prozesseignern und Change Agents möglich, eine dauerhafte Koalition der Unterstützung der Änderungsprozesse zu etablieren?**

- **Können die Veränderungsmanager, angefangen beim Konzernchef und Leader, Schlüsselpositionen im Unternehmen entsprechend ausrichten oder neu besetzen? (Hauptbremszylinder müssen ausgebaut und durch intelligentes, mechanisch-hydraulisches bzw. sozial – managementgesteuertes ESP ersetzt werden).**

- **Die institutionelle Absicherung des Wandels muss erfolgen über adäquate Stellenzuordnungen und Stellenbesetzungen,leistungsorientierte Vergütungen und Anreizsysteme, die sich wiederum auf die Qualität und Geschwindigkeit von Veränderungen auswirken**

- **Personal – und Veränderungs - Benchmarking muss zeigen, ob und wann die Veränderungsprozesse die Kommune auf dem Weg zur Nr. 1-Bildung weitergebracht haben – oder nicht.**

- **Letztendlich ist eine Überwachung, ein Feed-back erforderlich, welches aufzeigt, welche Meilensteine wann und mit welchem Erfolg auf dem Weg nach vorn den Erfolg ausgemacht haben.**

4. Checkliste Organisation

- **Welche Möglichkeiten gibt es, starre und unflexible Strukturen in der Aufbau –und der Ablauforganisation zu ändern?**
- **Fehlen in der Kommunikationsstruktur transparente und fachübergreifende sowie überzeugende Informationsmittel und Informationswege?**
- **Welche Entscheidungskompetenzen wirken demotivierend und destruktiv, zu stark zentralisierend und sind mit zu langen Instanzenwegen verbunden?**
- **Gibt es eine traditionelle Zentralisierung der Querschnittsfunktionen? Wenn, warum ist keine Änderung analog dem NSM erfolgt?**
- **Sind mögliche und auch wünschenswerte Verlagerungen von Verantwortung an die peripheren Leistungsträger ausgeblieben, und warum?**
- **Besteht weiterhin die Möglichkeit, dass Stäbe trotz der besonderen und vertrauensvollen Beraterstellung versuchen, Linienfunktionen zu majorisieren und letztendlich Linie zu werden?**
- **Gibt es noch sehr viele Widerstände gegen Veränderungen und sind diese auf ein sehr starres Aufgaben – und Stellendenken, verbunden mit irrationaler Angst vor Veränderungen zurückzuführen?**
- **Ist die vorherrschende Organisation und Hierarchie auf zu einengende Regelungstiefen und Regelungsbreiten aufgebaut?**
- **Sind Detailregelungen motivationshemmend und innovationsfeindlich und ist das bestehende System zu sehr machtorientiert?**
- **Sind die Führungsstrukturen zu sehr autoritär und zu wenig mitwirkungsorientiert?**
- **Geben die präferierten Beurteilungs – und Belohnungssysteme zu wenig Anreize für Leistung und Effizienz?**

- Sind die Arbeitszeitstrukturen zu starr, unflexibel, leistungsfeindlich und zu wenig lebensarbeitszeitorientiert?

- Gehen vorgefundene Arbeitsplatzgestaltung und berufsgenossenschaftlich vorgeschriebene Arbeitssicherheit zu weit auseinander?

- Ist das betriebliche Vorschlagswesen, so weit es überhaupt professionalisiert ist, effektiv und motivierend?

- Ist eine Zentralisierung der Ressourcen innerhalb der personellen Einstellungs – und Einsatzplanung, der Personalentwicklung und der Kommunikation festzustellen?

- Sind die Handlungsspielräume durch zu starke gesamtpersonalpolitische und auch finanzielle Reglementierungen beschränkt?

- Erschwert mangelndes Kostenbewusstsein die Arbeitsgestaltung und den Umgang mit den personell verfügbaren Ressourcen?

- Ist die Fähigkeit, Ursachen und Wirkungen zu unterscheiden beziehungsweise zuzuordnen, gering ausgeprägt?

- Verhindern mangelnde Teamfähigkeit und ausgeprägter Ressortegoismus zwischen den Hierarchieebenen erforderliche Lösungen?

- Worin liegt das Problem im Aufbau effektiver und effizienter Teamstrukturen?

- Welche objektiven sachlichen, fachlichen und persönlichen Gründe gibt es, die eine flexible, offene und lösungsorientierte Kommunikation erschweren, behindern oder unmöglich machen?

- Welche überkommenen Hierarchieebenen verhindern sachorientierte Meetings und deren Innovationen?

- Wer ist in der Lage, nachhaltig Stellen – und Aufgabenverteilungen zu flexibilisieren und situativ auszurichten?

- Die Möglichkeiten, Leistungszulagen zu gewähren, sind eine Seite der Medaille. Die andere sieht unter anderem teamorientierte Belohnungsmöglichkeiten vor, zum Beispiel den Verbleib bestimmter Einsparungen im Team zur zukünftigen Aufgabenerledigung, seien es besondere Gerätebeschaffungen oder die Verstärkung des Personalschlüssels.

- Erfolgt die Leistungserstellung aus der Sicht „des Kopfes des Kunden“, dann ist eine permanente Leitungsanpassung und ein damit verbundener Ressourceneinsatz möglich.

- Der direkte Wettbewerb mit privaten Leistungsanbietern wird gesucht, um mit der eigenen Kommune im vorderen Feld zu bestehen, möglichst die Nr. 1 zu werden.

- Die moderne Kommunalverwaltung aktiviert Innovationspotentiale der Mitarbeiter, nimmt die davon ausgehenden Veränderungen auf und setzt sie im Rahmen der Ratsvorgaben um.

- Die zukunftsorientierte -, innovationsfreudige und dienstleistungsorientierte Verwaltung orientiert sich an einem hohen Reifegrad (analog Modell Deutsche Training) der Mitarbeiter, ermöglicht Mitgestaltung und erfüllt Begeisterungsanforderungen.

5. Checkliste Strategie

- **Gibt es eine gemeinsame Vision Bottom-up oder Top-down?**

- **Je nach Bottom-up oder Top-down Ausgangsbasis ein aktives Change Management evolutionär oder Leadership - initiiert revolutionär als umfassendes Roll-out-Konzept umsetzen**

- **Werden daraus gemeinsame Ziele, die in ein sichtbares Unternehmensleitbild münden, abgeleitet und für den Change-Prozess verfügbar gemacht?**

- **Ist die strategische Stossrichtung auf die Besonderheiten der Teileinheiten, strategischen Geschäftsbereiche und Beteiligungen abgestimmt?**

- **Sind die Softfaktoren von der Identitätsbildung über die kulturelle Änderung der Systeme in den Business-Plan als Sozial – Businessplan eingearbeitet?**

- **Wurden die Vorstellungen zur Unternehmens-, Markt- und Produktposition mit allen Change Agents kommuniziert?**

- **Sind die Informationen für den strategischen Prozess dem Rat und den Stakeholdern transparent und umfassend genug verfügbar gemacht worden und war die Beteiligung adäquat?**

- **Gibt es einen Innovationsentwurf für eine zukunftsgerichtete Unternehmensverfassung ?**

- **Sind die bisher verfügbaren Produkte – und Dienstleistungen aus „dem Kopf des Kunden“ betrachtet worden oder haben Rat und Verwaltung sui generis die Angebotspalette vorgegeben?**

- **Die Kernkompetenzen sind in jedem Fall unter dem Aspekt der Basisanforderungen, der erkannten und überprüften Leistungsanforderungen und der Begeisterungsanforderungen neu zu definieren.**

- **Ziele des Unternehmens sollten in einer Prioritätenliste die Möglichkeit zur inhaltlichen und zeitlichen Umsetzung bieten**

- Die Finanz – und Wachstumsziele müssen unter Beachtung der gesamten kommunalen Leistungsfähigkeit, unter Einsatz der Experimentierklausel und alternativen Finanzierungsvarianten zumindest mittelfristig den verfügbaren Einnahmen entsprechen.

- Die wichtigsten Ressourcenprogramme wie Personalplanung und Personalentwicklung sowie die OE müssen den Zielen angepasst werden ; die Interdependenzen sind zu gewichten und müssen im Haushaltsbuch entsprechend mit der möglichen Ergebnisorientierung ausgewiesen werden.

- Perspektivbudgets als Investitionsbudgets und Anlaufkostenbudgets sind netto in eine Mehrjahresplanergebnisrechnung einzustellen.

- Dazu gehören auch vor dem Hintergrund der erforderlichen Rücklagen und Abschreibungen sogenannte Produktlebenszyklusrechnungen, die auch die Themen, wie viel ein Produkt über die Gesamtlebensdauer an Aufwand erfordert, TCO (Total Cost of Ownership) eventuell ein neues Verständnis gegen Eigentum und für Leasing erzeugt.

- Damit verbunden sind die Festlegungen von Verbesserungszielen und Innovationszielen.

T

- arget – Entwicklungsprojekte, also Projekte, die exakt zieldefiniert eingerichtet und abgearbeitet werden, nehmen in der funktionalen Strategie über Projekte und Projektbüros mit dem Change Agent, insbesondere für Schlüsselprojekte, eine immer wichtigere Rolle ein. Ds verlangt einen dezidierten Target – Projekt – Plan mit einem Anhang für Ressourcen wie Personal, Sachmittel, DV, Methoden und Führungsinstrumenten.

- Kooperationen und strategische Allianzen sollten dann die

- regionalen Strategien

- Ziele und

- Meilensteine

- zur Synergiebildung aufnehmen.

Das Gesamtsystem der aktuellen strategischen Unternehmensführung weist folgende Kernbereiche, Interdependenzen und Stakeholderorientierungen auf:

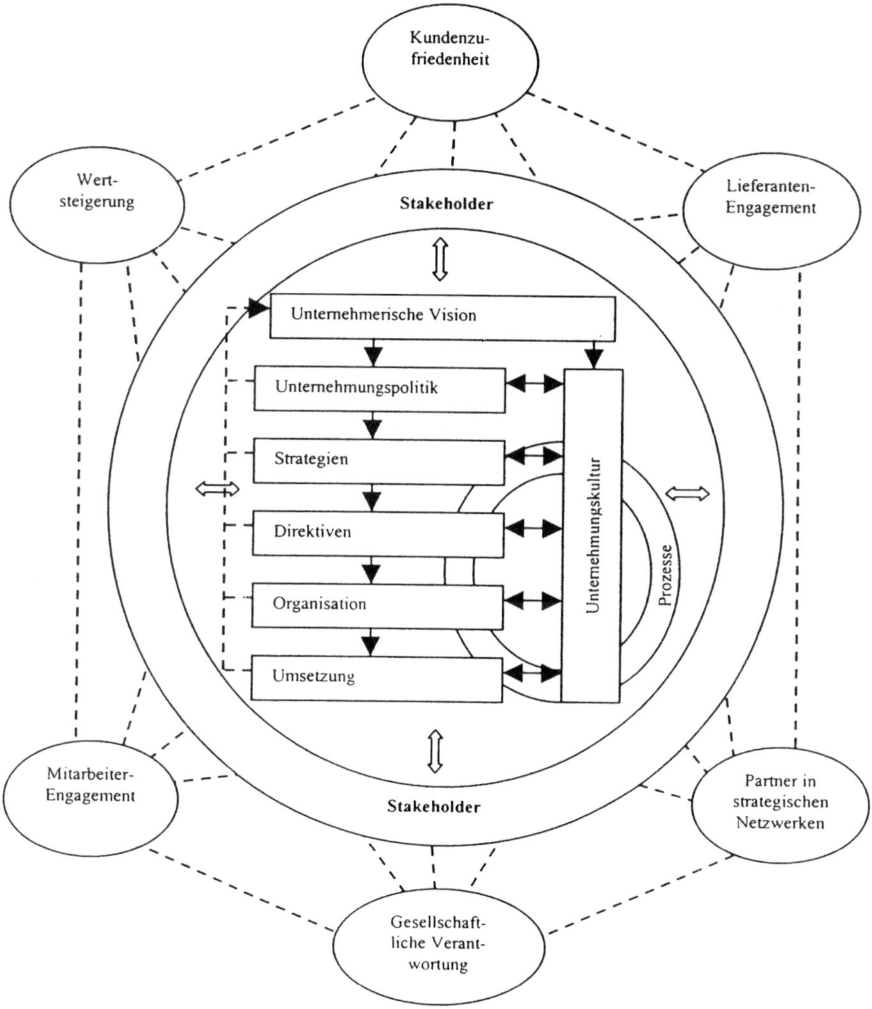

Quelle: Hinterhuber, Hans H. u.a.: Das Neue strategische Management a.a.O., S. 111

6. Checklisten Corporate Identity, CD, CBH, CC

- **Zum besseren Verständnis und für eine größere Übereinstimmung der Mitarbeiterziele mit den Unternehmenszielen bieten sich Strategieseminare für die Vorstandsebene und die Change Agents an. Anschließen sollten sich für die Mitarbeiter der SGE, der Fachämter und Beteiligungen Kommunikationstrainings.**

- **Der erste Schritt betrifft die direkte Einstellung des jeweiligen Mitarbeiters zum Unternehmen, die Verinnerlichung der Unternehmensziele und den Abgleich der Lebens – und Berufsziele mit der Organisation, in der er lebt.**

- **CI zeigt den angestrebten übereinstimmenden Status von Fremd – und Selbstbild auf, skizziert die Planung zur Zieleerreichung und legt die Aktionsparameter fest.**

- **Der zweite Schritt betrifft die subjektive Organisationsumgebung, das Erscheinungsbild und die Akzeptanz durch die Stakeholder. Er verlangt eine Anpassung an einheitliche Standards und wird häufig durch das äußere Erscheinungsbild mitgeprägt.**

- **Zentrale Bedeutung hat in Verbindung mit der CI die Entwicklung eines Wir – Bewusstseins, das sich auch in der jederzeitigen Wiedererkennung des Unternehmens und seiner Produkte spiegelt.**

- **Corporate Design beinhaltet das nach unternehmensspezifischen Leitlinien geformte Erscheinungsbild von Selbstverständnis, Produkt und Präsentation als akzeptiertes visuelles Unternehmensporträt.**

- **CD umfasst eine notwendige Einheitlichkeit von Formen und Farben der Immobilie, dem „Outfit" der Mitarbeiter (Post, Telekom, Lufthansa, Fuhrpark) bis hin zu Briefbögen und Visitenkarten. Das öffentliche Unternehmen muss sich an wettbewerblichen Merkmalen ausrichten.**

- **Einer der Erfolge ist unter anderem dann gegeben, wenn die Überprüfung des Formularwesens eine Standardisierung und ein besseres CD erbringen mit den entsprechenden Kosteneinsparungen und Image-Verbesserungen.**

- **Corporate Culture umfasst alle Elemente der Unternehmenskultur von Führungsgrundsätzen über Motivation bis zur Vergütung und Arbeitszeit.**

- **Die Institution prägt die Mitarbeiter nach wie vor. Deshalb ist es wichtig, die dadurch ausgelösten formalen und informellenVerhaltensmuster positiv zu beeinflussen. Corporate Behaviour geht immer stärker den Weg in Richtung Individuum.**

- **Der Property Rights – Ansatz und die beobachteten Ergebnisse zeigen, dass die soziale Stellung, die persönlichen Rechte und Machtstrukturen verstärkt zu beachten sind, zumal öffentliche Unternehmen in der Regel kein oder nur ein fragmentarisches Unternehmensleitbild und keine gemeinsam gelebte Kultur haben. Beides muss entwickelt werden. Insofern gilt auch hier, dass von den bestgeführten Unternehmen gelernt werden muss.**

7. Checklisten Kommunikation

- **Zunächst ist die Informationskultur auf die Unternehmens – und Change Management-Strategie auszurichten. Dabei müssen Informations – und Wissensströme in Breite und Tiefe synchronisiert werden. E-Business und E-Government inkl. der einzusetzenden Management-Informationssysteme sind dabei Grundlagen für das so abzubildende Beziehungsmanagement.**

- **Für sämtliche öffentliche Unternehmen und Beteiligungen nimmt die Bedeutung kundenorientierter Informationssysteme zu. Sie sind für den Produkt – und Dienstleistungsanbieter unverzichtbares Marketing – Instrument, also für die Kommunikation der Werte und Leistungen intern und extern unverzichtbar. Also:**

- **Welche DV- basierten Informations – und Kommunikationssysteme sind im Unternehmen und in der Verwaltung im Einsatz? Erfüllen sie die Ansprüche an ein MIS? Sind sie für die kontraktorientierten Entscheidungen des Rates geeignet?**

- **Die vorhandenen MIS oder KIS-Systeme lassen keine Problemlösungen zu, sofern sie nicht durch eine entsprechende Informationskultur unterlegt und einem Controlling zugänglich sind.**

- **Information und Kommunikation sind strategische Schlüsselfaktoren und zugleich Kernkompetenzen für das Unternehmen. Deshalb ist zu klären:**
  - **Welche Informationen und welche Kommunikation werten das Image meiner Kommune durch TQM im Wettbewerb auf?**
  - **Wie beeinflussen Unternehmenskultur, OE und Prozesse die Kommunikation?**
  - **Ist die gegenwärtige Kommunikation – MIS und KIS – gestützt, auf Change-Prozesse genügend vorbereitet?**
  - **Welche Lücken im Kommunikationssystem müssen von der Leitungsebene beseitigt werden, um die Kundenbelange optimal zu bedienen?**

- **Sind die vier heute Leadership -gesteuerten Informationskulturen (IK) auch in meiner Organisation ausgeprägt?**

- **die kontrollierende IK, die mit dem Einsatz von Informationen Einfluss auf Dritte ausübt**
- **die offene IK, in der Leitung und Mitarbeiter vertrauensbasiert offen kommunizieren?**
- **Die forschende IK, die versucht, Kundenmeinungen und Trends zu erahnen**
- **Die entdeckende IK, die Kreativität und radikalen Wandel über Change Management verlangt.**

Kommunikation im Unternehmen verläuft häufig informell und wird durch Befindlichkeiten und Tagesereignisse, oder solchen, die dafür gehalten werden, ausgelöst. Um diese Entwicklungen formal verfügbar und kommunizierbar zu machen, sind Inhalt,Akteure, Medien und Prozesse zu analysieren:

Analysefeld	*Erläuterung*	*Beispiele*
Inhalte	Daten, Sach- und Steuerungsinformationen; Appelle, Informationen auf der Beziehungsebene	• Statusinformationen, die zur Erledigung der eigenen Arbeitsaufgabe benötigt werden. • Kommunikationsinhalte in Regelbesprechungen • Appell zur engagierten Bearbeitung eines Teilprojekts
Akteure	Primär und sekundär Beteiligte an den Kommunikationsprozessen (Sender, Empfänger, Nutzer) in Form von Personen und Gruppen	• Rolle im Kommunikationsprozeß (Verantwortlichkeiten, Zuständigkeiten, Aufgaben) • Persönlichkeitsprofile der Beteiligten (z.B. Kommunikationsfähigkeit)
Medien	Technische und nicht-technische Medien und Kommunikationskanäle (z.B. Besprechungen, Mail- und Serversysteme, Videokonferenzen)	• Mediennutzung • Medienverfügbarkeit • Kompetenz der Beteiligten zu Anwendung und Nutzung der Kommunikationsmedien
Prozesse	Zusammenspiel von Inhalten, Akteuren und Medien dargestellt in Aktivitätenreihenfolgen (z.B. Ablaufplänen)	• Abstimmungs- und Entscheidungsprozesse entlang eines Auftragsabwicklungsprozesses • Informationsfluß zum Projektstatus von der Entwicklungsleitung zum Konstrukteur

Analysefelder im Kommunikationsprozess
Quelle: Scheer, Wilhelm-August, a.a.O., S. 231

8. Checkliste Wettbewerb

- Das Produkt oder die Dienstleistung müssen zur Problemlösung beitragen, damit die Leistung der Kommune einen stärkeren Bezug zum Alltag und dadurch mindestens zur Auslösung einer Leistungsanforderung, im Wettbewerb des öffentlichen Sektors möglichst Begeisterungsanforderungen auslöst und zu deren Erfüllung beiträgt.

- Die Produktgestaltung und der Produkttransfer müssen sich an Zielgruppen orientieren wie Bürger, Handwerker, Freiberufler, etc., d.h., dass die Produkte und Dienstleistungen segmentiert werden müssen, um einen adäquaten Ressourceneinsatz sicherzustellen.

- Der mögliche Bedarf, d.h., die Kernkompetenz der Kommune, bezogen auf die Nachfrage des Kunden, ist Ausgangspunkt für den Leistungsaustausch. Danach richten sich dann die Make-or-buy-Entscheidungen oder die Inanspruchnahme von Rahmendienstleistern oder die Koopertion und Koordination mit den Beteiligungsunternehmen.

- Kernkompetenzen müssen das Spektrum für den Zugang zu Märkten öffnen.

- Die öffentliche Hand im Wettbewerb tritt dort, wo es die GO zulässt, wie ein privater Anbieter im Markt auf. Dieser Marktauftritt muss geplant werden. Über einen Businessplan. Weiter müssen die Kunden die besonderen Vorzüge der Kompetenz erleben können. Drittens darf diese Kompetenz in Form einer Art Marktzugangsbarriere nur schwer zu imitieren sein, z.B. durch einmaliges Know –how und sehr gute Mitarbeiter. Dann führt der Weg von der anerkannten Kernkompetenz zum Kernprodukt mit maßgeschneiderten Ressourceneinsätzen.

- Der Wettbewerb muss über den Dialog mit dem Kunden gewonnen werden. Über die bereichsübergreifenden Profilanalysen von Kundenwünschen, Kundenzufriedenheit und der qualitativen und quantitativen Bewertung der Serviceleistungen.

- Ausrichtung der Einzelaktivitäten und der Gesamtaktivitäten an den vorgenannten Ergebnissen, um zu Kosteneinsparungen und zur Durchbrechung des organsationsbedingten Fehlerkreislaufes zu gelangen.

- **Schulung der Mitarbeiter, um die bisherige nicht genügend serviceorientierte Einstellung zu verändern und den Mitarbeiter mit den Anforderungen und Bedingungen seines Unternehmens vertraut zu werden. Das gilt genau so für das Top-Management im Änderungsprozess und die Change Agents.**

Abbildungsverzeichnis

Literaturverzeichnis

ANGERER, HANS. Leiter der Kommunalabteilung im Bayerischen Innenministerium und MAHNKOPF, RUDOLF. Stadtkämmerei der Stadt München, in: Jenseits der Experimentier-klausel, a.a.O., S. 107 ff, S. 141 ff.

ALCHANIAN, A.A./DEMSETZ, H.: The Property Rights Paradigm, in: Journal of Economic History, Vol. 33, 1973, S. 17.

ALCHANIAN, A.A./DEMSETZ, H.: How should prices be set? In: Il Politico, Vol.32, 1967, S. 369 ff.

ARD – MORGENMAGAZIN vom 30.07.2002

ARD – TAGESSCHAU vom 06.08.2002

BALZER, KLAUS: Die MCKinsey-Methode, Wien, 2000:Die zehn Erfolgsgeheimnisse der gefragtesten Unternehmensberatung der Welt.

BANNER, GERHARD/REICHARD, CHRISTOPH: Kommunale Managementkonzepte in Europa, Köln, 1993, S. 13.

BANNER, GERHARD: Das neue Steuerungsmodell der KGSt, Heidelberg, 1994, S. 26–30, in: Dumont de Voitel, Roland: Dienstleistungsunternehmen Stadt, Heidelberg, 1994.

BARLOW, JANELLE/MÖLLER, CLAUS: Eine Beschwerde ist ein Geschenk – der Kunde als Consultant, Wien, 1996, S. 265: Sieben Schritte für die Durchführung eines Beschwerdemanagements.

BEHLER GABRIELE, Bildungsministerin des Landes NRW in: Welt am Sonntag v. 12. August 2001, S. 70.

BEHRENS, DR. FRITZ, Innenminister NRW, anlässlich der Eröffnung der 5. Handelsblatt-Tagung am 25.06.2001 in Köln in: Schwartzsche Vakanzen – Zeitung vom 11. Juli 2001.

BERGER,ROLAND: Wie der Staat 50 Milliarden sparen kann, in: Impulse 2/2000, S. 138

BERTELSMANN STIFTUNG: Carl Bertelsmann-Preis 1993, S. 12–16.

BIEHAL, FRANZ/KARNER, GÜNTHER: Gratwanderung Change Management: richtige und falsche Schritte im large systems change, Neuwied, 2000, S.19.

BORSZCZ, ANDREAS: Die Zukunft des Controlling, in: Controlling – Praxis erfolgreicher Unternehmen, - Von den Besten lernen - , Wiesbaden, 1998, S. 15.

BREYER, FRIEDRICH/ ZWEIFEL, PETER: Gesundheitsökonomie, Heidelberg, 1992, S. 381.2.
BRUNNER SALTEN, ROLF: Auswirkungen der Rechtsform aus die Wirtschaftlichkeit von Krankenhäusern aus der Sicht der Property Rights, Frankfurt, 1999.
BRUNNER-SALTEN, ROLF. Finanzdirektor der Stadt Mainz: Eingangsstatement zum Haushalt 2000/2001, Status und Problemlösungen.
BUDÄUS, DIETRICH: Kommunale Verwaltungen in der BRD; Deutschland zwischen Leistungsdruck und Modernisierungsdefizit in: Banner/Reichard: Kommunale Managementkonzepte in Europa, 1993, S. 163–176.
BUDÄUS, DIETRICH: Theorie der Verfügungsrechte als Grundlage der Effizienzanalyse öffentlicher Regulierung und öffentlicher Unternehmen in: Betriebswirtschaftslehre und Theorie der Verfügungsrechte, Hrsg: Budäus/ Gerum / Zimmermann, Wiesbaden, 1988, Seiten 45– 64.
BURGER, NORBERT, OB. Vortrag Städte in Not in: Dokumentation der außerordentlichen Hauptversammlung Deutscher Städtetag in Bonn, 1993, S. 17.
CONTROLLER VEREIN E.V.: Controller – Statements des Controller, München, 1998, Seiten 3 – 4.
CONTROLLER VEREIN E.V.: Balanced Scorecard, Erfahrungen und Erkenntnisse, Regionaltagung des Internationalen Controller-Vereins e.V., Essen, 2001
DAMKOWSKY, WULF/PRECHTL, KLAUS: Public Management, Stuttgart, Berlin, Köln, 1995.
DAMKOWSKY/PRECHT: Public Management, Neue Steuerungskonzepte für den öffentlichen Sektor, Stuttgart, 1995, S. 77-80.
DECKERT, KLAUS/WIND, FERDINAND: Das neue Steuerungsmodell: Von der Vision zur Aktion, Köln, 1996, S. 6–9.
DER GEMEINDEHAUSHALT 6/1997. S. 131–133.
DEUTSCHER LANDKREISTAG: Kreisverwaltung der Zukunft, Vergleichende Untersuchung aktueller Modernisierungsansätze in ausgewählten Kreisverwaltungen im Rahmen des Innovationsrings Kreisverwaltung der Zukunft, Stuttgart, 1995, S. 3–39.
DEUTSCHER STÄDTETAG: Geschäftsbericht, Köln, 1999, S. 148.
DEUSCHER STÄDTETAG: Geschäftsbericht 1999, Berichtsteil Finanzen, S. 129.
DOPPLER, KLAUS/LAUTERBURG, CHRISTOPH: Change Management – Den Unternehmenswandel gestalten. New York, 1994.
DOPPLER, KLAUS/FUHRMANN, HELMUT/U.A.: Unternehmenswandel gegen Widerstände – Change Management mit den Menschen. Frankfurt, 2002.

DUMONT DU VOITEL, ROLAND: New Public Management, Internationale Erfahrungen und Beiträge, 1996, S. 39-43.

FIEBIG, HELMUT: Kommunale Kostenrechnung und Wirtschaftlichkeitssteuerung – Ziele – Methoden – Ergebnisse, Berlin, 1998, S. 27 - 32

FIEDLER, JOBST, u.a.: Neue Wege im kommunalen Beteiligungsmanagement in: Der Gemeindehaushalt 2/1999, S. 29 - 30

FOCUS – Magazin Nr. 14/2002, S. 136 – 137.

FRANKFURTER ALLGEMEINE ZEITUNG v. 10. November 2001, Titelseite

GATTERMEYER, WOLFGANG/ NEUBAUER, RAINER M.: in: Hinterhuber Hans-H.:Das Neue Strategische Management. Elemente und Perspektiven zukunftsorientierter Unternehmensführung, Wiesbaden, 2000.

GATTERMEYER, WOLFGANG/NEUBAUER, RAINER M: Change Management zur Umsetzung von Strategien, in: Hinterhuber/Friedrich/Al-Ani/Handlbauer, a.a.O., S.245.

GEOFFROY, EDGAR K.: Das Einzige, was stört ist der Kunde – Clienting ersetzt Marketing –Landsberg, 1994, S. 22–26.

GEORGESCU, PETER / CHAIRMAN / CEO / YOUNG & RUBICAM, in: Peters, Tom, a.a.O., S. 22.

GERN, ALFONS: Deutsches Kommunalrecht, Baden-Baden, 1997, S. 427.

GIELTOWSKI, STEFAN: Hessische Gemeindeordnung und Hessische Landkreisordnung.

GOEBBEL, KLAUS/ BALDEAU, HERBERT: Organisationsberatung und Analyse von Organisationsprozessen in: I.T. Services Ausgabe 10/1999, S. 37–38.

GRAY, JOHN H./ DUMONT DU VOITEL, DR., ROLAND: Christchurch – Neuseeland, Fallbeispiel einer erfolgreichen Reform im öffentlichen Management, ohne Jahresangabe, Seiten.1 -57.

GRIMMER, K./KRAEMER, K.L.: Dienstleistungsfunktion öffentlicher Verwaltungen und die Verwendung von Informationstechnik, in: Die Verwaltung, Heft 1, 1990.

HAMMER, MICHAEL/CHAMPY, JAMES: Business Reengineering – Die Radikalkur für das Unternehmen, New York, 1991, S. 48.

HAMMER, RICHARD M./HINTERHUBER, HANS H./SCHLIEßMANN, CHRISTOPH PHILIPP: Aufbruch in die Veränderung – Strategien für eine erfolgreiche Unternehmensführung-, Wiesbaden, 1995, S.5.

HANDLBAUER, GERNOT/MATZLER, KURT/SAUERWEIN, ELMAR/ STUMPF, MONIKA: Perspektiven im strategischen Management. New York, 1998, S. 95–97.

HAUMER, HANS: Emotionales Kapital – Entscheiden zwischen Vernunft und Gefühl, Wien, 1998, S. 192- 194

HARTMANN, JENS: Handbuch der standardisierten Kosten- und Leistungsrechnung in Rheinland – Pfalz, Mainz, 2000.

HAUSER, WERNER/KAUFMANN, OTTO: Für rasche Reformen. Plädoyer für die Nutzung der gegebenen Möglichkeiten. In: Morath, Konrad: Wirtschaftlichkeit der öffentlichen Verwaltung; Reformkonzepte, Bad Homburg, 1994, S. 75.

HELLER, ROBERT F.: Haushaltsgrundsätze für Bund, Länder und Gemeinden – systematische Gesamtdarstellung. Heidelberg, 1998, S. 95.

HEINZ, RAINER: Kommunales Management; Überlegungen zu einem KGSt - Ansatz, Stuttgart, 2000.

HELD, FRIEDRICH WILHELM in: Henneke, Hans-Günther, a.a.O. S.67-73.

HENDERSON, BRUCE D.: Warum sind Veränderungen so schwierig? In: Das Boston Consulting Group Strategie Buch, New York, 1994.

HENNEKE, HANS-GÜNTHER, Hrsg. in: Steuerung der kommunalen Aufgabenerfüllung durch Finanz- und Haushaltsrecht, Professorengespräch im Jahre 1996, Der Deutsche Landkreistages, S. 12–13.

HEUSER, UWE JEAN//VON RANDOW, GERO/WATERMANN, UTE: Reform findet Stadt, in: Die ZEIT vom 16. Juli 1998.

HILL, HERMANN: Wenn man vom Rathaus kommt, Veröffentlichung in: Management-Berater 8/98, S. 9.

HILL, HERMANN/KLAGES, HELMUT: Lernen von Spitzenverwaltungen, Dokumentation des 2. Speyerer Qualitätswettbewerbs, 1994.

HILL, PROF. DR., HERMANN; Staatsminister a.D.: Verwaltungsreform und öffentlicher Dienst, in: Ipsen, Jörn: Verwaltungsreform – Herausforderung für Staat und Kommunen, Baden-Baden, 1996.

HILL, HERMANN/KLAGES, HELMUT: Controlling im Neuen Steuerungsmodell – Werkstattberichte zur Einführung von Controlling, Düsseldorf, 1996, S. 3.

HILL, HERMANN in. Edition Kienbaum/Ulrich/Hrsg.: Kommunen in Not – Wege aus der Krise. Stuttgart, 1996, S. 14.

HINTERHUBER HANS H./FRIEDRICH, STEPHAN A./AL-ANI, AYAD/HANDLBAUER, GERNOT: Das Neue Strategische Management – Perspektiven und Elemente einer zeitgemäßen Unternehmensführung. Wiesbaden, 2000.

HINTERHUBER, HANS H.: Kundenzufriedenheit durch Kernkompetenzen: Eigene Potentiale erkennen, entwickeln, umsetzen. Wien, 1997.

HINTERHUBER, HANS H.: Leadership - mehr als Management. Wiesbaden, 1997.

HINTERHUBER, HANS H..: Aufbruch in die Veränderung, Strategien für eine erfolgreiche Unternehmensführung. Wiesbaden, 1995.

HINTERHUBER HANS H.: Strategische Unternehmensführung I. Strategisches Denken, New York, 1992, und Strategische Unternehmensführung II: Strategisches Handeln, New York , 1992: Vision, Unternehmenspolitik, Strategie, Direktiven, Organisation, Umsetzung, Unternehmenskultur, Strategisches Controlling, Strategische Führungskompetenz.

HINTERHUBER, HANS H.: Innovationsdynamik und Unternehmensführung, Wien, 1975 Seite 26.

HINTERHUBER, HANS H.: Wettbewerbsstrategie, New York, 1990, Abb.1

HINTERHUBER, HANS H./KRAUTHAMMER, ERIC: Wie werden ich und mein Unternehmen die Nr. 1? München/Wien, 1999, Vorwort in der Darstellung des Handbuches.

HINTERHUBER, HANS H./KRAUTHAMMER, ERIC: Leadership – mehr als Management – Was Führungskräfte nicht delegieren dürfen. Genf, 1998, S. 157–159

HINTERHUBER, HANS H/PECHLANER/MATZLER: Industrieerlebniswelten: Vom Standort zur Destination, Innsbruck, 2001,Vorwort.

HINTERHUBER HANS H./MATZLER, KURT: Kundenorientiertes Wissensmanagement, in: Kundenorientierte Unternehmensführung. Wiesbaden, 1999.

HINTERHUBER, HANS H./PIEPER, RÜDIGER: Fallstudien zum strategischen Management. Wiesbaden, 1993.

HINTERHUBER, HANS H./STAHL, HEINZ K: Unternehmensführung im Wandel, Band I, Wien 2000, Vorwort, S.1.

HINTERHUBER, HANS H./FRIEDRICH, STEPHAN A.: Die Schwerpunkte moderner Unternehmensführung, Innsbrucker Kolleg für Unternehmensführung Bd.2, Wien 2000, S. 164/165.

HINTERHUBER , HANS H., STAHL, HEINZ K.: Unternehmensnetzwerke, der dritte Weg? in: Fallen die Unternehmensgrenzen? Innsbrucker Kolleg für Unternehmensführung, Bd.3, Wien, 2000, S. 57-72

HIPPE, ALAN: Interdependenzen, Strategie und Controlling in Unternehmensnetzwerke, Wiesbaden, 2000, S. 39ff.

HORMANN, JOHN: „Wir brauchen mehr Reformen“ in: I.T. Services, Ausgabe 1-2/1999, S. 14/15.

HOFFMANN, HAJO: Oberbürgermeister der Stadt Saarbrücken, Präsident des Deutschen Städtetages: KGSt 50 Jahre, in: Schwarzsche Vakanzen - Zeitung, Göttingen, 01.12 2000, S. 265–267.

INTERNATIONAL GROUP OF CONTROLLING: Controller – Wörterbuch, Stuttgart, 1999, S. 34–36.

ISTVAN, RUDYARD L.: Schachspiel und Geschäftsleben, in: Das Boston – Consulting Strategie – Buch.

JETTER, WOLFGANG : Performance Management, Stuttgart, 2000

KAPLAN, R.S., NORTON, D.P.: The Balanced Scorecard: Translating Strategy into Action, Harvard, 1996

KGSt – Forum, Bericht vom 03 – 05.11.1999 in Leipzig, in: Schwarzsche Vakanzen – Zeitung Nr. 36 vom 21.12.1999, S. 285–286.

KGST Politikerhandbuch zur Verwaltungsreform, Köln, 1996, S. 53.

KIRSCH, HANNO: Kostendeckung als Unternehmensziel, Aachen, 1992, S. 253–256.

KIßLER, LEO in: Bogumil, Jörg/ Kißler, Leo: Verwaltungsmodernisierung und lokale Demokratie, Baden-Baden, 1997, S. 95 ff.

KLAGES, HELMUT/HILL, HERMANN: Wege in die neue Steuerung, Heidelberg, 1996, Seiten. 5–10.

KLINIK – MANAGEMENT AKTUELL. (2/2000), S. 26–27.

KORTNER, HEINZ in: Hill/Klages, a.a.O. S.91-95.

KUBAN, MONIKA: Stadtdirektorin, Stadtkämmerin und Wohnungsbaudezernentin im Interview in: SOCIAL Management, 3/1997, S. 13.

LADENSACK, KLAUS: Kreativität im Management, Heidelberg, 1992, S. 13.

LANDSBERG, DR., GERD, Geschäftsführendes Präsidialmitglied des Deutschen Städte- und Gemeindebundes: Grundlegende Reformen des Arbeitsmarktes sind unverzichtbar – Hartz – Kommission darf nicht an den Kommunen vorbei arbeiten,- in: Schwartzsche Vakanzen – Zeitung vom 01.08.2002, S. 216.

LITTLE, ARTHUR D.: Innovation als Führungsaufgabe, New York

LOSSE, BERT in Wirtschaftswoche Nr. ½ vom 06.01.2000, S. 28–30.

LÜDERS, KLAUS: Tagung der Hochschule für Verwaltungswissenschaften 6. – 8.12./1995: Jenseits der Experimentierklausel. Eröffnung und Begrüßung.

MALIK, FREDMUND: Strategische Führung, in: Strategisches Management in den 90er Jahren – Entwicklungstendenzen in Controlling und Human Ressources. Wien, 1990, S. 41.

MALIK, FREDMUND: Integriertes Management, in: Bleicher, Knut: Das Konzept Integriertes Management, New York, 1996, S.220-233.

MEIXNER, HANNS-EBERHARD: Bausteine neuer Steuerungsmodelle: Mitarbeiter zu Mitdenkern und Mitgestaltern gewinnen. München, 1998, S. 28–29.

MIDDELHOFF, THOMAS in: ULA – Nachrichten 8/ 2001, S. 3.

MILES, ROBERT H.: Corporate Comeback, Teil III, aus dem Amerikanischen, Freiburg,1997, S. 209–277.

MORRIS, DANIEL/BRANDON, JOEL: Revolution im Unternehmen – Reengineering für die Zukunft, München, 1994, S. 29–33.

MÜLLER-STEWENS, GÜNTHER/LECHNER, CHRISTOPH: Strategisches Management – Wie strategische Initiativen zum Wandel führen – Der St. Gallener Management Navigator, Stuttgart, 2001, S. 518/519.

MÜLLER, UDO. Präsident des Hessischen Landesrechnungshofes: Viele Kommunen können ihre Haushalte aus eigener Kraft sanieren, in: Frankfurter Rundschau v. 13.01.1999.

NASCHOLD, FRIEDER/ PRÖHL, MARGA: Produktivität öffentlicher Dienstleistungen, Gütersloh, 1994, S. 177.

OETTELE, KARL: Betriebswirtschaftliche Beiträge zur öffentlichen Finanzwirtschaft; Ausgewählte Aufsätze zum Haushalts – und Rechnungswesen der öffentlichen Verwaltungen, Baden-Baden, 1991, S. 22.

OSBORNE, DAVID/GAEBLER, TED: Reenventing Government, New York, 1993.

OTTING, OLAF: Die Experimentierklausel nach § 126 GO NRW, in: NSM und rechtliche Betätigungsspielräume der Kommunen. Köln, 1997, S. 78–79.

PAPPERMANN, E.: Anforderungen an die Qualifikation des höheren Dienstes, in: Reinermann, H. und andere, Neue Informationstechniken – Neue Verwaltungsstrukturen? Heidelberg 1988.

PETERS, TOM: Der Innovationskreis – Ohne Wandel kein Wachstum – wer abbaut, verliert, München, 1998, sh. Einleitung, VX.

PLATT, LEW/CHAIRMAN UND CHIEF EXECUTIVE OFFICER (CEO), Hewlett-Packard.

REICHARD, CHRISTOPH: Umdenken im Rathaus – Neue Steuerungsmodelle in der deutschen Kommunalverwaltung, Berlin, 1996.

REISS, CLAUS/SCHULZE-BÖING, MATTHIAS: Planung und Produktion sozialer Dienstleistungen – Die Herausforderung Neuer Steuerungsmodelle, Berlin, 1998.

RHEINISCHE POST v. 10. November 2001.

RÜRUP, BERT: in: Die ZEIT vom 23.08.2001: Sparen allein ist noch keine Politik

SCHAEFER, ROLAND. Präsident des Deutschen Städtetages: Finanzlage der Städte und Gemeinden verschlechtert sich weiter, in: Schwartzsche Vakanzen – Zeitung vom 11.10.2001, S. 340.

SCHEER, AUGUST-WILHELM: Neue Märkte, neue Medien, neue Methoden – Roadmap zur agilen Organisation: 19. Saarbrücker Arbeitstagung für Industrie, Dienstleistung und Verwaltung Saarbrücken, 1998, S. 525.

SIMON, HERRMANN: Hidden Champions – die heimlichen Gewienne – Erfolgsstrategien unbekannter Marktführer, 1996

SCHLIESSMANN, CHRISTOPH PH., in: Hinterhuber/Hammer, u.a.: Technologie – und Innovationsmanagement – Tools und Strategien für Führungskräfte, St. Gallen, 1996, S. 239/240.

SCHMIDT, RUDOLF: Grundfunktionen des Controlling, Frankfurt, 1995.

SCHWARZSCHE VAKANZENZEITUNG GÖTTINGEN: Leitbild und Programm der Bundesregierung, 01.02.2000, S. 29–31.
SCHWARZSCHE VAKANZENZEITUNG GÖTTINGEN: Leitbild und Programm der Bundesregierung, 11.02.2000, S. 37–39.
SEGHEZZI, HANS DIETER: Ganzheitliche Unternehmensführung, Stuttgart, 1997.
SMEKAL, CHRISTIAN / THEURL, ENGELBERT: Stand und Entwicklung der Finanzpsychologie, Baden-Baden, 1994, S. 154.
STAHL, HEINZ, K.: Modernes Kundenmanagement – Wenn der Kunde im Mittelpunkt steht – Renningen 2000, S. 5.
STAHL, HEINZ, K.: Neue Ideen zur Planung, Organisation und Kontrolle, in: Hinterhuber, Hans H.: Unternehmensführung im Wandel, Innsbrucker Kolleg für Unternehmensführung, Bd.1, D. S.145.
STEIN, FRANK: Argumente für ein Optionsmodell kommunalen Haushalts – und Rechnungswesens, in: Zeitschrift für Kommunalfinanzen 3/1999, S. 50-53
STREBEL, PAUL: Den richtigen Weg des Wandels wählen, in: Mastering Management, IMD, Lausanne, 1998.
STUTTGARTER ZEITUNG verschiedene Ausgaben
SÜDDEUTSCHE ZEITUNG vom 23.07.2001, Internet – Ausgabe 16:48 Uhr
SÜDWESTFERNSEHEN, Wirtschaftsmagazin v. 01.08.2002
STEWART, EILEEN MITCHELL: Mitarbeitermotivation durch Empowerment, Niedernhausen, 1997
VERWALTUNGSVORSCHRIFTEN zu § 3 der Gemeindeordnung des Landes Rheinland – Pfalz .
VON LIETZ, J.H.: Vom Sinn und Segen der Arbeit, in IO Management Zeitschrift 60, Nr. 3, 1991, S. 78–80.
VON WEIZSÄCKER, ULRICH ERNST/LOVINS, B. ARMORY/LOVINS, L. HUNTER: Faktor VIER – doppelter Wohlstand – halbierter Naturverbrauch – Der neue Bericht an den CLUB OF ROME. München, 1995.
WESTFÄLISCHE NACHRICHTEN, verschiedene Ausgaben
WIDDER, GERHARD, OB, Präsident des VKU: Kommunale Unternehmen in der Versorgung der Bürger, in: Schwartzsche Vakanzen-Zeitung, 21.07.2001, S. 249–250.
WIELAND, JOACHIM in: Henneke, Hans Günther, a.a.O., S.53.
WINTER, STEFANIE: Die Porsche – Methode, Wien 2000, S. 9.
WIRTSCHAFTSWOCHE vom 07.06.2001.
WOMACK, JAMES P./ JONES, DANIEL T.: Auf dem Weg zum perfekten Unternehmen; Lean Thinking, New York, 1997, S. 15–12.

WURZER, JÖRG: Pioniere, Gründer, High-Tech-Unternehmer: Deutschland auf Innovationskurs. Stuttgart, 1999, S. 7–21.

ZEITHAML, VALERIE A/PARASURAMAN, A./BERRY, L.L.: Qualitätsservice, New York, 1992, S. 149.

ZIEROLD, HORST: Balanced Scorecard in Kommunalunternehmen, Vortrag im Rahmen der Regionaltagung des Internationalen Controller Vereins e.V. in Essen, 2001, S. 1-14

Sven-Christer Nilsson,
geschasster Ericsson Vorstandschef

Er forderte im
Traditionskonzern Ericsson
eine Kulturveränderung.
Weil er sie nicht durchsetzen konnte,
musste er gehen,

Quelle: Manager-Magazin 8/99, S. 60

Peter Lang · Europäischer Verlag der Wissenschaften

Georg Raffetseder

Erfolgs- und Mißerfolgsfaktoren der Verwaltungsmodernisierung

Zur Steuerung von Reformprozessen

Frankfurt/M., Berlin, Bern, Bruxelles, New York, Oxford, Wien, 2001.
280 S., zahlr. Abb. u. Tab.
Kommunalwirtschaftliche Forschung und Praxis.
Herausgegeben von Wolf Gottschalk. Bd. 5
ISBN 3-631-38091-7 · br. € 45.50*

Im Rahmen dieser theoretisch-empirischen Arbeit werden Innovationsprozesse zur Einführung neuer Steuerungsmodelle in Kommunalverwaltungen analysiert und Erfolgs- und Mißerfolgsfaktoren herausgearbeitet. Für den empirischen Teil der explorativen Untersuchung wurde die Methode der Fallstudien gewählt. Die Fallstudien wurden mit Hilfe von Dokumentenanalysen und leitfadengestützten Interviews in vier Kommunalverwaltungen durchgeführt. Ziel der Fallstudien ist die Überprüfung von 13 aus den Kapiteln 2 bis 4 hergeleiteten Thesen eines idealtypischen kommunalen Modernisierungskonzeptes. Zwei Fragestellungen waren bei der Arbeit leitend: 1. Warum sind einige Kommunen mit ihrer Reform erfolgreich und warum haben andere keinen Erfolg? 2. Wie lassen sich Erfolgschancen verbessern und Fehler vermeiden?

Aus dem Inhalt: Stand der Verwaltungsreform, Problemstellung, Ziel- und Erkenntnisinteresse · Ziele und Funktionen der Verwaltungsreform in der Bundesrepublik Deutschland · Das NSM: Eine Reflexion vor dem Hintergrund innovativer Anforderungen · Typen von Reformstrategien · Erfolgs- und Mißerfolgsfaktoren: dargestellt anhand von ausgewählten Beispielen · Zusammenfassung: Erfolgs- und Mißerfolgsfaktoren

Frankfurt/M · Berlin · Bern · Bruxelles · New York · Oxford · Wien
Auslieferung: Verlag Peter Lang AG
Moosstr. 1, CH-2542 Pieterlen
Telefax 00 41 (0) 32 / 376 17 27

*inklusive der in Deutschland gültigen Mehrwertsteuer
Preisänderungen vorbehalten

Homepage http://www.peterlang.de